完全図解

世界一 役に立つ
介護保険
の本

東田 勉
Tsutomu Higashida

介護Library
講談社

推薦のことば

日本という国は、人類の悲願であった長寿を実現した国です。しかしそれが新たな人類の課題を生み出しました。老いて生きるということをどう支えていくのかという課題です。

とくに、「老いに伴う人間的反応」と私が呼んでいる「認知症」にどう関わるのかが問われています。さらに死をどう看取るのかという問題も浮上してきました。

多くの病気を治せるようになった医療も、この「認知症」と「看取り」には無力のようです。認知症は治すことも予防もできませんし、延命治療はむしろ平穏な死の邪魔をしているとみんなが考えるようになりました。

そこで求められているのが介護です。病気になったときのための健康保険制度に加えて、要介護になったときのための介護保険が制度化されたのは、そんな必然性があったからなのです。

介護保険制度の解説書はたくさん出回っています。しかし本書は、どんな社会的課題に対応するために制度がつくられたか、さらに社会の変化に応じて制度がどう改正されてきたか、その経緯までが述べられている点に違いがあります。

また、福祉政策全体の中での介護保険制度の位置づけや、介護保険制度外の介護サービスにも詳しい点が、類書には見られない良さです。

つまり本書は、高齢社会の切実なニーズに応えるための本であり、介護保険制度をうまく活用したい人には最適の手引きだといえます。

著者の東田勉さんは、いい介護を創り出すため日々奮闘している現場の介護職に、長年伴走してきた人です。そんな彼だからこそ書けた本だと思います。多くの利用者、介護家族、介護関係者の手に渡ることを願っています。

三好春樹

お断り

1. 本書は著者が独自に調べた内容を出版したものです。
2. 介護保険制度については、2018年2月現在の法令等に基づいて記載しています。
3. 本書の記載については正確を期しましたが、万一、誤り、記載漏れ、解釈上の疑問などございましたら、奥付に記されている担当部署に文書でお問い合わせください。奥付とは、書物の末尾に、書名・著者・発行者・印刷者・出版年月日などを記した部分を指します。
4. 本書の内容に従って実施した結果については、前記3項にかかわらず責任を負うことができません。また、本書の記載に関連する事柄であっても、読者固有の環境に起因するご質問等には回答できません。あらかじめご了承ください。
5. 本書に記載された団体名、URL等は、予告なく変更されることがあります。
6. 本書に記載されている団体名、企業名、商品名などは、一般に各団体の登録商標です。なお、TM、®、©などは省略させていただきました。

はじめに

　2000年4月にスタートした介護保険制度は、2006年度以降3年に一度の改正を繰り返しています。2018年度は、6年に一度の診療報酬・介護報酬同時改定となり、団塊の世代が75歳以上になる「2025年問題」へ向けて大きく舵を切る改正となりました。

　改正の柱は、2017年5月に国会で成立した「地域包括ケアシステム強化法」です。この法律は、介護保険法をはじめとして、医療法、老人福祉法、高齢者虐待防止法など約30の法改正を束ねたもので、2025年問題への大きな一手となります。本書は、2018年4月から施行される介護保険法改正の全体像をいちはやくまとめ、わかりやすい図解形式でお届けするものです。

　「地域包括ケア」とは、体が衰えたり、病気になったりしても、住み慣れた地域で安心して最期まで暮らせるよう、自治体、医療従事者、介護従事者、住民らが力を合わせて一体的にサポートする体制をいいます。それが持続可能な体制となるよう、財政的インセンティブで保険者機能を強化し、新たに「介護医療院」を創設して医療と介護の連携を図り、「共生型サービス」を始めて地域を変えるのが今回の改正の目的です。また、介護報酬を引き上げつつ、高所得者層の3割負担と介護保険料への総報酬割の導入を決めています。

　こうした急激な変化は、これから介護のことを学ぶ人には難しいかもしれません。そこで本書では、措置制度にまでさかのぼって介護保険制度のこれまでの流れがわかるページを随所に設けました。本書は、改訂第3版まで出されて好評を博した『完全図解　介護のしくみ』（三好春樹監修・東田勉編著）の後継本でもあります。「完全図解シリーズ」の精神を汲みつつ、新たな読者に「介護のしくみ」をわかりやすく伝えることができれば幸いです。

東田　勉

2025年問題への対応が焦点

「我が事・丸ごと」の地域づくりへ向けた改正

日本はいま、「我が事・丸ごと」の地域づくりを推進するとともに、地域福祉計画を福祉各分野の上位計画に位置づけようとしています。地域福祉が「支え手側」と「受け手側」に分かれるのではなく、あらゆる住民が役割を持ち、支えながら活躍できる「地域共生社会」を実現するためです。2017年の通常国会で成立した「地域包括ケアシステムの強化のための介護保険法等の一部を改正する法律」（以下、「地域包括ケアシステム強化法」）も、そうした流れの中で成立しました。住民が老いや障害を他人事ではなく「我が事」と捉え、関係機関が「縦割り」ではなく「丸ごと」支援していく地域をつくるのが、今回の法改正の目的です。

「地域包括ケアシステム強化法」とは

法律に盛り込まれたおもな内容

- 収入が一定以上ある高齢者が介護保険サービスを使う場合、利用料の自己負担割合を2割から3割に引き上げる
- 第2号被保険者のうち、収入の高い被用者保険の加入者に、より多くの介護保険料を求める「総報酬割」を導入する
- 自立支援に効果がある介護の研究を進め、介護予防や重度化防止に成果をあげた市区町村を財政的に支援する
- 入居者に虐待を行うなど、行政の指導に従わない悪質な有料老人ホームに、自治体が事業停止命令を出せるようにする。未届け施設も対象に含む
- いわゆる療養病床のうち、廃止が決まっている介護療養病床（約6.1万床）の転換先として「介護医療院」を創設する
- 現在は別々に運営している介護施設と障害者施設を、一定の条件を満たせば一体化できるようにする

2018年度の改正介護保険は

介護報酬が上がり、利用者負担も増える

介護報酬の改定率は、前回（2015年改定）と比べてプラス0.54％です。具体的には、通所介護や訪問介護などで自立支援を行った事業者の報酬が加算されます。一方、利用者負担も増えます。自己負担２割の利用者の一部（単身世帯で年収340万円以上、夫婦世帯で年収463万円以上の利用者）は、2018年８月から自己負担が３割になります。第２号被保険者の介護保険料は、2017年８月から2020年度にかけて段階的に「総報酬割」が導入されます。従来は、各医療保険の加入者数に応じて保険料を決めていましたが、被用者保険間では加入者の報酬の総額に応じて決める方式に変わり、収入の高い加入者の負担が増えるのです。

「6年に一度の診療報酬・介護報酬同時改定」とは

診療報酬は、医療行為や薬の対価として医療機関や薬局が受け取るお金、介護報酬は介護保険サービスの対価として事業者が受け取るお金です。原則として診療報酬は２年に一度、介護報酬は３年に一度改定されます。2018年度は、６年に一度しかない同時改定の年です。

財源はおもに医療保険料・介護保険料と税金です。現状、国の予算の３分の１は社会保障費に充てられており、借金で賄っています。それでも診療報酬を上げたのは薬価を下げた見返りで、介護報酬を上げたのは人手不足に歯止めをかけたいからです。

診療報酬・介護報酬の改定率（2000～2018年度）

	2000年度	02	04	06	08	10	12	14	16	18
診療報酬	＋0.2％	－2.7％	－1.0％	－3.16％	－0.82％	＋0.19％	+0.004％	＋0.1％	＋0.49％	＋0.55％

	2000年度	03	06	09	12	15	18
介護報酬	第１期 スタート	第２期 －2.3％	第３期 －0.5％	第４期 ＋3.0％	第５期 ＋1.2％	第６期 －2.27％	第７期 ＋0.54％

1 地域包括ケアシステムの推進

「介護医療院」が創設されます

介護医療院は、慢性期の療養（医療）と日常生活のお世話（介護）という複合的なニーズに対応するためにつくられる新たな介護保険施設です。その背景には、2017年度末で廃止期限を迎える「介護療養病床」の受け皿づくりを行わなければならない事情があります。

介護医療院のタイプは、介護療養病床相当のⅠ型と転換型老健（介護療養型老人保健施設）相当のⅡ型に分かれます。基本報酬は、介護職員の配置などで３種類に分かれます（**3-27**参照）。

転換支援策としては、【移行定着支援加算】（93単位／日）が2021年３月までの間、１年間に限って設けられます。これは１床についての加算ですから、仮に100床の介護療養病床が介護医療院に転換した場合、約3400万円の報酬が入る計算になります。

コラム

「看板の掛けかえではないか」との声も

日本には、1970年代の老人医療費無料化を契機にできたいわゆる老人病院が多く、これまで「社会的入院」（治療が終了して退院の時期を迎えても家族が引きとれない、または家族がいない、希望する施設に入所できない、などの理由でやむを得ず継続される入院）の温床となってきました。医療費の高騰に頭を痛めた政府は、幾度も削減策を打ち出しましたが効果が乏しく、療養型病床群、療養病床と名前を変えながら生き続けています。

近年は老健への転換を図って、介護療養病床の2011年度末までの廃止を決めたものの進まず、2017年度末まで6年間延期された状態でした。その受け皿として登場したのが介護医療院です。それに伴い、移行の期限は2023年度末までさらに6年間延期されました。これが、単なる看板の掛けかえでなければいいのですが。

2018年度介護報酬改定の概要

中重度の人への対応が評価されます

訪問看護では、ターミナルケアの実施数が多い訪問看護事業所を評価する新しい区分が設けられます（【看護体制強化加算（Ⅰ）】600単位／月）。要件は、ターミナルケア加算の算定者が年５人以上であることです。

認知症対応型共同生活介護（グループホーム）では、【医療連携体制加算】に看護体制が手厚い【医療連携体制加算（Ⅱ）】（49単位／日）と【医療連携体制加算（Ⅲ）】（59単位／日）が新設されます。Ⅱは看護職員を、Ⅲは看護師を常勤換算で１人以上配置し、たんの吸引などの医療的ケアを提供している実績が必要です。

居宅介護支援では、末期がんの利用者を担当した場合に【ターミナルケアマネジメント加算】（400単位／月）が新設されます。

特定施設入居者生活介護では、たんの吸引などのケアの提供に対する加算が新設されます。

「共生型サービス」が創設されます

障害福祉サービスを使っていた利用者が高齢者になった場合、原則として介護保険が優先されるため、介護保険事業所に移らなければなりませんでした。そうした不便を解消するために、１つの事業所で障害者（児）と高齢者が同時に受けられる共生型サービスが創設されます。対象となるサービスは、訪問介護、通所介護、短期入所生活介護です。

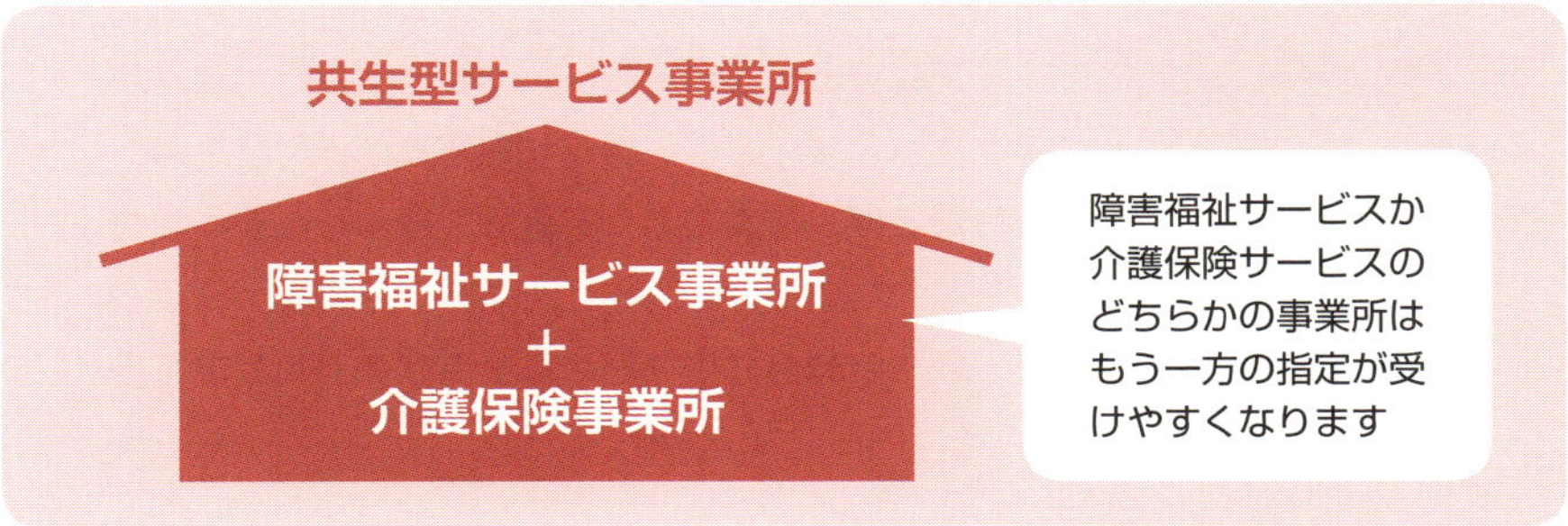
共生型サービス事業所
障害福祉サービス事業所
＋
介護保険事業所
障害福祉サービスか介護保険サービスのどちらかの事業所はもう一方の指定が受けやすくなります

2 自立支援・重度化防止に資する質の高い介護保険サービスの実現

重度化を防止した事業所が評価されます

通所介護（デイサービス）において、自立支援・重度化防止の効果が認められた事業所は報酬が上乗せされます。「要介護度3、4または5である利用者が15％以上」「初回の要介護・要支援認定があった月から起算して12ヵ月以内の利用者が15％以下」など、一定の条件があります。

評価の最初の月と6ヵ月目のバーセルインデックス（日常生活動作の評価尺度）を測定し、一定以上の成果があった場合、以下の加算が新設されます。

【ADL維持等加算（Ⅰ）】3単位／月

上記の要件を満たした通所介護事業所において、評価期間終了後にもバーセルインデックスの測定と報告が行われた場合、以下の加算が新設されます。

【ADL維持等加算（Ⅱ）】6単位／月

コラム

介護報酬の矛盾解消策となるか

介護報酬の多くは、要介護度によって変わります。いちばん軽い要支援1から、いちばん重い要介護5までの7段階で、重くなるに従って介護報酬が高く設定されているのです（一律のサービスもあります）。介護の仕事の大変さは必ずしも要介護度には比例しないものですが、基準としては納得できなくもありません。全員一律では、要介護度が重い人の身体介護を引き受けたがらない事業者が出る可能性もあります。

問題は、良質なケアを行って利用者の要介護度が下がった場合、事業者の収入が減ることです。利用者をどんどん元気にしてしまったら、経営が成り立たなくなる可能性もあります。逆に、悪質な事業者は入所者を寝たきりに追い込んで要介護度を上げ、最大限の介護報酬を得ようとするかもしれません。

今回の介護報酬改定で、利用者の自立度を高める良質なケアが広まることを期待したいものです。

2018年度介護報酬改定の概要

リハビリにおける医師の関与が強化されます

医師の詳細な指示に基づくリハビリを提供するとつく【リハビリテーションマネジメント加算】が手厚くなります。

訪問リハビリでは、60単位／月から最大150単位／月だった加算が、230単位／月から最大420単位／月になります。

通所リハビリでは、230単位／月から最大1,020単位／月（6ヵ月以内）だった加算が、330単位／月から最大1,220単位／月（6ヵ月以内）になります。

要支援者の訪問リハビリ、通所リハビリにも加算が新設されます。

ケアプランの適正化対策が強化されます

ケアマネジャーは、通常よりも多い回数の生活援助中心型ケアプランを立てる場合、市区町村への届け出が義務づけられます。届け出るラインは「全国平均利用回数＋２標準偏差」を基準として2018年４月に国が定め、10月から実施されます。市区町村は地域ケア会議などで届け出られたケアプランの検証を行い、サービス内容の是正を促すことができます。

身体拘束へのペナルティが強化されます

介護施設では、原則として身体拘束は禁止されています。しかし、身体拘束の禁止を含む高齢者虐待防止法には、通報義務はあるものの罰則はありません（刑法が適用されるため）。今回、居住系サービス（有料老人ホーム、サービス付き高齢者向け住宅、養護老人ホーム、軽費老人ホーム、認知症対応型共同生活介護）および施設系サービス（介護老人福祉施設、介護老人保健施設、介護療養型医療施設および介護医療院）において、身体的拘束などの適正化のための指針の整備や委員会の定期的な開催が義務づけられました。義務違反の施設は、介護報酬が減額されます。

＜現行＞5単位／日減算 → ＜改定後＞10％／日減算（居住系は新設）

2018年度介護報酬改定の概要

3 多様な人材の確保と生産性の向上

生活援助の担い手が拡大されます

訪問介護では、介護福祉士などの有資格者は身体介護を中心に担うこととし、生活援助中心型については新しい担い手を育成します。厚生労働省は、2017年度末に新しい研修「生活援助従事者研修課程（仮称）」のカリキュラムを公表しました。時間数は9科目計59時間で、実習や筆記試験も行われます。これは、介護職員初任者研修（130時間）の半分程度の分量です。

新研修は、介護人材の不足を解消するために元気なシニア層や主婦を活用しようというもので、全国の自治体で無料実施され、2018年4月から運用が開始されます。

定期巡回型などが運営しやすくなります

定期巡回・随時対応型訪問介護看護、夜間対応型訪問介護のオペレーターは、2015年度の介護報酬改定で夜間から早朝まで（18時から8時）の人員配置基準が緩和されました。今回の改定では、日中（8時から18時）も緩和されます。

具体的には、電話を受けるオペレーターと「随時訪問サービスを行う訪問介護員」および指定訪問介護事業所、指定夜間対応型訪問介護事業所以外の「同一敷地内の事業所の職員」の兼務が認められます。

リハビリテーション会議でテレビ電話が使えるようになります

訪問リハビリ、通所リハビリにおいて、リハビリテーション会議への医師の参加が困難との声があることから、医師はテレビ電話などで参加してもいいことになりました。リハビリテーション会議とは、関係者間でリハビリの内容について話し合うとともに、医師が利用者やその家族に対して内容を説明する会議です。「テレビ電話など」とは、テレビ電話会議システムのほか、携帯電話などでのテレビ電話を含みます。

2018年度介護報酬改定の概要 4 制度の安定性・持続可能性の確保

通所介護の時間区分が1時間単位になります

通所介護（デイサービス）の基本報酬は、これまでの2時間ごとから1時間ごとに変更されます。それに伴い、事業所の規模に応じた報酬の改定が行われ、大規模型は大幅な引き下げ、通常規模型は一部引き下げ、小規模型（地域密着型）は一部引き上げとなりました。小規模型は、これまで7時間以上9時間未満が735単位／日でしたが、7時間以上8時間未満が同単位、8時間以上9時間未満だと764単位／日に引き上げられました。

通所介護のサービス提供時間区分の変更

現行の時間区分

	1〜3	3〜5	5〜7	7〜9
時間区分	評価なし	3〜5h	5〜7h	7〜9h

新時間区分

	1〜3	3〜4	4〜5	5〜6	6〜7	7〜8	8〜9
時間区分	評価なし	3〜4h	4〜5h	5〜6h	6〜7h	7〜8h	8〜9h

通所リハビリも通所介護との均衡を考慮して時間区分や報酬が見直されます。

福祉用具のレンタル価格に上限が設けられます

福祉用具のレンタルについて、価格やレンタル方法に規制が加えられました。2018年10月から、全国平均貸与価格の公表や商品ごとに貸与価格の上限設定が行われます。上限の基準は、「全国平均貸与価格＋1標準偏差」です。2019年度以降、新商品についても3ヵ月に一度の頻度で同様の扱いとなります。公表された平均価格や上限価格は、2019年度以降もおおむね1年に一度見直されます。適用は、月平均100件以上の貸与件数がある商品についてです。

福祉用具専門相談員に対しては、当該商品の全国平均貸与価格の説明、機能や価格帯の異なる複数商品の提示、福祉用具貸与計画書のケアマネジャーへの交付が義務づけられました。

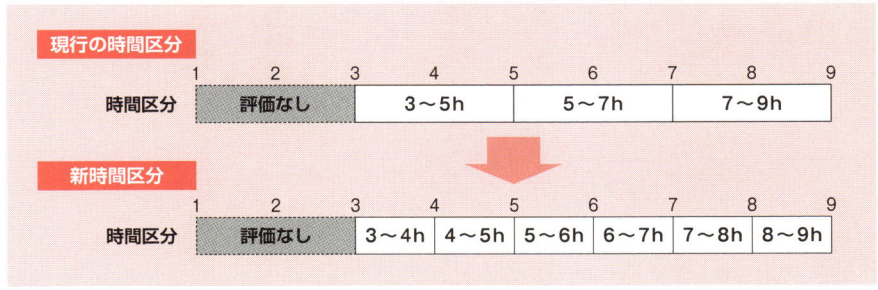

目次

第2章 介護保険サービスはどうしたら使えるか

第3章 介護保険サービスの種類とかかる費用

第4章 これから重要になる認知症介護とターミナルケア

第5章 介護保険外の制度とサービスにはこんなものがある

第6章 介護を支えるおもな職業

第7章 介護を取り巻く日本の現状と展望

付録 巻末資料

装幀　山原望
本文レイアウト　望月志保（next door design）
イラスト　秋田綾子

第1章

医療・福祉と介護保険が成り立つしくみ

介護保険は2000年4月にスタートしました。医療保険、年金保険、労災保険、雇用保険に次ぐ5番目の社会保険です。この章では、他の制度と比較しながら、介護保険のしくみを見ていきます

1-1

福祉の中における介護保険の位置づけ

まずは福祉の全体像を眺め、その中で関連の深い医療と障害者福祉との優先関係を知りましょう

福祉の中では自己負担のある社会保険が優先して使われる

狭義の福祉は、福祉六法（生活保護法、児童福祉法、母子及び寡婦福祉法、身体障害者福祉法、知的障害者福祉法、老人福祉法）で定められた範囲を指しますが、広義の解釈では、社会保険に加えて社会保障と公衆衛生まで含むのが一般的です（左ページ参照）。

個人に対する給付（サービスの提供）は、社会保険が優先されます。それは、自己負担があるから（全額無償より一部でも負担してほしいから）です。社会保険の中で医療保険と介護保険に類似するサービスがある場合は、介護保険を優先させることがあります。

介護保険の適用に関しては障害者給付が問題になりやすい

介護保険と障害者福祉もまた、どちらが優先的に給付されるかが問題になります。それは、訪問介護やショートステイなど、類似するサービスが多いからです。ここでも、わが国が原則とする保険優先の考えから、類似するサービスは介護保険が優先されます。

しかし、かつて支援費制度で経済力に応じて支払う応能負担（払えない人でもサービスを受けられた）の時代があった障害者福祉が、現在は障害者総合支援法に変更されたとはいえ、厳密な応益負担制度である介護保険に馴染むかどうかは議論の残るところです。

社会保障制度

国民皆保険制度によって国民が保険料を支払い、必要になった人が受給手続きをとると自治体などが一定の給付を行う

社会保険

- 医療保険
- 年金保険
- 労災保険
- 雇用保険
- 介護保険

訪問看護など医療保険と類似するサービスは介護保険が優先される

社会保障と公衆衛生

国の財源によって提供される

社会福祉

- 老人福祉
- 障害者福祉（介護保険に類似するサービスがある場合は、介護保険が優先される）
- 児童福祉
- 母子福祉
- 公費負担医療（医療保険が優先される）

公的扶助

- 生活保護

（他法他施策優先の法則：あらゆる方法を試みたうえで、それでも必要な場合に適用される）

公衆衛生及び医療

- 感染症対策
- 生活習慣病
- 食品衛生
- 産廃物処理
- 水道　など

老人保健

老人保健

↓

- 後期高齢者医療制度

2008 年 4 月 1 日より制度変更

1-2

介護と医療保険給付との兼ね合い

社会保障費の抑制が課題となる中、超高齢社会を乗り切る方策は見えてくるのでしょうか

2025年問題を乗り切るには医療と介護の連携が必要

左ページに掲げたのは、日本人の死亡場所の推移を示したグラフです。1960年には70・7%の日本人が自宅で最期を迎え、病院で亡くなる人は18・2%でした。それが次第に逆転し、2016年には病院死が73・9%、自宅死が13・0%になっています。この間、日本の医療費はどうなったでしょうか。1965年に約1兆円だった国民医療費は、病院死の増加と似た右肩上がりのカーブを描き、2015年度には42兆円を超えました。過去11年間では、約10兆円も増えているのです。

このような医療費の高騰が、国の財政を圧迫しています。団塊の世代がみんな75歳以上になる2025年に、医療費は今の1・5倍、介護費は2・4倍に膨らむと見込まれているのです。国は「地域包括ケアシステム」を推進し、高齢者に住み慣れた地域で暮らし続けてもらうことで、社会保障費を抑えたいと考えています。

今後は医療ニーズが変化し、少子高齢化で緊急手術の必要な急性期患者が減る一方、慢性疾患を持った高齢者を支える医療や介護が必要となります。そこで急性期を中心に入院ベッド数を減らし、在宅（自宅や介護施設など）で約30万人分の療養の受け皿をつくるのが国の考えです。2年ごとの診療報酬改定と、3年ごとの介護保険法改正が重なる2018年度は、両者の連携が大きく進められる年になります。

日本人の亡くなる場所はこう変わった

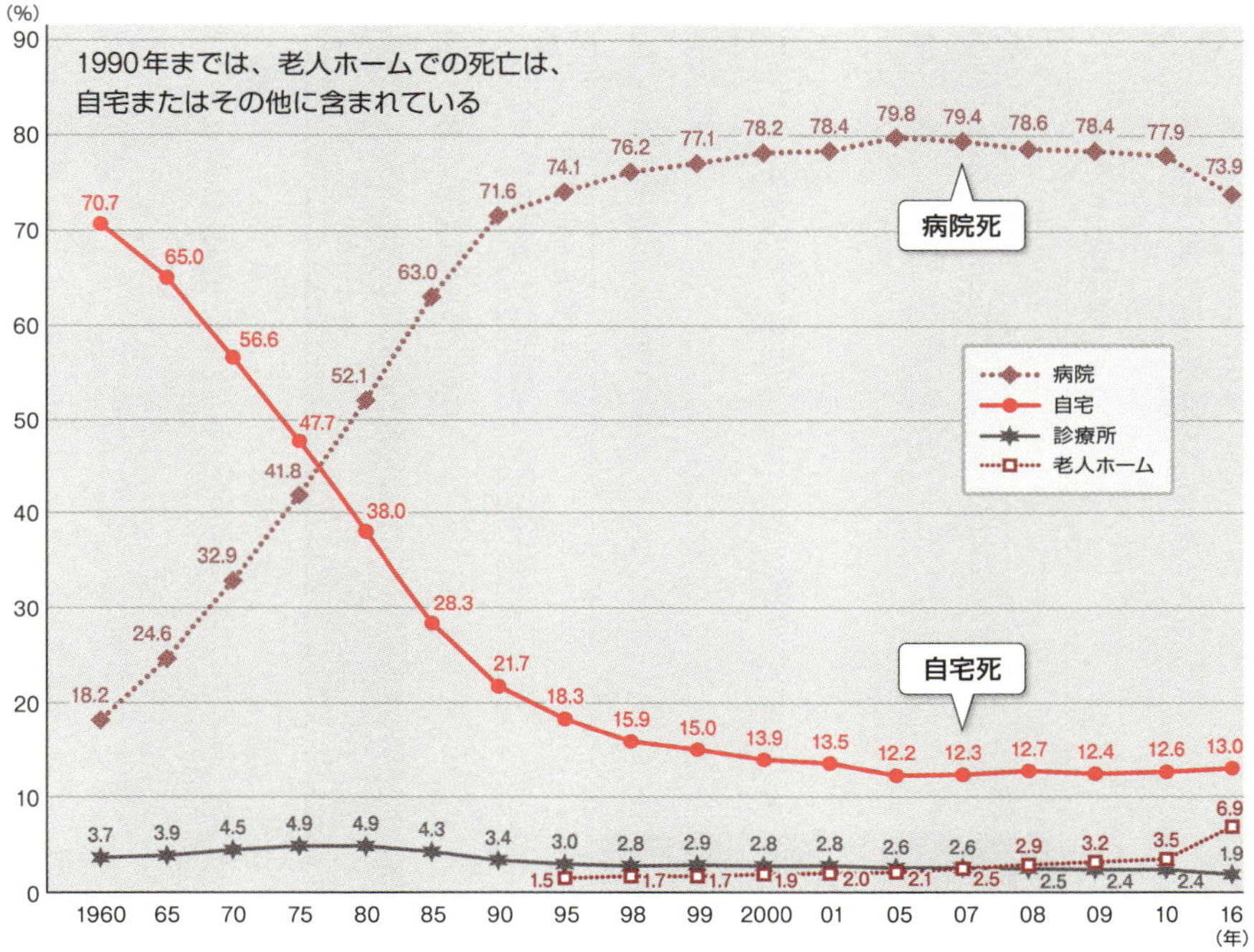
(%)
90
80
70
60
50
40
30
20
10
0
1990年までは、老人ホームでの死亡は、
自宅またはその他に含まれている
病院死
自宅死
病院
自宅
診療所
老人ホーム
18.2
24.6
32.9
41.8
52.1
63.0
71.6
74.1
76.2
77.1
78.2
78.4
79.8
79.4
78.6
78.4
77.9
73.9
70.7
65.0
56.6
47.7
38.0
28.3
21.7
18.3
15.9
15.0
13.9
13.5
12.2
12.3
12.7
12.4
12.6
13.0
3.7
3.9
4.5
4.9
4.9
4.3
3.4
3.0
2.8
2.9
2.8
2.8
2.6
2.6
2.5
2.4
2.4
1.9
1.5
1.7
1.7
1.9
2.0
2.1
2.5
2.9
3.2
3.5
6.9
1960
65
70
75
80
85
90
95
98
99
2000
01
05
07
08
09
10
16
(年)

※厚生労働省「人口動態統計」2016年より

自宅で臨終を迎えるのは
８人に１人ぐらいしか
いないのね

解　説

ある地方医師会が行った調査によると「自宅で死にたい」と答えた人が回答者全体の86.9％もいました。これは特別なことではなく、昔は普通に行われていたことが、今また望まれるようになったのだといえます。希望しながらも実現できない背景には、自宅では十分な医療が受けられないという危惧と、介護をする家族に負担をかけられないという実情が反映されていると考えられます

1-3 介護保険のあゆみ

介護保険法は3年ごとに改正されます。市区町村の介護保険事業計画も3年ごとに見直されます

年度	制度上の動き	介護保険事業計画	保険料 第1号被保険者	保険料 第2号被保険者
1997	● 介護保険法成立（12月）			
1999	● 社会保障制度審議会で2000年4月からの実施を確認（6月）			
2000	● 介護保険法施行（4月）	第1期計画	2,911円	2,075円
2001		第1期計画	2,911円	2,647円
2002		第1期計画	2,911円	3,008円
2003	● 介護報酬改定（マイナス2・3％：4月）	第2期計画	3,293円	3,196円
2004		第2期計画	3,293円	3,474円
2005	● 改正介護保険法成立（6月） ● 改正法の一部を前倒しで施行（10月）	第2期計画	3,293円	3,618円
2006	● 改正介護保険法全面施行（4月） ● 介護報酬改定（マイナス2・4％：4月）			3,595円

第1号被保険者：65歳以上の保険料基準月額の全国平均値

第2号被保険者：40～64歳の保険料（加入する医療保険によって異なる）の月額平均値

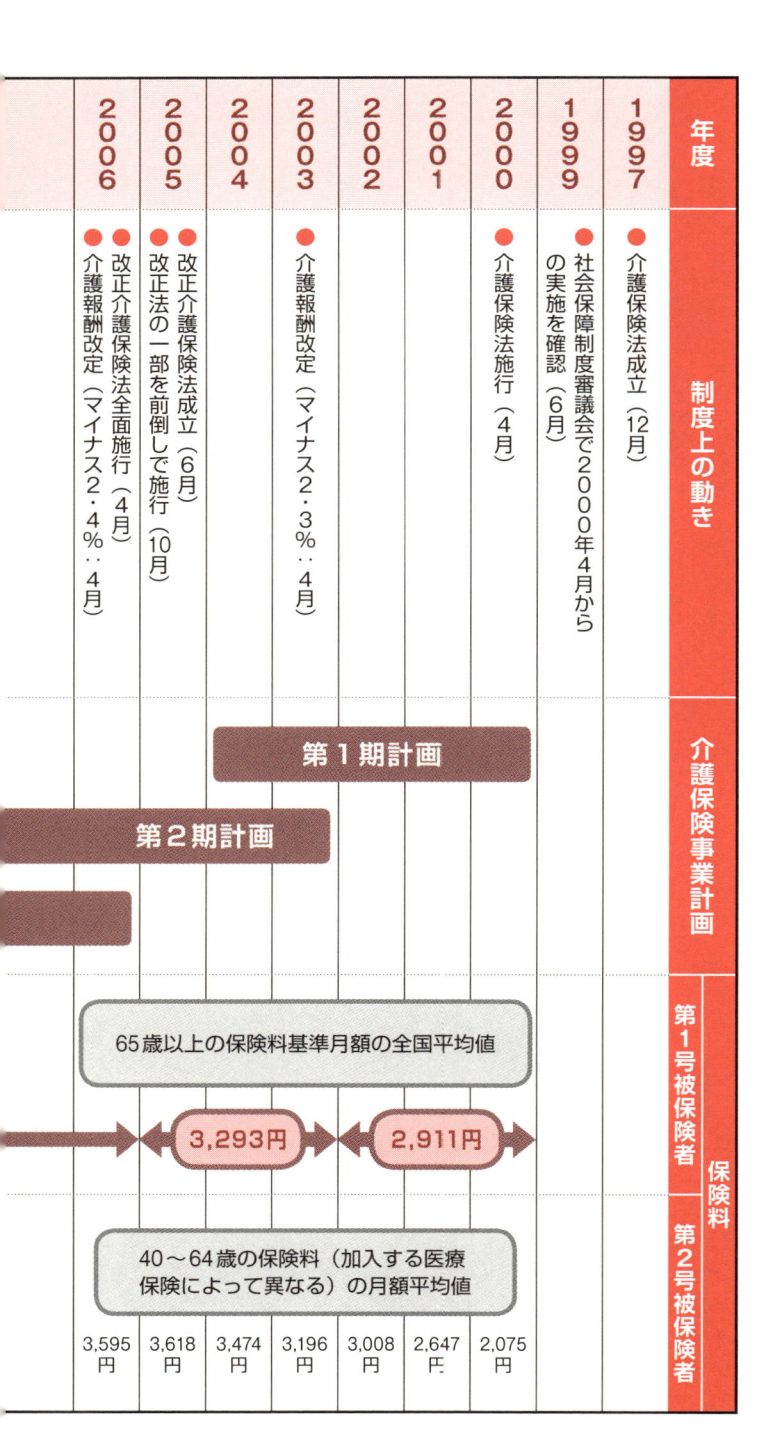

年	できごと	計画	保険料	
2007		第3期計画	4,090円	3,777円
2008	●介護保険法の一部を改正する法律が成立（5月）	第3期計画	4,090円	3,944円
2009	●一部を改正した介護保険法施行（5月） ●介護報酬改定（プラス3・0%：4月）	第4期計画	4,160円	4,093円
2010		第4期計画	4,160円	4,289円
2011	●改正介護保険法成立（6月）	第4期計画	4,160円	4,463円
2012	●改正介護保険法施行（4月） ●介護報酬改定（プラス1・2%：4月）	第5期計画	4,972円	4,622円
2013		第5期計画	4,972円	4,871円
2014	●改正介護保険法などを一括した医療介護総合確保推進法成立（6月）	第5期計画	4,972円	5,125円
2015	●改正介護保険法施行（4月から順次） ●介護報酬改定（マイナス2・27%：4月）	第6期計画	5,514円	5,081円
2016		第6期計画	5,514円	4～9月 5,352円 10～3月 5,347円
2017	●改正介護保険法などを一括した地域包括ケアシステム強化法成立（5月）	第6期計画	5,514円	5,555円
2018	●改正介護保険法施行（4月） ●介護報酬改定（プラス0・54%：4月）	第7期計画		

当初は5年分の計画を立てて3年ごとに見直していたが、2006年度からは3年分の計画を立てる方式に変わった

3年ごとに見直される。2015年にはスタート時の約1.9倍になった

毎年改定される。2015年にはスタート時の約2.5倍になった

※第2号被保険者の2016年度、2017年度の額は概算

1-4

介護保険が成り立つ財源のしくみ

介護保険の財源は、40歳以上の国民が負担する介護保険料と、税金の折半で成り立っています

伸び続ける介護給付費

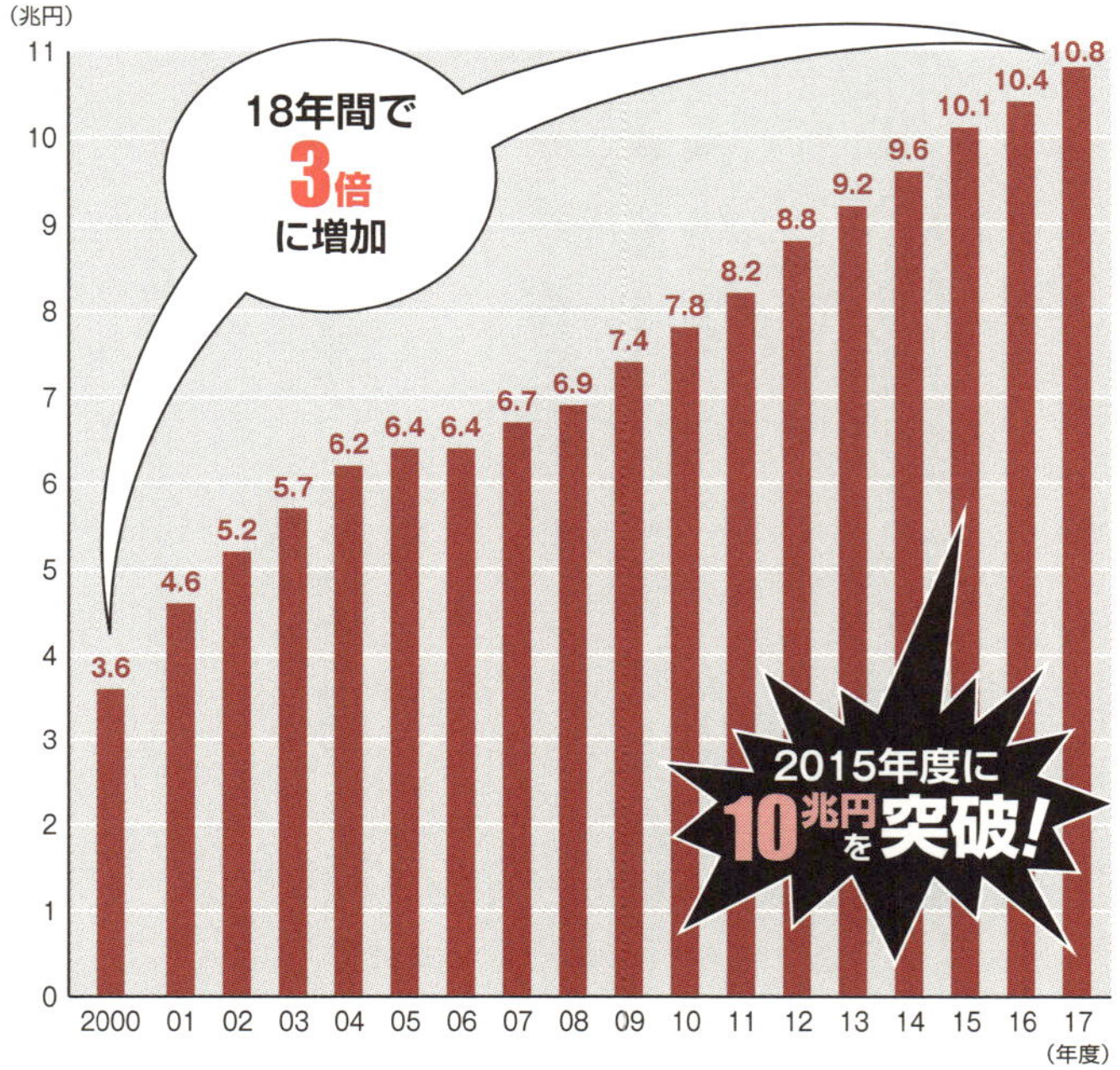

(兆円)
11
10
9
8
7
6
5
4
3
2
1
0
3.6
4.6
5.2
5.7
6.2
6.4
6.4
6.7
6.9
7.4
7.8
8.2
8.8
9.2
9.6
10.1
10.4
10.8
2000
01
02
03
04
05
06
07
08
09
10
11
12
13
14
15
16
17
(年度)
18年間で3倍に増加
2015年度に10兆円を突破!

※2014年までは実績、2015～2017年は当初予算。厚生労働省「介護給付費等実態調査」などから作成

10兆円に伸びた介護給付費だがこのまま税金投入が続くのか

2000年度から開始された介護保険の支払総額（介護給付費）は、初年度から3・6兆円という巨大なものでした。それが、2017年度では3倍に増え、10兆円を超えています（上図）。この大きな財源は、どのようなしくみで支えられているのでしょうか。

介護サービス事業者へ支払われる介護報酬は、社会保険にすることで利用者負担を1～3割にとどめ、残りを保険料と税金でまかなっています。近年、増大する社会保障費にどう歯止めをかけるかが議論されていますが、介護給付費もそうした課題のひとつです。

介護保険の財源

税金の内訳は居宅サービスの場合。施設サービスの場合は（　）内の数字

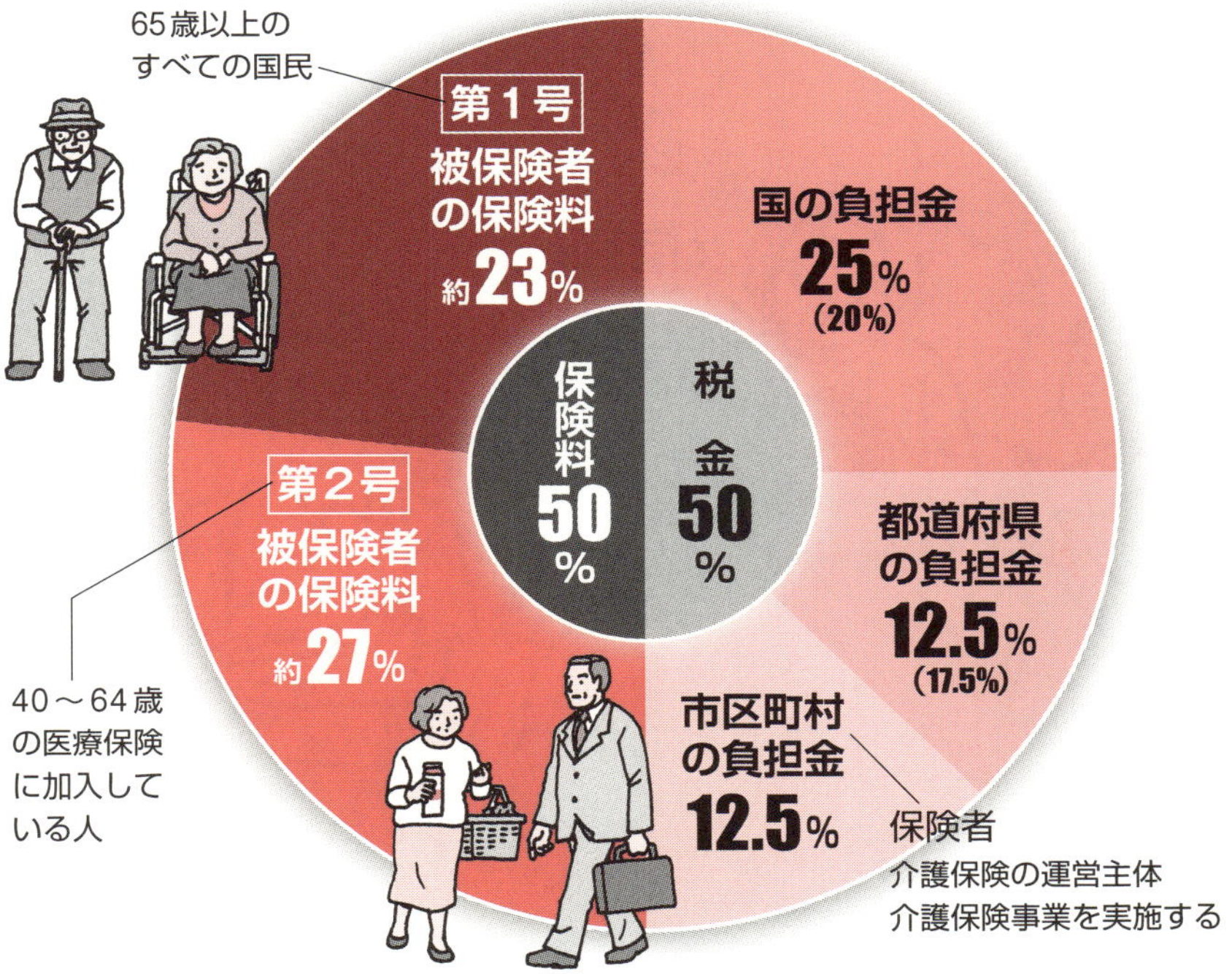
65歳以上の
すべての国民
第1号
被保険者
の保険料
約23%
国の負担金
25%
(20%)
保険料
50
%
税
金
50
%
第2号
被保険者
の保険料
約27%
都道府県
の負担金
12.5%
(17.5%)
40～64歳
の医療保険
に加入して
いる人
市区町村
の負担金
12.5%
保険者
介護保険の運営主体
介護保険事業を実施する

財源は国民が払う保険料と同額を国と自治体が負担

介護保険の財源は、半分が保険料、半分が税金でまかなわれます。居宅サービスの場合、税金の比率は半分が国の負担で、残りは都道府県と市区町村の折半です。施設サービスの場合は、都道府県の比率が高まります。

税金と同額が必要な保険料は、被保険者から徴収されます。被保険者というのは、被保険者に加入している人のことで、介護保険の場合は40歳以上の人です。強制加入なので40歳になったら自動的に介護保険の被保険者となり、原則として65歳以上で条件を満たした人が介護保険を使えることになります。

介護保険の被保険者は、40～64歳の医療保険加入者（第2号被保険者）と65歳以上の国民全員（第1号被保険者）に分かれます。二者が保険料を分担する比率は、全国の人口比率が適用され、現在は約3対2です。

利用者は増えても介護職は楽にならない

少額で利用できるのは助かるけど保険料が上がると困るわ
私たちも保険料を払っているんだから元を取ってね
利用者
利用料
利用料
子ども
もっと介護報酬が上がらないと低賃金のままだ
介護業界で働く人

サービスを利用する人は利用料と保険料を両方払う

介護保険サービスを利用した場合、かかった費用の1～3割は利用者が支払い、残りの7～9割は介護保険財源から支払われます。利用者は、介護保険サービスを利用している間も介護保険料を支払いますが、これはほかの社会保険とは大きく異なる方式です。

国民年金の場合、満60歳を過ぎると、保険料は払わなくてもよくなります。医療保険は払い続けますが、使えない人はいませんし、国民年金も全員支給です。

一方、介護保険は、払い続けても受けられない人がいます。要介護または要支援状態にならないと使えないので、なかには一生保険料を払い続けながら、一度も介護保険サービスを使わない人もいるのです。

利用者
（利用契約）
利用料の支払い
デイサービス○○
サービスの提供
要介護認定の申請
要介護認定
介護給付と介護報酬の流れ
介護報酬の請求
介護報酬の支払い
市区町村
国民健康保険団体連合会
介護給付費の支払い
介護給付費の請求

需要の急増で上がり続ける介護保険料

徴収される介護保険料は、市区町村によって異なります。介護保険サービスが充実して施設も多い地域の保険料は、利用者が多くても高くなります。2015～17年の第6期は、各都道府県の平均月額保険料の基準額（65歳以上）は6267円から4835円の間に分布し、約1・3倍の開きがあります。月額で一番高い自治体は8686円、一番低い自治体は2800円と、3倍以上の開きがありました。

介護保険の保険料は、3年ごとの見直しのたびに増えてきました。全国平均で見ると、最初は2911円だった65歳以上の保険料が、第6期では月額5514円にまで増えています（**1-3**の表参照）。

2015年時点で、介護保険は高齢者の7人に1人しか使っていません。今後は、保険料の増加か給付の制限が避けられないでしょう。

1-5

国、都道府県、市区町村の役割

介護保険制度を維持するにあたって、三者は協力しつつ、それぞれ役割を分担しています

保険者は重要な位置を占める

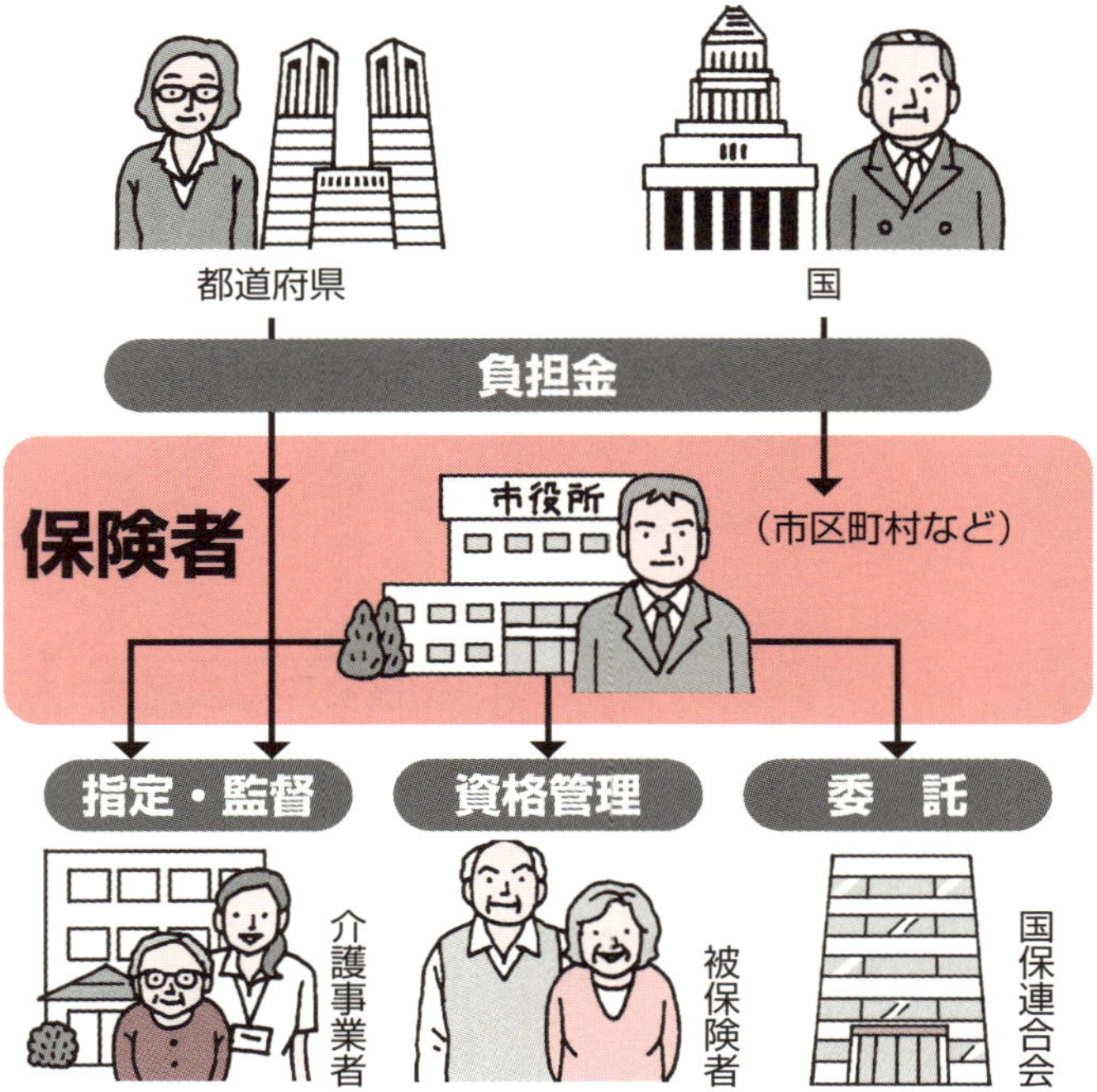

都道府県
国
負担金
保険者
市役所
（市区町村など）
指定・監督
資格管理
委　託
介護事業者
被保険者
国保連合会

介護保険における保険者とはおもに市区町村のこと

介護保険制度を運営する「保険者」は、被保険者が居住する市区町村（市町村および特別区）です。なかには複数の市区町村が広域連合などをつくって、介護保険事業を共同運営しているところもあります。

保険者のいちばん大切な仕事は、被保険者から徴収した保険料、国と都道府県からの負担金を一元的に管理して介護保険事業を実施することです。そのために、要介護認定を行うなど被保険者の資格を管理し、被保険者台帳を作成して、保険料を定めます。したがって、介護保険の窓口は市区町村になるのです。

国、都道府県、市区町村の役割

国

企画・立案

①法制度の運営など、制度全体の枠組みの設定
②要介護認定、保険給付、事業者・施設などの基準の設定
③都道府県、保険者、事業者・施設などへの指導

都道府県

指導・監督

①保険者、事業者・施設などへの指導（事業者の指定など）
②財政安定化基金の設置、市区町村からの要介護認定業務の受託
③介護サービスの基盤整備（施設整備、マンパワーの確保）
④介護保険審査会の設置
⑤介護保険事業支援計画の策定など

市区町村

実務の遂行

①介護保険事業の実施（保険給付、要介護認定業務、第1号被保険者の保険料の賦課・徴収、保険証の交付など）
②介護給付請求の審査・支払い
③介護サービスの基盤整備
④介護保険事業計画の策定
⑤市町村特別給付や保健福祉事業の実施など

国や都道府県は保険者を指導し、支える

実際には、保険者である市区町村や広域連合などは、各都道府県の国民健康保険団体連合会（国保連）に審査や支払いの実務を委託しています。そこで報酬や支払いの流れは、**1-4**末尾の図のようになるのです。

都道府県は、保険者を指導・監督すると共に介護保険施設などの指定・監督を行います。また、保険者に資金の交付や貸与を行う「財政安定化基金」を設置しています。

都道府県と市区町村は、それぞれ3年に一度介護保険事業の計画を定めなければなりません。都道府県が策定するのが「介護保険事業支援計画」、市区町村が策定するのが「介護保険事業計画」です。国（厚生労働省）は、制度運営に必要な基準などの設定を行い、都道府県や市区町村がつくる計画のあるべき姿をガイドラインで示しています。

介護保険法と老人福祉法などとの関係

介護保険法の改正に伴い事業計画をつくり直しました
私たちの法律とも整合性をとってください
第○次 地域保健医療計画（医療法）
第○次 健康増進計画（健康増進法）
第○次 地域福祉計画（社会福祉法）
介護保険 事業計画（第7期）
第○期 高齢者福祉計画（老人福祉法）
老人福祉法のテーブルに乗っていることを忘れないように

介護保険事業計画は他の計画との調和を図る必要がある

市区町村が策定する介護保険事業計画は、関連する他の計画との調和を図らなければなりません。３年に一度、介護保険法が改正されるたびにつくり直すとなると大変です。介護保険法が施行された２０００年以前から、老人福祉法（１９６３年成立）によって高齢者福祉の理念や方針が明らかにされているため、その具体策である「高齢者福祉計画」と一体的に策定し直す市区町村もあります。

自治体（都道府県や市区町村）に「第○次総合振興計画」のような大目標がある場合、それが上位計画になるので、上位計画に抵触しないように介護保険法と老人福祉法の計画を見直さねばならず、さらに保健・医療・福祉に関連する他の計画との整合性も必要です。

厚生労働省は介護保険事業計画のガイドラインを示す

第7期介護保険事業計画の策定プロセスと支援ツール

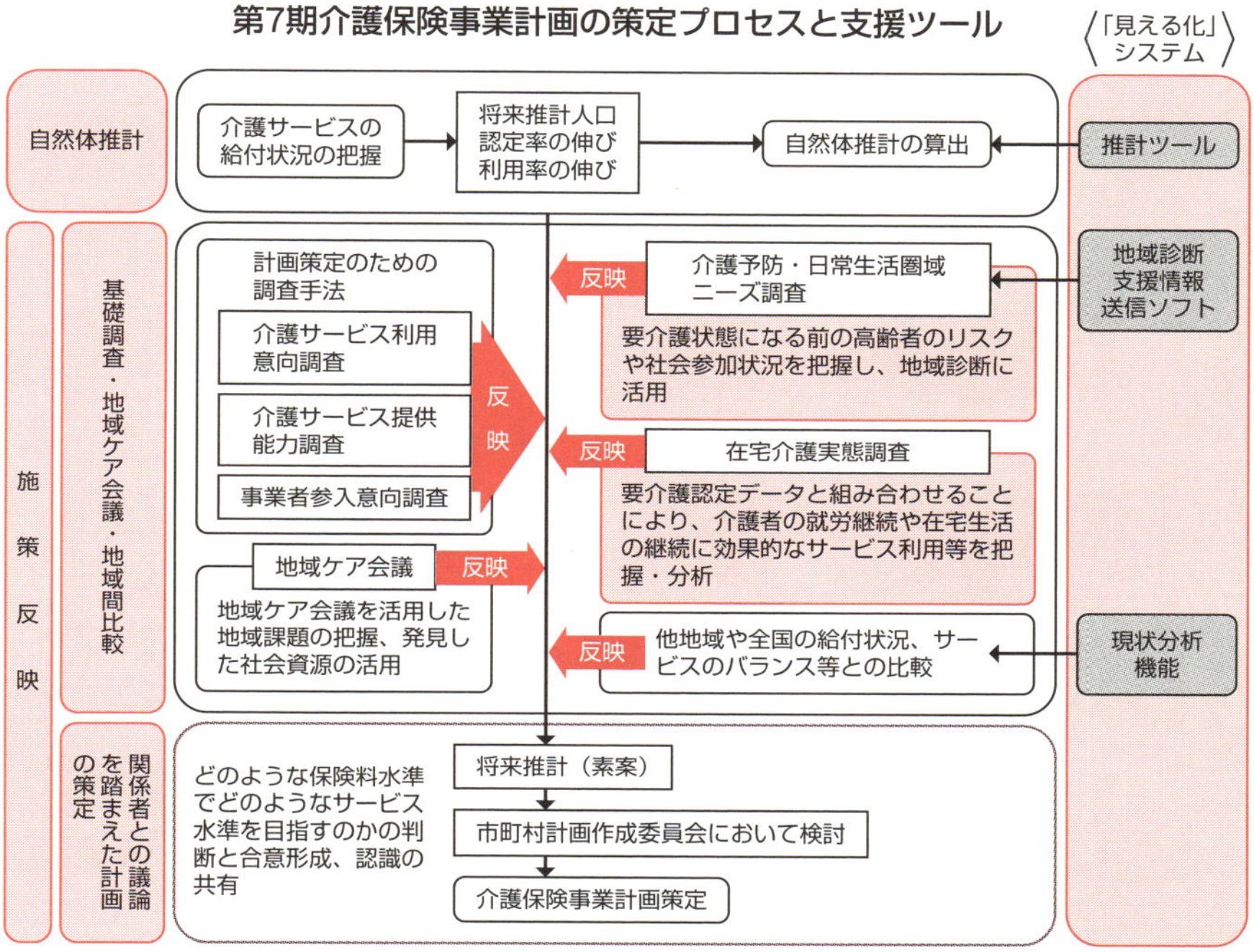

※厚生労働省・社会保障審議会介護保険部会（2016年9月23日）の資料より

介護保険事業計画は市区町村のホームページで閲覧できる

上に示したのは、厚生労働省が示した第7期介護保険事業計画のガイドラインの一部です。計画を策定するためには何を推計し、何を反映させ、どのような支援ツールを用いるべきかが示されています。こうした指導の下でつくられるので、各市区町村の介護保険事業計画にそれほど大きな傾向の違いはありません。

しかし、地域性を尊重するためにせっかく市区町村を保険者にして独自性を求めているのですから、介護関係者はぜひ職場のある（在宅介護者であれば住まいのある）市区町村の介護保険事業計画を読んでみましょう。各市区町村のホームページでも閲覧できるはずです。

計画づくりの過程では、介護保険事業計画策定委員の公募、骨子案へのパブリック・コメントの募集などが行われるので、それらを通じて策定に参加することもできます。

1-6

どんな人が介護保険を使えるのか

介護保険サービスは、使える人が限られています。利用の条件をしっかり理解しておきましょう

保険証があるだけでは介護保険は利用できない

介護保険は強制加入の公的保険なので、40歳以上の国民は介護保険料を払わなくてはいけません。しかし、40歳以上の全員が、介護保険を使えるわけではないのです。

65歳以上のすべての国民（第1号被保険者）は、要介護1～5に認定されると介護サービスを、要支援1、2に認定されると介護予防サービスを受けることができます。

40～64歳で医療保険に加入している人（第2号被保険者）は、特定疾病（左ページ参照）があり、かつ要介護か要支援に認定されなければ、介護保険は利用できません。

では、要介護か要支援の認定を受ければ、自由に介護保険サービスを受けられるのでしょうか。そうではありません。次に、居宅介護支援事業所と利用契約を交わし、ケアマネジャーと一緒にケアプランをつくる必要があるのです（**2-10**参照）。もし、施設に入所するのであれば、施設のケアマネジャーにケアプランをつくってもらうことになります。

ケアプランができたら、プラン内容に沿ったサービスを提供してくれる事業所を探し、利用したい事業所と個別の利用契約を結ばなければなりません。そこで初めて、介護保険を利用できるのです。「ケアマネジャー」「ケアプラン」「契約」……要介護認定が出たら3つの「ケ」が必要なのだと覚えましょう。

ケアセンター
サービスを提供する事業所
ケアプラン
居宅介護支援事業所
契約
契約
介護保険を利用するとき欠かせないのは
ケアマネジャー
ケアプラン
契約
の3つの「ケ」

介護保険を使える条件

●条件1

①65歳以上であること

②要介護1～5または要支援1、2と認定されること

●条件2

①40～64歳の医療保険加入者

②特定疾病

（末期がん、関節リウマチ、筋萎縮性側索硬化症、後縦靭帯骨化症、骨折を伴う骨粗鬆《こつそしょう》症、初老期における認知症、パーキンソン病関連疾患、脊髄小脳変性症、脊柱管狭窄症、早老症、多系統萎縮症、糖尿病性神経障害や糖尿病性腎症および糖尿病性網膜症、脳血管疾患、閉塞性動脈硬化症、慢性閉塞性肺疾患、両側の膝関節または股関節に著しい変形を伴う変形性関節症）

によって介護が必要と認められること

③要介護1～5または要支援1、2と認定されること

有効期限があるので定期的な更新が必要

要介護度が決まっても、高齢者は心身の状況が変化しやすいため、初回の認定は原則６ヵ月で見直されます。２回目は状態が安定していると認められた場合の最大が36ヵ月で、それ以降３年以内の更新を繰り返すのです。要介護度が決まった人の介護保険証には、この有効期限が明記されています

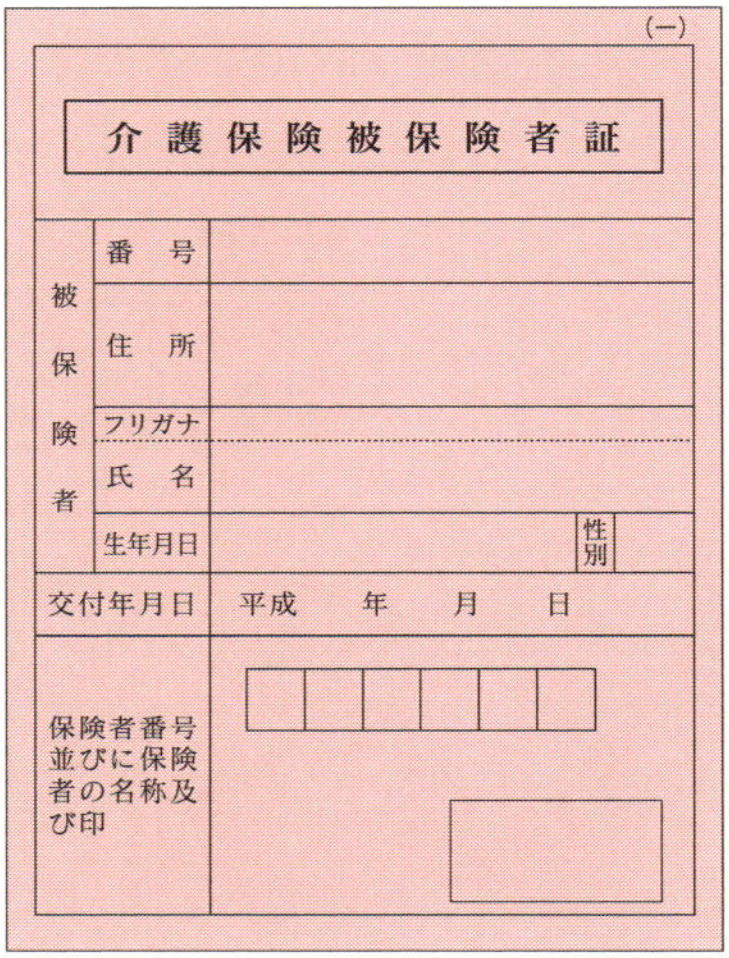

(一)

介護保険被保険者証

被保険者	番号	
	住所	
	フリガナ	
	氏名	
	生年月日	性別
交付年月日	平成　　年　　月　　日	
保険者番号並びに保険者の名称及び印		

満65歳の誕生日が近づくと介護保険証が送られてくる

介護保険の被保険者証（介護保険証）は、満65歳の誕生日が近づくと、住んでいる市区町村から郵送されてきます。しかし、この保険証はそのままでは使えません。医療保険のように、交付された保険証を窓口で呈示するだけで使えるわけではないのです。

介護保険サービスを利用できるようにするには、この保険証を添えて、市区町村役所の窓口に要介護認定の申請をしなければなりません（**2-1**参照）。その手続きを行っていない保険証は、要介護度や有効期限が記載されていない「使えない保険証」です。

65歳以上の人には自動的に介護保険の保険証が送られてきます。40～64歳の人は保険料を払っていますが交付されません。

介護保険ミニ知識

数年ごとに内容が変わる制度？

日本の介護保険は、先進国の中で例を見ないほど速く進んだ高齢化に対応する必要から、急ごしらえでつくられた経緯があります。そのため、運用しながら手直ししていこうと、3年ごとに見直される予定です（当初は1期5年でスタートしましたが、2期の途中から3年になりました）。事実、2006年度の改正はかなり大幅な内容変更で、2012年度や2015年度も大きく変わりました。問題は、もともと手続きやサービスの種類が多い介護保険が、改正によってさらに複雑になることです。高齢の利用者はもとより、家族や介護職にもわかりにくい現状を改善し、使いやすい制度にしてほしいと多くの人が願っています。

第２号被保険者を詳しくいうと

40～64歳で第２号被保険者になるには、医療保険への加入が条件です。医療保険には次のような種類があります。○健康保険○船員保険○国民健康保険○国家公務員共済または地方公務員共済○私立学校教職員共済○健康保険法の規定による日雇特例被保険者など。40～64歳でも医療保険に加入していない生活保護の受給者は、介護保険の第２号被保険者にはなれません。しかし、65歳を超えたら第１号被保険者になれます。第１号被保険者には、医療保険の加入者という条件がないからです。

サラリーマンの保険料は事業主と折半

第２号被保険者でサラリーマン（給与所得者）の介護保険料は、医療保険と同じように事業主が半分負担します。支払い方法も医療保険と同じで、給与から天引きして事業主が支払います。サラリーマンの妻は、介護保険料を支払う義務がありません。これは現在の医療保険制度においても、支払い義務がないのに被保険者になるのと同じです（やがて見直されるのではないかという声もあります）。第２号被保険者の保険料は、毎年上がってきました。そのたびに事業主は福利厚生費を増大させてきたのです。今後は増大する介護保険の財源をどうするか、議論の高まりが予想されます。

1-7

65歳以上の人の保険料の決め方

第1号被保険者の保険料は3年ごとに変わりますが、どのように決められているのでしょうか

65歳以上の介護保険料

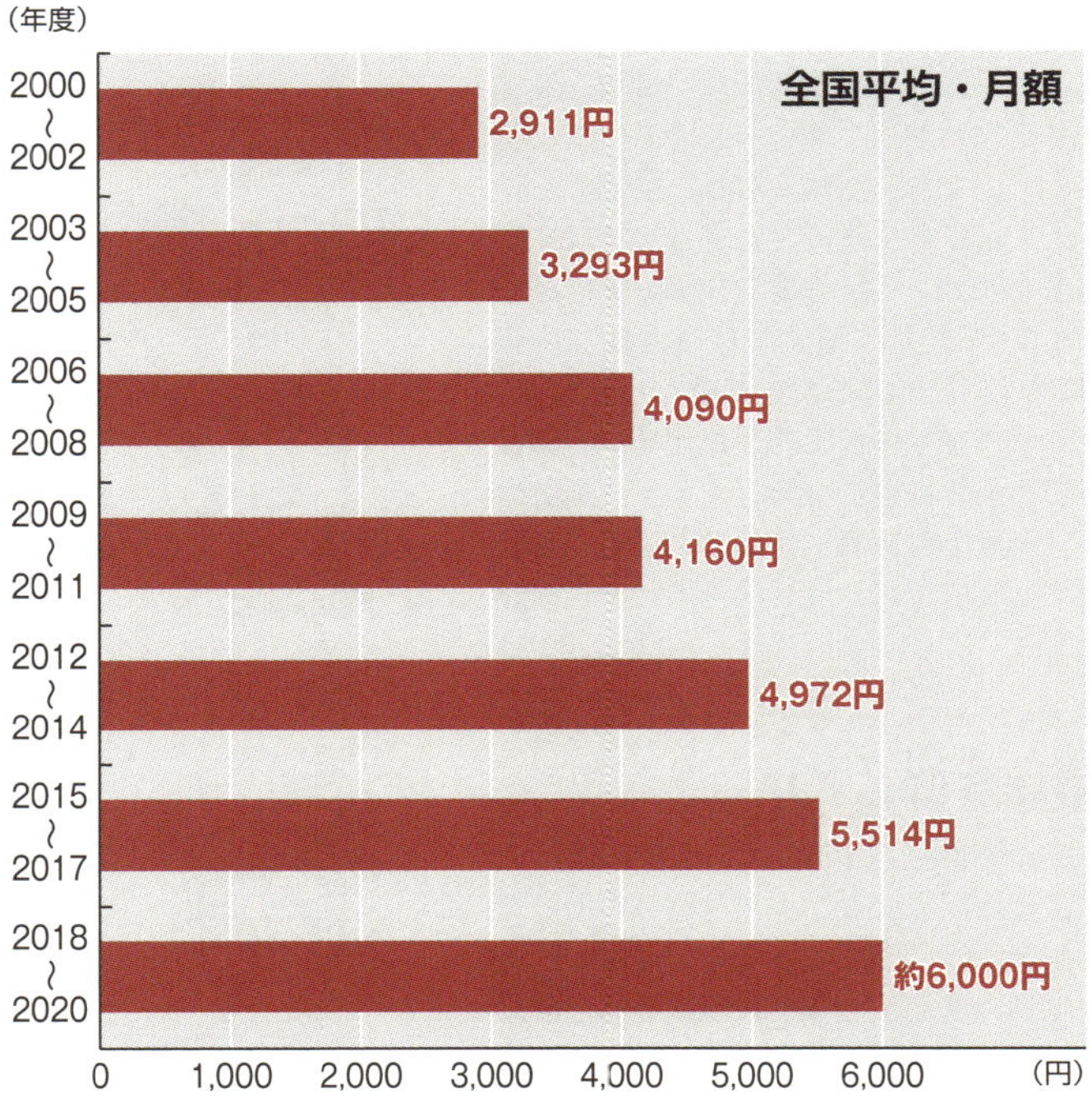

（年度）
全国平均・月額
2000〜2002
2,911円
2003〜2005
3,293円
2006〜2008
4,090円
2009〜2011
4,160円
2012〜2014
4,972円
2015〜2017
5,514円
2018〜2020
約6,000円
0
1,000
2,000
3,000
4,000
5,000
6,000
（円）

保険料の基準額は市区町村によって異なる

保険者である市区町村は、介護保険を運営するに当たって、一般会計と分離した「介護保険特別会計」を組み、関連することを条例で決めています。65歳以上の人の介護保険料は、3年に一度、条例で決められるのです。

市区町村は、介護保険事業に必要な費用の50％を保険料で賄わなければなりません（**1-4**の円グラフ参照）。全体の費用のうち23％を市区町村内の第1号被保険者の人口で割り、基準額を算出します。高齢化率（人口に占める65歳以上の比率）が高いと必要な費用も増すため、第1号被保険者の保険料が高くなるのです。

第１号被保険者の保険料（一例）

所得段階別の保険料を独自に設定している市区町村のうちで、幅を広くとっている例（埼玉県鴻巣市）

区分	対象者	基準額に対する割合	保険料（年額）
第１段階	生活保護受給者・老齢福祉年金受給者で世帯全員非課税の方および住民税世帯非課税の方で前年の合計所得金額と課税年金収入額の合計が80万円以下の方	0.45	25,300円
第２段階	住民税世帯非課税で、前年の合計所得金額と課税年金収入額の合計が80万円を超え120万円以下の方	0.65	36,600円
第３段階	住民税世帯非課税で、上記以外の方	0.75	42,200円
第４段階	本人が住民税非課税（世帯内に住民税課税者がいる場合）で、前年の合計所得金額と課税年金収入額の合計が80万円以下の方	0.90	50,700円
第５段階	本人が住民税非課税（世帯内に住民税課税者がいる場合）で、前年の合計所得金額と課税年金収入額の合計が80万円を超える方	1.00	56,300円
第６段階	本人が住民税課税で、前年の合計所得金額が120万円未満の方	1.20	67,600円
第７段階	本人が住民税課税で、前年の合計所得金額が120万円以上190万円未満の方	1.30	73,200円
第８段階	本人が住民税課税で、前年の合計所得金額が190万円以上290万円未満の方	1.50	84,500円
第９段階	本人が住民税課税で、前年の合計所得金額が290万円以上400万円未満の方	1.70	95,700円
第10段階	本人が住民税課税で、前年の合計所得金額が400万円以上の方	1.80	101,400円

市区町村が定めた基準額と所得額で各自の保険料が決まる

第１号被保険者の保険料の基準額が決まったら、所得段階に応じた料率を決めます。所得段階は以前６段階に分かれていましたが、２０１５年度からは原則として９段階です。

このうち第５段階が基準額で、第１～第４段階はそれより低く、第６～第９段階はそれより高く設定されています。ただし、市区町村で区分を変更することも、第９段階より高い区分を設けることも可能です。市区町村議会は、地域の経済状態に合わせた条例をつくることで、65歳以上の保険料をコントロールできます。

保険料に格差を設けているのはどのような市区町村なのか、一概に言うのは困難です。都市部では、収入の高い人に第９段階より高い区分を設けていますし、財政の厳しい市区町村でもそうしているようです。上に、格差を設けた例を掲げたので参考にしてください。

1-8

介護保険料の支払い方法

第1号被保険者の保険料は、公的年金の額によって、2つの方法に分けて徴収されます

介護保険料の支払い方法は厳密に分けられている

1-7に示した方法で決まった第1号被保険者の保険料は、公的年金が年額18万円以上ある人は、2ヵ月に一度の年金（老齢年金、退職年金など）から天引きされます。2006年度からは、障害年金や遺族年金からも天引きされるようになりました。これが「特別徴収」と呼ばれるものです。

ところで、第1号被保険者の保険料率（市区町村民税の課税・非課税が関係します）は、毎年6月頃にならないと決まりません。そこで役所は、偶数月の中旬に支給される年金のうち、通常4月、6月、8月は前年度の最後の2ヵ月分と同額を仮徴収し、年度後半の10月、12月、2月の本徴収で調整するのです。

公的年金が年額18万円未満の人（低年金または無年金の人）は、市区町村から送付される納付書か口座振替で納めます（通常7月から翌年3月までの間に1年分を9分割して納める）。これが「普通徴収」です。

40〜64歳で医療保険に加入している第2号被保険者の保険料は、会社員や公務員などの給与所得者であれば、加入している医療保険の算定方法で金額が決まり、給与から天引きされます。自営業などで国民健康保険に加入している第2号被保険者の保険料は、本人の前年度の所得に応じて市区町村が決め、国民健康保険料に上乗せして徴収されます。

第１号被保険者への徴収方法

仮徴収と本徴収を併用します
特別徴収ですね
年金から天引き
公的年金が年額18万円以上の人
市区町村
普通徴収でお願いします
納付書が送られてくるのですね
納付書
公的年金が年額18万円未満の人
市区町村

地域格差を公然と認めた珍しい制度

介護保険サービスの利用料は、通常「単位」で示されています（1・9参照）。この単位は、介護サービス事業者の所在地によって換算率を変えるための方策です。通常1単位は10・00円ですが、都市部になるほど換算率が高くなり、最大11・40円まで上がります。

介護保険サービスは原価の大部分が人件費なので、人件費が高い都市部はサービスの料金も高くなるよう設定されているのです。地域格差を認めた、珍しい制度と言えるでしょう。自分の住んでいる市区町村が何級地に区分されているかは、巻末資料で調べることができます。

ちなみに、本書では介護保険の保険者を「市区町村」と表記しています。ここで「区」と呼んでいるのは特別区（東京23区）のことなので、本来は「市町村と特別区」と表記するべきです。しかし、厚生労働省も一般向けには「市区町村」と表記しています。本書は一般書店に並ぶ本なので、わかりやすさを優先して、厚生労働省と同じ「市区町村」で統一しました。

1-9

支給限度額と利用制限

介護保険サービスは1～3割負担で利用できますが、種類と要介護度によって支給限度額があります

事業者が受け取る介護報酬の1～3割を利用者が支払う

介護保険サービスには要介護度に応じた支給限度額があります。左ページの表は居宅サービスの1ヵ月の支給限度額ですが、月内に支給限度額を超えると、超えた分が全額自己負担となります。これは医療保険と大きく違う点で、どんな重度の人でも例外はありません。

支給限度額の範囲内であれば、利用者の負担は1～3割です。単身者は年収２８０万円以上が2割負担で３４０万円以上が3割負担、夫婦世帯は年収３４６万円以上が2割負担で４６３万円以上が3割負担となります（詳しくは巻頭特集を参照してください）。

介護給付の種類

介護給付は種類が多いので、居宅サービス、地域密着型サービス、施設サービスに分けるとわかりやすくなります。予防給付は、施設サービスが使えないなど利用に制限があります

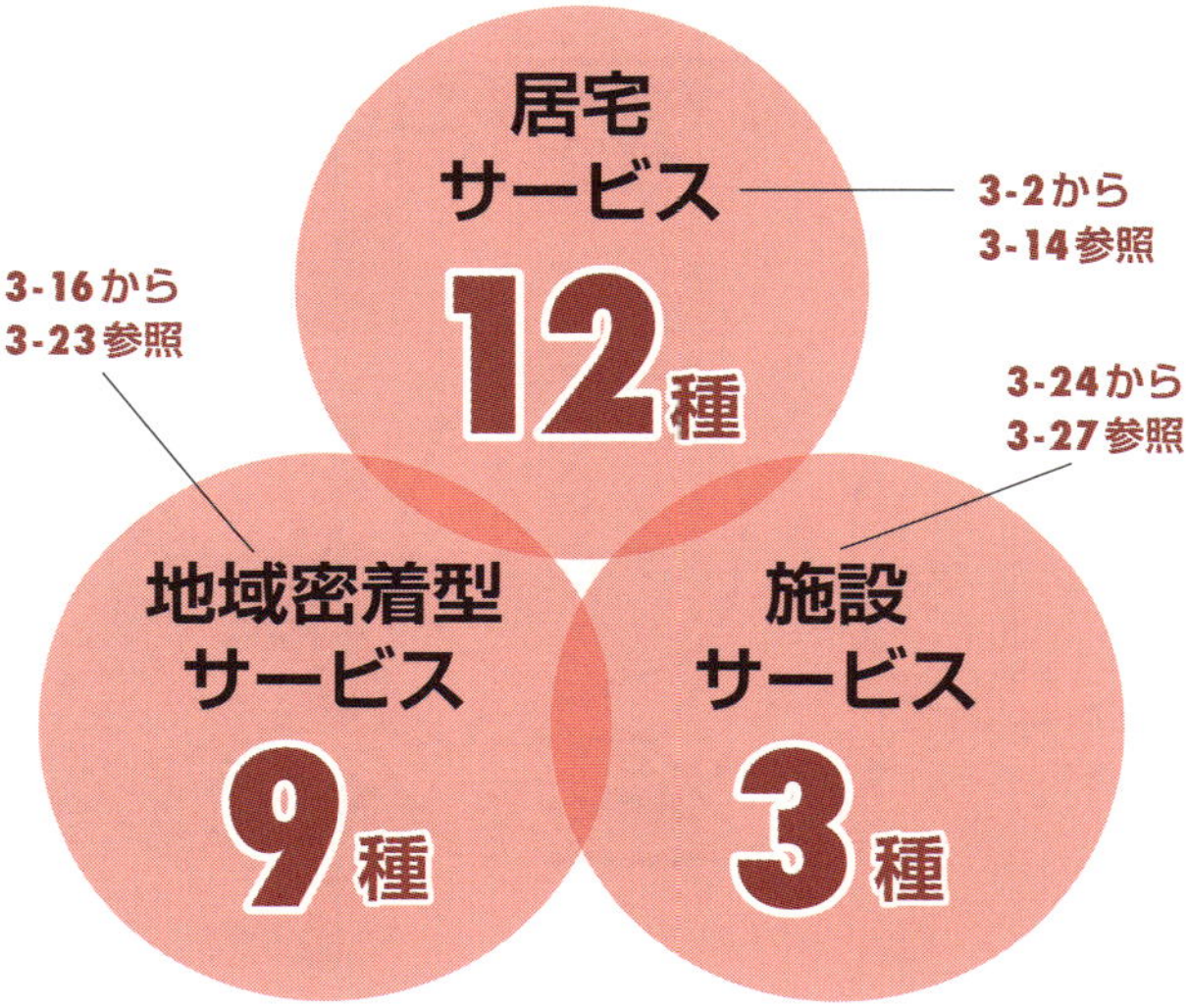
居宅
サービス
12種
3-2から
3-14参照
3-16から
3-23参照
地域密着型
サービス
9種
3-24から
3-27参照
施設
サービス
3種

要介護度の7区分と支給限度基準額（2018年4月現在）

区分	居宅サービスを使った場合、1ヵ月の支給限度額	限度額が適用されるサービス	福祉用具のレンタル制限
要支援1	5,003単位　（5,003円）	訪問介護、訪問入浴介護、訪問看護、訪問リハビリテーション、通所介護、通所リハビリテーション、福祉用具貸与、短期入所生活介護、短期入所療養介護、定期巡回・随時対応サービス、夜間対応型訪問介護、認知症対応型通所介護、小規模多機能型居宅介護、認知症対応型共同生活介護（短期利用のみ）、看護小規模多機能型居宅介護	介護用ベッド、車イスなどにレンタルの制限がある
要支援2	10,473単位　（10,473円）		
要介護1	16,692単位　（16,692円）		
要介護2	19,616単位　（19,616円）		レンタルの制限は、自動排泄処理装置のみ
要介護3	26,931単位　（26,931円）		
要介護4	30,806単位　（30,806円）		
要介護5	36,065単位　（36,065円）		
限度額が適用されないサービス（居宅療養管理指導は、支給限度額の対象外です。そのほか要介護度別に1日あたりの介護報酬が決められている入居系のサービスは、1ヵ月の支給限度額が適用されません）		居宅療養管理指導、特定施設入居者生活介護（外部サービス利用型、短期利用を除く）、認知症対応型共同生活介護（短期利用を除く）、地域密着型特定施設入居者生活介護、地域密着型介護老人福祉施設入所者生活介護	―

※（　）内に記された金額は、その他の地域で1割負担の場合の自己負担額（1ヵ月を30日とした月額）

提供できるサービスの種類も要介護度によって異なる

要介護度によって、支給限度額が異なる（軽度の人は1ヵ月の単位が少なく、重度の人は多い）ということは、要介護度によって介護保険サービスを使える量が異なるということです。

それだけではなく、提供されるサービスの種類も要介護度によって違ってきます。

●ケアマネジメント（居宅介護支援）は要介護度にかかわらず利用者負担がありません。

●福祉用具貸与は、要介護2未満の人にレンタル品の制限があります。

●グループホームは要支援2以上の人でなければ入ることができません。

●要支援の人は介護保険施設に入れず、特養は原則、要介護3以上の人しか入れません。

●介護保険施設に入所中やショートステイ利用中は、オムツ代が介護費用に含まれます。その他（デイサービスなど）では有料です。

1-10

生活保護など貧困との兼ね合い

生活保護と介護保険との関係および保険料が支払えない場合について知っておきましょう

生活保護や他の特別な困窮者の介護保険料の取り扱い

65歳以上の人は、生活保護を受けていても介護保険の第1号被保険者になれます。要介護認定が下りれば、介護給付による介護保険サービスを受けることができるのです。

その場合、保険料は生活保護費の中の生活扶助で賄われ、利用料は介護扶助で賄われます。

一方、生活保護を受けている40～64歳の人は、介護保険の被保険者になれません。第2号被保険者になるためには、医療保険加入者であることが条件ですが、生活保護受給者は国民健康保険を脱退しているからです。被保険者にならないまま介護保険サービスを受け、利用料は生活保護費の介護扶助から賄われます。

生活保護を受けると、さまざまな公費が免除されることはよく知られているとおりです。介護保険においても、保険料率がいちばん低い第1段階になるほか、特養などの施設入所に際しても、収入区分による減額がいちばん大きく、多床室の居住費は0円、食費も上限日額300円とかなり安く設定されています。

独居で認知症のため介護保険の手続きがとれない高齢者、家族から虐待を受けている高齢者は、市区町村が介護保険サービスを利用できるよう手続きをとりますが、そこで登場するのは措置制度です。保険料や利用料は本人の負担能力に応じて仮に取り決め、成年後見人がついた時点で契約による利用に切り替えます。

生活保護を受けていない低年金者の場合

□□市介護保険課
生活が苦しいので年金からの天引きはやめてください
介護保険サービスは使いませんので
たくさんのペナルティが待っていますよ

介護保険被保険者証には

- 特別な事情がないのに保険料を滞納してはいけないと書かれているが、経済的事情で払えない場合のことは書かれていない
- 滞納した人は給付制限を課せられるが、保険証にはその内容と期間を記入する欄がある。事業者はここを必ずチェックする

理由なく保険料を支払わなかったらどうなるのか

理由なく第1号被保険者が保険料を一定期間滞納すると、給付を市区町村からの事後払いにする措置（支払方法変更）がとられます。これは利用料を全額自己負担し、申請すれば7～9割が返ってくる償還払いになるということです。

滞納が長引くと、返ってくる7～9割の中から保険料が差し引かれるようになり、さらに滞納すると、自己負担が3割に引き上げられます。これを保険者の側から言うと、給付の減額措置がとられるのです。

40～64歳の第2号被保険者も、これと同等の措置がとられます。

□□市
ペナルティ

1-11

労災や交通事故との兼ね合い

介護保険より優先される給付がいくつかあります。法律間の優先順位を知っておきましょう

介護が必要になった原因により他法が優先される場合がある

介護が必要になった人への給付は、すべて介護保険が使われるわけではありません。業務中や通勤中の事故で介護が必要になった人は、労働者災害補償保険（労災）で給付が行われます。交通事故が原因であった場合の自動車損害賠償責任保険（自賠責保険）、公務災害や戦傷病者への国家保障も介護保険より優先される給付です。このことを「他法優先」と呼びます。

介護保険は加齢が原因で要介護状態になった人の支援を目的としているので、ほかに原因があれば、そちらが優先されるのです。他法では1～3割の自己負担がありませんし、支給限度額もありません。労災が適用されると、生活のために年金も支給されます。

一方、介護保険は、障害者への給付や医療保険よりも優先順位が上です。同様のサービスがある場合は介護保険を使い、なければ障害者へのサービスや医療保険が使われます。

ただし、いくつかの例外があるので注意が必要です。代表的なものを挙げておきましょう。

福祉用具：介護保険は既製品のレンタル、障害者はオーダーメイドが基本です。要介護者でもオーダーメイドが必要な場合、市区町村の判断で障害者総合支援法が使えます。

訪問看護：末期がんなど厚生労働大臣が定めた疾病への訪問看護、または急性増悪期、退院直後などは、医療保険が使えます。

介護保険法と他法との優先関係

イラストで介護保険より上に示した給付は、介護保険より優先して使われます（交通事故の自賠責保険も介護保険より優先されますが、民間保険なのでここでは除外します）

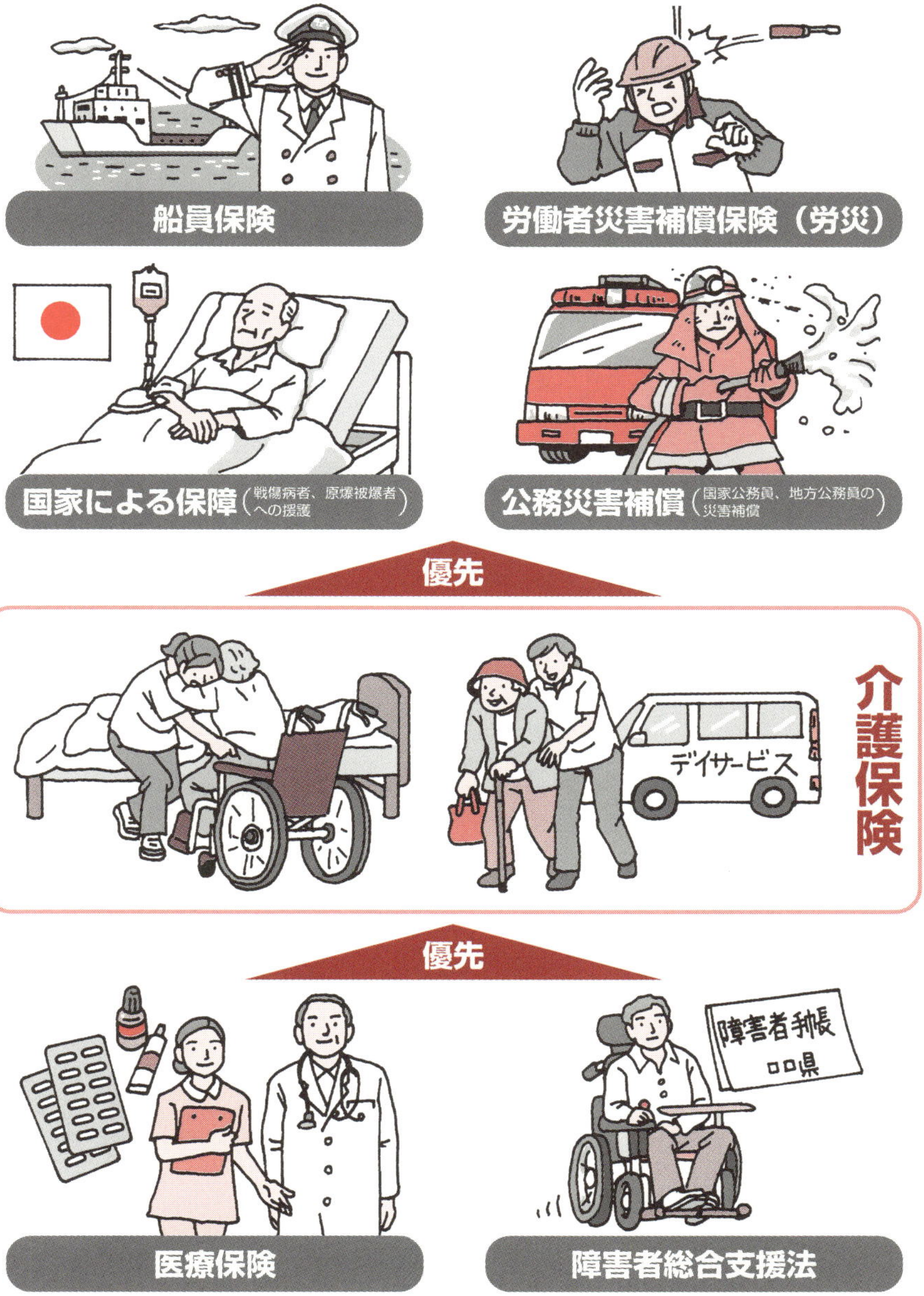
船員保険
労働者災害補償保険（労災）
国家による保障（戦傷病者、原爆被爆者への援護）
公務災害補償（国家公務員、地方公務員の災害補償）
優先
デイサービス
介護保険
優先
障害者手帳
□□県
医療保険
障害者総合支援法

1-12

介護サービス事業者の法人形態

介護サービス事業者の法人形態は、どうなっているのでしょうか。おもなものを見てみましょう

社会福祉法人と医療法人が施設の法人形態の二大トップ

特別養護老人ホーム（特養）と呼ばれることも多い介護老人福祉施設（呼び方の詳細は**3-25**参照）の運営は、現在のところ自治体や社会福祉法人に限定されています。２０１６年には公正取引委員会が「規制を撤廃し、医療法人や株式会社も参入させることが望ましい」という意見を発表して注目されました。

介護老人保健施設（老健）と介護療養型医療施設（介護療養病床）の運営主体で、圧倒的に多いのは医療法人です。後者は廃止が決まっていましたが難行し、今後は介護医療院への転換が注目されています（詳細は**3-27**参照）。

介護保険施設の法人形態

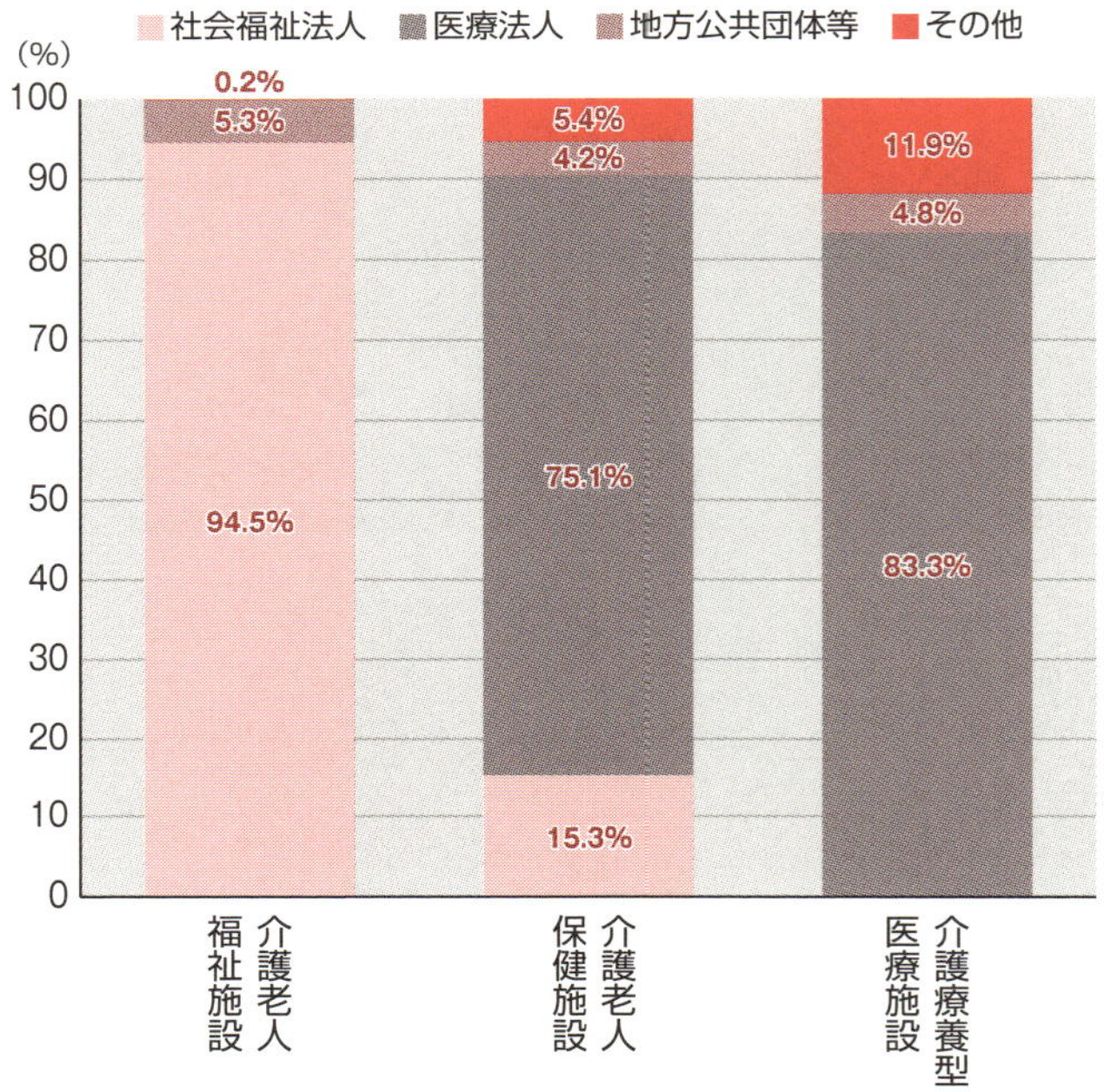
社会福祉法人
医療法人
地方公共団体等
その他
(%)
100
90
80
70
60
50
40
30
20
10
0
0.2%
5.3%
94.5%
5.4%
4.2%
75.1%
15.3%
11.9%
4.8%
83.3%
介護老人福祉施設
介護老人保健施設
介護療養型医療施設

※厚生労働省「介護サービス施設・事業所調査」より（2016年10月1日現在）

その他の介護サービス事業者の法人形態

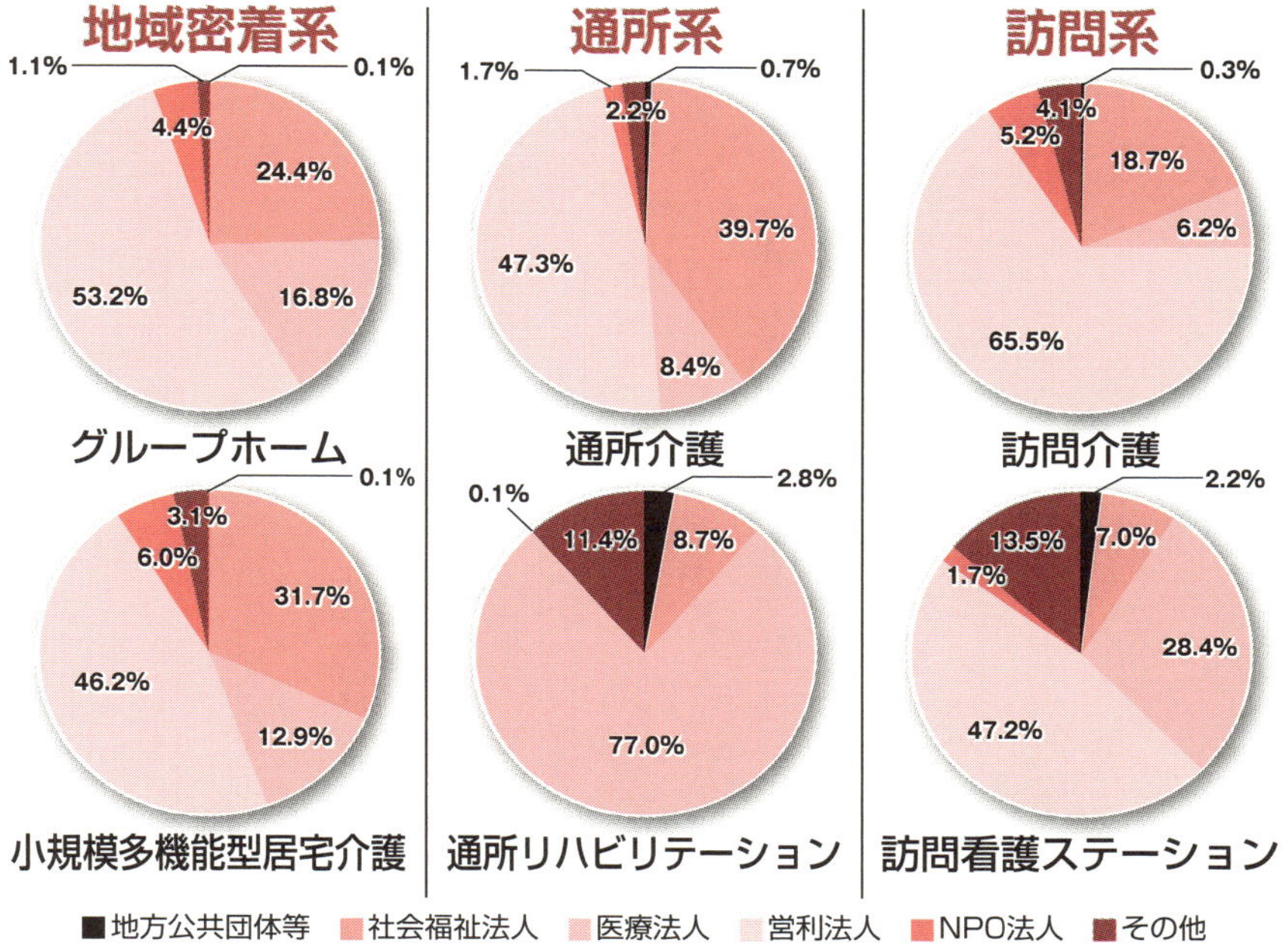

地域密着系
1.1%
0.1%
4.4%
24.4%
53.2%
16.8%
グループホーム
0.1%
3.1%
6.0%
31.7%
46.2%
12.9%
小規模多機能型居宅介護
通所系
1.7%
0.7%
2.2%
39.7%
47.3%
8.4%
通所介護
0.1%
2.8%
11.4%
8.7%
77.0%
通所リハビリテーション
訪問系
0.3%
4.1%
5.2%
18.7%
6.2%
65.5%
訪問介護
2.2%
13.5%
7.0%
1.7%
28.4%
47.2%
訪問看護ステーション
■地方公共団体等 ■社会福祉法人 ■医療法人 ■営利法人 ■NPO法人 ■その他

※厚生労働省「介護サービス施設・事業所調査」より（2016年10月1日現在）

居宅サービスや地域密着型では営利法人やNPO法人も健闘中

介護保険施設以外のサービス事業者の法人形態を見ると、通所リハビリテーション（デイケア）で医療法人が1位を占めているほかは、ほとんど営利法人（会社）が1位を占めています。比較的医療法人が多いものは、定期巡回・随時対応型訪問介護看護（17・3％）と看護小規模多機能型居宅介護（20・7％）です。

これらの介護保険サービスの中で、介護職が独立して起業しやすいものはどれかといえば、訪問介護事業所（ヘルパーステーション）と通所介護事業所（デイサービス）が双璧を成しています。しかしながら、近年の介護保険法改正では小規模事業所の介護報酬が減額される傾向にあり、収益の確保は難しくなるでしょう。

2000年代は「介護で起業」が盛んでしたが、近年は異業種からの参入が目立ち、資本の大きさが物を言う時代になっています。

コラム 1

「在宅医療100万人時代」を迎える2025年の日本

医療費を抑制しなければならない財政的な理由もあって、国は入院患者を在宅医療へ移す流れを進めています。自宅や介護施設で訪問診療を受けた人は、2016年6月時点で約67万人でした。厚生労働省は、今後の高齢者の増え方も考慮して、2025年に在宅医療を受ける人を100万人と推計しています。入院患者のうち、軽症で本来は入院の必要がない高齢者が同年時点で約30万人いると仮定し、その一部も加えた数字です。

在宅医療では、医師や看護師、薬剤師らが連携して、退院の支援から日常の療養支援、急変時の対応、看取りまでを担います。日常の療養の中心になるのは、医師が月2回ほど定期的に行う「訪問診療」です。全国在宅療養支援診療所連絡会会長の新田國夫医師は、こう語ります。

「病院の役割は『病気を治すこと』ですが、在宅医療の本質は『患者の余生を任され、患者本人の意思を尊重し生活を支えること』です」（高齢者住宅新聞2018年3月7日号）

自宅で在宅医療を受ける場合、問題は介護保険サービスをフルに使っても、家族の負担が大きくなりがちなところにあります。末期がんなどでは、亡くなる直前に救急車を呼んでしまい、望まぬ延命治療が始まることもしばしばです。

こうした混乱を避けるために、国は2018年度中にも在宅医療や介護のガイドラインをまとめる予定であることを発表しています。

第2章

介護保険サービスはどうしたら使えるか

日本の福祉制度の基本は、自ら申し出る申請主義です。介護保険もまた、手続きをしなければサービスを受けられません。この章では、申請してからサービスを受けるまでの流れについて述べます

2-1

要介護認定の申請から利用開始までの流れ

介護保険の被保険者証を使える状態にするためには、上の図で示す手続きを行う必要があります

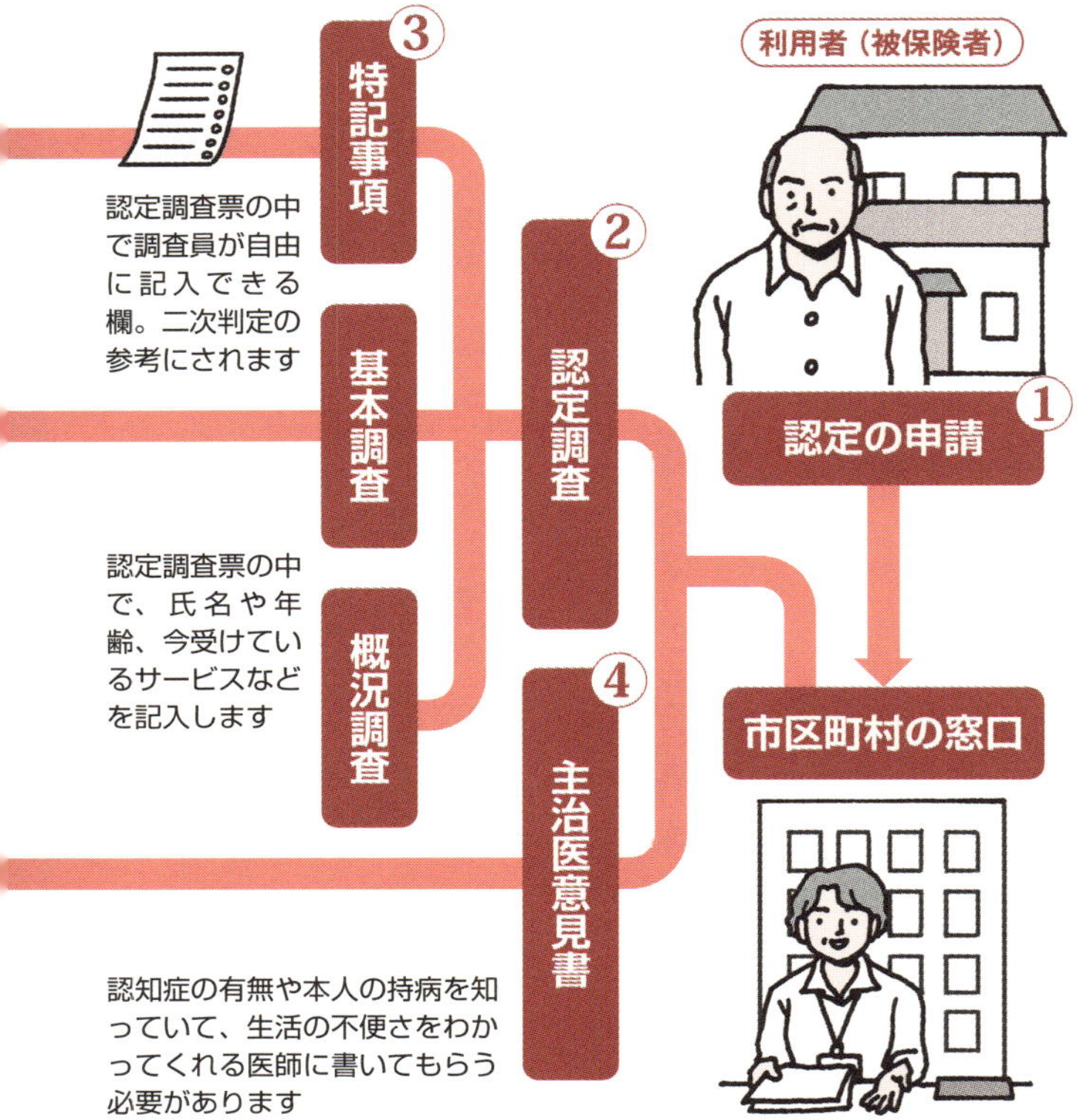

利用者（被保険者）
①認定の申請
市区町村の窓口
②認定調査
③特記事項
基本調査
概況調査
④主治医意見書
認定調査票の中で調査員が自由に記入できる欄。二次判定の参考にされます
認定調査票の中で、氏名や年齢、今受けているサービスなどを記入します
認知症の有無や本人の持病を知っていて、生活の不便さをわかってくれる医師に書いてもらう必要があります

申請開始からの流れをチャートで見ていくと

①認定の申請

住んでいる市区町村役所の窓口に介護保険証を持参し、要介護認定の申請を行います。申請は原則として本人か家族が行いますが、代行申請の制度もあります。

②認定調査

認定調査員が自宅（入院中であれば病院）を訪問します。日時の問い合わせがあったら、家族が立ち会える日にしましょう。時間は1時間弱、費用は無料です。お年寄りは調査員の質問に何でも「できます」と答えがちなので、正直に話してもらう必要があります。

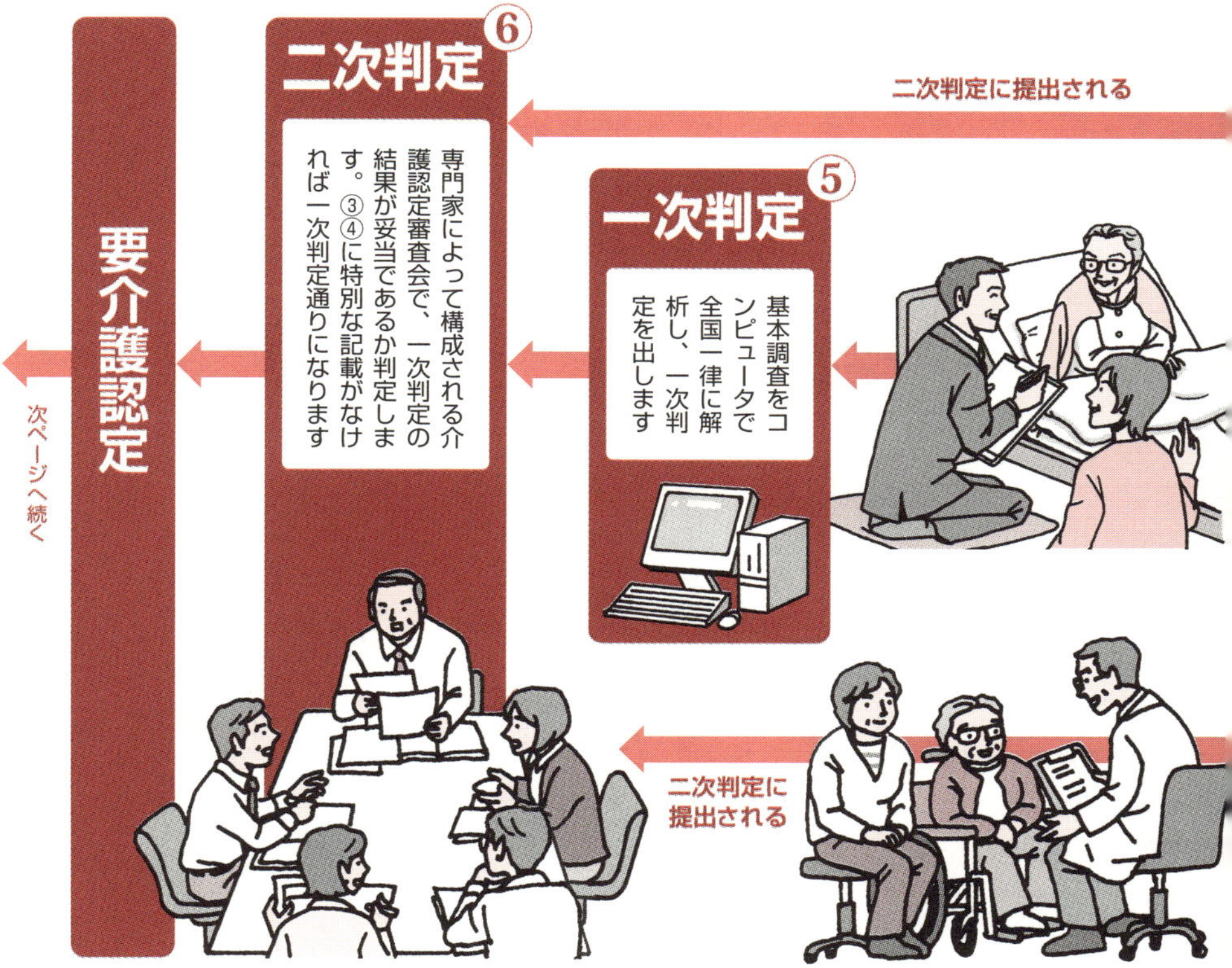
二次判定に提出される
一次判定
⑤
基本調査をコンピュータで全国一律に解析し、一次判定を出します
二次判定に
提出される
二次判定
⑥
専門家によって構成される介護認定審査会で、一次判定の結果が妥当であるか判定します。③④に特別な記載がなければ一次判定通りになります
要介護認定

次ページへ続く

③認定調査の特記事項

認定調査は本人との面談で行われるため、家族が本人の認知症に振り回されていたとしても、本人の目の前では言いにくいものです。また、本人も第三者の前では自分の不始末を認めたがりません。そのようなときは、家族がメモをつくっておいて調査員に渡す方法があります。見た目より悪化していることが調査員に理解してもらえれば、特記事項に記載されて二次判定の検討材料となる可能性があります。

④主治医意見書

もし複数の医師にかかっていたら、本人や家庭のことをよく知り、家族が相談しやすい医師にすることが大切です。

⑤一次判定

認定調査の基本内容をコンピュータで判定します。ここで、非該当から要介護5までを振り分けた中間判定が出ます。

⑥二次判定

保健、医療、福祉の専門家で構成される「介

要介護認定の申請から利用開始までの流れ

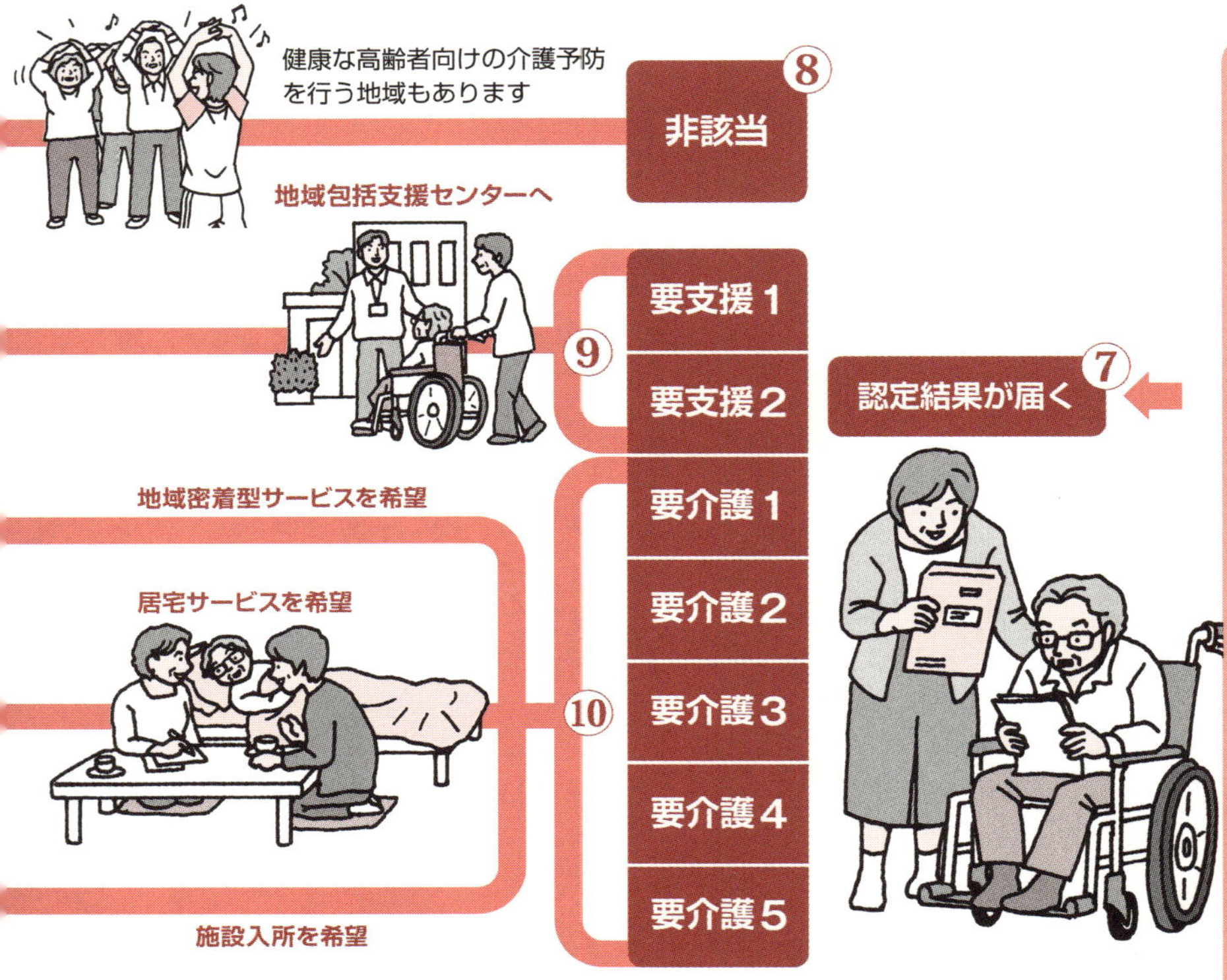
健康な高齢者向けの介護予防を行う地域もあります
⑧
非該当
地域包括支援センターへ
⑨
要支援１
要支援２
⑦
認定結果が届く
地域密着型サービスを希望
居宅サービスを希望
⑩
要介護１
要介護２
要介護３
要介護４
要介護５
施設入所を希望

護認定審査会」を開き、中間判定に検討を加えて最終結果を出します。ここで、認定調査の特記事項と主治医意見書が参考にされます。

⑦認定結果が届く

申請から30日以内（過ぎることもあります）に、郵送で通知が届きます。

⑧非該当になったら

介護保険サービスは受けられませんが、介護予防・日常生活支援総合事業への参加をすすめられることがあります。

⑨要支援になったら

介護予防サービスを受けられます。地域包括支援センターのケアマネジャーなどと一緒に、介護予防ケアプランをつくります。

⑩要介護になったら

介護サービスを受けられます。居宅サービスを受ける場合は、居宅介護支援事業所が窓口になります。そこでケアマネジャーを決め、ケア

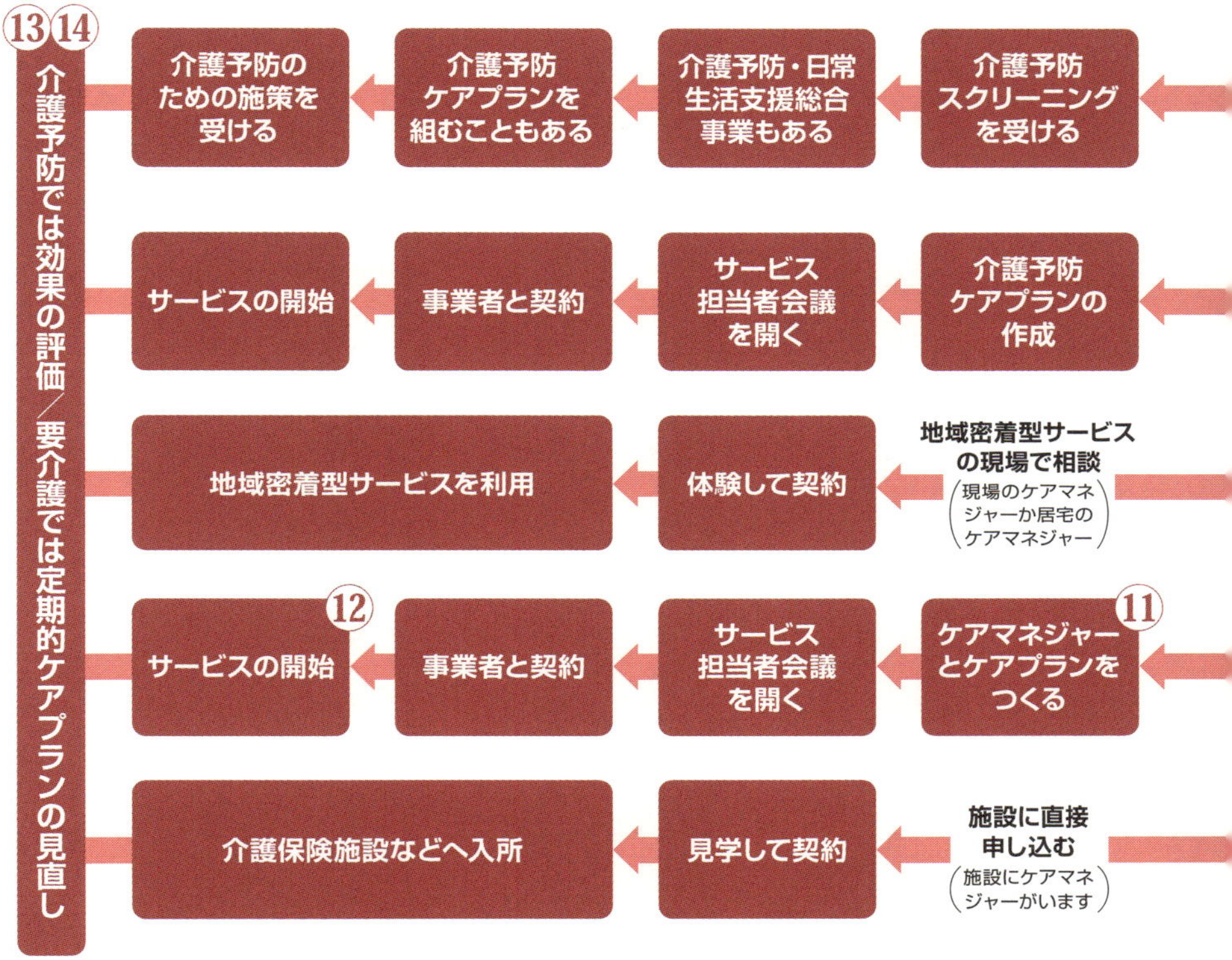

プランの作成へと進みます。

⑪ケアプランをつくる

ケアマネジャーと一緒につくります。本人や家族の要望が十分把握できなければ、どんなに経験豊かで優秀なケアマネジャーでもよいケアプランはつくれません。ケアマネジャー任せでは、双方が消化不良になるだけです。

⑫サービスの開始

それぞれの事業者と個別に利用契約を結ばなければなりません。煩雑なようですが、書類はすべて事業者が用意します。お互いが十分納得したうえで契約を結びましょう。

⑬もしも状態が変わったら

利用者の身体状態は変化しやすいものです。変化したら、要介護認定をやり直してもらえます。市区町村の窓口に「認定の変更」を申請するのが、やり直しの第一歩です。

⑭毎月の見直し

毎月、実施内容をケアマネジャーが確認に行き、希望があれば翌月の内容を変更します。

2-2

要介護認定の申請方法と代行申請の方法

介護保険を利用したい人は、どこに申請すればいいのでしょうか。窓口は、いくつかあります

市区町村の窓口か地域包括支援センターで

介護保険を利用するには、要介護認定・要支援認定（以下、要介護認定と略）を受けなければなりません。通常、住んでいる市区町村役所の窓口（介護保険課など名称はいろいろ）に本人か家族が出向いて申請を行います。

役所の窓口には、左ページのような申請書がありますが、ほかに持参するものはないか、事前に電話で問い合わせるのが一般的です。申請は、地域包括支援センター（**2-6**参照）で代行することもできます。

被保険者から申請された市区町村は、30日以内に結果の通知を行います。

居宅介護支援事業所で代行してもらうこともできる

申請の代行は、居宅介護支援事業所（ケアマネジャー事業所）に依頼することもでき、業務として「介護保険申請代行サービス」を行っている事業所もあります。しかし、ケアマネジャーによる代行申請を受け付けてもらえないケースもあるので、事前の確認が必要です。

とはいえ、本人が入院している場合、自宅や施設から外出できない場合などは、代行申請が欠かせません。厚生労働省では、代行申請のできる居宅介護支援事業所、介護保険施設、地域包括支援センターなどを省令で定めているので、どこでできるかは役所でわかります。

要介護認定のための申請書（一例）

介護保険証に書いてあるので、見ながら記入する

入院中や入所中の人は、病院名か施設名を記入する

最終受診日は、だいたいの目安でよい

本人によって提出される場合は、記載不要

別記第21号様式(第11条関係) 280101

申請年月日	平成　年　月　日

介護保険　要介護・要支援認定等申請書

豊島区長　様
次のとおり申請します

申請区分	□ 1．新規　□ 3．更新　□ 4．区分変更（要支援⇔要支援の変更）（要介護⇔要介護の変更） □ 2．新規（要支援⇔要介護への変更）

被保険者	被保険者番号		個人番号	
	フリガナ		生年月日	明治・大正・昭和　年　月　日
	氏　名		性　別	（男・女）　年齢（　歳）
	住　所（住民票上）	〒　－　（電話番号）		
	現在の本人のいる場所	※　病院・施設等の名称 ※　病院・施設等の所在地　（電話番号） 〒　－ 入院・入所　平成　年　月　日　～　退院・退所　平成　年　月　日頃　・　未定		
	現在の認定内容	要介護度　要支援（1・2）　要介護（1・2・3・4・5） 有効期間　平成　年　月　日　～　平成　年　月　日		
	変更申請の理由 ※申請区分欄2または4の場合のみ記入	□　前回認定時より著しく悪化　□　前回認定時より著しく改善　□　その他 具体的に記入　（いつからどのように身体状態・認知症状が変わったか、それによる介護の手間など）		
	※40歳から64歳の方は、必ず特定疾病名を記入し、医療保険の被保険者証（写）を添付して申請してください			
	特定疾病名	※該当するか主治医に確認済みであること		
	医療保険者名		医療保険被保険者証記号番号	

意見書作成医師	医師の氏名	（　科）	医療機関名	
			最終受診日	平成　年　月（　日　頃）
	所在地	〒　－　（電話番号）		

申請代行者	被保険者との関係	1．家族　続柄（　）　2．居宅介護支援事業者　3．地域包括支援センター 4．介護老人福祉施設　5．介護老人保健施設　6．その他（　）
	フリガナ	
	氏名・名称	印　※家族の場合、押印不要
	住　所	〒　－　（電話番号）（携帯電話）

※認定結果通知書は、原則として住民票上の住所地に郵送しますが、郵送先を上記申請代行者のご家族あてに希望する場合は○をしてください。（その他の送付先変更の場合は、ご相談ください。）	希望する

介護サービス計画の作成等介護保険事業の適切な運営のために必要があるとき、又は保険給付の制限等に該当した場合は、要介護認定・要支援認定にかかる調査内容、介護認定審査会による判定結果・意見、及び主治医意見書、又は保険給付の制限等に係る内容を、地域包括支援センター、居宅介護支援事業者、居宅サービス事業者若しくは介護保険施設の関係人、主治医意見書を記載した医師又は認定調査に従事した調査員に情報提供することに同意します。

本人署名　　代筆者署名　　（本人との関係　）

《事務処理欄》記入不要→

受付	入力	調査票	意見書	備考

申請の際に必要なもの

- 上掲のような申請書（役所か地域包括支援センターの窓口に置いてあり、ホームページからダウンロードできる場合もある）
- 介護保険被保険者証。40～64歳の人は医療保険被保険者証のコピー
- 印鑑（必要のない市区町村もある）

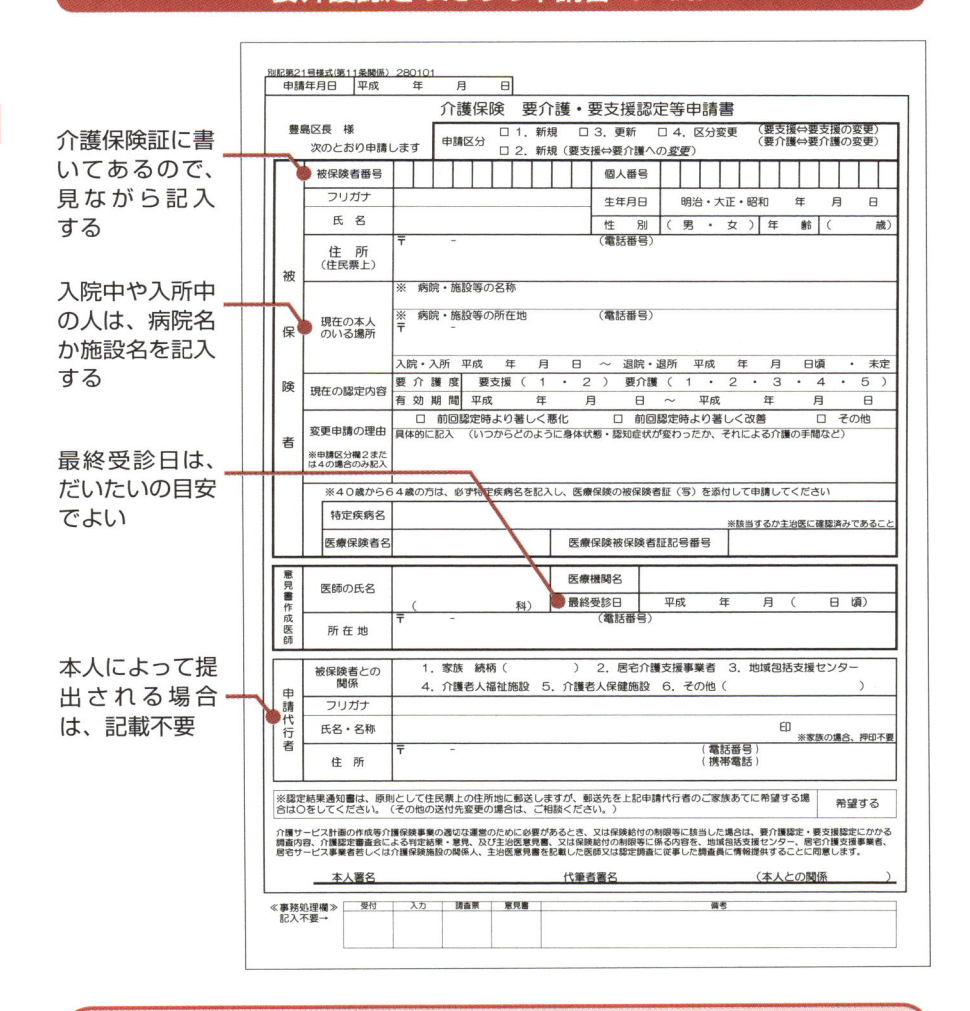

2-3

認定結果を待たなくても介護保険は使える

要介護（あるいは要支援）になると予測できる人は、認定に先立ってサービスを利用できます

たとえば急に退院が決まった場合

すぐに介護保険を使いたいけど全額自己負担かしら……
認定結果はさかのぼって給付の対象になりますよ

暫定ケアプランをつくり前倒しで介護保険を使う場合も

原則として介護保険サービスは、要介護認定を受けた人しか利用できません。要介護認定を受けて要支援1～要介護5になり、「介護給付（または予防給付）が必要な状態であること」を証明しなければ使えないのです。

しかし、世の中には突然介護保険サービスが必要となる人もいます。上のイラストで示したように、「急に退院が決まって、明日から在宅介護が始まる」といった人たちです。そのような人は、申請してから要介護認定が下りるまで30日も待っていられません。

その場合、要介護認定の申請書を提出したと

認定結果が届くのは申請から30日以内だが

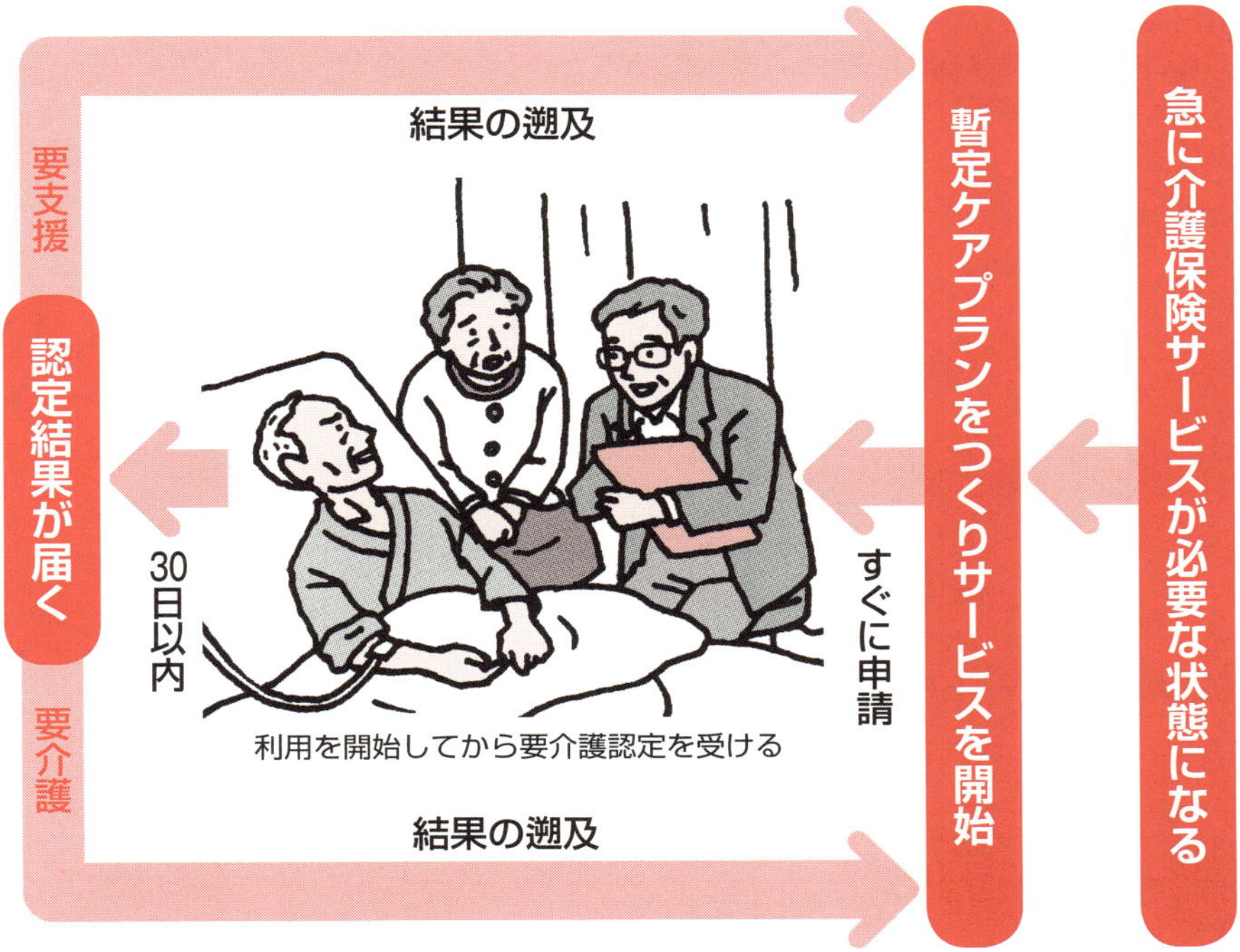
急に介護保険サービスが必要な状態になる
暫定ケアプランをつくりサービスを開始
すぐに申請
30日以内
認定結果が届く
要支援
要介護
結果の遡及
結果の遡及
利用を開始してから要介護認定を受ける

きにもらえる「介護保険資格者証」を使って暫定ケアプランをつくり、介護保険サービスの受給を開始できます。要介護認定は、市区町村の役所へ申請した日にさかのぼって有効となるのです。ですから、申請日から認定結果が通知されるまでの期間に利用したサービスも、認定された要介護度の支給限度額内であれば、1〜3割負担で使えることになります。

また、要介護認定の申請前に利用したサービスであっても、市区町村が必要と認めれば介護保険の給付対象となります。しかし、「通知が届いたら非該当だった」場合は全額、「予測より要介護度が低く、支給限度額を超えた」場合は差額分が自己負担となるので、要介護度の予測には十分な注意が必要です。

こうした失敗を防ぐには、本人の入院中に認定調査を受ける方法があります。要介護度は、「どれだけ介護に時間を費やすか」が主たる目安とされるので、全面的に管理されている入院中は、比較的高めに出るのです。

2-4

主治医意見書の重要性と一次・二次判定のしくみ

認定調査が行われたあと、本人の要介護度はどのように決まっていくのでしょうか

主治医意見書作成の流れ

介護保険では、要介護認定前の事項については保険給付の対象とされないので、意見書の記載費用は、要介護認定にかかる事務費として市区町村（保険者）が負担します

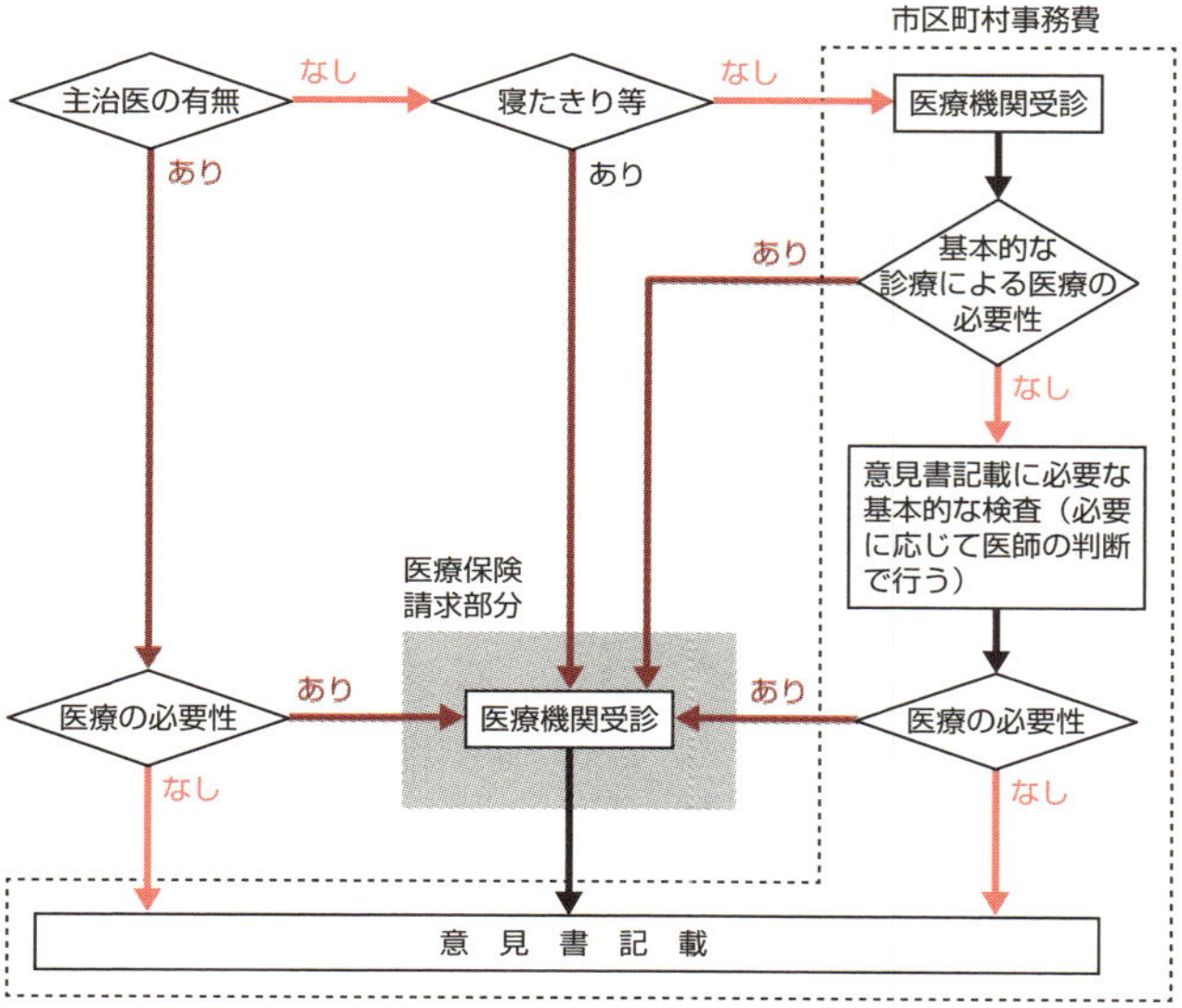

※日本医師会「日医ニュース」1999年8月5日号より

認定審査に大きな影響を与える主治医意見書

申請書の主治医欄に名前を書いた医師には、市区町村から「主治医意見書」作成の依頼がいきます（書式は巻末資料参照）。主治医がいなければ、市区町村が指定した医師の診察を受けなければなりません。

主治医意見書は、認定調査の特記事項とともに、とても重要です。その後の二次判定でこの両者に特別な記載がなければ、家族に見えない苦労（認知症など）があっても、一次判定通りの結果になってしまいます。主治医にはあらかじめ、「意見書の依頼がいくのでよろしく」とお願いしておく方法もあります。

一次判定

●コンピュータにかけられる５つの分野

①**直接生活介助**：体に触れて行う食事、排泄、入浴の介助など／②**間接生活介助**：洗濯、掃除など日常生活の世話／③**認知症の症状への対応**：徘徊の探索、不潔行為の後始末など／④**機能訓練関連行為**：歩行訓練、嚥下《えんげ》訓練など機能訓練の実施や補助／⑤**医療関連行為**：輸液の管理や褥瘡《じょくそう》処置などの診察補助

●要介護認定等基準時間で要介護度が決まる

要支援１：上記５分野を合計した要介護認定等基準時間が25分以上32分未満／**要支援２・要介護１**：同じく32分以上50分未満（要支援２と要介護１は、認知機能と状態の安定性を評価して区分されます）／**要介護２**：同じく50分以上70分未満／**要介護３**：同じく70分以上90分未満／**要介護４**：同じく90分以上110分未満／**要介護５**：同じく110分以上 ➡詳細は **2-5** 参照

二次判定

●介護認定審査会が開かれる

市区町村の付属機関として、保健、医療、福祉の専門家から成る介護認定審査会が設置されます（５名１組を原則とし、市区町村の高齢者数によって調整される）。委員は、認定調査の特記事項や主治医意見書を参考に、一次判定が妥当かどうかなどを協議します。

●判定結果が市区町村へ通知される

介護認定審査会が出した結論は、市区町村へ通知されます。一次判定の結果は関係者以外に公表されず、二次判定の結果だけが本人へ通知されます。

一次判定と二次判定はどのように行われるのか

一次判定は、認定調査員が確認した基本調査内容をコンピュータに入力し、全国一律の解析ソフトを用いて行われます。ここで非該当、または要支援1～要介護5の仕分けが行われるわけですが、算出の基準は上記の5分野における手間（介護にかかる時間）です。

これは、病気や障害の重さとは関係ありません。身の回りの世話に時間のかかるほうが、単純に重度と判断されます。

一次判定はこうした機械的算出ですが、二次判定は介護認定審査会の委員で合議されます。その際、機械的に算出された手間より大変なのではないかという判断が働くのは、認定調査の特記事項か主治医意見書に具体的な記載がある場合です。そこに時間で算出できない手間の存在が記入され、それが委員間で合意された場合のみ、一次判定に変更が加えられます。

2-5

認定結果の通知

市区町村は、介護認定審査会が出した認定結果を本人に郵送し、被保険者証を同封します

要介護度は介護にかかる時間によって決められる

市区町村は申請から30日をめどに認定結果の通知を行います。本人宛に郵送される通知書に非該当（自立）、要支援1、2、要介護1～5のどれかが記載されて届くのです。同封された被保険者証にも要介護度と有効期限が記載されているので、この段階でようやく介護保険が「使える保険証」になります。

要介護度別の状態の定義はありません。左ページに要介護状態区分別の状態像を示しましたが、これは認定調査員の80％以上が何らかの低下（あるいは障害）があると判断する調査項目を選んで図式化したものです。

要介護認定の有効期間は市区町村の判断で変更できる

要介護度は、一度通知されたらずっと続くものではありません。新規の認定結果は原則6ヵ月で見直され、再度要介護認定を受ける必要があります。また、区分変更（有効期間中に要介護状態が変わって再認定の申請を行うこと）の有効期間も原則として6ヵ月です。

それ以降の有効期間は原則12ヵ月で、市区町村は3～24ヵ月の範囲で短縮や延長ができることになっていました。その後、事務の煩雑さを解消する目的で有効期間の見直しが行われ、2018年度の改正介護保険から延長の最大が36ヵ月になりました。

要介護状態区分別の状態像と基準時間

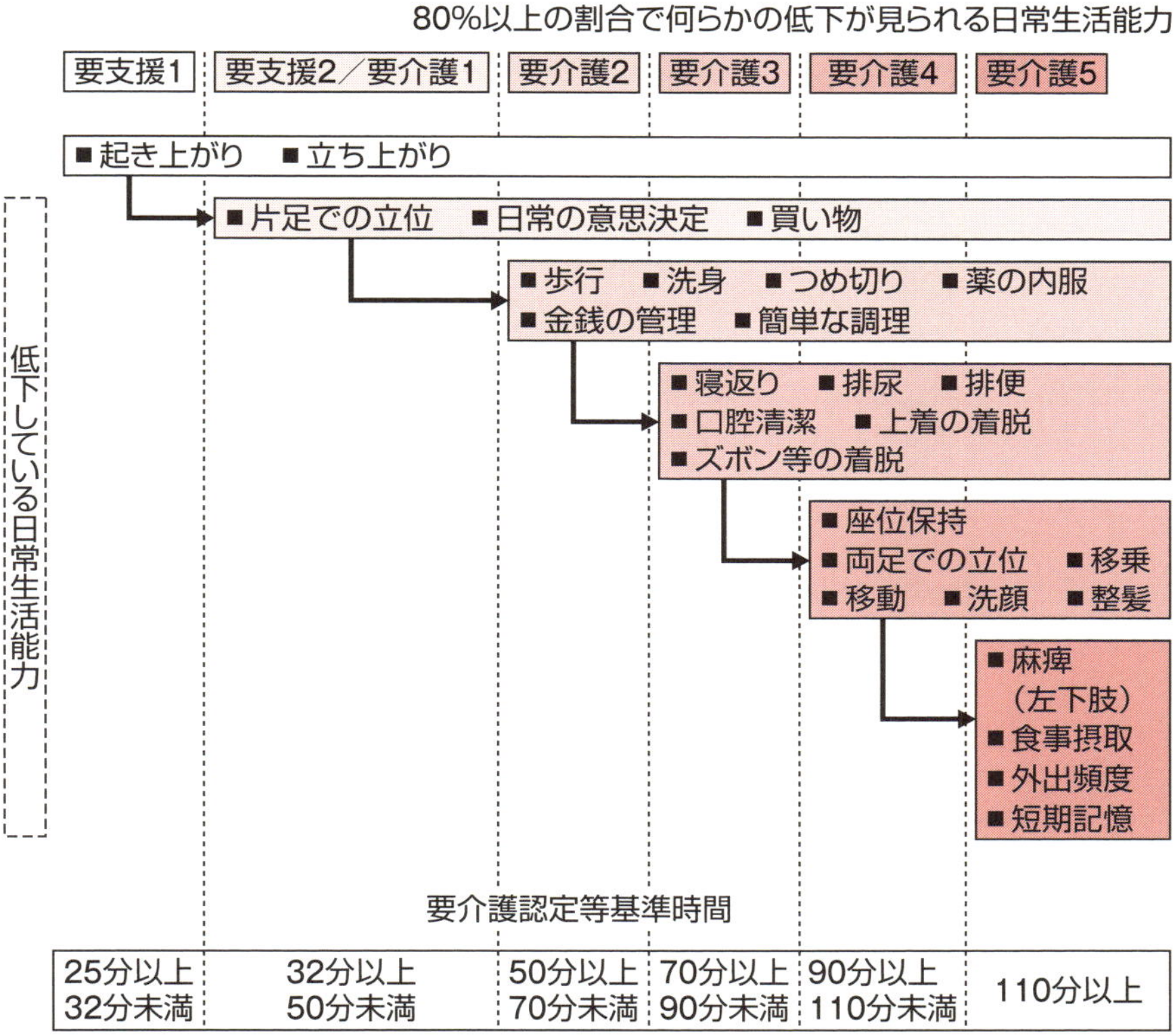

要介護認定等基準時間とは、介護保険の要介護認定（一次判定）において、介護の必要性をはかる指標となるものです（詳しくは**2-4**参照）。あくまでも指標なので、実際に介護にかかる時間または介護保険サービスを受けられる時間とは異なります

※厚生労働省「第１回介護休業制度における「常時介護を必要とする状態に関する判断基準」に関する研究会」（2016年６月１日）の資料より（要介護認定等基準時間を追記）

要介護認定等の有効期間

申請区分等		原則の認定有効期間	設定可能な認定有効期間の範囲
新規申請		６ヵ月	３ヵ月～ 12 ヵ月
区分変更申請		６ヵ月	３ヵ月～ 12 ヵ月
更新申請	前回要支援→今回要支援	12 ヵ月	３ヵ月～ 36 ヵ月
	前回要支援→今回要介護	12 ヵ月	３ヵ月～ 36 ヵ月
	前回要介護→今回要支援	12 ヵ月	３ヵ月～ 36 ヵ月
	前回要介護→今回要介護	12 ヵ月	３ヵ月～ 36 ヵ月

2-6

要支援になったら

認定の結果が要支援だった人は、どのような流れでサービスの利用へと進むのでしょうか

介護予防サービス利用の流れ

認定の通知
要支援1、2と記載された介護保険証が届きます

↓

地域包括支援センターへ
管轄の地域包括支援センターに連絡し、面談します

↓

役所へ届け出る
介護予防サービス計画作成依頼（変更）届出書を提出し、
介護保険証に地域包括支援センター名を入れてもらいます

↓

ケアプランを作成
地域包括支援センターのケアマネジャーなどと
介護予防ケアプランをつくります

↓

サービス開始
サービス担当者会議を開き、
サービス事業者と契約してサービスを受けます

（注）要支援1、2の人は、市区町村が実施する「介護予防・日常生活支援総合事業」を利用する流れもあります

要介護状態にならないように介護予防サービスを受ける

要支援になった人は、介護予防サービス（予防給付）を受けられるほか、市区町村が行う地域支援事業の「介護予防・日常生活支援総合事業」を受けることができます。

介護予防サービスは介護サービスとほぼ同じ内容ですが、異なるのは「状態が悪化して要介護にならないために受ける」という目的の部分です。そのため、利用回数やサービスの種類に制限があります。介護保険施設*への入所はできませんし（ただし、グループホームへの入居は要支援2以上）、福祉用具では原則、車イスや介護用ベッドなどをレンタルできません。

＊制度上、施設サービスに分類される「介護老人福祉施設」「介護老人保健施設」「介護療養病床および介護医療院」のこと。第3章で解説

地域包括支援センターとは

高齢化時代のさまざまな課題に包括的に対応するために、
市区町村が設置する中核的機関です

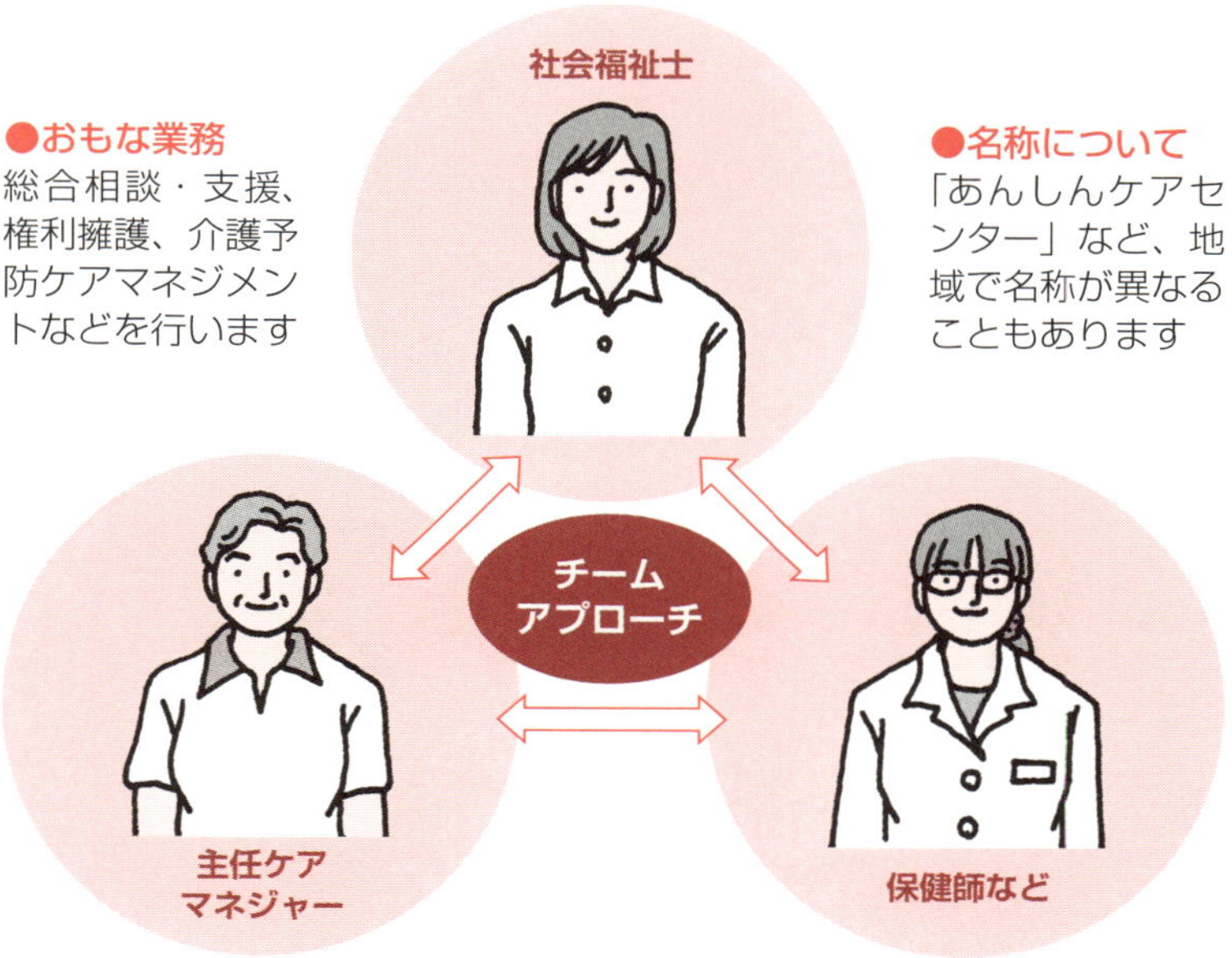
社会福祉士
●おもな業務
総合相談・支援、権利擁護、介護予防ケアマネジメントなどを行います
●名称について
「あんしんケアセンター」など、地域で名称が異なることもあります
チーム
アプローチ
主任ケア
マネジャー
保健師など

地域包括支援センターの役割と介護予防ケアプラン

介護予防サービスを受けるための窓口は、地域包括支援センターです。地域包括支援センターは、2006年の介護保険法改正で生まれました。当時全国に8000ヵ所あった在宅介護支援センターに代わり、高齢者や家族の相談をワンストップで受け止めて、必要なサービスへつなぐことを期待された機関です。

地域包括支援センターは市区町村の直営型のほかに社会福祉法人などへの委託型がありますが、どちらも社会福祉士、主任ケアマネジャー、保健師などがチームを組んで、介護予防ケアプランづくりを行います。

介護予防ケアプランをつくる流れは右ページの図の通りですが、本人の自己決定が尊重されなければなりません。サービスが始まった後は一定期間ごとに評価を行い、継続するか要介護に区分変更するかが検討されます。

2-7

要介護になったら

認定の結果が要介護だった人は、どのような流れでサービスの利用へと進むのでしょうか

居宅サービス利用の流れ

認定の通知
要介護１～５と記載された介護保険証が届きます

↓

居宅介護支援事業所へ
事業所を選び、ケアプランの作成を依頼します

↓

役所へ届け出る
居宅サービス計画作成依頼（変更）届出書を提出し、介護保険証に居宅介護支援事業所名を入れてもらいます

↓

ケアプランを作成
アセスメント（課題分析）を受け、ケアマネジャーと本人や家族がケアプランをつくります

↓

サービス開始
サービス担当者会議を開き、サービス事業者と契約してサービスを受けます

まずは居宅介護支援事業所のリストを入手する

要介護1～5の認定が出た人は、介護サービス（介護給付）が受けられます。それにはケアプランが必要なので、ケアマネジャー（介護支援専門員）との連携が欠かせません。言葉を換えると、要介護者は1人ずつケアに関するマネジャーを持つことができるのです。

ケアマネジャーを選ぶには、事業所（居宅介護支援事業所）のリストを入手しなければなりません。リストは、市区町村役所の窓口や地域包括支援センターに用意してあります。また、市区町村から送られてくる認定通知書にも同封されています。

サービス担当者会議とは

サービス担当者会議は、「ケアカンファレンス」や「ケースカンファレンス」ともいい、特定の利用者のケアプラン決定前に関係者が集まって内容を確認する会議です。ケアマネジャー（要支援の場合は地域包括支援センターの担当者）が招集し、関連するサービス事業者、利用者本人や家族、できれば医師も参加します

どういうときに開くのか

- ケアプランを新規作成するとき
- 要介護度に変化があったとき
- 利用者の状況に変化があったとき

注意事項

- ●ケアマネジャーは、個人情報が開示されることに対する了解を、あらかじめ利用者本人からとっておく必要があります
- ●左記のタイミングで開催されない場合は、ケアマネジャーに問い合わせを。希望しても開かれない場合は、市区町村の窓口へ相談しましょう

ケアマネジャー
サービス事業者
（訪問介護事業所のサービス提供責任者など）
家族
利用者
サービス事業者
（通所介護事業所の生活相談員など）
医師
何を話し合うのか
利用者の抱えている問題
アセスメントの内容を共有
問題をどう解決するか
ケアプランの原案を検討
今後どうなるかの見通し
チームケア体制の確認

居宅介護支援事業所と契約して介護サービスの選択、利用へ

事業所のリストには、住所などの連絡先が書いてあるだけで、ケアマネジャーを選ぶ材料になるほどのデータが記載されているわけではありません。それは、保険者である市区町村が、特定の事業者を推薦してはいけないからです。利用者は、自分でケアマネジャーを選ぶ必要があります（選び方は**2‐9**参照）。

ケアマネジャーとケアプランを作成し、利用したい事業者とそれぞれに利用契約を結んだら、いよいよ介護サービスの開始です。その前後には、サービス担当者会議が開かれます（上のイラスト参照）。ケアプラン原案に記載された関係者が集まり、要介護者の生活をどう支えていくか、今後の体制を話し合うのです。

これは居宅サービス利用の流れなので、施設サービスや地域密着型サービスの一部では、施設などのケアマネジャーが窓口になります。

2-8

異議申し立ての方法

認定結果やサービス内容に不満があれば、異議申し立てができます。どんな方法があるでしょうか

要介護認定への異議申し立ては

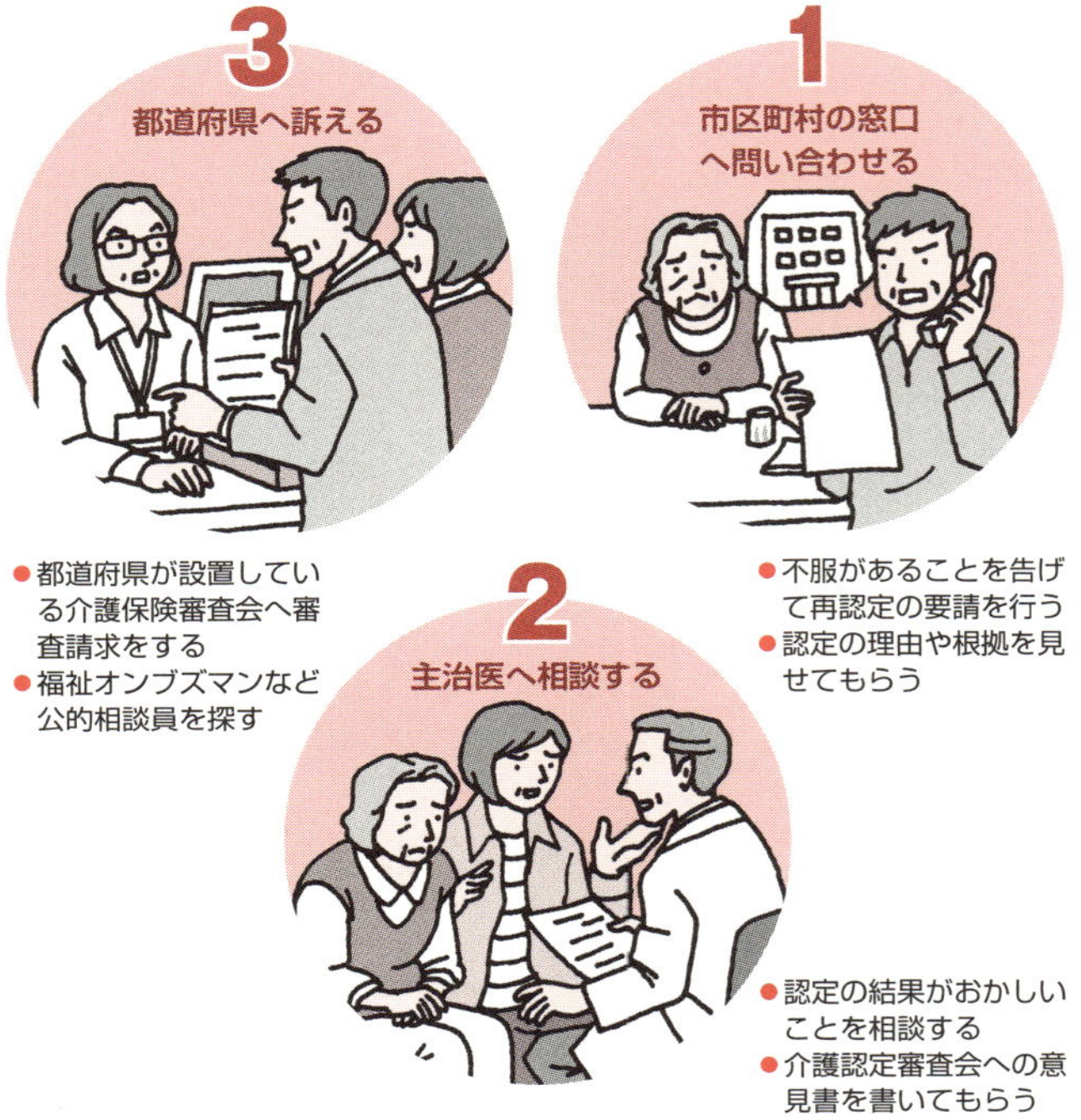

1
市区町村の窓口へ問い合わせる
●不服があることを告げて再認定の要請を行う
●認定の理由や根拠を見せてもらう
2
主治医へ相談する
●認定の結果がおかしいことを相談する
●介護認定審査会への意見書を書いてもらう
3
都道府県へ訴える
●都道府県が設置している介護保険審査会へ審査請求をする
●福祉オンブズマンなど公的相談員を探す

要介護認定の結果に不満があるとき

要介護度の認定結果が思ったレベルに達しなかったとき、あるいは更新時に要介護度が下がったとき、本来は「状態がいい」と判断されたので喜ぶべきところですが、利用できるサービス量（支給限度額）が下がるために不満を持つ人が少なくありません。認定結果に不満がある人は、上のイラストで示した順番に異議を申し立てるのが一般的です。

市区町村が再認定に応じない場合、第三者機関である介護保険審査会に審査を求めることができます。介護保険審査会へ審査請求できるのは、認定の通知から90日以内です。

サービス事業者への苦情（内訳）

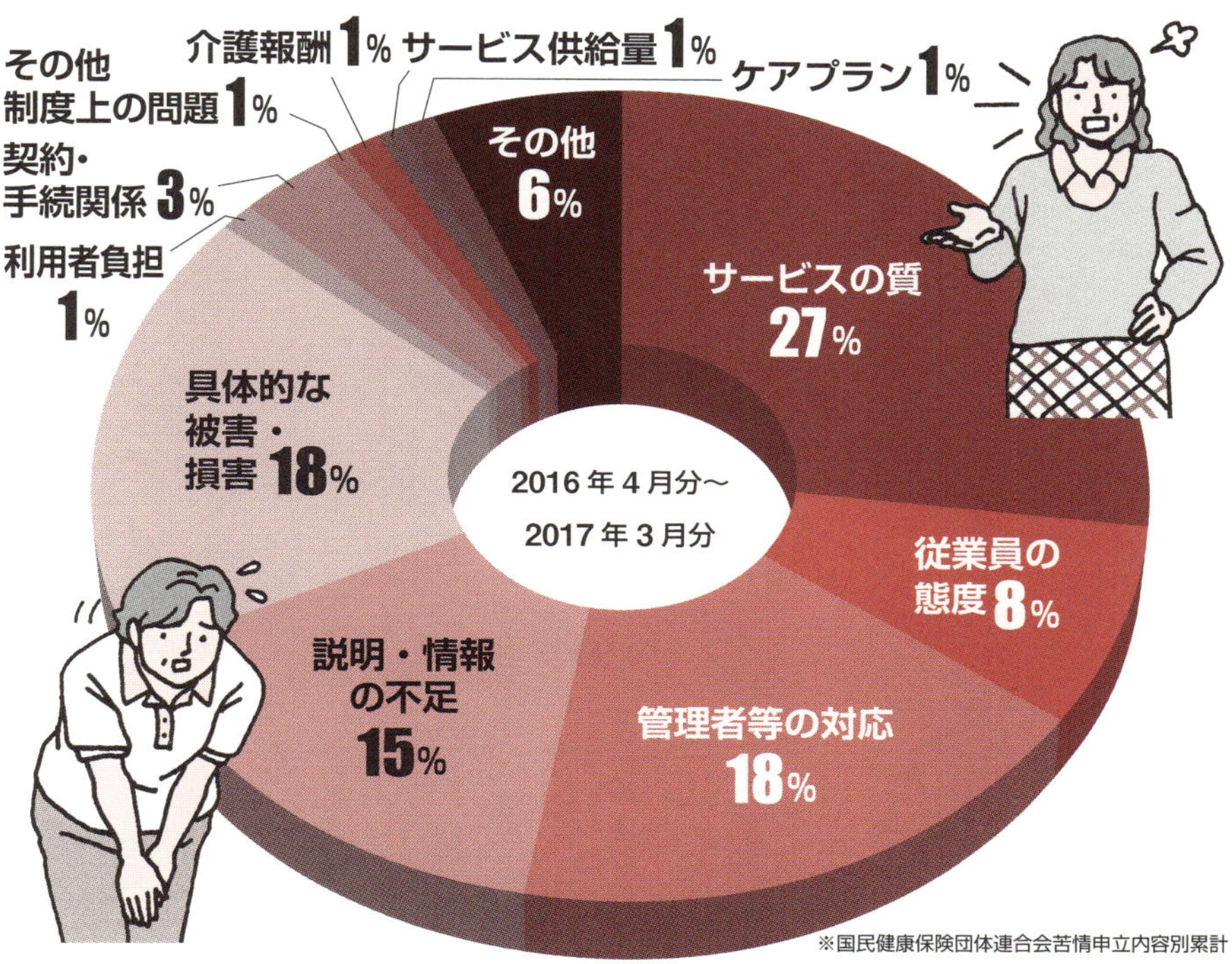

その他
制度上の問題 1%
介護報酬 1%
サービス供給量 1%
ケアプラン 1%
契約・
手続関係 3%
利用者負担
1%
その他
6%
サービスの質
27%
具体的な
被害・
損害 18%
2016年4月分～
2017年3月分
従業員の
態度 8%
説明・情報
の不足
15%
管理者等の対応
18%

※国民健康保険団体連合会苦情申立内容別累計

利用中の介護保険サービスに不満があるとき

介護保険サービスを提供する事業者には、苦情相談窓口の設置が義務づけられています。サービスへの不満は、まず苦情相談窓口へ来るので、ここでの対応は重要です。

介護サービス事業者への不満は、担当するケアマネジャーへ来ることもあります。利用者からのクレーム対応は、ケアマネジャーの仕事のひとつとも言えるでしょう。また、事業者にとって介護保険の指定権者となる都道府県や市区町村に苦情がいくこともあります。

介護保険法で定められた苦情解決機関は、通称「国保連」と呼ばれる国民健康保険団体連合会です。国保連はサービス事業者に介護報酬を支払う立場でもあり（**1-4**参照）、管轄内の事業者に改善すべき事項があれば、事業者への指導・助言を行います。参考までに、過去の苦情の内訳を上に示しました。

2-9

ケアマネジャーの選び方

介護保険サービスを利用する要《かなめ》となるケアマネジャーは、居宅介護支援事業所に所属しています

居宅介護支援事業所（ケアマネジャー事業所）の選び方

1 距離と空き具合を調べる

利用者の生活圏内に居宅介護支援事業所があること。1つの事業所で受けられる人数が決まっているので、受け入れる余裕があるかを聞きましょう

2 医療系か介護系かどこの併設か

利用者が必要としているケアプランによって、医療系か介護系かを選びましょう。前職が看護職か介護福祉士か、どこに併設された事業所かで判断できます

3 地元での評判を聞いてみる

地元で親などの介護を経験したことのある介護の先輩を探して、経験談を聞きましょう。相性の問題はありますが、口コミの情報は結構あてになります

4 複数の事業所で対応を比較する

いくつかの事業所に電話をかけてみましょう。事業所の雰囲気は、電話での対応に出るものです。フットワークの良し悪しがチェックのポイントです

どんな人を選ぶかで要介護者の将来も変わる

最初にケアマネジャーを選ぶには、市区町村からもらったリストにある事業所に電話します。ケアマネジャーは個人では働けないので、必ず居宅介護支援事業所に所属しているのです（1人でも開設可）。そこに新規の利用者を担当できる人がいるかをまず尋ねましょう。

「それはできない、あれはできない」と柔軟に対応しない人、自分が所属する事業所の利益ばかり優先する人は、利用者側から敬遠されるものです。本人の意向をくみ取り、残存能力を使った生活再建のアドバイスができるケアマネジャーであることが求められます。

ケアマネジャーに伝える内容

1 本人の心身の状況を伝える

以前はどうだったか、これからどうなりたいかを含めて、本人の具体的な心身の状況を詳しく伝えましょう。特に、今後どうなりたいかは大切です

2 本人の生活歴を理解してもらう

これまでどんな人生を歩んできた人なのかを伝えましょう。あまり話が長くなるのは問題なので、コンパクトに話せるよう準備をしておくことです

3 家族の都合を遠慮なく言う

１週間をどういうスケジュールで過ごしているか、１日のうち仕事や用事で手が離せないのはいつか、遠慮しないで家族の都合を話してみましょう

4 頼みたいサービスを伝える

まず、使えるサービスにはどんなものがあるかを聞きましょう。次に、それらの中から頼みたいサービスを伝えます。予算の希望も大切な要素です

ケアマネジャーを選ぶときに注意したいこと

最初から支給限度額いっぱいのケアプランを組むケアマネジャーは問題です。少し足りないくらいのプランで様子を見ながら、利用者の「生活の継続性」を大切にしなければなりません。同系列のサービス事業者など特定事業所にサービスが集中すると、ケアマネジメント料が減算されるというペナルティもあります。

少なくとも月1回は利用者の住まいを訪問し、状況をモニタリングするのもケアマネジャーの務めです。また適宜、サービス担当者会議（**2-7**参照）を開催しなければなりません。こうした必要な訪問や業務を省くようであれば、多忙すぎるか手抜きを行っているので、利用者は改善を求めることができます。

ケアマネジャーとの相性が悪ければ、事業所内の別の担当者に替えてもらうことも、事業所自体を替えることも可能です。

2-10

ケアプランのつくり方

介護保険に欠かせないケアプラン（介護サービス計画）とは、どのようなものでしょうか

ケアプランはケアマネジャーと利用者が一緒につくるもの

ケアプランは、利用者が介護保険サービスを使うための計画書で、毎月つくられます。これがなければ、1～3割の自己負担で介護保険サービスを受けることができません。

在宅介護を受ける要介護の人は、居宅介護支援事業所のケアマネジャーと「居宅サービス計画」をつくります。これは、本人や家族だけでつくることも可能です（この項末尾参照）。

介護保険の目的は自立支援とされているので、作成には本人の（前向きな）自己決定を尊重する必要があります。その精神は、施設など在宅以外のケアプランづくりでも同じです。

ケアプランをつくるまでの手続き

要介護の場合
居宅介護支援事業所が担当

要支援の場合
地域包括支援センターが担当

↓

ケアマネジメントを引き受ける前に
重要事項説明書などの説明書面での合意

↓

契約を結ぶ
個人情報利用の同意も併せて

↓

ケアマネジャーが役所へ届け出る
居宅サービス計画作成依頼（変更）届出書、介護予防サービス計画作成依頼（変更）届出書を介護保険証と共に提出

↓

介護保険証に記載
ケアマネジメントを行う事業所名が記載された介護保険証が戻ってくる

↓

ケアプランの作成へ進むことができる

アセスメント（課題分析）を行う

ここに至る背景

- ●これまでの病歴
- ●これまでの職歴
- ●これまでの生活歴

本人と家族の意向

- ●本人は、どのような生活をしていきたいか
- ●家族は、本人にどうあってほしいか

本人の現状
（アセスメントツールの活用）

- ●運動・移動の状況はどうか
- ●日常生活・家庭生活の様子はどうか
- ●社会参加や対人関係はどうか
- ●健康管理はどうなっているか
- ●そのほかに困っていることはないか

ケアプランの作成に欠かせないアセスメントとは何か

ケアプランをつくる費用は介護保険から全額支払われ、利用者の負担はありません。財政難に苦しむ厚生労働省は、これまで何度も利用者負担を導入しようとしましたが、反対が多く見送りが続いています。それだけ、ケアマネジャーの仕事は公共性が高いのです。

ケアプランをつくるにあたっては、必ずアセスメント（課題分析）が行われます。これは、医療、福祉、介護など対人援助分野における重要な手法です。アセスメントでは、利用者のおかれた状況などについて情報を集め、それを分析することで、ケアプランに盛り込むべき生活課題を明らかにしていきます。

ここはケアマネジャーの腕の見せどころなのですが、厚生労働省が収集すべき項目を設定しているため、実際には市販のアセスメントツール*で課題を導き出すのが一般的です。

＊定められた方法に従って聞き取りを行えば課題が明らかになる書式

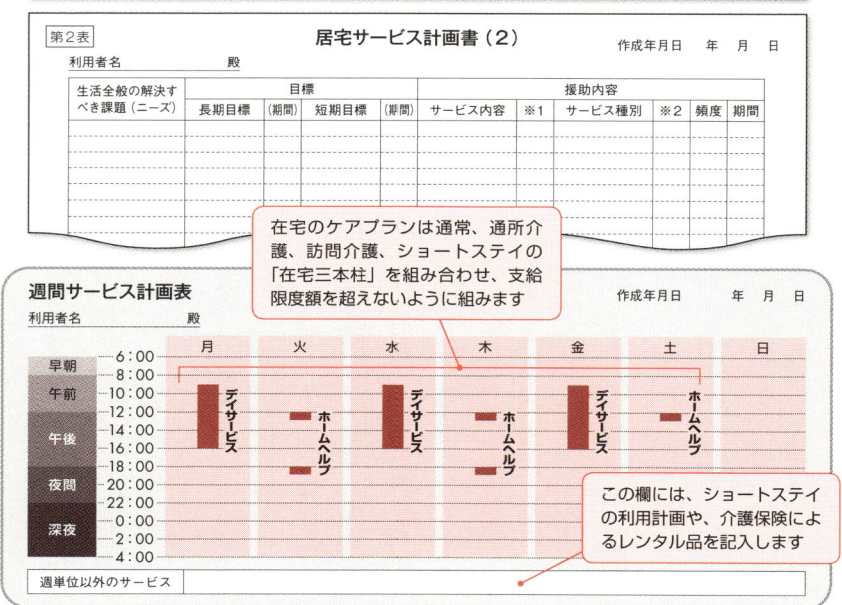

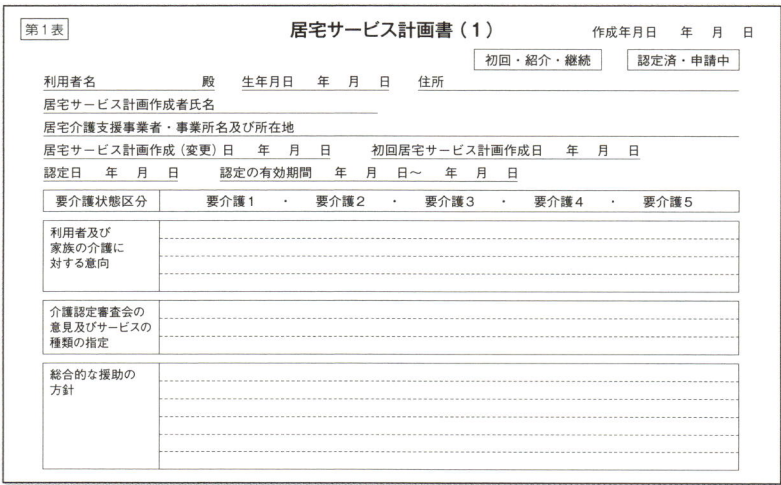

ケアプランの様式

第1表

居宅サービス計画書（1）

作成年月日　年　月　日

初回・紹介・継続　　認定済・申請中

利用者名　　殿　生年月日　年　月　日　住所

居宅サービス計画作成者氏名

居宅介護支援事業者・事業所名及び所在地

居宅サービス計画作成（変更）日　年　月　日　初回居宅サービス計画作成日　年　月　日

認定日　年　月　日　認定の有効期間　年　月　日～　年　月　日

要介護状態区分	要介護1　・　要介護2　・　要介護3　・　要介護4　・　要介護5
利用者及び家族の介護に対する意向	
介護認定審査会の意見及びサービスの種類の指定	
総合的な援助の方針	

第2表

居宅サービス計画書（2）

作成年月日　年　月　日

利用者名　　殿

生活全般の解決すべき課題（ニーズ）	目標				援助内容					
	長期目標	（期間）	短期目標	（期間）	サービス内容	※1	サービス種別	※2	頻度	期間

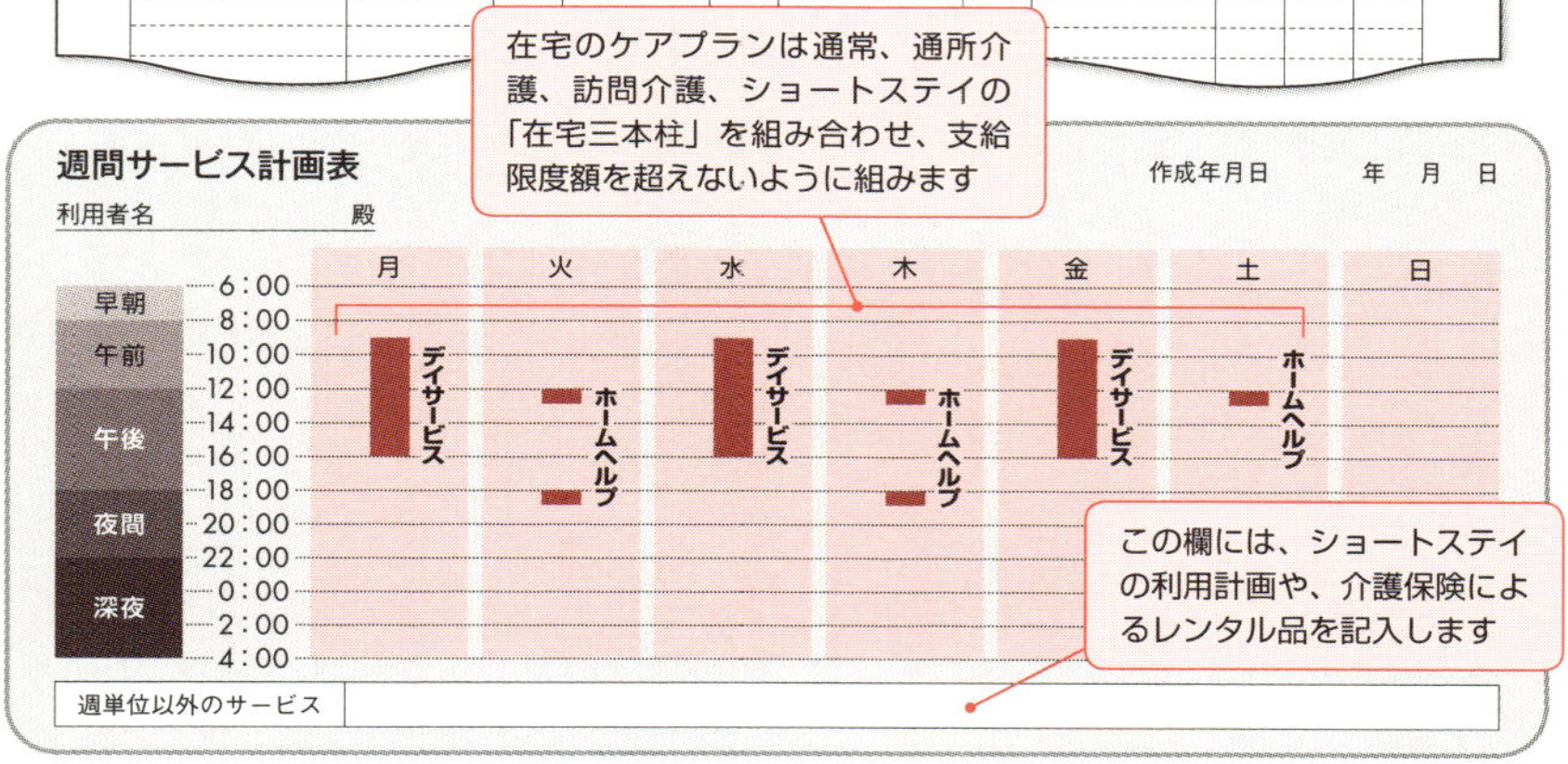

在宅のケアプランは通常、通所介護、訪問介護、ショートステイの「在宅三本柱」を組み合わせ、支給限度額を超えないように組みます
週間サービス計画表
作成年月日　年　月　日
利用者名　殿
月　火　水　木　金　土　日
早朝　午前　午後　夜間　深夜
6:00　8:00　10:00　12:00　14:00　16:00　18:00　20:00　22:00　0:00　2:00　4:00
デイサービス
ホームヘルプ
この欄には、ショートステイの利用計画や、介護保険によるレンタル品を記入します
週単位以外のサービス

在宅介護のケアプランは通常、居宅サービス計画書（第1表は利用者の基本データなどを記入し、第2表は課題および目標と援助内容を記入する）、週間サービス計画表の3部構成になっています

ケアプランを自己作成するには

自己作成の流れ

1. 市区町村役所の窓口に自己作成する旨を届け出て、必要な用紙をもらう
2. 右下の自己作成支援団体のサイトなどを参考に、ケアプランをつくる
3. 利用したいサービス事業者と連絡を取り、契約を結ぶ
4. 利用月になる前に必要な書類を書いておく
5. サービスを利用する
6. 利用実績表を市区町村へ報告する（持参、郵送、FAX、電子メールなどで）

支援団体の力を借りれば自己作成も可能

在宅の要介護者で居宅サービスを受ける人は、ケアプランを自己作成することができます。実際には家族（介護者）が代行することになりますが、必要十分なプランが組めるのでムダがなく、介護や福祉の制度がよくわかるようになるというメリットがあります。

ポイントは2つ。下記の団体が自己作成を支援しているので、サイトを覗きましょう。もう1つは、長続きさせること。1人分だとそう大変な作業ではありませんが、毎月のことなのである程度の覚悟が必要です。

自己作成を支援している団体

- 全国マイケアプラン・ネットワーク（東京都）
  サイト　http://www.mycareplan-net.com/
  ＦＡＸ　042-306-5796
- マイケアプラン研究会（京都市）
  ブログ　http://blog.goo.ne.jp/mycareplan
  ＦＡＸ　075-581-9956
- 全国の「地域包括支援センター」でもケアプランの自己作成支援を行ってくれるところがあります

長期目標、短期目標のチェックが大切

右ページに掲げたのは、ケアプランの一般的な様式です。この中で、第1表の「総合的な援助の方針」欄と、第2表の「長期目標」「短期目標」欄がしっかり書かれていることが、いいケアプランの条件であると言えます。

介護保険法には、利用者が「その有する能力に応じ自立した日常生活を営むことができるよう」必要なサービスを行うものである、とあります（第1章第1条）。したがってケアプランには、利用者のどんな自立度をどう高めるかが書かれていなければなりません。それが具体的に書かれず、長期目標欄に空疎な言葉が並び、短期目標欄が何ヵ月も変わらないままのケアプランは問題です。

家族はケアプランの内容にしっかり目を通し、意見があればケアマネジャーに遠慮なく注文を出せるようでなければなりません。

2-11

介護サービス情報の公表制度

介護事業者の質は玉石混交だと言われます。客観的に事業者の質を知る方法はないのでしょうか

指定取り消し処分を受けた事業所数の年次推移

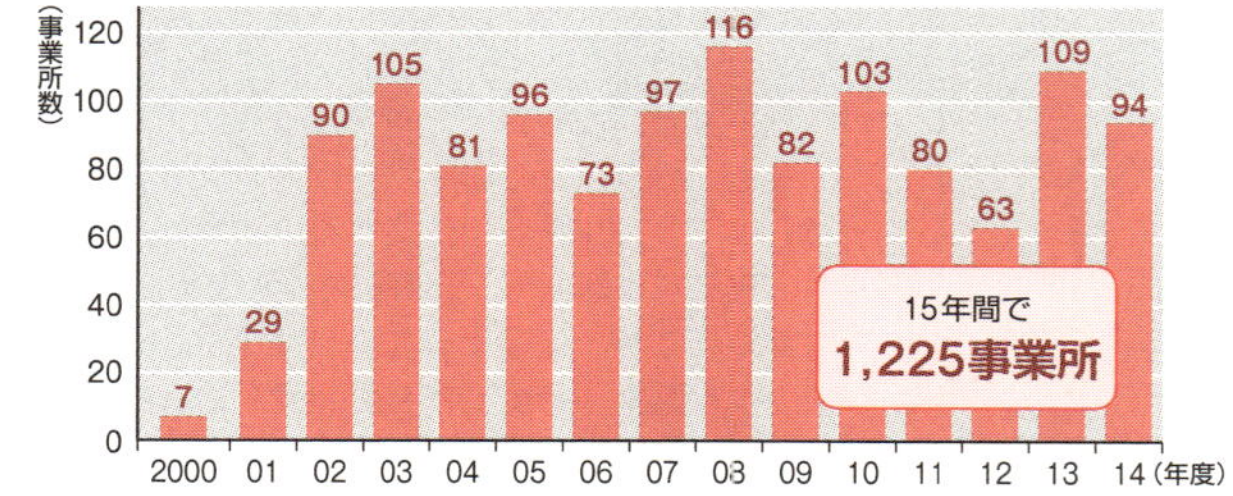

（事業所数）
120
100
80
60
40
20
0
7
29
90
105
81
96
73
97
116
82
103
80
63
109
94
2000
01
02
03
04
05
06
07
08
09
10
11
12
13
14（年度）
15年間で
1,225事業所

指定取り消しに至った違反内容（2014年度）

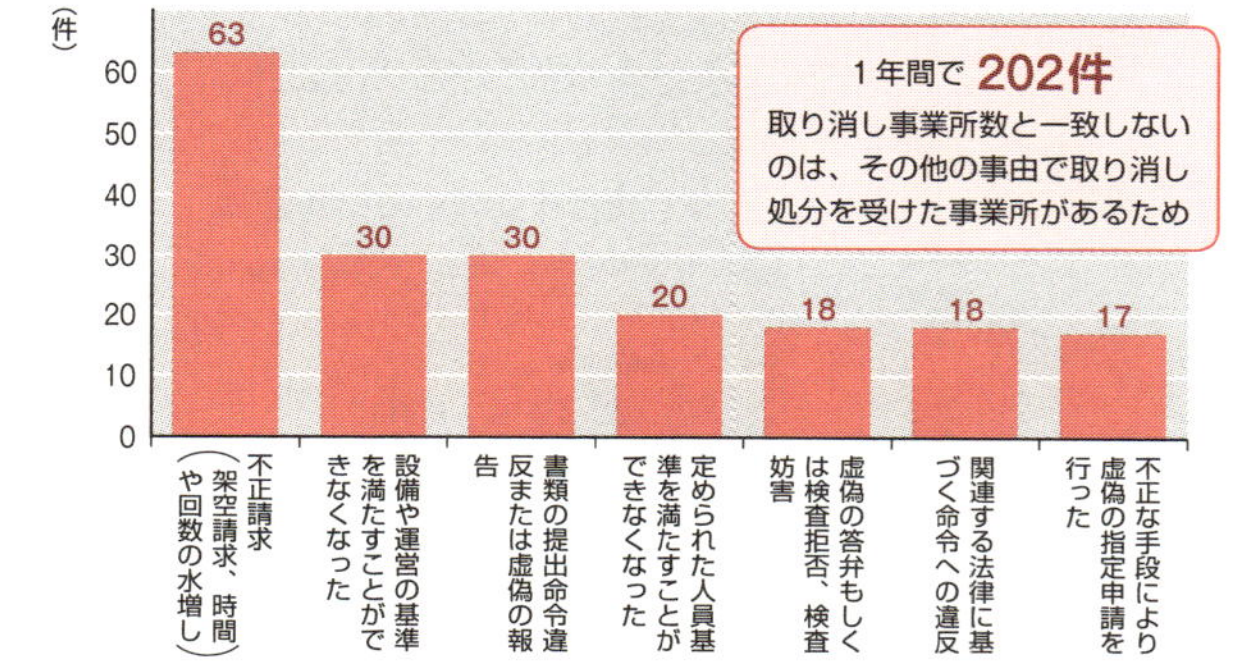

（件）
60
50
40
30
20
10
0
63
30
30
20
18
18
17
1年間で 202件
取り消し事業所数と一致しないのは、その他の事由で取り消し処分を受けた事業所があるため
不正請求（架空請求、時間や回数の水増し）
設備や運営の基準を満たすことができなくなった
書類の提出命令違反または虚偽の報告
定められた人員基準を満たすことができなくなった
虚偽の答弁もしくは検査拒否、検査妨害
関連する法律に基づく命令への違反
不正な手段により虚偽の指定申請を行った

※グラフは２つとも厚生労働省老健局の資料より作成

15年間で1225の事業所が指定取り消し処分を受けた

介護サービス事業者が不正を行った場合、都道府県知事（地域密着型サービスでは市区町村長）は指定（介護サービス事業者の資格を与えること）の取り消しや停止（一定期間の資格剥奪）を行えます。介護保険制度が始まった2000年度から2014年度までの15年間で、もっとも重い行政処分である指定取り消しを受けたのは、合計1225の事業所でした。

不正の内容が介護報酬の架空請求や水増しであった場合は、報酬の返還が求められます。しかし、事業者の倒産などで多くの返還金が回収できていません。

「介護サービスの情報公表」のしくみ

どんな内容が見られるのか

- 事業所の名称、住所、地図、エリア、営業時間などの事業所概要
- サービス内容、どのような加算をとっているか
- 運営状況（平均的事業所と比較できるレーダーチャート）
- 従業員数、利用者数
- 事業所の特色（これは事業所の責任で公表している部分）

直接アクセスするには
http://www.kaigokensaku.mhlw.go.jp/

どうしたら見られるのか

検索サイトで「介護事業所検索」と入れて検索します

介護事業所検索　検索

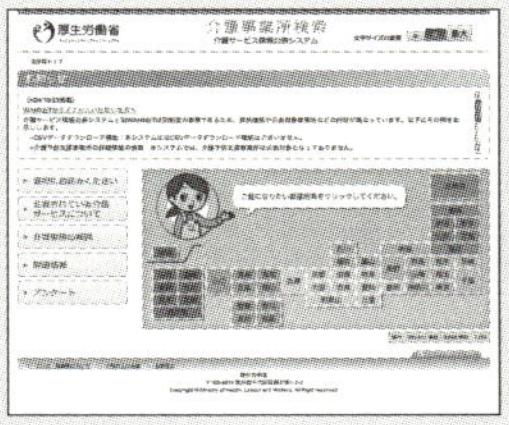

介護事業所検索「介護サービス情報公表システム」というサイトを探してアクセスします。左の画面が出たら画面をクリックしながら必要な事業所を探します

段階的に進歩してきた介護サービス情報の公表制度

厚生労働省は、利用者が良質な介護事業者を選ぶための一元的な情報公表制度をつくるよう、各方面から求められてきました。インターネットを使った「介護サービス情報の公表制度」は2006年度から始まりましたが、事業所概要がわかる程度の不十分なものでした。

2012年度から上のイラストで紹介する形式にリニューアルされ、2015年10月からは介護事業所検索のほかに、地域包括支援センター検索、生活支援等サービス検索、在宅医療検索にも広げられつつあります。

介護事業所検索できるのは、全国約19万ヵ所の事業所です。質的な面では、経験5年以上の従業員の割合、看護職と介護職の前年度1年間の退職者数、利用者の意見を把握する取り組みがあるか、第三者評価を受け入れているか、などを調べることができます。

2-12

日本が向かっている地域包括ケアシステム

世界に例を見ない高齢化に対応するための体制が、わが国の目指す地域包括ケアシステムです

2025年をめどに進められているわが国の高齢者支援体制

日本は、諸外国に例を見ないスピードで高齢化が進行しています。そのため、国は2025年（団塊の世代が75歳以上となる年）をめどに地域包括ケアシステムの構築を進めています。地域包括ケアとは、重度の要介護状態になっても、住み慣れた地域で自分らしい暮らしを最期まで続けることができるように、介護、医療、予防、住まい、生活支援が一体的に提供される体制のことです。

　地域包括ケアシステムは、介護保険の保険者である市区町村が、地域の特性を生かして自主的につくり上げる必要があります。

最期まで住み慣れた地域で暮らすために

高齢者に必要なサービスが行き届くには、おおむね30分で行ける範囲内に下の５つの要素がなければなりません。これが日常生活圏域で、具体的には中学校区を指し、市区町村が地域密着型サービスの予定数を配分する目安とされています

日常生活圏域

（30分でかけつけられる圏域）

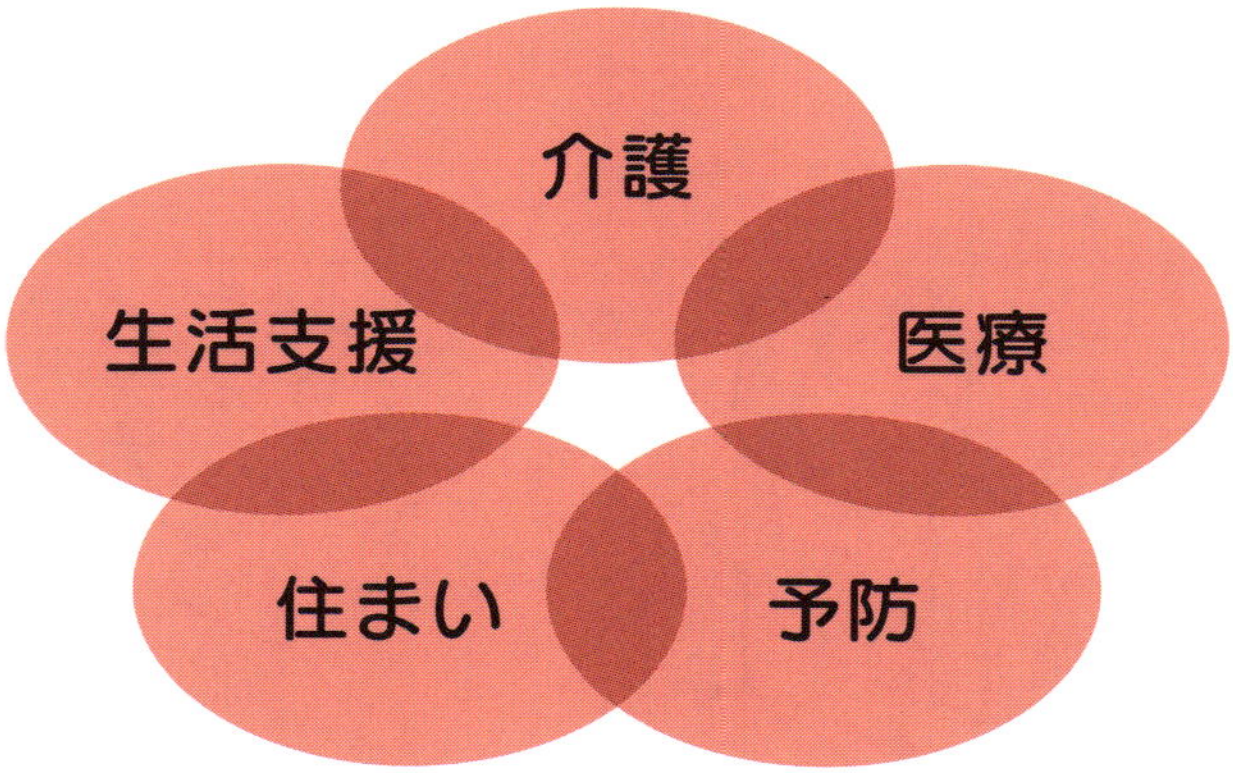

地域包括ケアの5つの視点による取り組み

地域包括ケアを実現するためには、以下の5つの視点での取り組みが包括的（利用者のニーズに応じた①～⑤の適切な組み合わせによるサービス提供）、継続的（入院、退院、在宅復帰を通じて切れ目ないサービス提供）に行われることが必須です

①医療との連携強化
- 24時間対応の在宅医療、訪問看護や訪問リハビリテーションの充実強化

②介護保険サービスの充実強化
- 特養などの介護拠点の緊急整備
- 24時間対応の在宅サービスの強化

③予防の推進
- できる限り要介護状態とならないための予防の取り組みや自立支援型の介護の推進

④見守り、配食、買い物など、多様な生活支援サービスの確保や権利擁護など
- 一人暮らし、高齢夫婦のみ世帯の増加、認知症の増加を踏まえ、さまざまな生活支援サービス（見守り、配食など）や財産管理などの権利擁護を推進

⑤高齢期になっても住み続けることのできる高齢者住宅の整備（国土交通省）
- 高齢者専用賃貸住宅と生活支援拠点の一体的整備、持ち家のバリアフリー化の推進

負担増とサービスの切り下げは避けられないとの見通しも

地域包括ケアという概念は、2003年にまとめられた「2015年の高齢者介護」という報告書で初めて提言されました。その内容に沿って、2006年度の改正介護保険から設置されたのが地域包括支援センターです。

その後、2010年に厚生労働省の委託研究事業としてまとめられた「地域包括ケア研究会報告書」では、この先の高齢化を乗り切るには負担増とサービスの切り下げが避けられないと明言され、物議を醸しました。

具体的には、要支援または要介護1程度の軽度者は介護給付から外す、軽度者の家事援助は介護保険から外し見守りや配食サービスなどの生活支援サービスとして実施する、利用者負担（当時は一律1割）を引き上げる、ケアプラン作成に利用者負担を導入する、特別養護老人ホーム（特養）や介護老人保健施設（老健）はケ

地域ケア会議による下支えを行う

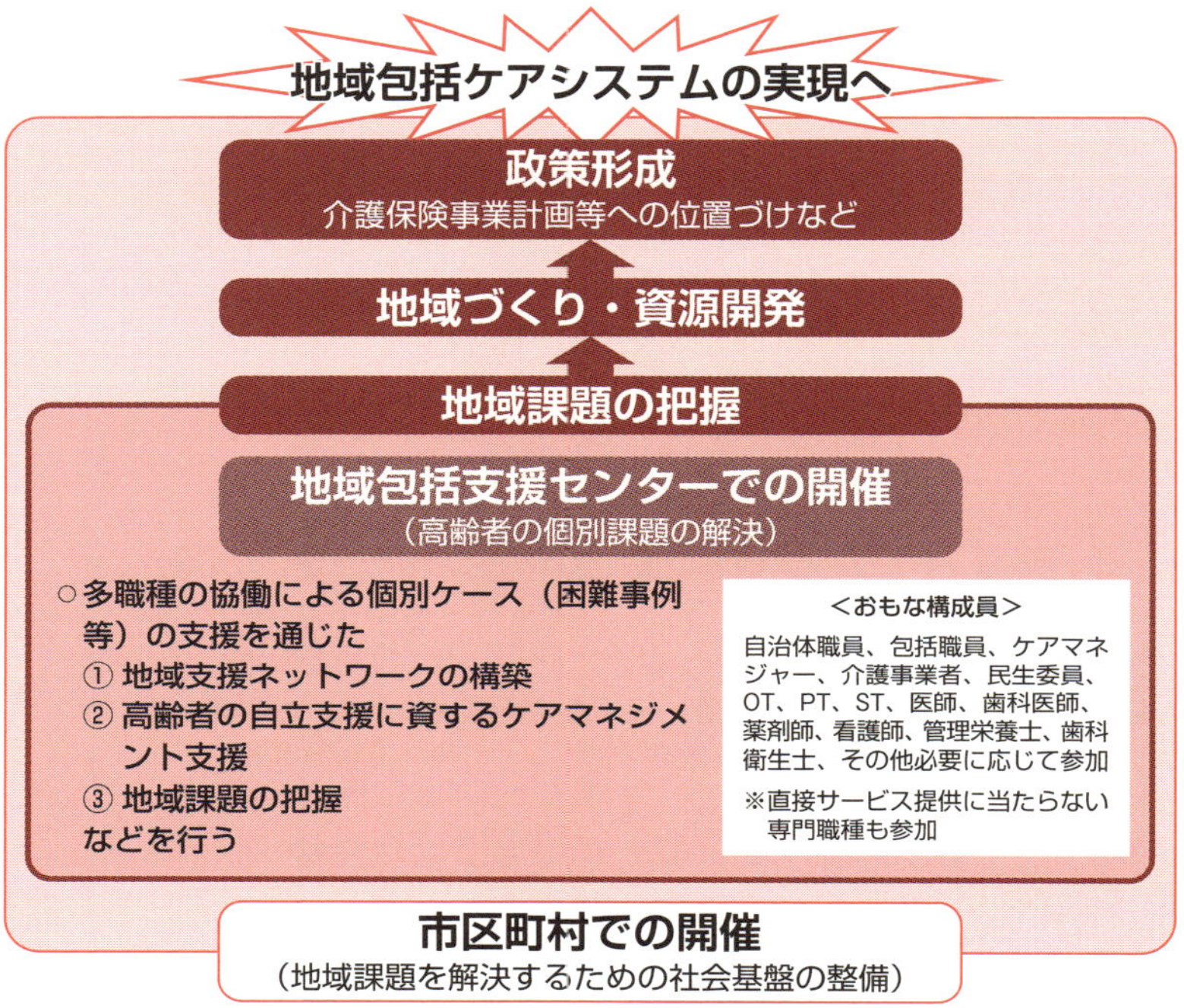
地域包括ケアシステムの実現へ
政策形成
介護保険事業計画等への位置づけなど
地域づくり・資源開発
地域課題の把握
地域包括支援センターでの開催
（高齢者の個別課題の解決）
○多職種の協働による個別ケース（困難事例等）の支援を通じた
① 地域支援ネットワークの構築
② 高齢者の自立支援に資するケアマネジメント支援
③ 地域課題の把握
などを行う
＜おもな構成員＞
自治体職員、包括職員、ケアマネジャー、介護事業者、民生委員、OT、PT、ST、医師、歯科医師、薬剤師、看護師、管理栄養士、歯科衛生士、その他必要に応じて参加
※直接サービス提供に当たらない専門職種も参加
市区町村での開催
（地域課題を解決するための社会基盤の整備）

※厚生労働省老健局「地域ケア会議実践事例集」（2014年）をもとに作成

アが組み合わされた集合住宅と考えて入所者は外部の事業所からサービスを受ける形に変える、といった案です。

また、在宅医療を行っている医師の仕事は「開始時」「急変時」「看取り」に限定し、医師が果たしている仕事は看護師が行い、看護師が果たしている仕事は介護福祉士が行い、介護福祉士が果たしている日常のお世話は無資格者へ移行させて、より安いコストで制度を運用していくという案もありました。

その後数回の介護保険法改正を見ていると、この案は現実化しつつあるようです。２０００年に開始されたとき、介護保険の目的の中には、「利用者本人によるサービスの選択」がありました。地域包括ケアシステムはその目的を放棄し、日常生活圏域を1つの業者に丸投げするしくみであるという意見もあります。今後の成り行きに注目が集まるところです。

2025年の地域包括ケアシステム

地域包括ケアシステムは、人口1万2000人の中学校区を単位として想定。数字は、当時（2011年時点）から2025年の人口1万人に対する目標数値を矢印で示したもの

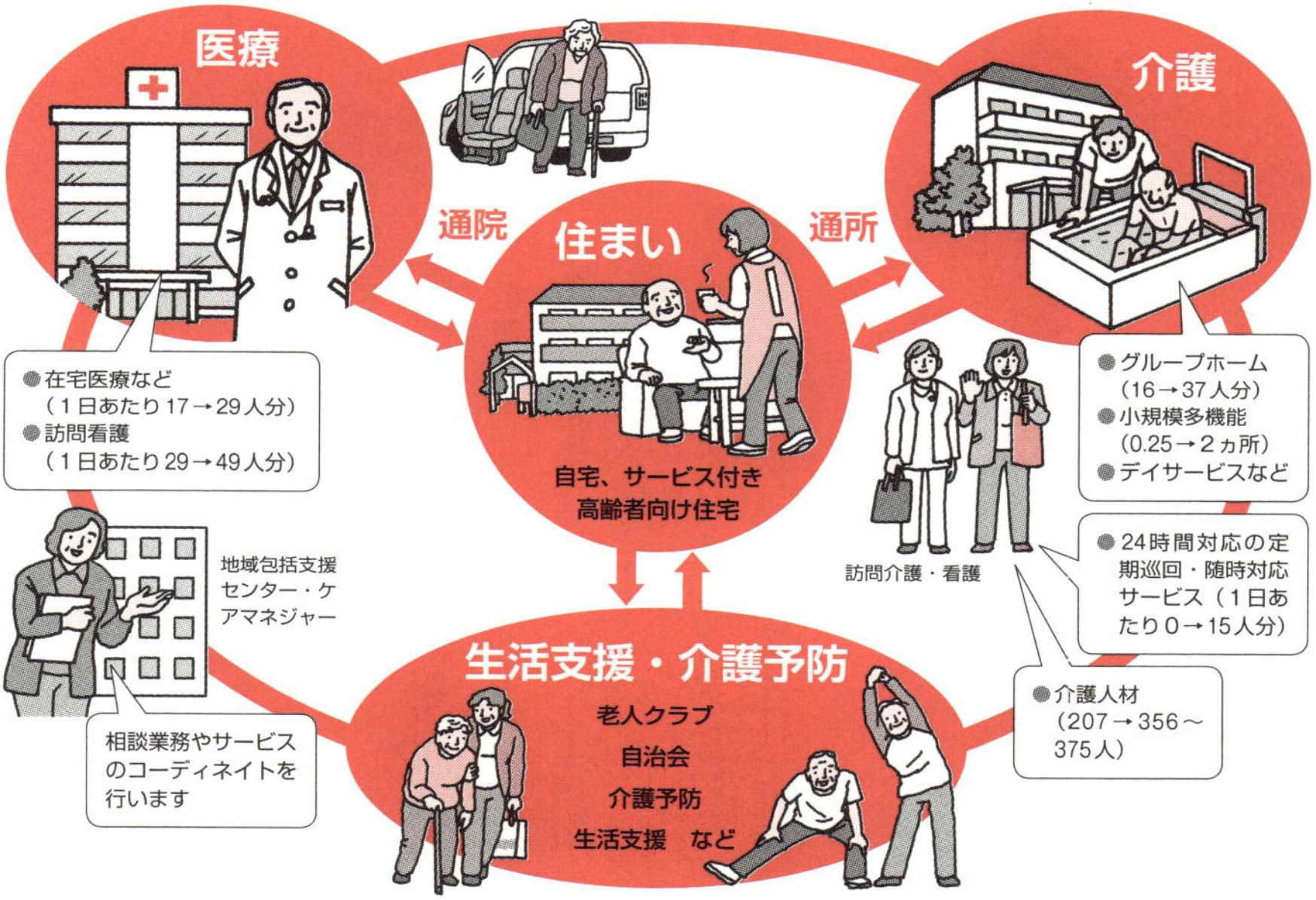
医療
●在宅医療など
（1日あたり17→29人分）
●訪問看護
（1日あたり29→49人分）
通院
住まい
自宅、サービス付き
高齢者向け住宅
通所
介護
●グループホーム
（16→37人分）
●小規模多機能
（0.25→2ヵ所）
●デイサービスなど
訪問介護・看護
●24時間対応の定期巡回・随時対応サービス（1日あたり0→15人分）
●介護人材
（207→356〜375人）
地域包括支援センター・ケアマネジャー
相談業務やサービスのコーディネイトを行います
生活支援・介護予防
老人クラブ
自治会
介護予防
生活支援　など

※2012年1月に出された厚生労働省の資料をもとに作成

地域のリソース（資源）をいかに開発できるかがカギ

前回（2015年度から施行）の介護保険法改正では、地域ケア会議の充実（右ページの図参照）、在宅医療・介護連携の推進、認知症施策の推進、生活支援サービスの体制整備などが決まりました。今回（2018年度から施行）は介護保険法だけでなく、医療法、社会福祉法、障害者総合支援法、児童福祉法も関連項目が改正され、自治体が自らの裁量でより幅広い高齢者支援を行える準備がなされた状態です（巻頭特集を参照）。

国は予算が足りなくなると、決まって「自立支援」と言い始めます。地域包括ケアシステムとは、言葉を換えれば「公助を期待しないで、共助、自助の手立てを講じなさい」ということにほかなりません。それができるかどうかは、草の根運動を起こせるかどうかであり、地域の力量が問われているのです。

コラム 2

介護職の処遇改善はどこまで実現できるか

国は、これまで介護職の処遇改善について、キャリアパス要件Ⅰ（職員の任用の要件、賃金体系を定め、すべての職員に周知している）、Ⅱ（職員の資質向上のために計画を策定し、研修の実施または機会を確保し、すべての職員に周知している）をみたすなどの条件をクリアした事業者に加算をつけてきました。２００９年度以降に行った介護労働者への処遇改善効果は、月額４万３０００円になると説明されています。

２０１７年４月には、約６００億円の財源をもとに臨時の介護報酬改定を実施し、賃金を平均月１万円ほど引き上げました。それでも介護職の賃金は、全産業平均より約10万円低いのです。

そこで、さらなる介護職処遇改善のために、国は２０１９年10月の消費税率引き上げで増える税収から約１０００億円を充てることを決めました。内容は、働いている期間が長い中堅を中心に賃金を手厚くするというものです。

具体的には、「他の介護職員などの処遇改善にこの処遇改善の収入を充てることができるよう柔軟な運用を認めることを前提に」、介護サービス事業所における勤続年数10年以上の介護福祉士について、月額平均８万円相当の処遇改善を行います。障害福祉人材も同様です。

これによって、有効求人倍率が全国平均で３・５６倍（２０１７年７月現在）と高止まりしている介護職の求人難解消が期待されています。

第3章

介護保険サービスの種類とかかる費用

介護保険サービスは、「居宅サービス」「地域密着型サービス」「施設サービス」から構成されています。この章では、それぞれのサービス内容と利用した場合の料金を紹介します

3-1

介護保険サービスの体系

まずは初心者でもわかるように、受け方の違いから介護保険サービスを分類してみましょう

どこで受けられるかを考えると複雑な体系が簡略化できる

介護保険サービスは、制度上、「居宅サービス」「地域密着型サービス」「施設サービス」に分かれています。しかし、自宅で受けられる訪問介護は居宅サービスであるのに、同じように自宅で受けられる夜間対応型訪問介護は地域密着型サービスです。また、出かけて受けられるデイサービスやショートステイが居宅サービスであったり、入居して受ける有料老人ホームやグループホームでのサービスが、施設サービスではなかったりします。

このように複雑な介護保険サービスの体系をわかりやすくするには、左ページのようなまとめ方をするといいでしょう。利用者がどこで受けるかを中心に、「自宅で受けられるサービス」「出かけて受けられるサービス」、施設のように見えながら「居宅（自宅扱い）で受けられるサービス」に分けるのです。こうした一覧を設けたうえで、この章では居宅サービス、地域密着型サービス、施設サービスの順に、サービス内容と料金を紹介します。

介護保険サービスの体系が難しいのは、「施設で受けられるサービス」が特養、老健、介護療養病床および介護医療院しかなく（左図の右下参照）、近年多様化する高齢者の住まいが、どこに分類されるのかがわかりにくいことです。この章では、高齢者の住まいを最後にまとめ、読者の理解を深める工夫をしました。

介護保険サービスをわかりやすく分類すると

＝居宅サービス
＝地域密着型サービス
＝施設サービス
＝その他

自宅で受けられるサービス

- 居宅介護支援（ケアマネジメント）
- 訪問介護（ホームヘルプ）
- 訪問看護
- 訪問入浴介護
- 訪問リハビリテーション
- 居宅療養管理指導
- 福祉用具貸与（レンタル）
- 特定福祉用具販売
- 住宅改修
- 夜間対応型訪問介護
- 定期巡回・随時対応型訪問介護看護

出かけて受けられるサービス

- 通所介護（デイサービス）
- 通所リハビリテーション(デイケア)
- 短期入所生活介護
- 短期入所療養介護

お泊まりして受けられるサービス（ショートステイ）

- 地域密着型通所介護
- 認知症対応型通所介護

- 小規模多機能型居宅介護
- 看護小規模多機能型居宅介護

居宅(自宅扱い)で受けられるサービス

- 特定施設入居者生活介護（介護付有料老人ホームなど）
- 認知症対応型共同生活介護（グループホーム）
- 地域密着型特定施設入居者生活介護

施設で受けられるサービス

- 介護老人福祉施設（特養）
- 介護老人保健施設（老健）
- 介護療養型医療施設（介護療養病床）／介護医療院
- 地域密着型介護老人福祉施設入所者生活介護

「その他」とは：要支援以上の人が要介護度に関係なく受けられるサービスで、居宅介護支援（自己負担なし）と住宅改修（同一住宅・同一対象者につき20万円までの償還払い）があります

3-2

居宅サービスの種類

介護保険では「居宅」という言葉がよく使われます。自宅との違いを確認しておきましょう

居宅の意味はかなり広い

自宅にいても居宅なのか
自宅に住むAさん
ここは施設ではなく居宅なのか
ショートステイ利用中のBさん
有料老人ホームに住むCさん
サービス付き高齢者向け住宅に住むDさん
みなさん居宅のケアプランですよ
ケアマネジャー

いつまでも住み慣れた地域で暮らすのが居宅サービスの目的

介護保険では居宅という言葉を使い、自宅という言葉を使いません。居宅サービスには自宅で受けるサービスが含まれますが、それだけではなく、介護施設で受けるデイサービスやデイケア、ショートステイ、介護付有料老人ホームで受ける特定施設入居者生活介護なども居宅サービスに含まれます。

これは、自宅で介護を受けにくい場合、自宅に準ずる場所へ移って介護を受けても、「在宅で自立を目指す姿」とされるからです。いつまでも住み慣れた地域で暮らすために、より幅広い居宅サービスの活用が望まれます。

おもな居宅サービス事業所の数

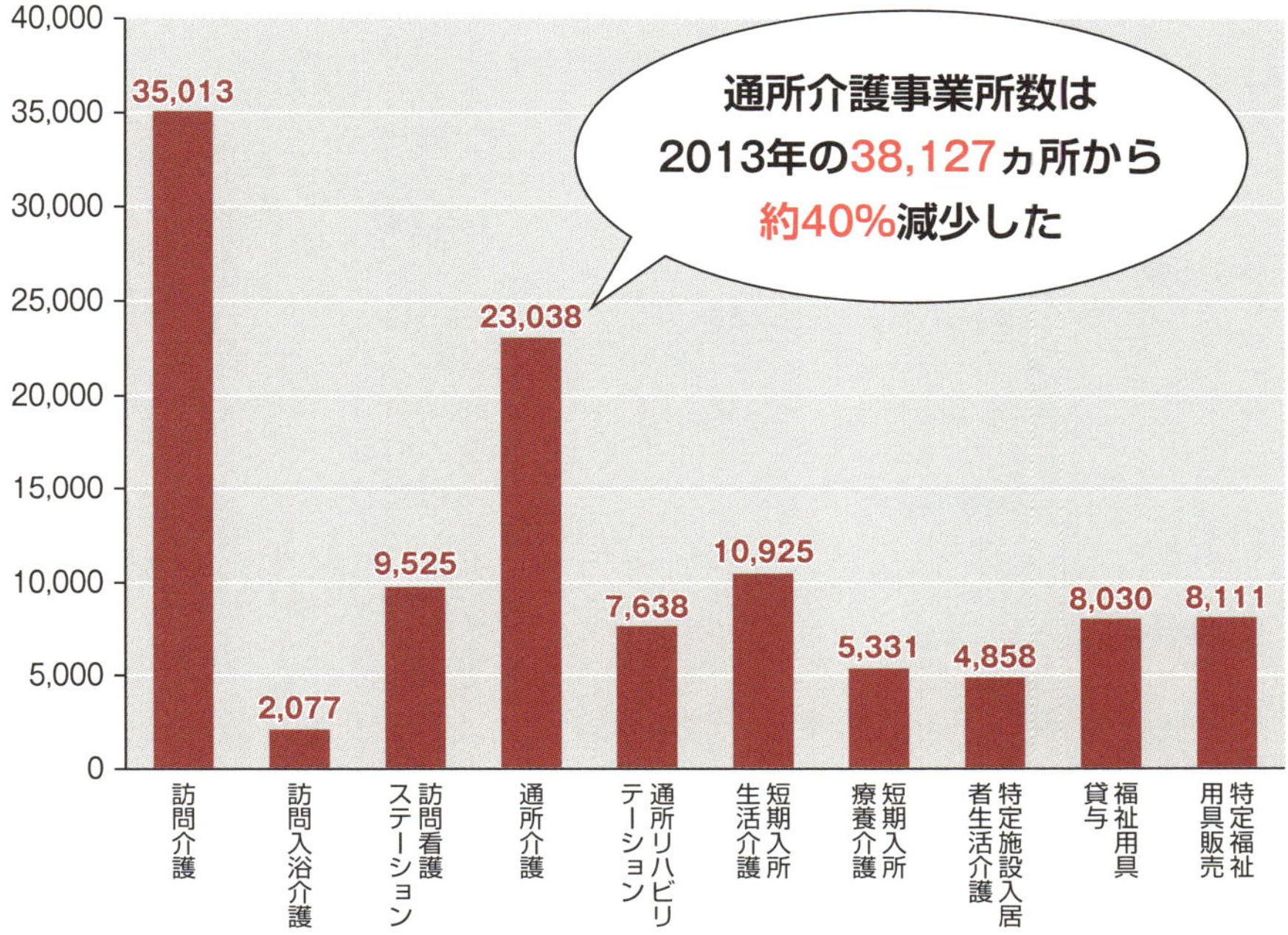
40,000
35,000
30,000
25,000
20,000
15,000
10,000
5,000
0
35,013
2,077
9,525
23,038
7,638
10,925
5,331
4,858
8,030
8,111
訪問介護
訪問入浴介護
訪問看護ステーション
通所介護
通所リハビリテーション
短期入所生活介護
短期入所療養介護
特定施設入居者生活介護
福祉用具貸与
特定福祉用具販売
通所介護事業所数は
2013年の38,127ヵ所から
約40%減少した

※厚生労働省「介護サービス施設・事業所調査」より（2016年10月1日現在）

居宅サービスに分類される介護保険サービスは12種類

上のグラフは、全国で展開されている居宅サービス事業所の数です。ここには10種類しかありませんが、介護保険制度には、これに訪問リハビリテーションと居宅療養管理指導を加えた12種類の居宅サービスがあります。

２０００年４月に介護保険制度が始まってから、事業所数がコンスタントに伸びたのは通所介護（デイサービス）と訪問介護（ホームヘルプ）でした。この２つは小規模でも始められることから（通所介護は民家でも可）、独立開業する介護職がかなりいました。

しかし、２０１３年の同じ調査と比べると、通所介護は約40％も少なくなっています（２０１３年の通所介護事業所は３万８１２７ヵ所）。これは、２０１５年４月の改正で小規模型のデイサービスが、１年間の経過措置のあと地域密着型サービスに移行したからです。

3-3 訪問介護

別名ホームヘルプとも呼ばれる訪問介護は、利用者の在宅生活を支える大切なサービスです

デイサービス、ショートステイと並ぶ重要な居宅サービス

訪問介護（ホームヘルプ）は、デイサービスやショートステイと並んで「在宅三本柱」と呼ばれてきました。この3つは、高齢者の在宅生活を支えるために欠かせないものです。

訪問介護は、訪問介護員（介護職員初任者研修などを受けた人）や介護福祉士によって提供されます。訪問介護員はいまだにホームヘルパーと呼ばれていますが、在宅介護だけでなく施設介護についても学び、将来介護福祉士へ進める資格です（**6-4**参照）。

利用者の在宅生活を維持するには、左ページのように地域との連携が欠かせません。

訪問介護の介護報酬

身体介護中心型	20分未満	165単位
	20分以上30分未満	248単位
	30分以上1時間未満	394単位
	1時間以上1時間30分未満	575単位
	以降30分を増すごとに算定	83単位
	生活援助加算	66単位
生活援助中心型	20分以上45分未満	181単位
	45分以上	223単位
通院等乗降介助		98単位

※1級地11.40円、2級地11.12円、3級地11.05円、4級地10.84円、5級地10.70円、6級地10.42円、7級地10.21円、その他10.00円で換算

※事業所が介護職の処遇改善を行うと、加算がついてこれよりも高くなります

※生活援助加算とは、引き続き生活援助を行った場合の加算です（20分から起算して25分ごとに加算、70分以上が上限となります）

訪問介護員はチームケアの一員

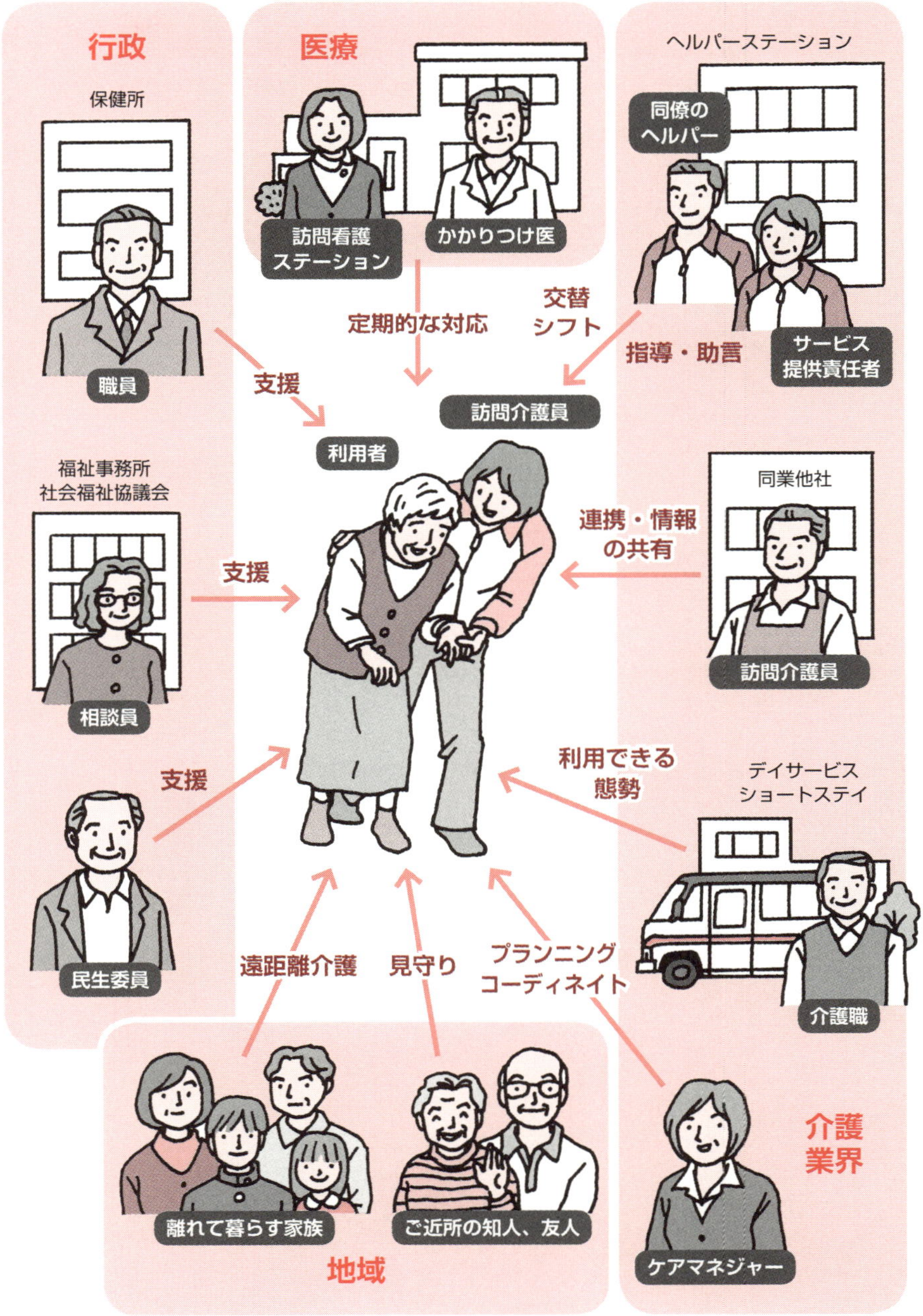

行政
保健所
職員
福祉事務所
社会福祉協議会
相談員
民生委員
支援
支援
支援
医療
訪問看護
ステーション
かかりつけ医
定期的な対応
ヘルパーステーション
同僚の
ヘルパー
サービス
提供責任者
交替
シフト
指導・助言
訪問介護員
利用者
同業他社
訪問介護員
連携・情報
の共有
デイサービス
ショートステイ
介護職
利用できる
態勢
ケアマネジャー
プランニング
コーディネイト
介護
業界
遠距離介護
見守り
離れて暮らす家族
ご近所の知人、友人
地域

訪問介護でできること

生活援助

利用者の生活を援助するサービス

- 掃除（同居家族がいる場合は本人の居室だけ、トイレや廊下など共有部分はできない）
- ゴミ出し
- 洗濯
- 衣類の整理・補修
- 日常的な調理（お正月のおせち料理やクリスマスケーキなどお祝いのための特別な料理はできない）
- 日用品の買い物
- 薬の受け取り　など

（本人が不在中の生活援助はできない）

身体介護

利用者本人を直接援助するサービス

- 食事介助　●排泄介助
- 入浴介助、清拭《せいしき》（体をふいて清潔にすること）
- 整容（洗顔・歯磨き）介助
- 衣服の着替え介助
- 起床介助、就寝介助
- 服薬介助
- 移動・移乗介助
- 通院や生活上必要な外出介助
- 介護保険施設などの（今後必要なサービスを選ぶ目的で行われる）見学の同行
- 官公庁への届け出の同行　など

サービスは2種類　身体介護と生活援助

訪問介護のサービス内容は要支援と要介護で分かれ、要支援は身体介護と生活援助の区別がなく、利用料は月ごとの定額制でした。2018年度から要支援者への訪問介護は、市区町村が取り組む地域支援事業の「介護予防・生活支援サービス事業」へ移行しました。

要介護者への訪問介護は、身体介護と生活援助の2種類です。身体介護は食事、排泄、入浴など生活の基本的なことができず、介助を必要とするときに利用します。生活援助は一人暮らしの人や、同居者がいても病気や仕事などで家事ができない人へのサービスです。

訪問介護の生活援助は、家事代行サービスではありません。介護保険上できないことも多いので十分注意してください。

訪問介護でできないこと

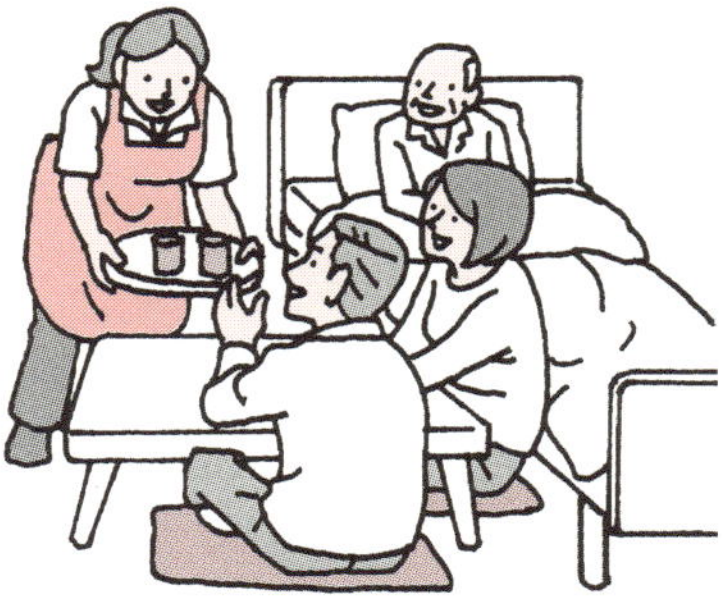

「本人にかかわる」範囲を超える援助

家族の利便になること、または家族が行うべき行為

- 利用者以外のための調理、洗濯、買い物、ふとん干し
- 主として利用者が使用する居室以外の掃除（トイレ・廊下・浴室は、独居ならできる）
- 来客の応接（お茶や食事出し）
- 自家用車の洗車・清掃　など

「日常生活」の範囲を超える援助

日常的に行う家事の範囲を超える行為

- 部屋の模様替えや家具の修繕
- 大掃除、窓のガラス磨き、床のワックスがけ
- 室内外の家屋の修理、ペンキ塗り
- 庭木の剪定《せんてい》などの園芸
- 正月、節句のために特別に手をかけて行う調理　など

訪問介護員が行わなくても日常生活に支障がない行為

- 庭の草むしり
- 花木への水やり
- 犬の散歩などペットの世話　など

介護タクシーも訪問介護の一種

いわゆる介護タクシーは、ホームヘルパーの資格を持つ運転手が、介護保険の「通院等乗降介助」（家や病院で車に乗り降りする介助と病院での受診手続きなど）を行ってくれます。

これは訪問介護の一種なので、ケアプランに組み込んで使うことができます（要支援では使えません）。

利用できるのは、家から病院までと病院から家までの片道ずつで、料金はそれぞれ98単位。タクシー料金はそれ以外に現金で支払います。

訪問介護の身体介護にも「通院や生活上必要な外出介助」があるので、利用者にとってどちらがいいか、ケアマネジャーと利用者・家族はよく相談してください。

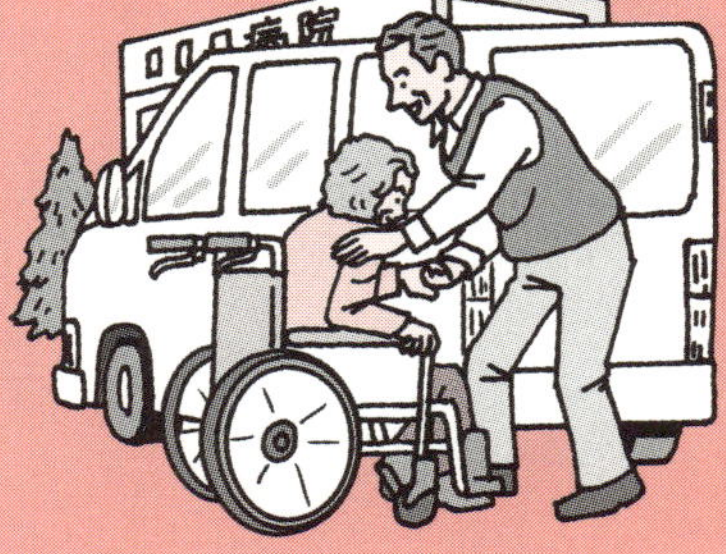

訪問看護の介護報酬と人員基準

●介護報酬

訪問看護ステーションの場合	
20分未満	311単位
30分未満	467単位
30分以上1時間未満	816単位
1時間以上1時間30分未満	1,118単位
理学療法士などの場合	296単位（1回あたり）

●人員基準

・看護職：常勤換算で2.5人以上（1人以上は常勤）
・理学療法士、作業療法士、言語聴覚士：適当数
・看護体制強化加算Ⅰ（ターミナルケア加算の算定者5人以上）600単位／月
・看護体制強化加算Ⅱ（ターミナルケア加算の算定者1人以上）300単位／月
・看護・介護職員連携強化加算（訪問介護事業所との連携）250単位／月

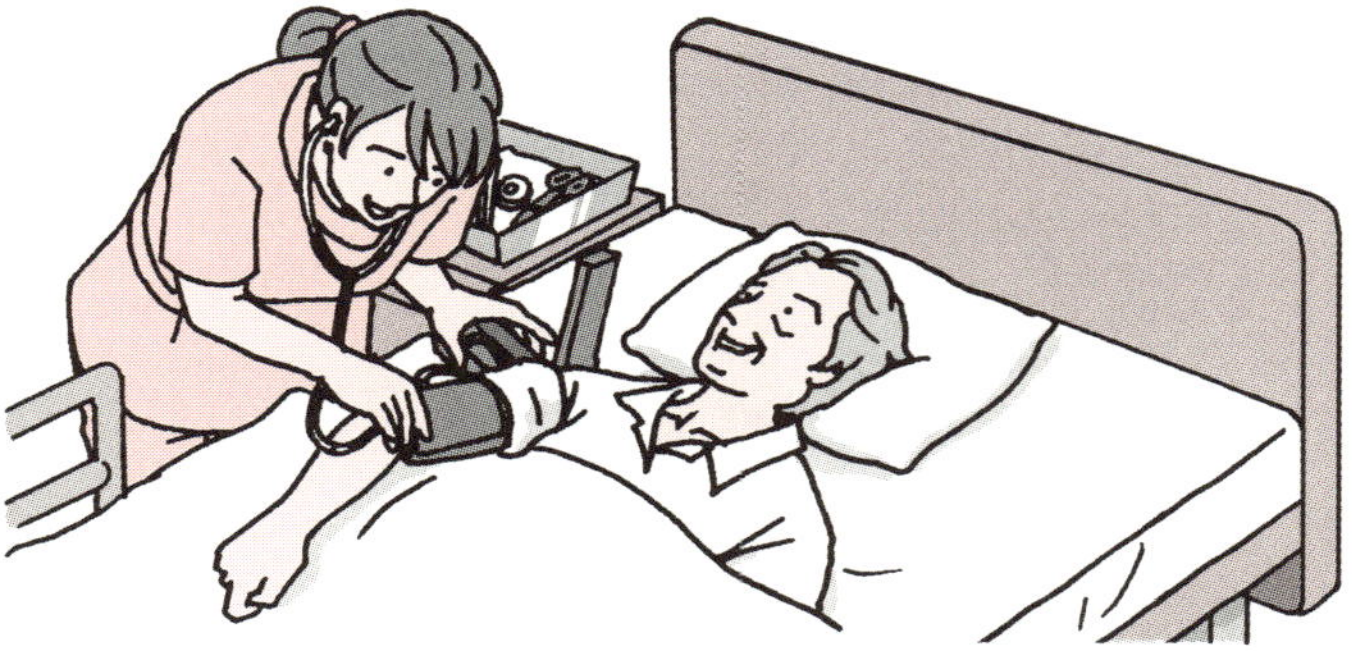

看護師、准看護師、保健師のほか、必要に応じて理学療法士、作業療法士、言語聴覚士が訪問することもあります

3-4 訪問看護

病院、診療所、訪問看護ステーションの職員がお世話を行います

自宅にいながら受けられる「訪問看護」

訪問看護は1991年の老人保健法改正で生まれ、以前は医療保険を使っていました。2000年度以降は介護保険が優先されるようになったので、末期がんや指定された難病の人以外は介護保険を使います。

看護の内容は健康チェック、清潔保持、服薬管理、たんの吸引、褥瘡の手当て、家族への介護指導などで、主治医の指示とケアプランに基づいて行われます。要支援者への内容は介護予防を目的としたものとなり、利用料はやや安くなります。どちらも、派遣元が医療機関か訪問看護ステーションかによって単価が変わり、時間帯や緊急性による加算があります。

3-5

訪問入浴介護

お年寄りの定期的な健康チェックにもなる介護サービスです

自宅で入浴を希望する人のための「訪問入浴介護」

訪問入浴介護は、自宅に簡易浴槽を持ち込むサービスです。福祉の世界では30年も前から行われてきましたが、介護保険制度開始以降、家で入浴できない高齢者はデイサービスやデイケアで入浴することが一般化しました。そのため、やや下火になったものの、重度者にとって貴重なサービスであることに変わりはありません。公共性が高いので、大半の事業所を運営しているのは社会福祉法人です。

通常は看護職1人と介護職2人（体調安定時は介護職だけ）で訪問して、血圧、脈拍、体温などを測定してから入浴となります。

訪問入浴介護の介護報酬

●介護報酬

介護予防訪問入浴介護	845単位
訪問入浴介護	1,250単位

●加算の見直し

・介護職員処遇改善加算は、一定の経過措置期間を定めたあと廃止されます

●減算

減算等の内容	算定要件
①・③ 10%減算 ② 15%減算	①事業所と同一敷地内または隣接する敷地内に所在する建物に居住する者（②に該当する場合を除く） ②上記の建物のうち、当該建物に居住する利用者の人数が1ヵ月あたり50人以上の場合 ③上記①以外の範囲に所在する建物に居住する者（当該建物に居住する利用者の人数が1ヵ月あたり20人以上の場合）

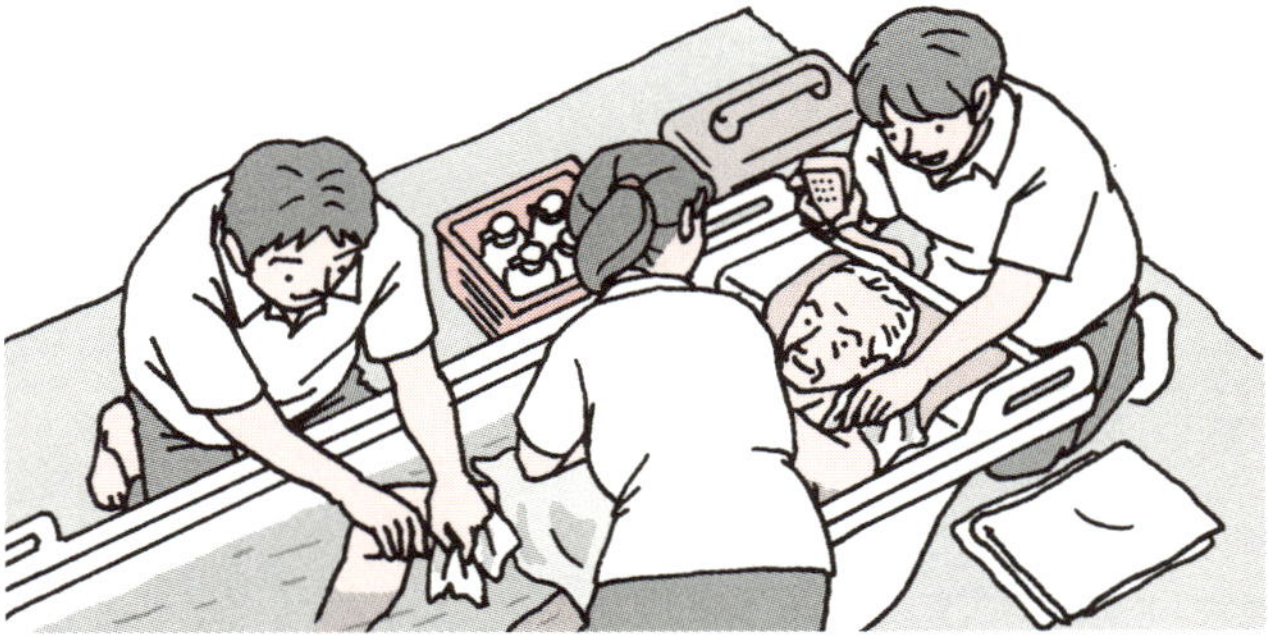

訪問したときに利用者の体調が悪いと、部分浴（手浴、足浴、陰部洗浄、洗髪など）への変更や、清拭にとどめることもあります

3-6

訪問リハビリテーション

リハビリに通うのが困難な人の住まいを専門職が訪問します

自宅でリハビリを受けられる「訪問リハビリテーション」

　訪問リハビリテーションは、主治医の指示に基づいてリハビリスタッフが自宅を訪れるサービスです。一般的には、理学療法士は体を動かすことでＡＤＬ（日常生活動作）を、作業療法士は家事などのＩＡＤＬ（手段的日常生活動作）を、言語聴覚士は会話や嚥下を訓練します。

　原則として、派遣元の医療機関を受診している患者であることが必要で、通所リハビリができなくなった場合などに利用されます。

　近年、入院期間が短縮されてリハビリが打ち切られるケースが増えているためニーズは高いものの、医療機関しか実施できないので、供給は不足気味です。

訪問リハビリテーションの介護報酬

●介護報酬

基本報酬（訪問リハビリテーション費）290単位／回

リハビリテーションマネジメント加算Ⅰ（医師の指示が明確に行われた場合）230単位／月

リハビリテーションマネジメント加算Ⅱ（リハビリテーション計画の作成に関与した理学療法士、作業療法士、言語聴覚士が説明を行う場合）280単位／月

リハビリテーションマネジメント加算Ⅲ（医師が説明を行う場合）320単位／月

※Ⅱ、Ⅲ共通の事項として、構成員である医師のリハビリテーション会議への出席については、テレビ電話など（テレビ会議システムのほか、携帯電話などでのテレビ会議を含む）を活用できることになりました

※介護予防にも、算定要件を満たせばリハビリテーションマネジメント加算（230単位／月）がつきます

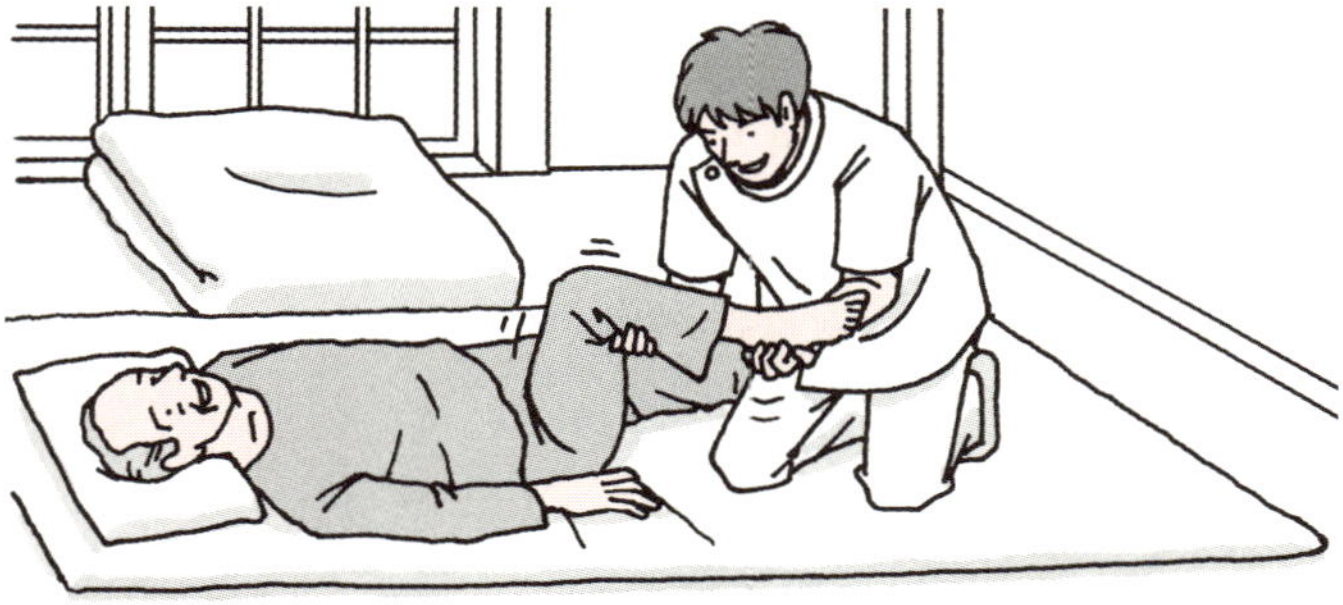

訪問看護なども同様ですが、2006年から自宅だけでなく外部サービス利用型の特定施設の入居者を訪問することもできるようになりました

居宅療養管理指導

支給限度額の対象外なので、利用枠が残っていなくても使えます

居宅療養管理指導の介護報酬と人員基準

●介護報酬

単一建物居住者が１人	507単位
単一建物居住者が２～９人	483単位
単一建物居住者が10人以上	442単位

上記は居宅療養管理指導費Ⅰ（医師が行う場合でⅡ以外）
その他、居宅療養管理指導費Ⅱ（在宅時医学総合管理料などを算定する利用者を対象とするもの）があります

●人員基準

・歯科医師が行う場合は同単位。病院または診療所の薬剤師、薬局の薬剤師、管理栄養士、歯科衛生士が行う場合は別単位となります
・看護職による居宅療養管理指導は、6ヵ月の経過措置期間のあと廃止されます

通院困難な人向けのサービスですが、往診ではないので、医師が訪問する場合でも指導・助言のみです。自宅だけでなく、特定施設の入居者も使えます

自宅で療養上の管理や指導を受けられる「居宅療養管理指導」

居宅療養管理指導は、あらかじめ作成された計画に沿って医師、歯科医師、歯科衛生士、薬剤師、管理栄養士が利用者の自宅を訪問し、療養上の管理や指導を行うサービスです。

医師が担当する場合、訪問日に合わせて関係者が集まるサービス担当者会議を開くと、家族や複数のサービス事業者が在宅医療上の指示を共有できます。歯科医師や歯科衛生士は、近年重要性が指摘されている口腔ケア（口腔衛生や口腔清掃）の指導を、薬剤師は正しい薬の管理や服薬についての指導を、管理栄養士は食生活や栄養面でのアドバイスを行います。

3-8

通所サービス

通所サービスには、通所介護と通所リハビリテーションがあります。両者の違いを理解しましょう

通所リハビリテーションは通所介護の約3分の1と少ない

介護保険制度のなかでも、もっともメリットがあると言う人もいるのが通所サービスで、通所介護（デイサービス）と通所リハビリテーション（デイケア）の2種類があります。

利用者にとってのメリットは、加齢や障害のために起こりやすい「引きこもり」が解消されて活動空間が広がり、生活にリズムが生まれることです。家族は介護が必要な人を日中預かってもらえるので、その間を休息や用事に充てることができ、負担が軽減されます。

通所サービスは、介護保険が始まる前からあった制度です。介護保険によって名称が通所介護と通所リハビリテーションに変わり、料金が時間や要介護度によって区分されるようになりました。また、送迎がホームヘルパーでは認められなくなり、通所サービスの利用料に含まれるようになったのです。事業者が必ず送迎し、合鍵も預かってくれるので、送り迎えのときに家族がいなくても、利用者は通常、玄関の上がり口までの出入りが保障されます。

通所介護で受けられるサービスは、健康チェック、入浴、昼食、おやつ、レクリエーションなどです。通所リハビリテーションでは、レクリエーションの代わりにリハビリを受けられます。後者の事業所数が約3分の1と少ないので、リハビリが必要ならデイケアを、そうでなければデイサービスを選ぶのが一般的です。

デイサービスとデイケアの違い

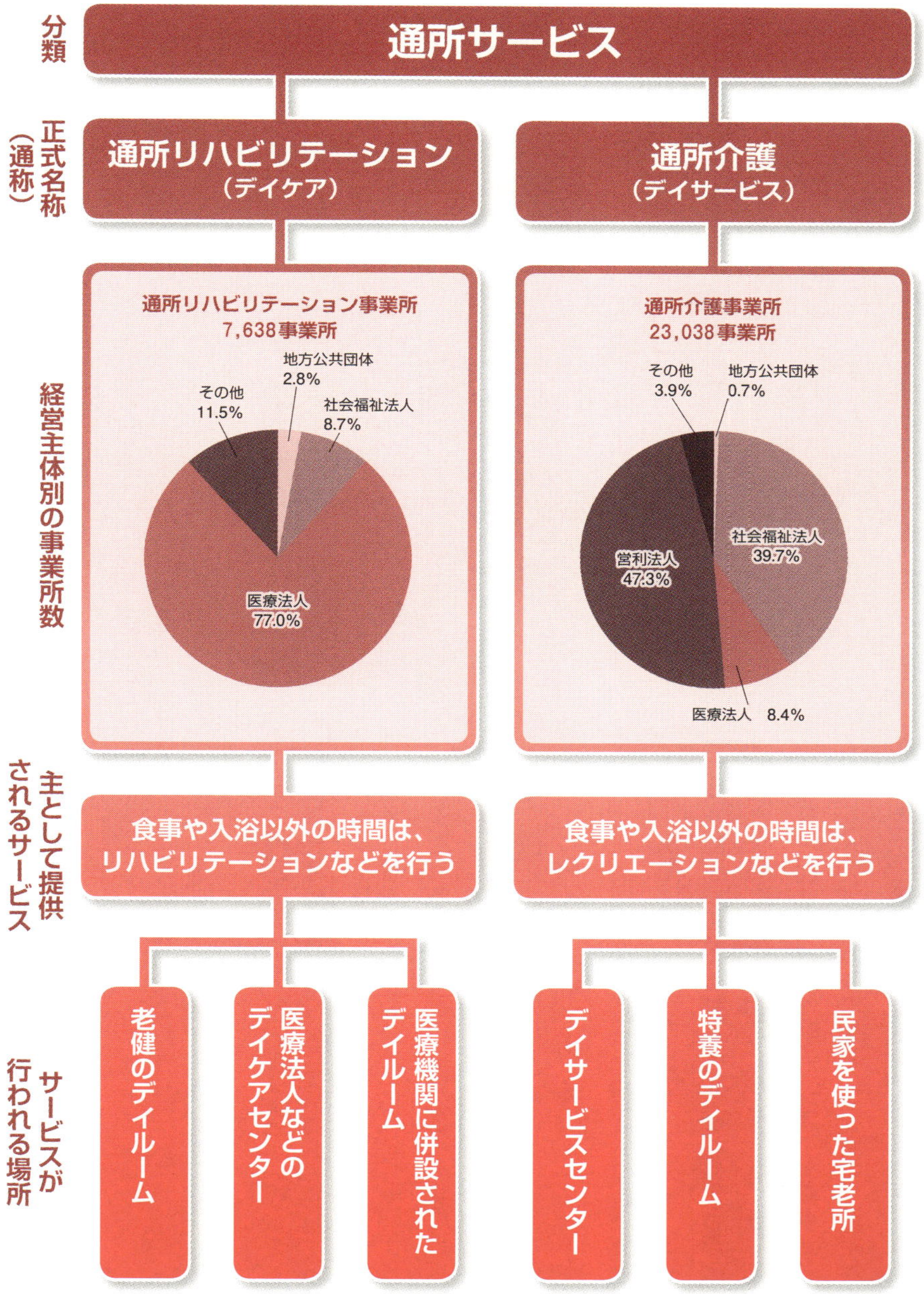

※厚生労働省「介護サービス施設・事業所調査」より（2016年10月1日現在）

通所介護（デイサービス）

いわゆるデイサービスセンターに通って、健康チェック、お茶やおやつ、昼食、入浴、集団や個別のレクリエーション、趣味の活動が行えます。曜日によって（集まる利用者によって）ずいぶん雰囲気が変わるので、見学するなら利用を予定している曜日に見に行きましょう。行事にはどこのデイサービスセンターも苦心していて、利用者を飽きさせない工夫に懸命です

3-9 デイサービス

通称デイサービスと呼ばれる通所介護は、日帰りで受けられる介護サービスです

要支援者のデイサービスは地域支援事業へ移行

在宅介護を維持するうえで欠かせないデイサービスですが、制度的には大きな変化の波に飲み込まれ、サービスの削減が顕著です。２０１４年に改正された介護保険法では、要支援者のデイサービスが介護保険（予防給付）から外れ、地域支援事業の中の介護予防・生活支援サービス事業に移行されました。

すでに小規模デイサービスは２０１５年度末には地域密着型サービスに移行され、お泊まりデイサービス（介護保険外の宿泊を提供するデイサービス）も届け出制になるなど、デイサービスをめぐる環境は激変中です。

デイサービスの介護報酬

分類	区分	要介護1	要介護2	要介護3	要介護4	要介護5
通常規模型事業所	3時間以上4時間未満	362単位	415単位	470単位	522単位	576単位
	4時間以上5時間未満	380単位	436単位	493単位	548単位	605単位
	5時間以上6時間未満	558単位	660単位	761単位	863単位	964単位
	6時間以上7時間未満	572単位	676単位	780単位	884単位	988単位
	7時間以上8時間未満	645単位	761単位	883単位	1,003単位	1,124単位
	8時間以上9時間未満	656単位	775単位	898単位	1,021単位	1,144単位
大規模型事業所Ⅰ	3時間以上4時間未満	350単位	401単位	453単位	504単位	556単位
	4時間以上5時間未満	368単位	422単位	477単位	530単位	585単位
	5時間以上6時間未満	533単位	631単位	728単位	824単位	921単位
	6時間以上7時間未満	552単位	654単位	754単位	854単位	954単位
	7時間以上8時間未満	617単位	729単位	844単位	960単位	1,076単位
	8時間以上9時間未満	634単位	749単位	868単位	987単位	1,106単位
大規模型事業所Ⅱ	3時間以上4時間未満	338単位	387単位	438単位	486単位	537単位
	4時間以上5時間未満	354単位	406単位	459単位	510単位	563単位
	5時間以上6時間未満	514単位	608単位	702単位	796単位	890単位
	6時間以上7時間未満	532単位	629単位	725単位	823単位	920単位
	7時間以上8時間未満	595単位	703単位	814単位	926単位	1,038単位
	8時間以上9時間未満	611単位	722単位	835単位	950単位	1,065単位

※1級地10.90円、2級地10.72円、3級地10.68円、4級地10.54円、5級地10.45円、6級地10.27円、7級地10.14円、その他10.00円で換算

※通常規模型は前年度の月平均利用者人数が延べ301～750人、大規模型Ⅰは751～900人、大規模型Ⅱは901人以上

利用料は時間と要介護度と事業所の規模により異なる

デイサービスの利用料は、時間（時間の区分が長いほうが高い）と要介護度（要介護度が高い人のほうが高い）によって決まります。また、区分時間内における利用料が高いによっても異なり、規模が小さいほうが利用料は高くなります。さらに、認知症対応型やグループホームでのデイサービスなど事業者のタイプによっても利用料が異なります。

利用料は1～3割負担ですが、個別の機能訓練や口腔機能向上などには加算がかかり、そのほか昼食代、オムツ代、おやつ代、教養娯楽費などは自己負担です。これはデイケアでも同じで、自己負担額は事業者によってかなり差があるため、月額利用料の確認は欠かせません。

2006年度から「療養通所介護」というサービスが始まり、難病の要介護者や末期がんの人を受け入れる事業所もあります。

3-10

デイケア

通称デイケアと呼ばれる通所リハビリテーションは、日帰りで訓練を受けられるサービスです

通所リハビリテーション（デイケア）

いわゆるデイケアセンターに通って、理学療法士、作業療法士、言語聴覚士などによるリハビリテーションを受けられます。また、パワーリハビリの機器を使って、筋力トレーニングを行うデイケアもあります。食事や入浴など生活のお世話はデイサービスと同様に受けられます。デイサービスとの最大の違いは、医療的な観察の下で、身体機能の向上に力を入れている点です

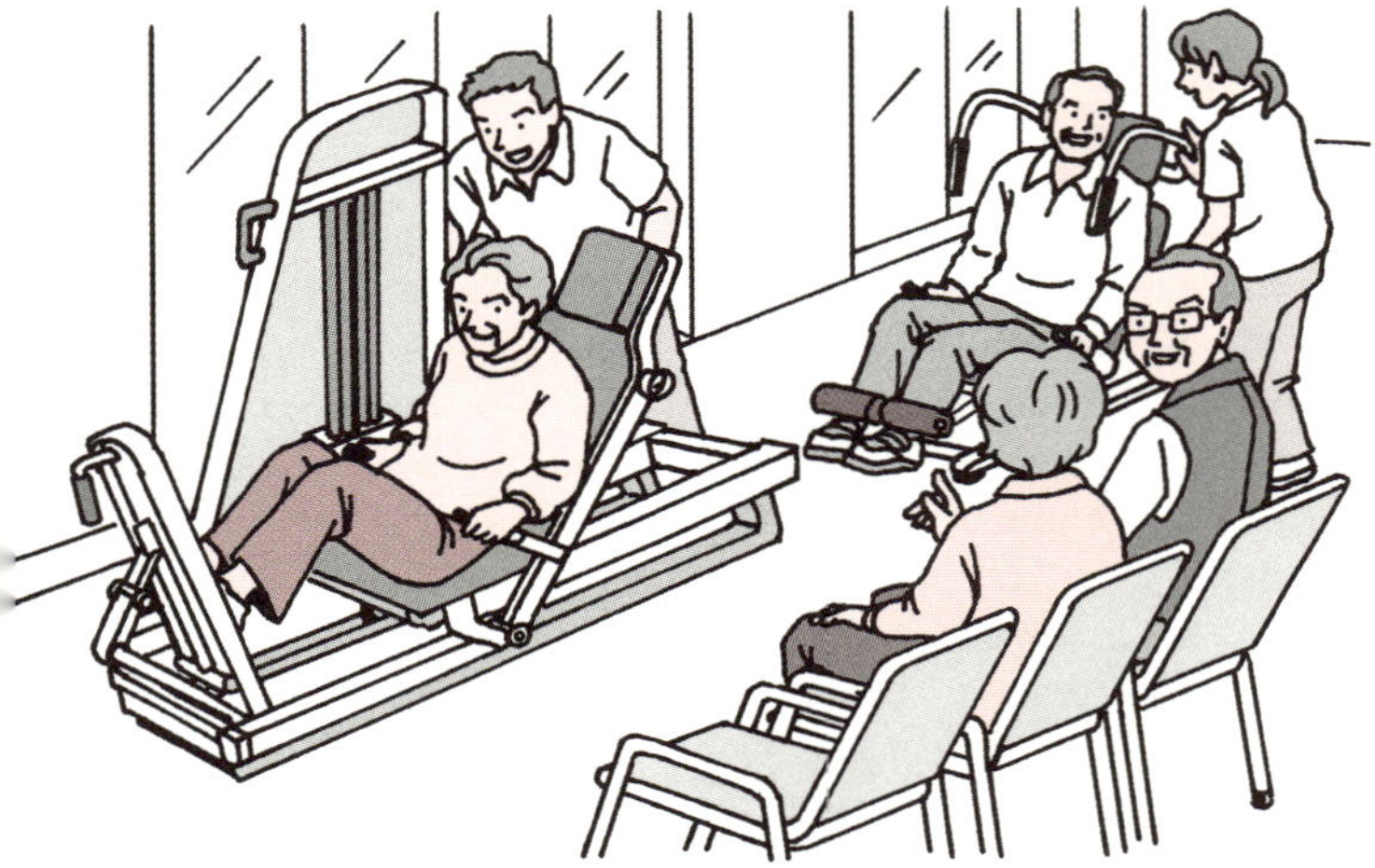

2時間未満の短時間タイプもあり退院後のリハビリにも有効

指定を受けてデイケアを行えるのは、病院、介護老人保健施設、診療所などの医療系施設です。事業所には医師（兼務可）のほか理学療法士、作業療法士、言語聴覚士のうち1名以上を置かなければならず、トレーニングマシンなどの訓練設備も必要となります。

利用料は時間、要介護度、事業所の種類や規模によって異なるので、週何回利用したら月額いくらになるか確認が必要です。２００９年４月から、2時間未満の利用もできるようになったので、退院後リハビリだけ（食事、入浴なし）の利用も可能になりました。

デイケアの介護報酬

分類	区分	要介護1	要介護2	要介護3	要介護4	要介護5
通常規模型	1時間以上2時間未満	329単位	358単位	388単位	417単位	448単位
	2時間以上3時間未満	343単位	398単位	455単位	510単位	566単位
	3時間以上4時間未満	444単位	520単位	596単位	693単位	789単位
	4時間以上5時間未満	508単位	595単位	681単位	791単位	900単位
	5時間以上6時間未満	576単位	688単位	799単位	930単位	1,060単位
	6時間以上7時間未満	667単位	797単位	924単位	1,076単位	1,225単位
	7時間以上8時間未満	712単位	849単位	988単位	1,151単位	1,310単位
大規模型Ⅰ	1時間以上2時間未満	323単位	354単位	382単位	411単位	441単位
	2時間以上3時間未満	337単位	392単位	448単位	502単位	558単位
	3時間以上4時間未満	437単位	512単位	587単位	682単位	777単位
	4時間以上5時間未満	498単位	583単位	667単位	774単位	882単位
	5時間以上6時間未満	556単位	665単位	772単位	899単位	1,024単位
	6時間以上7時間未満	650単位	777単位	902単位	1,049単位	1,195単位
	7時間以上8時間未満	688単位	820単位	955単位	1,111単位	1,267単位

※1級地11.10円、2級地10.88円、3級地10.83円、4級地10.66円、5級地10.55円、6級地10.33円、7級地10.17円、その他10.00円で換算
※通常規模型は前年度の月平均利用者人数が延べ750人以下の施設、大規模型Ⅰは751～900人。このほか大規模型Ⅱ（901人以上）、介護医療院での通所リハビリテーションもあります
※訪問リハビリテーションと同じようなリハビリテーションマネジメント加算Ⅰ～Ⅳがあり、Ⅱ～Ⅳではテレビ電話などによる医師のリハビリテーション会議への出席が認められています
※介護予防通所リハビリテーション
要支援1：1,712単位／月、要支援2：3,615単位／月

男性に通所サービスを利用してもらう方法

在宅で介護をしている家族が困るのは、要介護認定を受けたお年寄りが、なかなか通所サービスに行ってくれないことです。特に男性の場合、体験利用しても「あんなお遊戯をやらせるとは、俺をバカにしているのか」と怒り出し、頑として行かなくなります。

後遺症でマヒがある人の場合、リハビリであれば熱心に通うことがあります。そんな人にはデイケアを勧めるとよいでしょう。リハビリでマヒが治るという幻想を持たれると困るのですが、外出の機会が増えるのはいいことです。

レクリエーションが嫌いな男性には、麻雀、囲碁、将棋、トランプ、花札などのゲームを取り入れているところを探しましょう（なければプログラムに組み込んでもらってもいいでしょう）。

3-11

ショートステイ

短期入所生活介護と短期入所療養介護は、両方ともショートステイという通称で呼ばれています

福祉施設に数日から数週間入所して介護を受けるサービス

短期入所生活介護は、介護老人福祉施設（特養）など福祉系の施設で行われているショートステイです。１泊２日から連続30日まで宿泊でき、食事、排泄、入浴など日常生活の世話やレクリエーションが受けられます。

利用にはケアプランが必要なので、通常ケアマネジャーに頼んで予約しますが、空きがあれば緊急の予約も可能です。利用者は、日中リビングルームで過ごし、個室（古い施設は多床室）で就寝します。種類は、特養などへの併設型、ショートステイ専門の単独型、入所施設の空きベッドを利用する空床利用型などです。

医療施設に数日から数週間入所して療養するサービス

短期入所療養介護は、介護老人保健施設など医療系の施設で行われているショートステイです。併設型のほかに空床利用型があり、利用可能日数やケアプランなどの入所条件は短期入所生活介護と変わりません。

違いがあるのは看護や機能訓練など医療的ケアを受けられる点で、デイサービスよりもデイケアに通っている利用者向きのショートステイと言えます。持病があるなど夜間も医療的管理下にないと心配な要介護者が利用するといいでしょう。どちらも上手に使うと、在宅介護を継続させる大切な武器になります。

短期入所生活介護の介護報酬

●介護報酬

	要介護度	従来型個室	ユニット型
単独型	要介護1	625単位	723単位
	要介護2	693単位	790単位
	要介護3	763単位	863単位
	要介護4	831単位	930単位
	要介護5	897単位	997単位
併設型	要介護1	584単位	682単位
	要介護2	652単位	749単位
	要介護3	722単位	822単位
	要介護4	790単位	889単位
	要介護5	856単位	956単位

※上記の単位数はすべて1日あたりです
※1級地11.10円、2級地10.88円、3級地10.83円、4級地10.66円、5級地10.55円、6級地10.33円、7級地10.17円、その他10.00円で換算
※介護ロボットの活用（見守り機器の導入）に加算がつきます。夜勤職員配置加算Ⅰ（従来型の場合）：13単位／日、Ⅱ（ユニット型の場合）：18単位／日

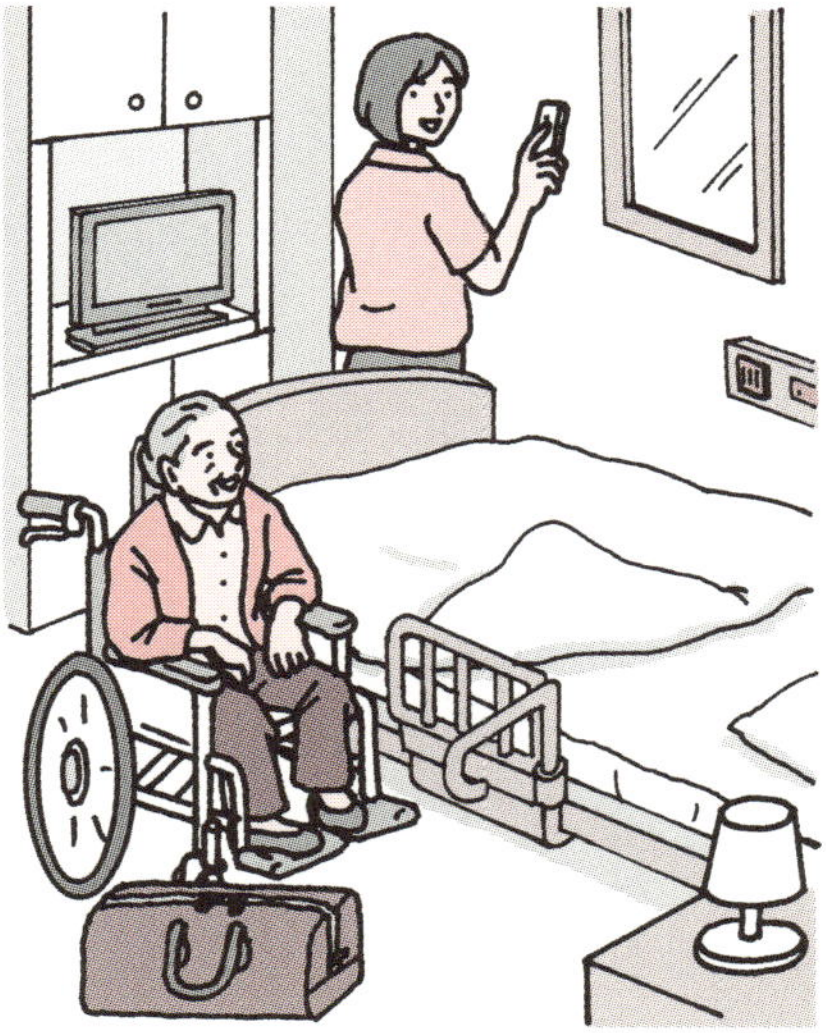

短期入所療養介護の介護報酬

●介護報酬

	在宅強化型	基本型	その他
要介護1	873単位	826単位	811単位
要介護2	947単位	874単位	858単位
要介護3	1,009単位	935単位	917単位
要介護4	1,065単位	986単位	967単位
要介護5	1,120単位	1,039単位	1,019単位

※上記は多床室の1日あたりの単位です
※1級地10.90円、2級地10.72円、3級地10.68円、4級地10.54円、5級地10.45円、6級地10.27円、7級地10.14円、その他10.00円で換算
※認知症専門ケア加算が創設されました
認知症専門ケア加算Ⅰ：3単位／日
認知症専門ケア加算Ⅱ：4単位／日
※療養型老健における短期入所療養介護の報酬は、療養強化型が廃止され、療養型に一本化されました
※介護医療院でも短期入所療養介護が可能になり、別途報酬単価が創設されました

3-12

特定施設入居者生活介護

特定施設に入居して介護を受けます。一見施設サービスに見えますが、居宅サービスの一種です

「特定施設」とは何かという理解が必要

介護保険には特定施設入居者生活介護というサービスがあり、指定を受けた有料老人ホーム、ケアハウス、養護老人ホーム、サービス付き高齢者向け住宅などがこのサービスを使えます。特定施設になると、入居者がそこで受ける介護費用が介護保険の対象になるのです。2005年までは、有料老人ホームとケアハウスだけが一定の基準を満たすと特定施設の指定を受けることができました。基準にはいろいろな条件がありますが、もっとも大切なことは、要介護の入居者3人に対して1人の割合で介護職を配置することです。

そのため、介護保険が始まって以来、介護付有料老人ホームとケアハウスはどんどん増えました。事情が変わったのは2006年の介護保険法改正からです。特定施設の枠が広げられ、養護老人ホームや高齢者専用賃貸住宅（その後サービス付き高齢者向け住宅へ移行）なども対象に加えられました。

同時に、内部で3対1の職員配置をしなくても、既存の事業者と契約して、外から来るプロが介護を行う外部サービス利用型特定施設が新たに認められたのです。外部サービス利用型は、ホームヘルパーに来てもらうなど居宅サービスと同じようなサービスが受けられます。ただし、入居している施設が契約しているサービス事業者しか選ぶことができません。

特定施設入居者生活介護を行うためには

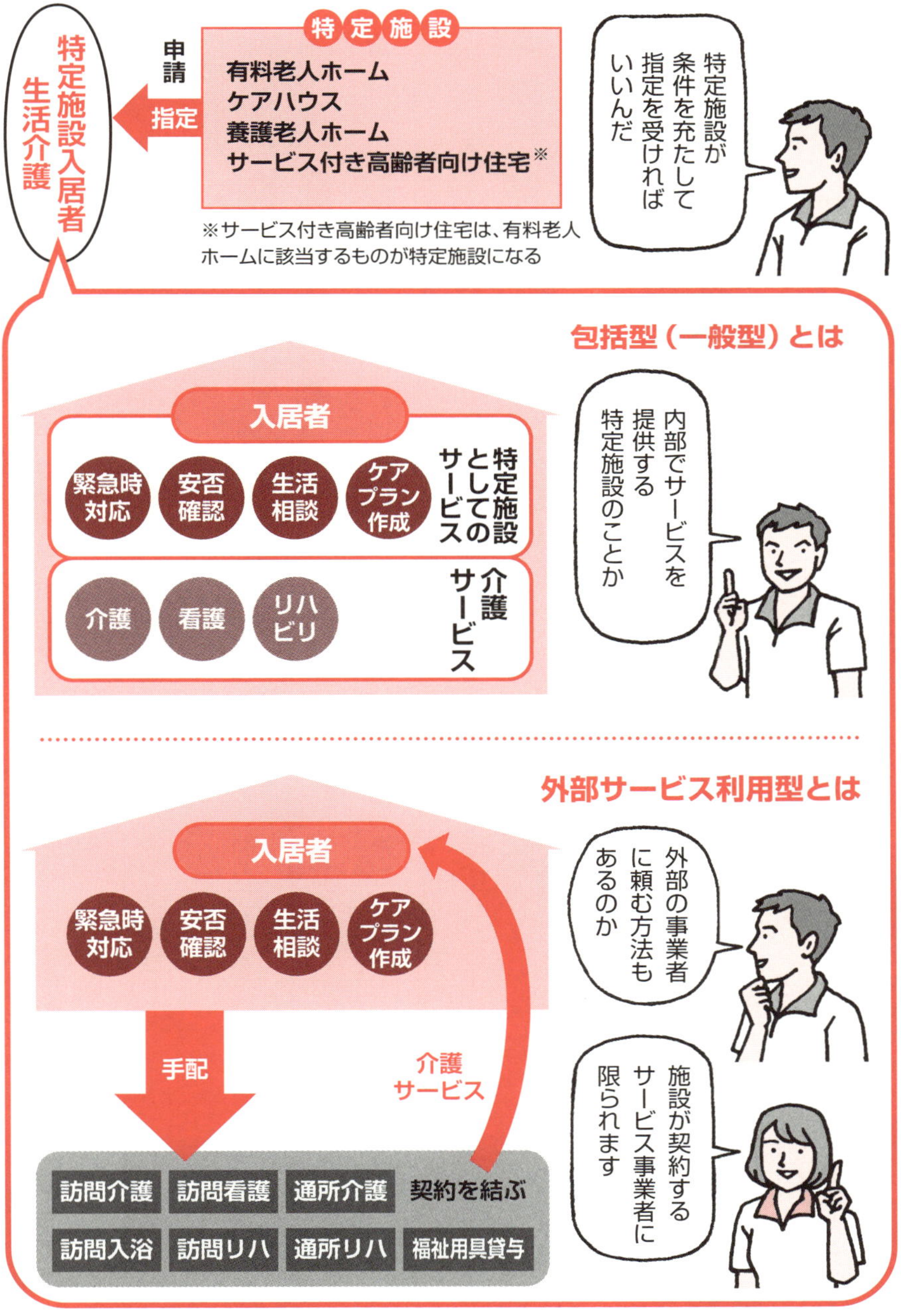
特定施設入居者生活介護
申請
指定
特定施設
有料老人ホーム
ケアハウス
養護老人ホーム
サービス付き高齢者向け住宅※
※サービス付き高齢者向け住宅は、有料老人ホームに該当するものが特定施設になる
特定施設が条件を充たして指定を受ければいいんだ
包括型（一般型）とは
入居者
緊急時対応
安否確認
生活相談
ケアプラン作成
特定施設としてのサービス
介護
看護
リハビリ
介護サービス
内部でサービスを提供する特定施設のことか
外部サービス利用型とは
入居者
緊急時対応
安否確認
生活相談
ケアプラン作成
手配
介護サービス
訪問介護
訪問看護
通所介護
契約を結ぶ
訪問入浴
訪問リハ
通所リハ
福祉用具貸与
外部の事業者に頼む方法もあるのか
施設が契約するサービス事業者に限られます

3-13

福祉用具貸与

通常、福祉用具レンタルと呼ばれ、要介護度に応じて必要な福祉用具を貸し出すサービスです

福祉用具レンタルをめぐる業界の複雑な動き

介護保険が始まって以降、福祉用具の業界は、まったく様変わりしてしまいました。高齢者の介護用品はレンタルが主流になったため、普通に買う人はほとんどいなくなり、商店街から「介護ショップ」が消えたのです。

その一方で、福祉用具をレンタルする事業者数は、2000年から2005年にかけて大幅に増えました。福祉用具のレンタル事業者が増えたのは、それがメリットの大きい商売だったからです。介護保険を使った場合、利用料はレンタル料の1~3割負担ですが、長期化すると知らず知らずのうちに買い取るより高い金額を払っていることになります。それにレンタル料の設定が事業者によって自由に行えたので、同じ福祉用具でも事業者が違うと6倍もレンタル料の開きが出ていました。

そこで厚生労働省は、2006年4月から施行された改正介護保険で、福祉用具のレンタルに大幅な制限をかけました。軽度の人が使いもしない福祉用具を借りるのが、介護保険の財政を圧迫していると考えたからです。

その結果、要支援ばかりか要介護1の人まで車イスや介護用ベッドが原則レンタル禁止となり、利用者宅から引き上げる「貸しはがし」が起こりました。こうした反省をふまえて、2018年度からは福祉用具のレンタル価格に上限が設けられました（巻頭特集参照）。

介護サービス別の受給者の推移（介護予防サービスを含む）

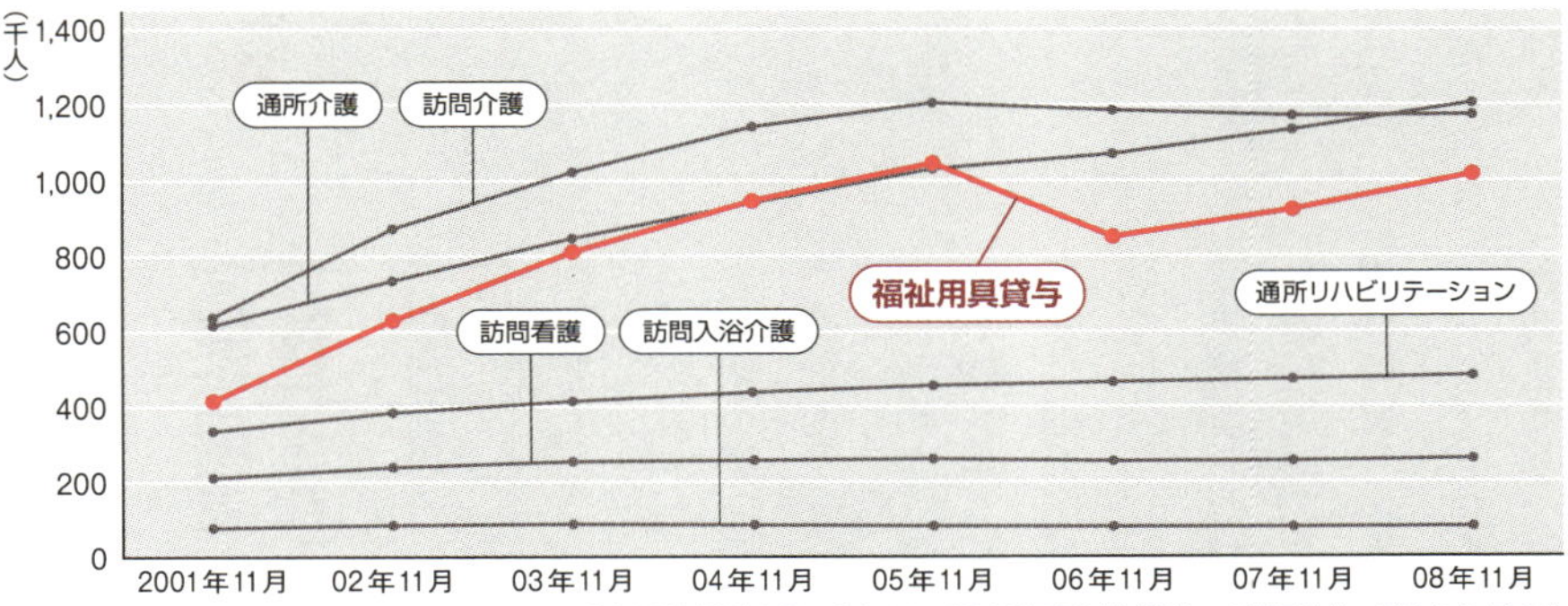

※厚生労働省「介護給付費等実態調査」より（2006年審査分以前は、介護予防サービスを含まない）

福祉用具レンタル事業所数の推移

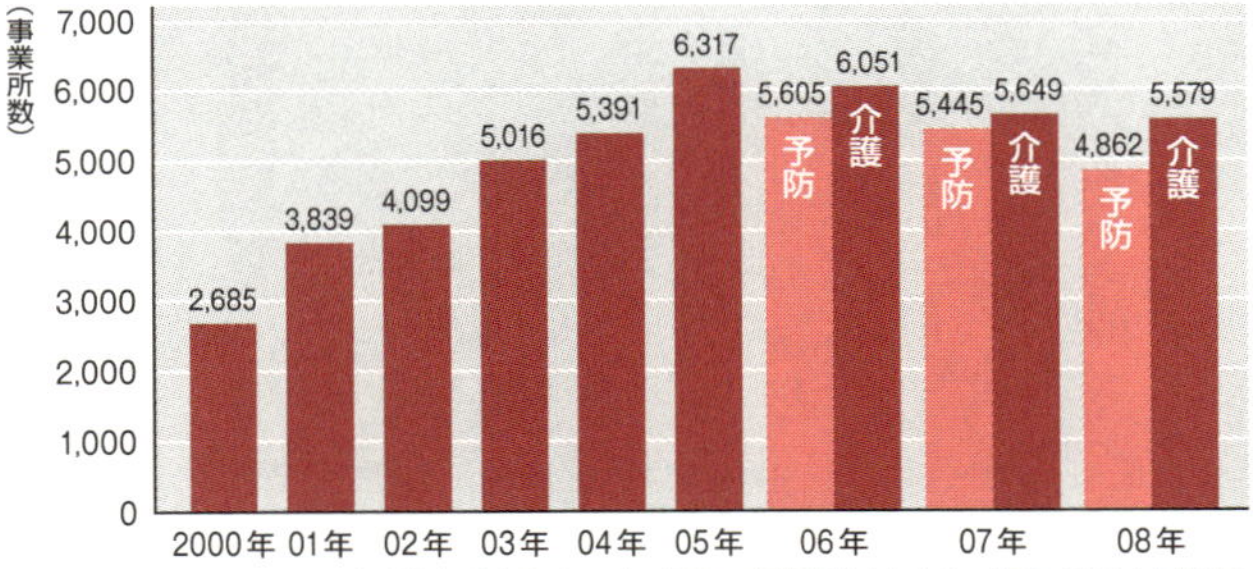

※厚生労働省「介護サービス施設・事業所調査」より（各年10月1日現在）

上の２つは、介護保険スタート時点から伸び続けたレンタル事業が、2006年の介護保険法改正を境に減少したことを示すグラフです

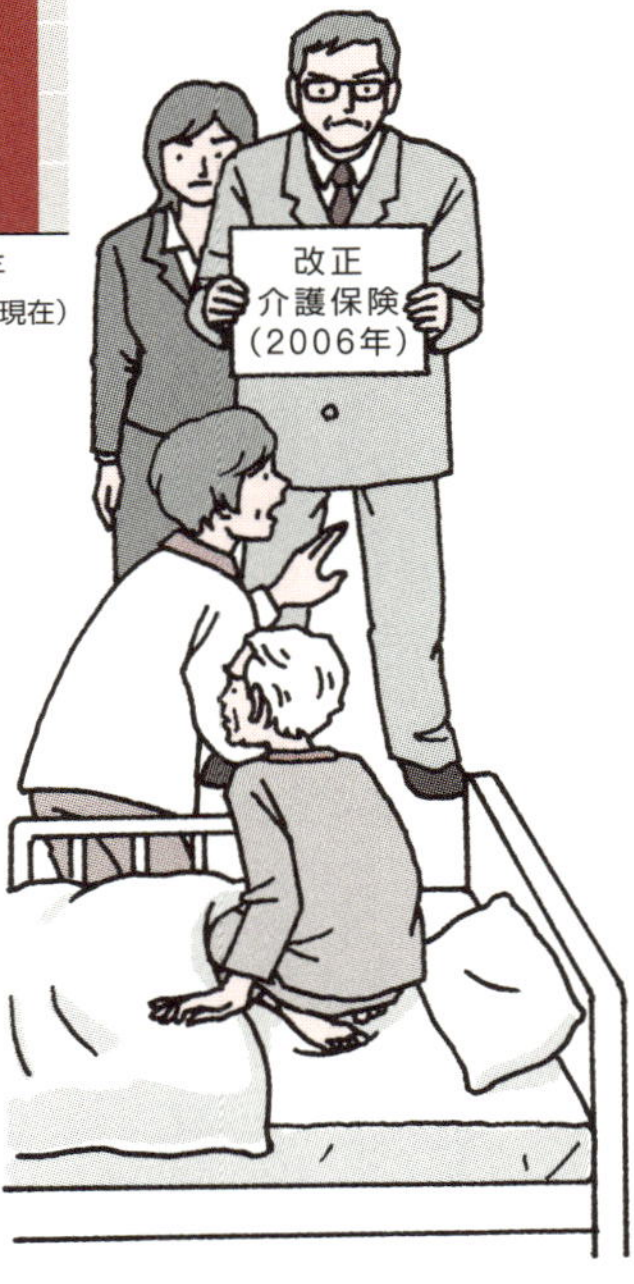

経営主体別の福祉用具レンタル事業所の割合

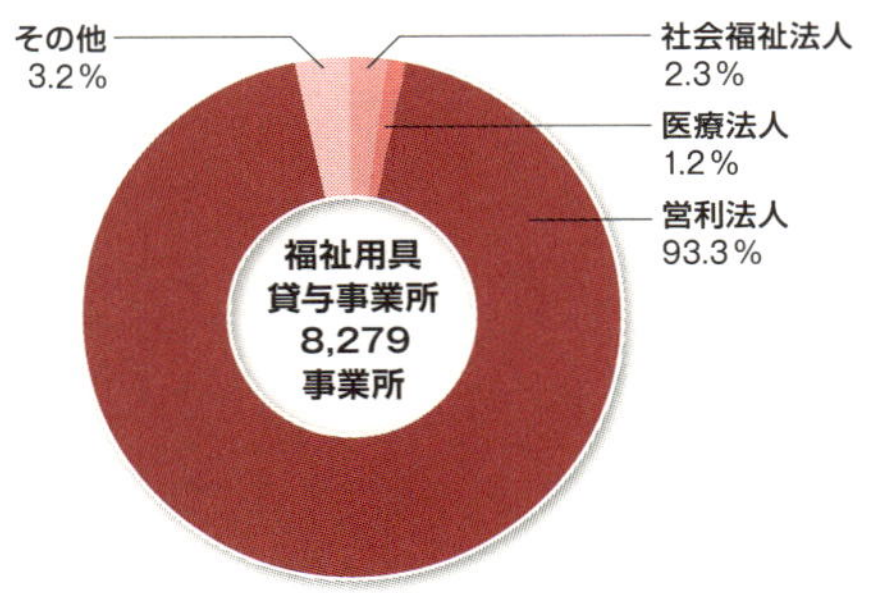

※厚生労働省「介護サービス施設・事業所調査」より（2016年10月１日現在）

要支援者、要介護者が福祉用具を貸与されるための条件

介護保険でレンタルされる福祉用具は、左ページに示した13種類（付属品も1種類と数えて）です。このうち工事の不要な手すりとスロープ、歩行補助杖、歩行器の４種類が要支援1、2、要介護1でも借りられます。

福祉用具を貸与および販売する事業者は、都道府県知事の指定を受け、福祉用具専門相談員（**6-12**参照）を配置した法人であることが必要です。福祉用具専門相談員はケアマネジャーとよく相談し、利用者の課題解決に適した福祉用具を推奨しなければなりません。

福祉用具の利用料は、通常1ヵ月単位で、日割り計算できる場合もあります。また、搬入や組み立て代は利用料に含まれます。消費税もかかりますが、障害者であれば非課税です。

高齢者介護の世界は真剣に福祉用具と向き合う必要がある

利用者側から見たレンタルの利点は、状態が変わったときに福祉用具を替えてもらえるところにあります。事業者にはレンタル先が替わるたびに福祉用具の消毒が義務づけられているので、頻繁に交換されると大きな負担になりかねません。そのため、事業者側から交換の必要性を指摘することは少ないものです。

一方、利用者側は福祉用具を価格面でしか見ていないという指摘もあります。身体障害者の義手義足や装具が手づくりされているのに比べると、高齢者が使う福祉用具は既製品ばかりで、画一的な選び方しかされません。利用者が月々払える料金が優先され、本当に大切な条件が見逃されがちです。介護の世界は、もっと真剣に福祉用具と向き合う必要があります。

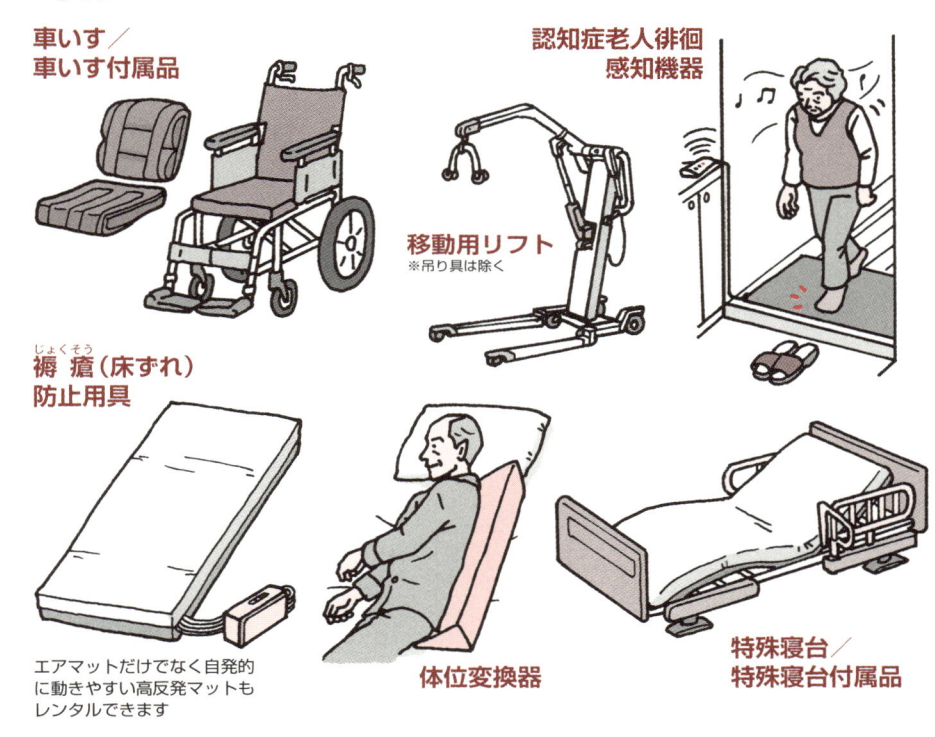

介護保険でレンタルできる福祉用具

施設に入所していない要介護２～５の人は、下記の福祉用具を借りることができます（本人の負担額はレンタル料の１～３割）。選ぶ場合は、福祉用具専門相談員に相談すると安心です

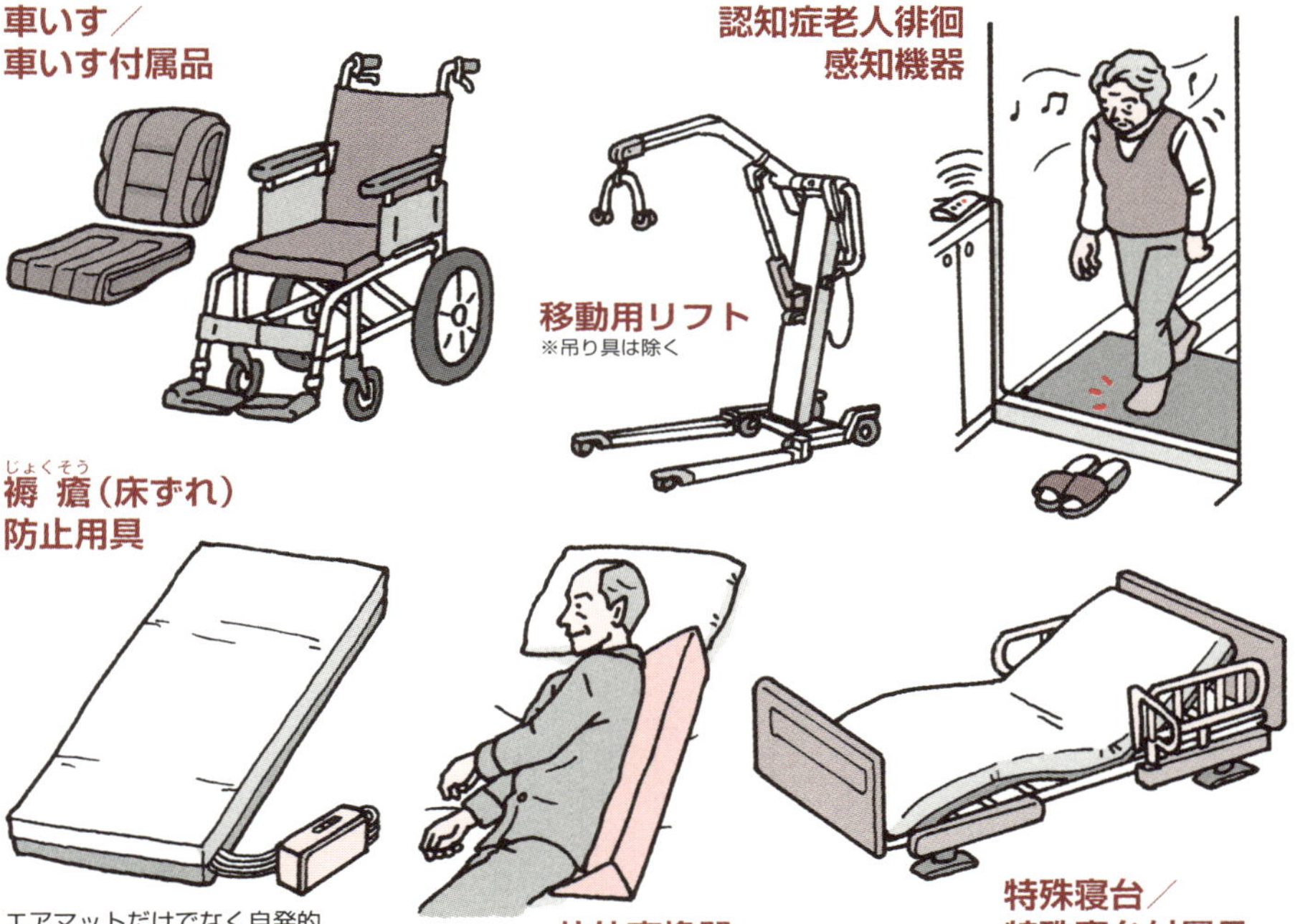
車いす／
車いす付属品
認知症老人徘徊
感知機器
移動用リフト
※吊り具は除く
褥《じょく》瘡《そう》（床ずれ）
防止用具
エアマットだけでなく自発的
に動きやすい高反発マットも
レンタルできます
体位変換器
特殊寝台／
特殊寝台付属品

要支援１、２や要介護１でもレンタルできる品目

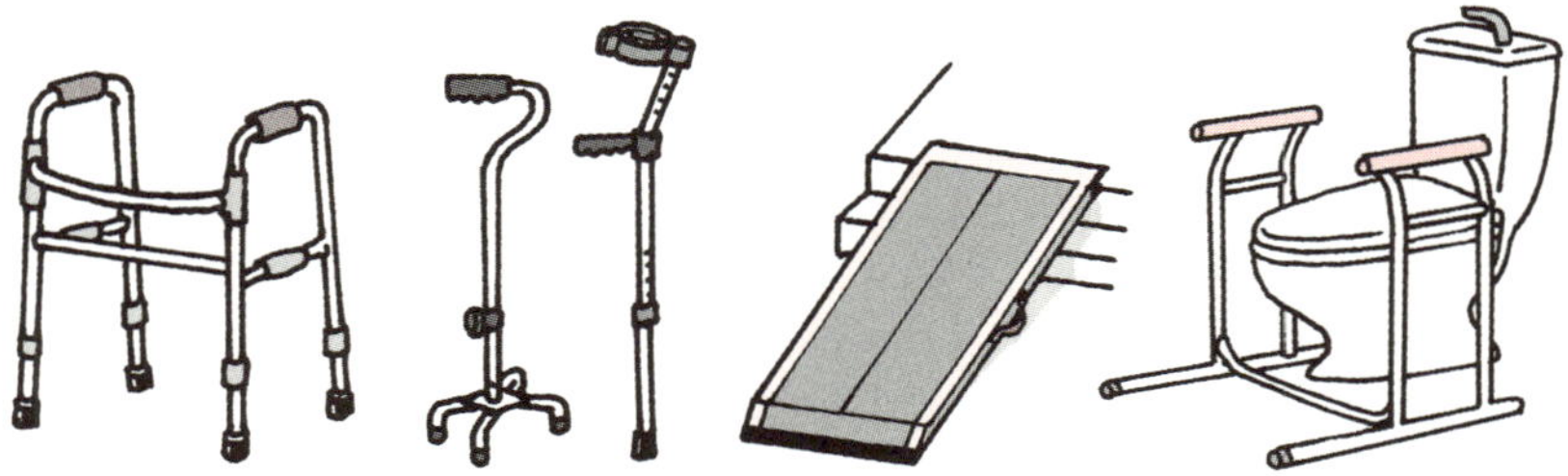
歩行器
歩行補助杖
スロープ
※工事不要のもの
手すり
※工事不要のもの

（注）2012年4月から、要介護4か5で排便と移乗が全介助の人は、自動排泄処理装置（尿と便が自動的に吸引できる器具）が介護保険でレンタルできるようになりました

3-14

特定福祉用具販売

レンタルに馴染まない福祉用具は、介護保険を利用して購入できるサービスがあります

5種類11品目の福祉用具が条件を満たせば安く購入できる

高齢者介護の世界では、福祉用具はレンタルが主流なのですが、なかには使いまわしに馴染まない福祉用具もあります。それは、入浴や排泄に用いる福祉用具です。そのため、介護保険には左ページに示した5種類11品目の福祉用具を安く購入できる「特定福祉用具販売」というサービスがあります。

これは、1人の利用者につき年間10万円以内であれば、価格の1~3割で購入できるサービスです。同一年度内（4月1日から3月31日まで）であれば、介護保険の支給限度額の枠外で利用することができます。

このサービスは、いったん利用者が全額を支払い、その後市区町村役所の窓口に申請して7~9割が戻ってくる償還払いです。利用するには、ケアマネジャー、主治医、理学療法士などのアドバイスが欠かせません。また、指定事業者による商品選びや申請手続きについてのていねいな説明も必要になります。

注意すべき点は、商品や利用者の条件がこのサービスに合っているか（原則として1品目1回限りなので注意が必要）と、消費税を含めて10万円以内に収まるかどうかです。一度使用すると返品は難しいので、無駄にならないことを確認してから購入を決めましょう。

２０１４年３月からは、福祉用具の価格情報の公表制度も開始されています。

介護保険で購入できる福祉用具

レンタルに馴染まない入浴や排泄に関する下記の福祉用具は、1～3割の負担で購入できます

入浴補助用具

- 浴室内すのこ
- 入浴用いす
- 入浴台
- 浴槽用手すり
- 浴槽内いす
- 浴槽内すのこ
- 入浴用介助ベルト

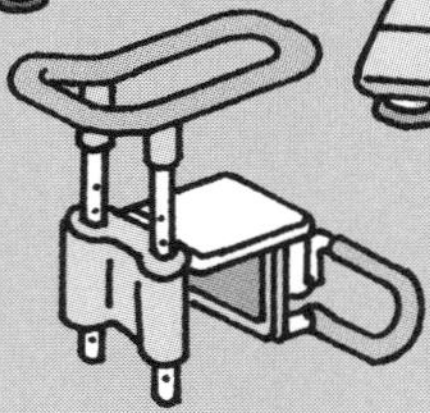

入浴補助用具は利用者の身体状況を考え、安全な入浴のために役立つものを揃えましょう

簡易浴槽

シーツを交換する要領で浴槽を体の下に敷き、空気を送り込んだ後でお湯を入れることができます

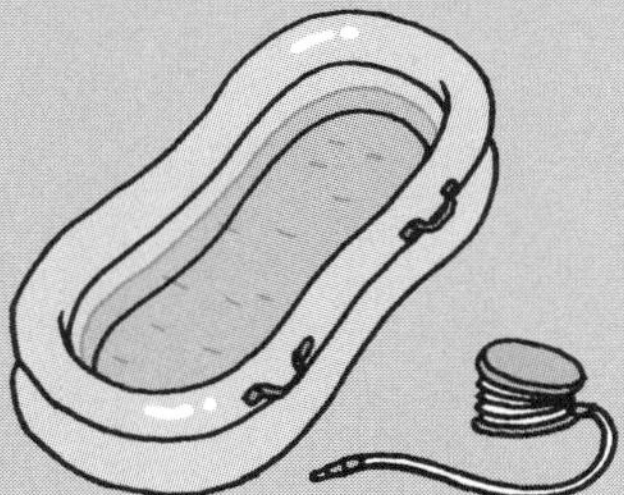

移動用リフト

※移動用リフトの吊り具の部分

移動用リフトがよく使われるのは、ベッドと浴室（体を吊り下げたまま浴槽の中に入れて使う）です

腰かけ便器

※据え置き式便器やポータブルトイレ

ポータブルトイレが自力で使える人はトイレに行ける可能性があります。購入前に目的を確認しましょう

自動排泄処理装置の交換可能部品

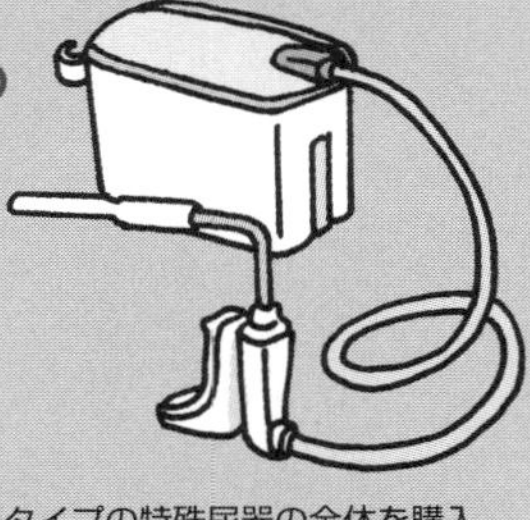

従来は自動吸引タイプの特殊尿器の全体を購入できましたが、2012年4月から自動排泄処理装置としてレンタルへ移行したため、交換可能部品だけが購入対象となりました

3-15

住宅改修

要支援、要介護になったら、介護保険を使って、簡単な住宅改修を行うことができます

20万円までなら1～3割負担で住宅改修が可能

介護保険による住宅改修は、要支援1以上であれば要介護度に関係なく、住宅工事そのものが現物支給されます。できるのは左ページに示した内容で、総額は同一家屋に対して20万円までです。この20万円は何回かに分けて使うことができるほか、同一家屋内に要介護認定を受けた人が複数住んでいる場合は20万円を人数分使えます。また、要介護度が3段階以上（要支援からの場合は4段階以上）上がったか引っ越しをした人は、1回に限り再度20万円分の給付を受けられます。このサービスは、介護保険の支給限度額の枠外です。

介護保険を使った住宅改修は償還払いで、いったん利用者が全額を支払い、必要な書類を提出すると、上限20万円までの7～9割が戻ってきます。２００６年４月からは事前申請制度に切り替わり、住宅改修が必要な理由を記した書面や見積書を保険者（市区町村）に提出しなければならなくなりました。申請を受けた市区町村が調査を行い、許可が下りなければ着工できません。保険給付分を保険者から改修事業者へ直接払う受領委任払い制度も始まり、この制度を使う事業者は登録や研修が必要です。

この制度は、20万円以上の改修工事であっても、超過分を自己負担すれば使えます。ただし、住所登録地以外で行った改修や退院できなかった場合は支給の対象になりません。

介護保険でできる住宅改修

手すりの取り付け

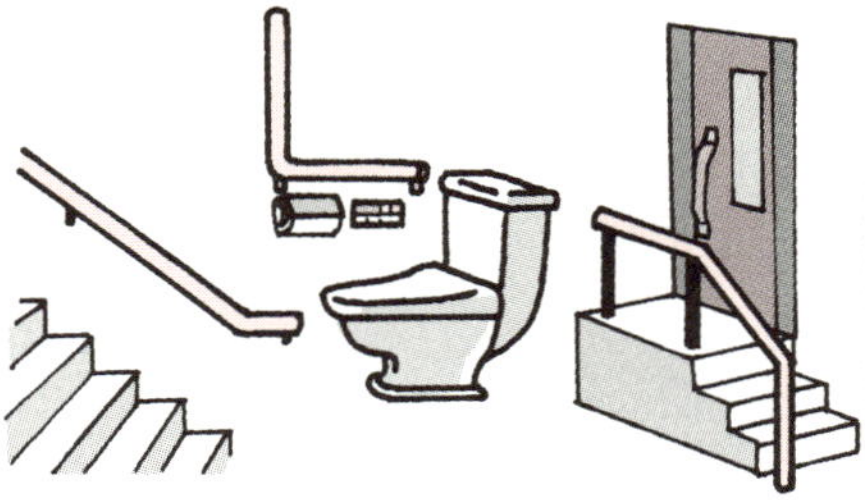

転倒を予防し、移動をらくにするための手すりが設置できます。玄関内、玄関から建物の出口部分まで、廊下、トイレ、浴室、階段などのうち工事を要するものが対象です

段差の解消

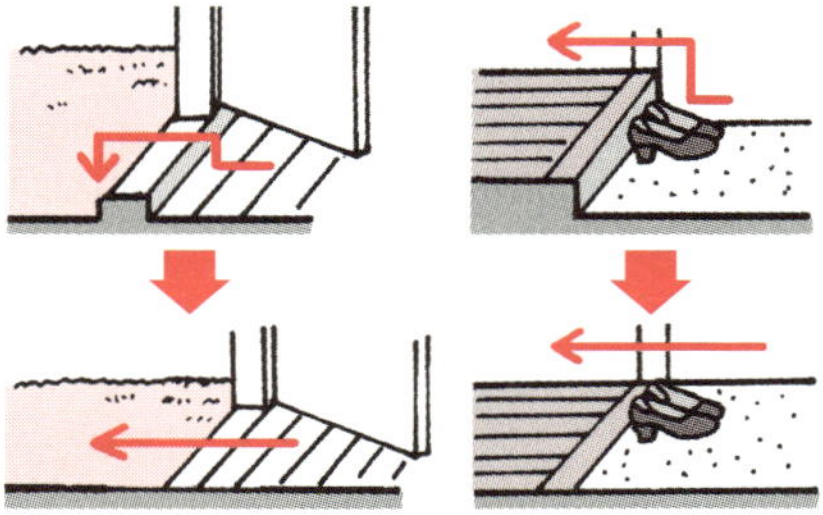

居室の出入り口、廊下、トイレ、浴室と脱衣所、玄関などでつまずかないよう、スロープを設置するなどの方法で段差をなくします。玄関から外への出入り口も対象となります

床材の変更

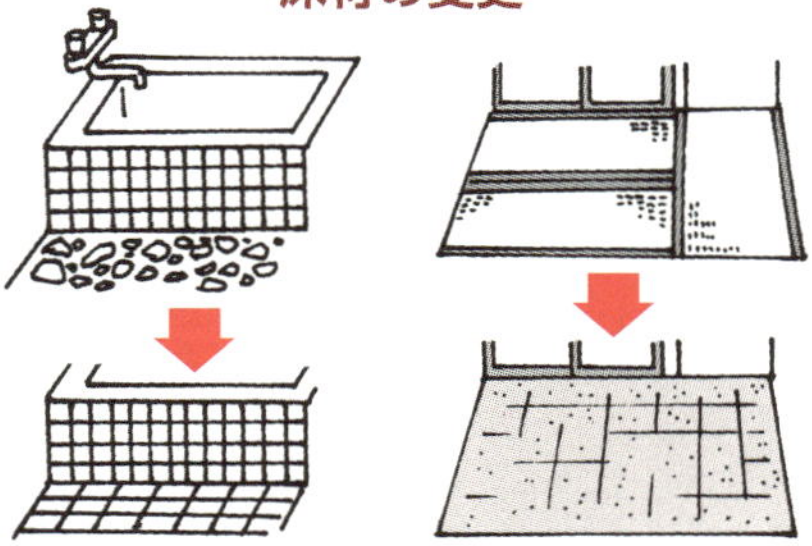

畳の部屋を板やコルク材やビニール系の床材に、浴室の床を滑りにくい材質のものに、玄関前の通路を滑りにくい舗装材などに、それぞれ変更することができます

便器の取り替え

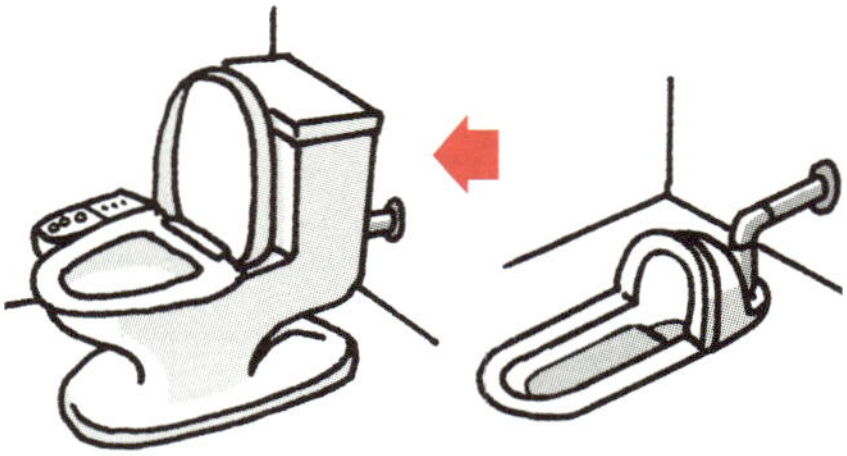

和式の便器から洋式の便器に取り替えて、使用時に体に負担がかからないようにできます。温水洗浄便座への変更も対象となりますが、水洗トイレにする工事は対象外です

扉の取り替え

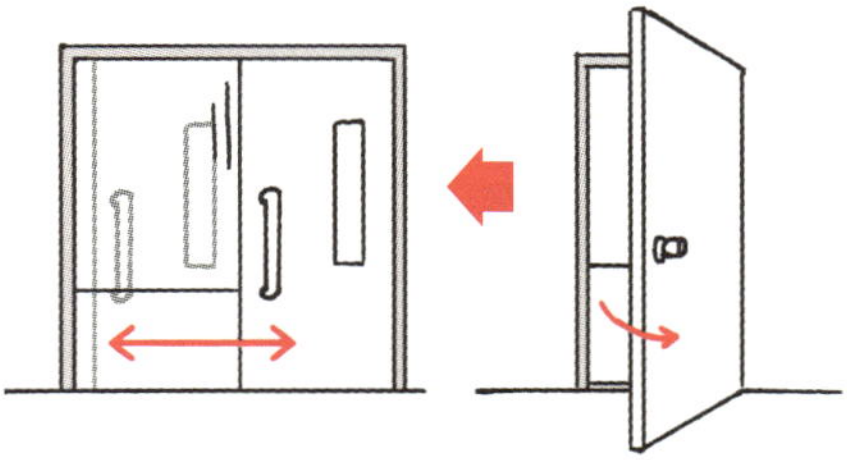

通常のドアを引き戸や折戸、アコーディオンカーテンなどに取り替えて、車イス介助の場合でも開閉しやすくすることができます。また、ドアノブの交換や戸車の設置もできます

付帯工事

これらの工事を行うために必要となる住宅改修が行えます。たとえば、手すりを取り付けるための壁の下地補強、浴室の段差を解消するための給排水設備工事などです

3-16 地域密着型サービスとは何か

地域のニーズに即した制度にするために、市区町村が監督するサービスが増えています

2006年度から始まった地域密着型サービス

お年寄りが中重度の要介護状態になっても、住み慣れた地域での生活が継続できるように、2006年度から地域密着型サービスが生まれました。これは地域包括ケア（2-12参照）を推進する具体策のひとつです。

このサービスは、①市区町村が事業者を指定する（ほかのサービスは都道府県）、②その市区町村に住んでいる人しか利用できない、の2点がほかのサービスとは大きく異なります。

また、運営推進会議が設置されるなど、地域住民が評価・助言を行うしくみがつくられている点もほかのサービスとは違う特色です。

地域密着型サービスの概念

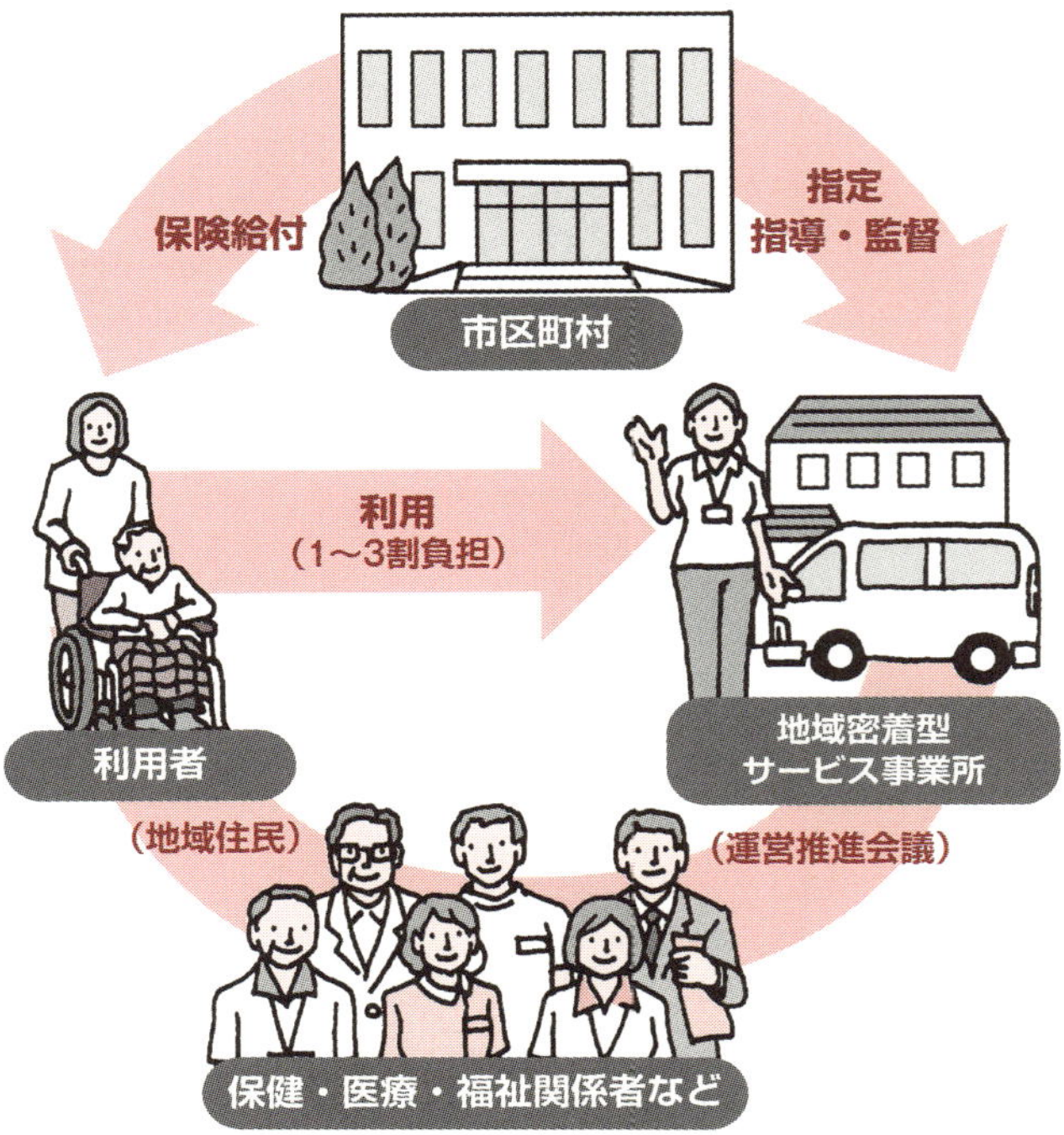

市区町村
保険給付
指定
指導・監督
利用
（1～3割負担）
利用者
地域密着型
サービス事業所
（地域住民）
（運営推進会議）
保健・医療・福祉関係者など

地域密着型サービスの事業所数

20,000
15,000
10,000
5,000
0
735
226
21,063
13,069
5,125
4,239
310
305
1,977
要介護者が通うデイサービスの中で、小規模なものは2015年度末には地域密着型へ移行された
住み慣れた地域での生活を継続するためのサービスなのに
なかなか増えないサービスが多いね
定期巡回・随時対応型訪問介護看護
夜間対応型訪問介護
地域密着型通所介護
認知症対応型共同生活介護
小規模多機能型居宅介護
認知症対応型通所介護
地域密着型特定施設入居者生活介護
看護小規模多機能型居宅介護
地域密着型介護老人福祉施設

※厚生労働省「介護サービス施設・事業所調査」より（2016年10月1日現在）

要介護者が使える地域密着型サービスは9種類

要介護者が利用できる地域密着型サービスは、上に示した9種類です。この中で小規模多機能型居宅介護と認知症対応型通所介護は要支援1から、認知症対応型共同生活介護（グループホーム）は要支援2から使えます。

国は地域包括ケアシステム実現のために、地域密着型サービスの整備に熱心です。その一環として、2012年度から市区町村が独自の選考や報酬を定めることを可能にしました。

介護報酬の指定事業者であっても、地域密着型サービスは勝手に始められません。保険者（市区町村）は3年を1期とする介護保険事業計画を策定しますが、このとき地域密着型サービスの計画も3年分つくるので、参入したければ公募に手を挙げなければならないのです。市区町村の干渉を嫌って、地域密着型サービスに手を出さない事業者もいます。

3-17

小規模多機能型居宅介護

在宅生活を維持したい人が、いつも馴染みのスタッフから見守ってもらうことができます

通い、訪問、泊まりの3つを組み合わせて使えるサービス

高齢者が住み慣れた地域で暮らし続けるには、状態の変化に応じた臨機応変なケアが欠かせません。バラバラな事業所を使っていたのでは継続的なケアが受けにくいことから、家庭的な環境で過ごせる宅老所をモデルにしたのが小規模多機能型居宅介護です。

利用者はこのサービスを行っている事業者に登録し、そこのケアマネジャーにケアプランをつくってもらいます。すると1ヵ所で「通い」（デイサービス）を中心に「訪問」（ホームヘルプ）と「泊まり」（ショートステイ）を組み合わせたサービスが受けられ、馴染みのスタッフから在宅生活を支えてもらえるのです。

利用料は1ヵ月の定額制なので、頻繁に利用しても金額の予想が立ちます（宿泊費と食費は別）。他事業者の通所、訪問、宿泊のサービスは受けられなくなりますが、訪問看護、福祉用具の利用、居宅療養管理指導は受けられます。

このサービスが向いているのは、独居や老老介護の高齢者です。特に今後は独居世帯が増えてくると予想されるので、遠距離の子どもは親元にこのサービスがないか探す価値があります。定員29人以下と少人数なので、登録利用者は、事業者から常に気にかけてもらえるからです。２０１２年４月から、ひとまわり小さなサテライト型を本体の近くに最大２ヵ所まで設置できるようになりました。

小規模多機能型居宅介護とは

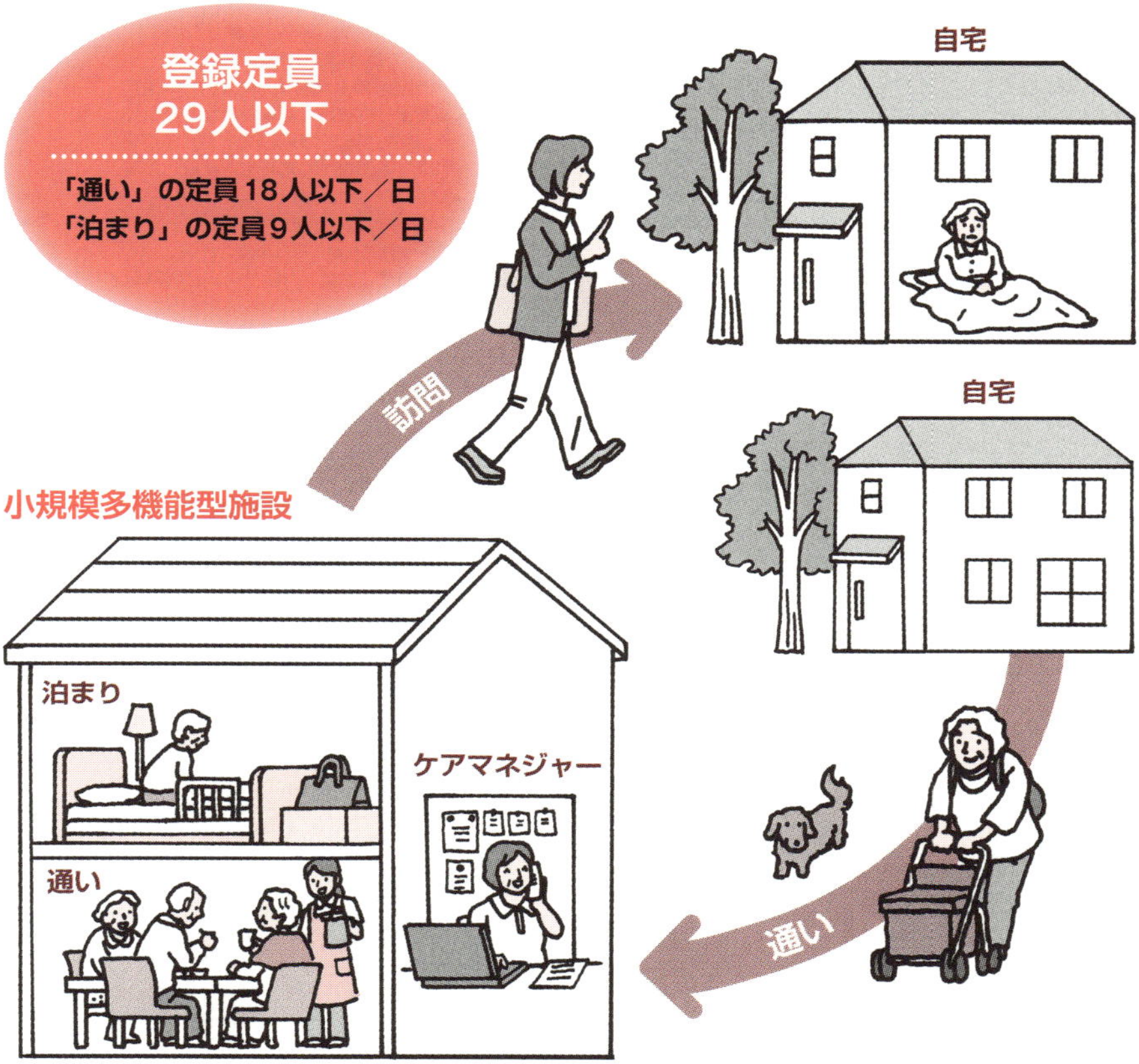

登録定員
29人以下
「通い」の定員18人以下／日
「泊まり」の定員9人以下／日
自宅
訪問
自宅
小規模多機能型施設
泊まり
通い
ケアマネジャー
通い

メリット

- 住み慣れた地域で在宅生活を継続できる
- いろいろな事業者と契約しなくてすむ
- 通い、訪問、泊まりを臨機応変に選べる
- 訪問介護は夜間も来てもらうことができる
- いつも顔馴染みのスタッフに対応してもらうことができる

デメリット

- 馴染みのケアマネジャーとの関係が切れる
- どこかに不満があっても、そこだけ他の事業者を使うわけにはいかない
- 地域にこのサービスがないと利用できない
- 泊まりが多くなると自己負担額が大きくなる
- 施設に入所すると登録を解除しなければならない

小規模多機能型居宅介護の介護報酬

要介護度	1ヵ月あたりの介護報酬
要支援1	3,403単位
要支援2	6,877単位
要介護1	10,320単位
要介護2	15,167単位
要介護3	22,062単位
要介護4	24,350単位
要介護5	26,849単位

※1級地11.10円、2級地10.88円、3級地10.83円、4級地10.66円、5級地10.55円、6級地10.33円、7級地10.17円、その他10.00円で換算

※他のリハビリ事業所から利用者の生活機能向上に関する専門家の指導を受けた場合、加算が創設されました。生活機能向上連携加算Ⅰ：100単位／月、生活機能向上連携加算Ⅱ（専門家が利用者宅を訪問した場合）200単位／月

※そのほか、次の加算も創設されました

若年性認知症利用者受入加算：800単位／月

若年性認知症利用者受入加算（介護予防）：450単位／月

栄養スクリーニング加算（利用者の栄養状態を確認し、ケアマネジャーに文書で報告を行う。6ヵ月に1回を限度とする）：5単位／回

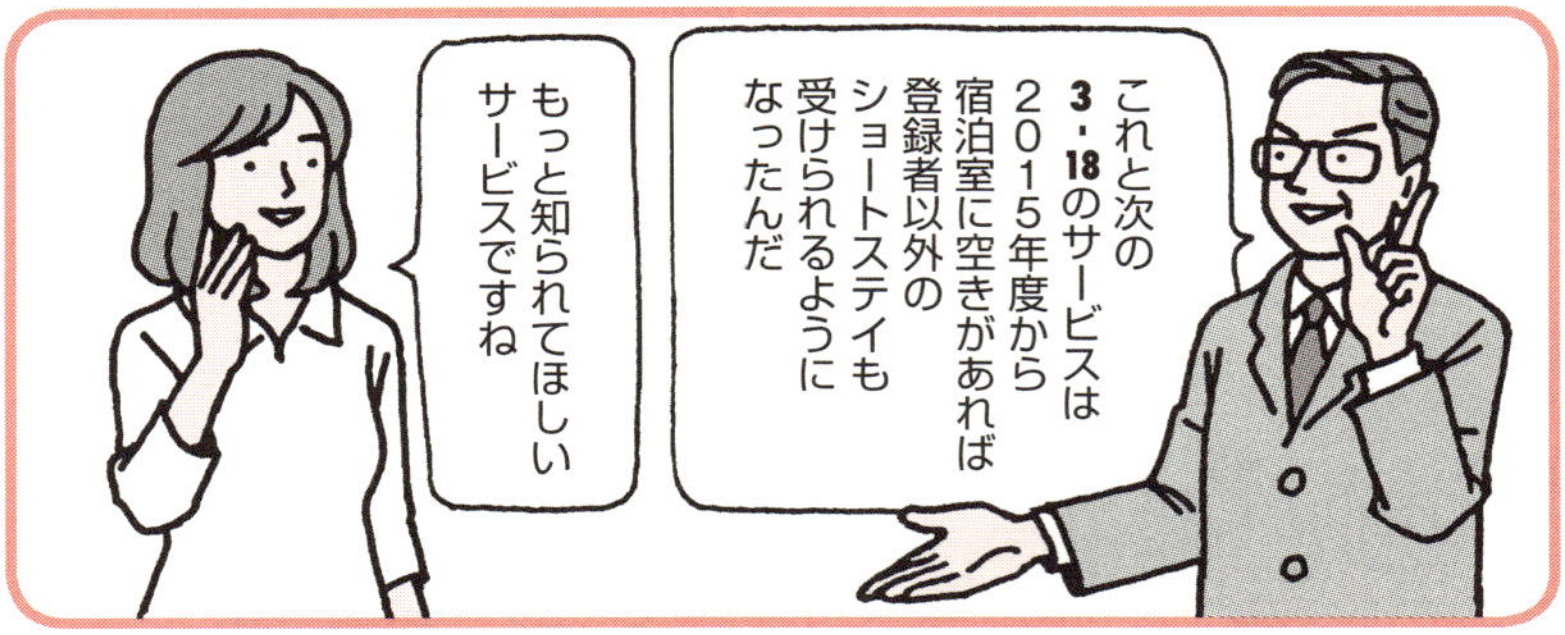
これと次の
3-18のサービスは
2015年度から
宿泊室に空きがあれば
登録者以外の
ショートステイも
受けられるように
なったんだ
もっと知られてほしい
サービスですね

市区町村の公募・選考による指定が行える

2012年4月から実施された介護保険制度の改正により、地域密着型サービスについて、公募・選考による指定が可能になりました。おもな目的は、当時まだ新しかった「小規模多機能型居宅介護」と「定期巡回・随時対応型訪問介護看護」を普及させるためでした。

これらのサービスは、事業者が日常生活圏域（3-18のコラム参照）で一体的にサービスを提供し、移動コストの縮減や圏域内での利用者の確保を図る必要があります。

そのため、地域ニーズに関係が深い居宅サービス事業者の指定は、都道府県が市区町村と協議を行うこと、市区町村が独自に行う地域密着型サービスの指定に「公募を通じた選考を導入できること」が定められました。

小規模多機能型居宅介護の事業所数

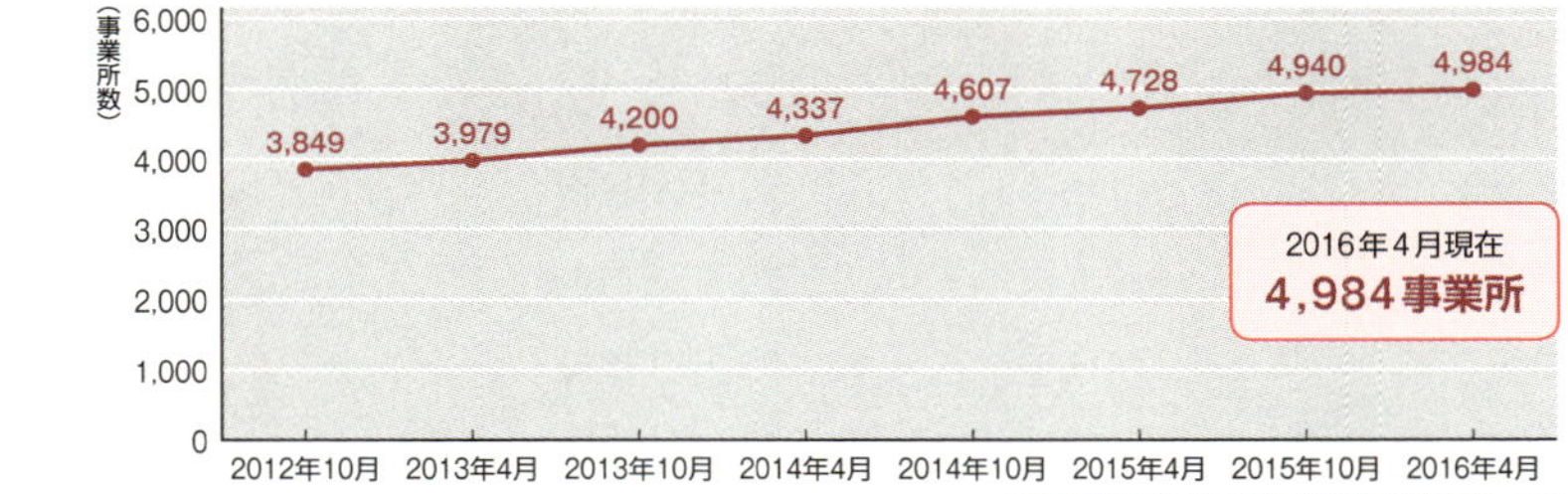

※厚生労働省「介護給付費等実態調査」より

小規模多機能型居宅介護の都道府県別事業所数

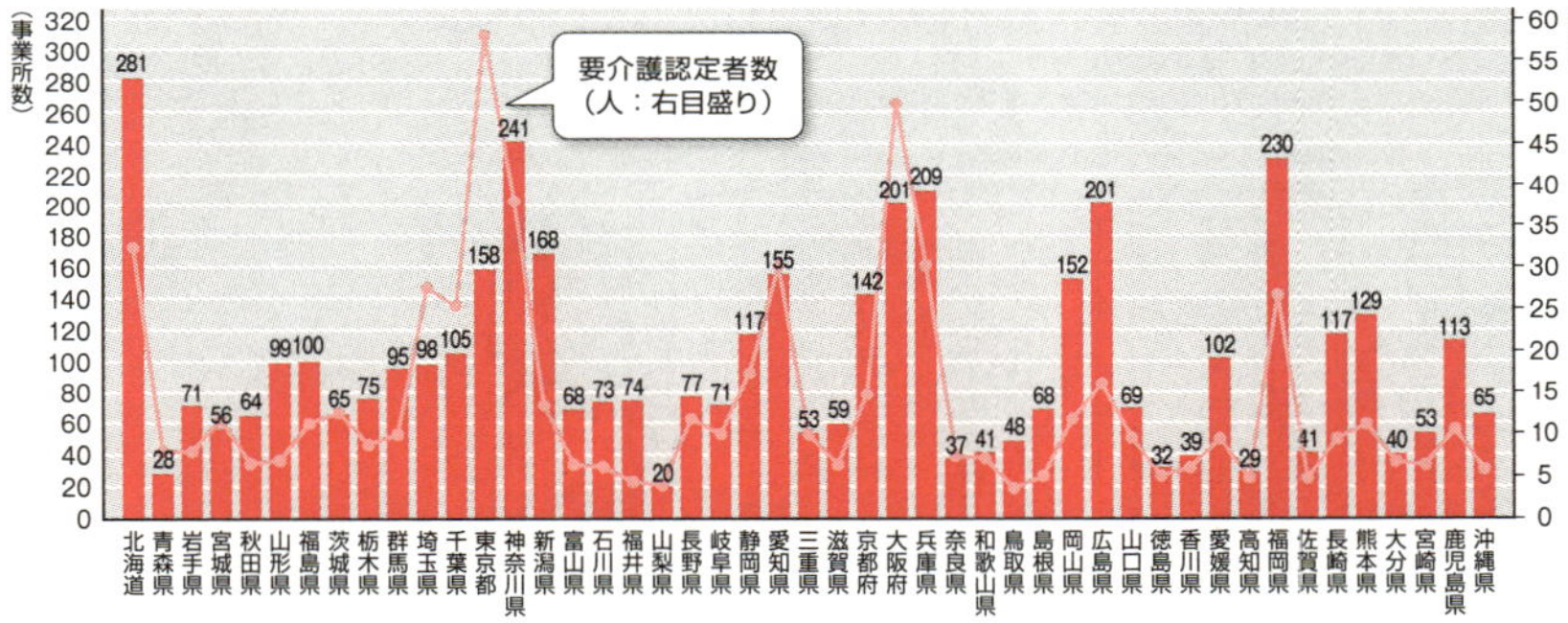

※厚生労働省「介護施設サービス・事業所調査」2016年（2016年10月1日時点）および「介護給付費等実態調査月報」2016年10月審査分をもとに作成

地域包括ケアの要になれるか これからも注目されるサービス

小規模多機能型居宅介護は当初、日常生活圏域に1つ（約1万ヵ所）つくるのが目標とされていました。しかし、モデルとした宅老所がほとんど移行してくれなかったために、ゼロから根回しをしなければならなくなった市区町村が多く、伸び悩みを見せました。

事業者が手を挙げなかったのは、規制が厳しいうえに利用者を集めにくく、集めても登録者数に上限があるため苦しい経営を強いられることが知れ渡ったからです。利用者側にも、定額制の料金に見合うだけのサービスを受けられるのか、お世話になった事業所を全部断って一本化するだけの価値があるのか、泊まりが多くなると自己負担が増えすぎないだろうか、など踏み切れない理由がありました。

それでも、このサービスが地域包括ケアの要になるであろうことは間違いありません。

3-18

看護小規模多機能型居宅介護

小規模多機能型居宅介護に訪問看護を一体化させ、看護を含めた4つのサービスを提供します

「通い」「訪問」「泊まり」に「看護」が加わったサービス

２０１２年４月からの改正介護保険で、新しいサービスとして複合型サービスが誕生しました。これは当初、９つの居宅サービスと４つの地域密着型サービスの中から、２つ以上を組み合わせたサービスになる予定でした。

しかし、実際に設置基準と介護報酬が示された組み合わせは、小規模多機能型居宅介護と訪問看護（医師の指示が必要）だけでした。看護小規模多機能型居宅介護は、２０１５年４月からの改正介護保険で、これが名称変更されたものです。旧複合型サービスと呼ばれることもありますが、普及は進んでいません。

看護小規模多機能型居宅介護の介護報酬

	同一建物に居住する者以外の登録者	同一建物に居住する登録者
要介護1	12,341単位	11,119単位
要介護2	17,268単位	15,558単位
要介護3	24,274単位	21,871単位
要介護4	27,531単位	24,805単位
要介護5	31,141単位	28,058単位

※1級地11.10円、2級地10.88円、3級地10.83円、4級地10.66円、5級地10.55円、6級地10.33円、7級地10.17円、その他10.00円で換算

※看護体制強化加算Ⅰ（ターミナルケア加算の算定者1名以上などの条件があります）：3,000単位／月、看護体制強化加算Ⅱ：2,500単位／月

※訪問体制強化加算（人員配置などの条件があります）：1,000単位／月

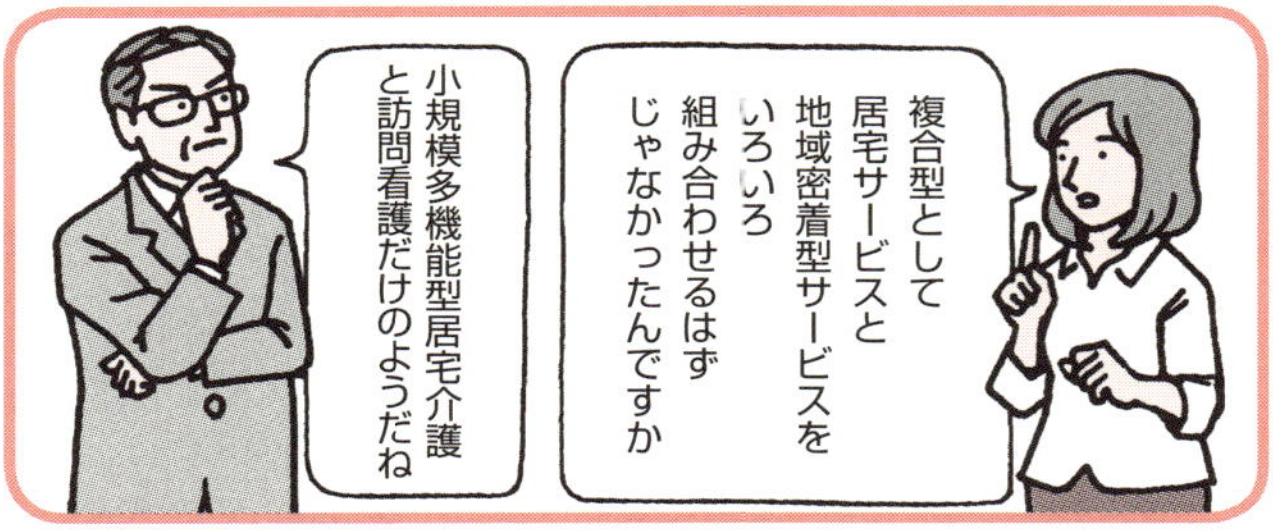
複合型として
居宅サービスと
地域密着型サービスを
いろいろ
組み合わせるはず
じゃなかったんですか
小規模多機能型居宅介護
と訪問看護だけのようだね

看護小規模多機能型居宅介護のイメージ

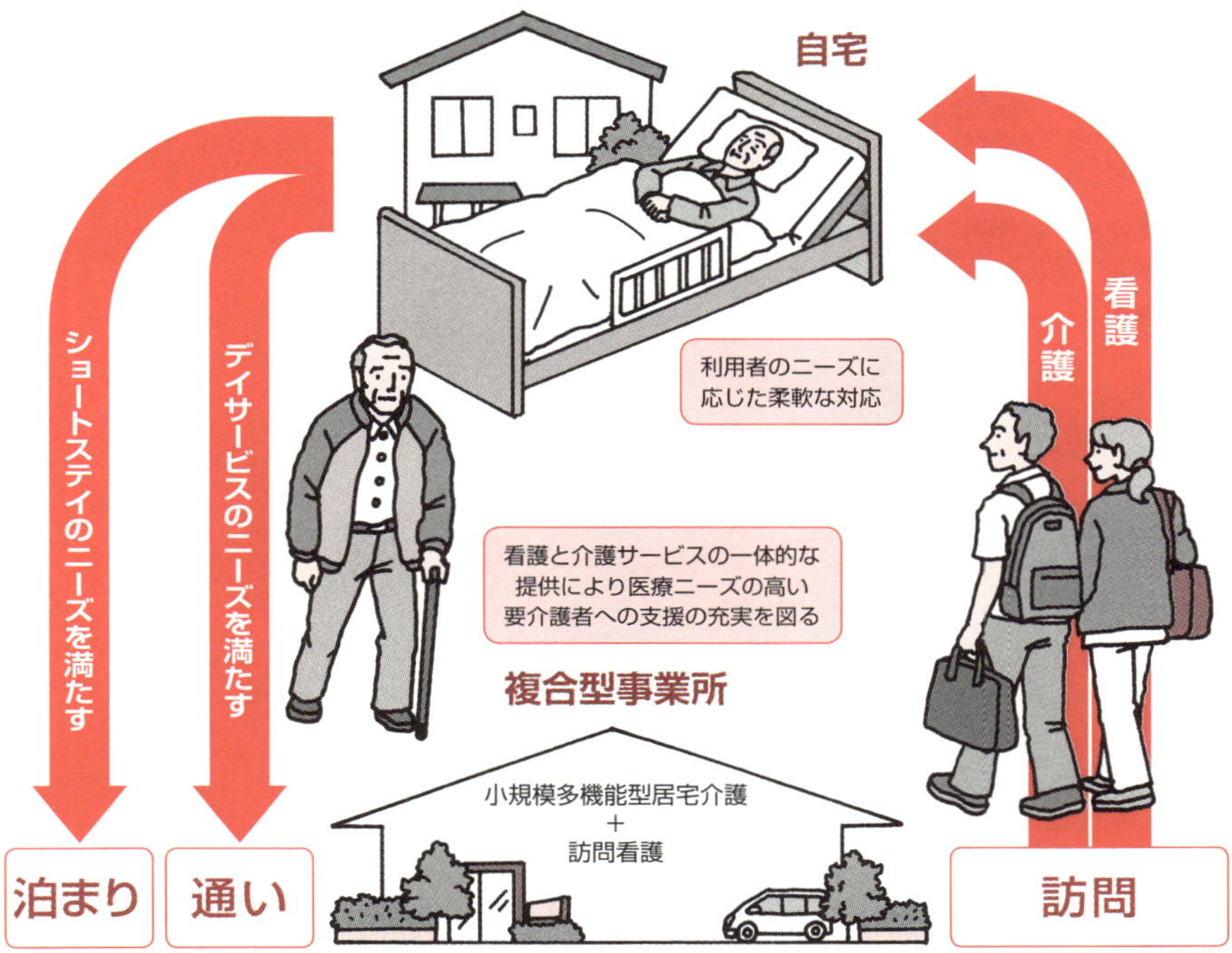
自宅
利用者のニーズに
応じた柔軟な対応
看護と介護サービスの一体的な
提供により医療ニーズの高い
要介護者への支援の充実を図る
ショートステイのニーズを満たす
デイサービスのニーズを満たす
介護
看護
複合型事業所
小規模多機能型居宅介護
＋
訪問看護
泊まり
通い
訪問

地域とは何か

介護保険には「地域包括ケア」「地域密着型サービス」など、地域という用語がたくさん出てきます。また、よく「最期まで住み慣れた地域で」といった言い方がされます。

地域よりもさらに具体的な用語として使われるのが「日常生活圏域」です。これは通常、中学校区を指すと解釈されます。中学校は全国に約1万300０校ありますが、単純化するためによく1万ヵ所で計算されます。総人口を中学校数で割ると、1つの中学校区（つまり日常生活圏域）は、平均人口1万2000人ほどのエリアを指す言葉になります。保険者（市区町村）は、介護保険事業計画をつくるうえで日常生活圏域を設定し、そこに地域密着型サービスをいくつ設置するかを計画します。

日本にはさまざまな介護保険サービスの種類がありますが、日常生活圏域に1種類ずつ配置しようと考えれば、1業種1万事業所が必要になります。しかし、訪問介護や通所介護など足りているサービスがある一方、少ないサービスもあるので、バランスのいい設置が必要です。

3-19

認知症対応型共同生活介護

通称グループホームと呼ばれ、認知症のお年寄りが少人数で共同生活を送る場です

1ユニット9人までだが3ユニットまで運営できる

グループホームとも呼ばれる認知症対応型共同生活介護は、2006年4月の改正介護保険で地域密着型サービスに移行されました。利用できるのは、事業所のある市区町村に住み、認知症と診断された要支援2以上の人です。

定員は5～9人（1ユニット）で、事業者は3ユニットまで運営できます。従来は2ユニットでしたが、2015年改正で新たな用地取得が困難な場合は、3ユニットまで増やせるようになりました。それはグループホームが、地域や家族との交流を図れるよう、住宅地などに設けることとされているからです。

グループホームの介護報酬（1日あたり）

要介護度	認知症対応型共同生活介護費		短期利用共同生活介護費	
	1ユニット	2ユニット以上	1ユニット	2ユニット以上
要支援2	755単位	743単位	783単位	771単位
要介護1	759単位	747単位	787単位	775単位
要介護2	795単位	782単位	823単位	811単位
要介護3	818単位	806単位	847単位	835単位
要介護4	835単位	822単位	863単位	851単位
要介護5	852単位	838単位	880単位	867単位

※1級地10.90円、2級地10.72円、3級地10.68円、4級地10.54円、5級地10.45円、6級地10.27円、7級地10.14円、その他10.00円で換算
※利用料の目安は、換算した金額の1～3割です
※衣食住にかかる費用は全額自己負担。その他、いろいろな加算があります

経営主体

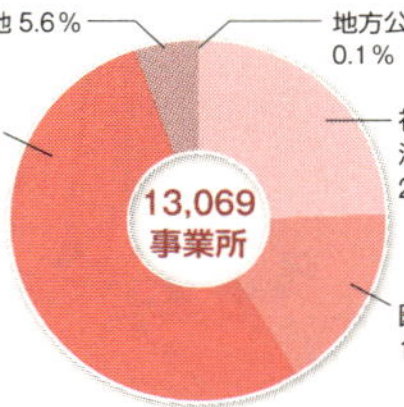

その他 5.6%
地方公共団体 0.1%
社会福祉法人 24.4%
営利法人（会社）53.2%
13,069事業所
医療法人 16.8%

※厚生労働省「介護サービス施設・事業所調査」より（2016年10月1日現在）

利用者の要介護度

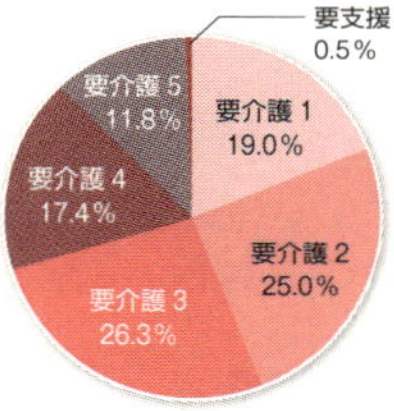

要支援2 0.5%
要介護5 11.8%
要介護1 19.0%
要介護4 17.4%
要介護2 25.0%
要介護3 26.3%

※厚生労働省「介護給付費等実態調査」より（2017年12月現在）

グループホームとはどんなところか

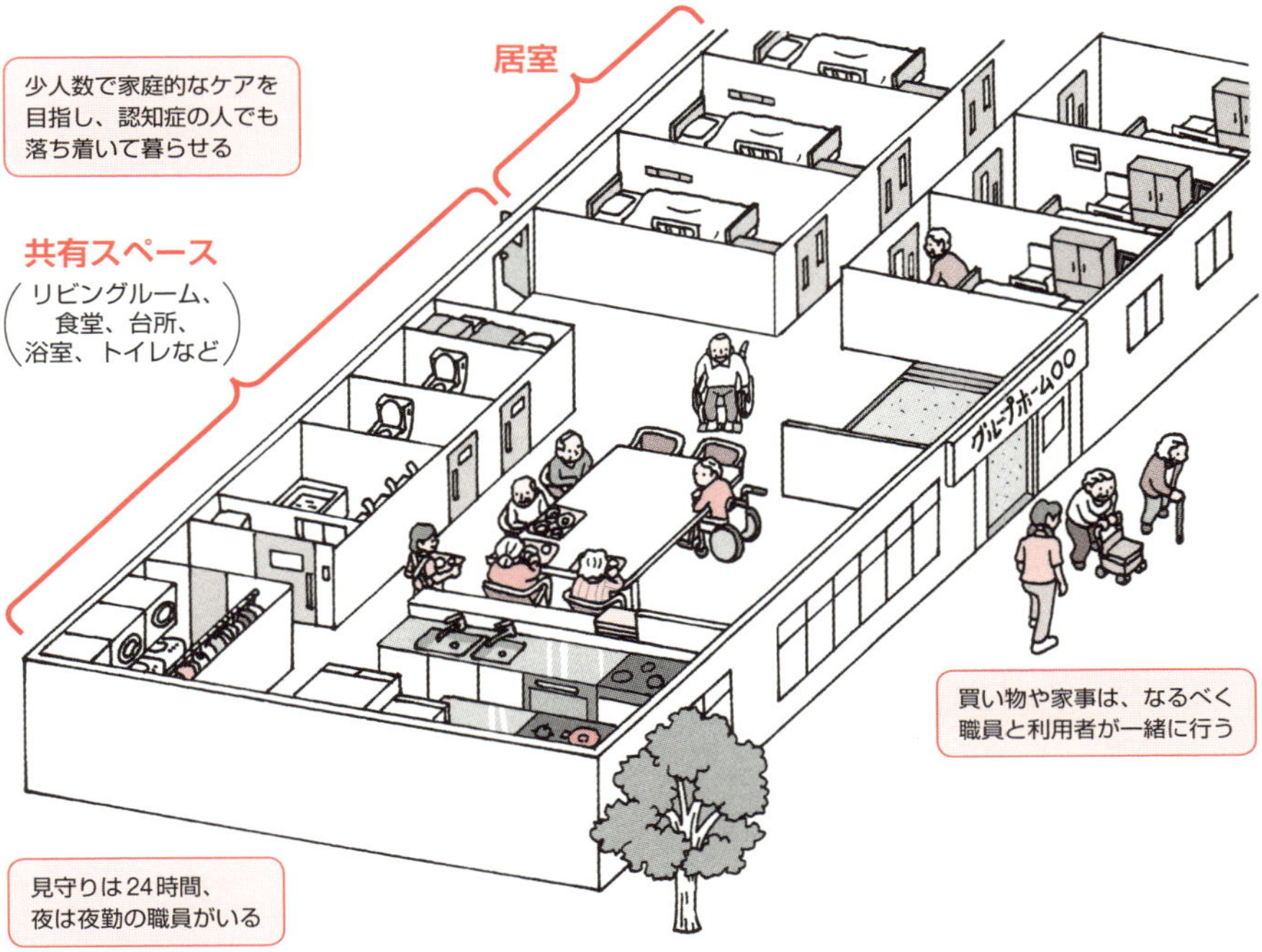
少人数で家庭的なケアを目指し、認知症の人でも落ち着いて暮らせる
居室
共有スペース
リビングルーム、食堂、台所、浴室、トイレなど
グループホーム○○
買い物や家事は、なるべく職員と利用者が一緒に行う
見守りは24時間、夜は夜勤の職員がいる

ケアのレベルの差が大きいのが実情

グループホームは、少人数なので家庭的な和やかさが期待できる反面、閉鎖性が前面に出て密室化につながることもあります。利用者はできることを自分でやり、家事は職員と利用者が共同で行うのが建て前ですが、事業所によってレベルの差があるのが実情です。

家族やボランティアが出入りし、散歩や買い物で外出の機会が多く、お祭りに参加するなど地域に開かれていれば、いいケアをしているグループホームだとわかります。

良し悪しを見分けるもう1つのポイントは、医療との連携です。グループホームには医師や看護師がいないので、スタッフの付き添いがなければ通院できない利用者が出てきます。通院のたびに家族が呼び出されるのか、認知症が進めば退去を求められるのか、など双方が事前に方針を確認し合うことが大切です。

3-20

定期巡回・随時対応型訪問介護看護

定時や随時の訪問介護と訪問看護を、24時間365日、定額で受けられるサービスです

一体型と連携型があり介護と医療のニーズをカバー

定期巡回は、介護職が利用者宅を1日数回訪問し、食事、排泄、入浴などの世話をします。随時対応は、常駐しているオペレーターが連絡を受け、必要があれば介護職を利用者宅に訪問させます。ここまでを自らの事業所で行い、訪問看護をほかへ依頼するのが連携型、訪問看護まで備えているのが一体型です。

このサービスは、2012年4月の改正で創設されました。夜間対応型訪問介護の「登録しても1回ごとにお金がかかるから呼ばない」「医療ニーズに対応していない」という2つの欠点を克服したサービスだと注目を集めました。

定額制の料金体系（連携型の場合）

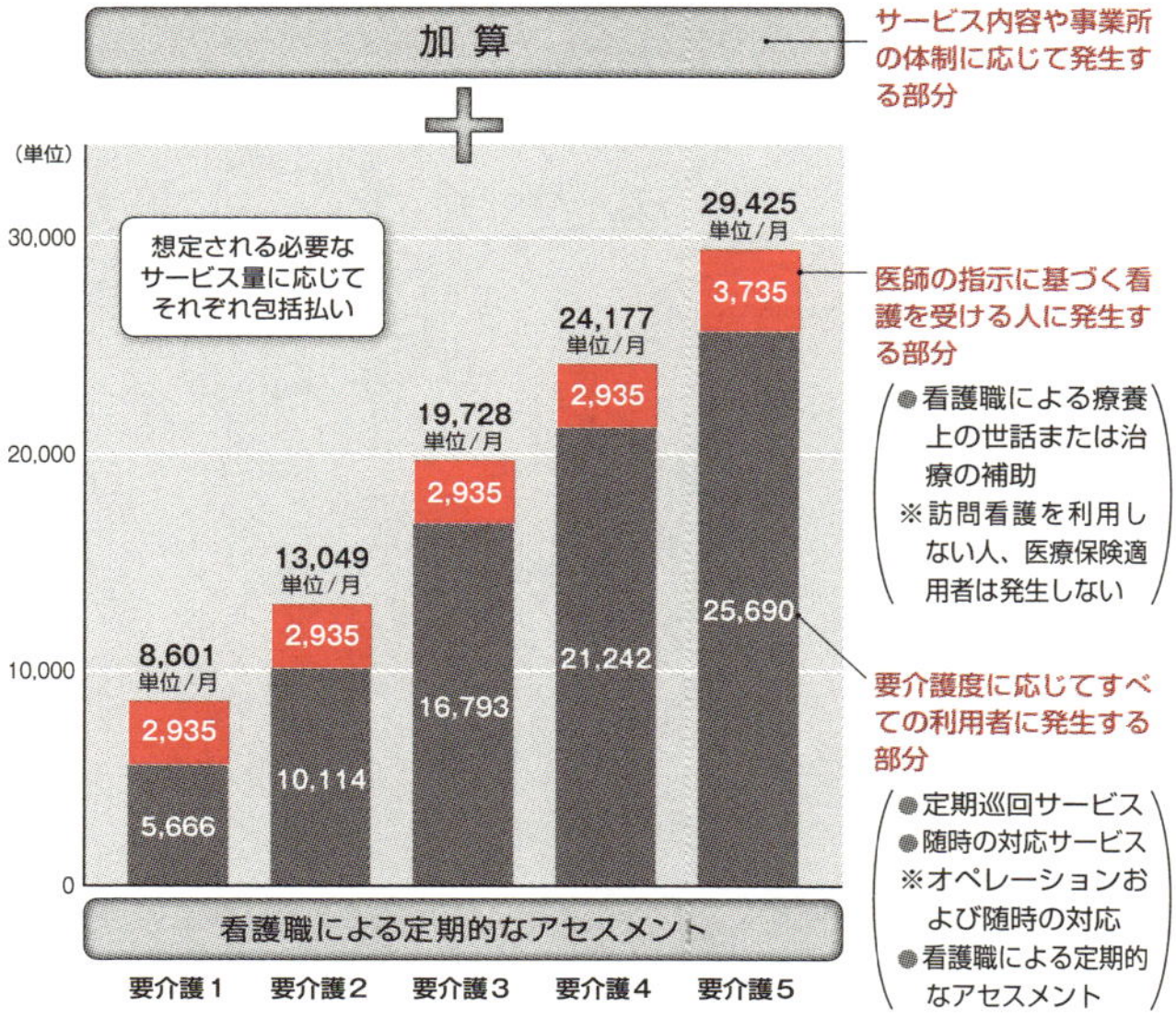

加算
サービス内容や事業所の体制に応じて発生する部分
（単位）
30,000
20,000
10,000
0
想定される必要なサービス量に応じてそれぞれ包括払い
8,601 単位／月
2,935
5,666
13,049 単位／月
2,935
10,114
19,728 単位／月
2,935
16,793
24,177 単位／月
2,935
21,242
29,425 単位／月
3,735
25,690
医師の指示に基づく看護を受ける人に発生する部分
●看護職による療養上の世話または治療の補助
※訪問看護を利用しない人、医療保険適用者は発生しない
要介護度に応じてすべての利用者に発生する部分
●定期巡回サービス
●随時の対応サービス
※オペレーションおよび随時の対応
●看護職による定期的なアセスメント
看護職による定期的なアセスメント
要介護1
要介護2
要介護3
要介護4
要介護5

このサービスは、一体型（1つの事業所で訪問介護と訪問看護を提供する）と連携型（訪問介護事業所が地域の訪問看護事業所と連携して提供する）の2タイプがあり、料金が異なります。上記の棒グラフは連携型で、単価に地域の比率（巻末資料参照）を掛けた金額の1～3割が利用者負担。連携型事業所の場合、■については訪問看護事業所で算定されます

定期巡回・随時対応型訪問介護看護のイメージ

短時間の定期巡回訪問
訪問看護ステーション
訪問介護ステーション
利用者宅
介護職
利用者からのコールに24時間対応
常駐オペレーター
通報
対応
利用者の緊急ニーズ
看護師
ケアコール端末など
短時間の定期巡回訪問

施設と在宅の差をどこまで埋められるか

このサービスは、登録すると医療ニーズのある人は訪問看護を受けられるので、要介護度の高いお年寄り向きのサービスです。しかし、いまだに十分普及していません。

この発想は、特養のサービスを地域で展開することでした。特養では夜勤者が廊下を歩いて居室を回りますが、中学校区を1つの特養と考えれば、道路は廊下で家は居室ですから、夜勤者が車で利用者宅を回れば特養にいるのと同じだという理屈が成り立ちます。

問題は、ヘルパーを常勤で雇える社会福祉法人か大企業しか、このサービスに参入できないことです。登録ヘルパーだと、夜間の短時間訪問は受けてくれません。また、夜間の訪問を同居者が嫌うという問題もあります。今後は、サービス付き高齢者向け住宅とのマッチングを考えていく必要があるでしょう。

3-21

夜間対応型訪問介護

2006年に始まった地域密着型サービスで、夜間にヘルパーを呼ぶことができます

夜間対応型訪問介護の利用者数

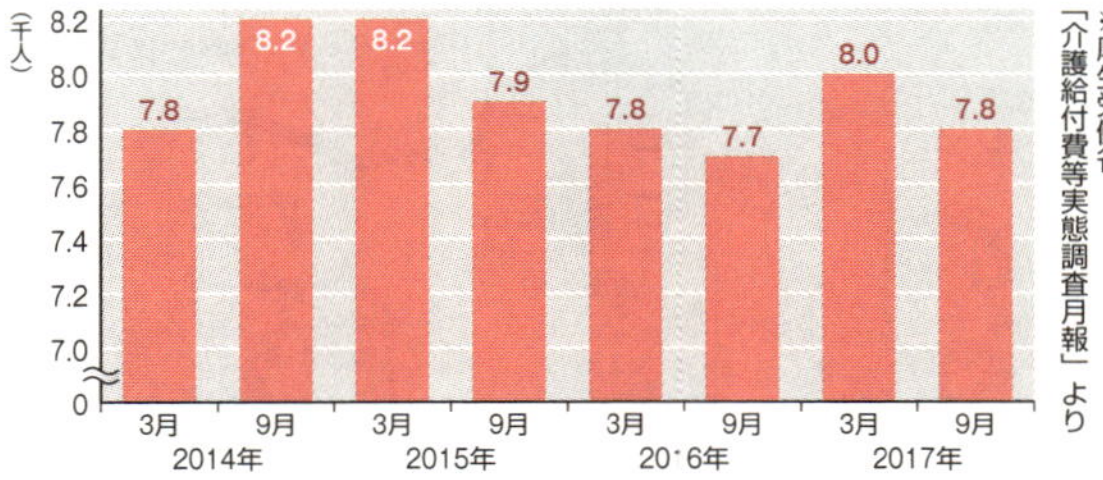

(千人)
8.2
8.0
7.8
7.6
7.4
7.2
7.0
0
7.8
8.2
8.2
7.9
7.8
7.7
8.0
7.8
3月
9月
3月
9月
3月
9月
3月
9月
2014年
2015年
2016年
2017年
※厚生労働省「介護給付費等実態調査月報」より

2017年度末の利用者は約8,000人でした。訪問介護の利用者数に及ばないのは当然としても、訪問系で利用者数の少ない訪問入浴（約8万人）、訪問リハビリ（約9万人）と比べても、あまりに少ない利用者数です

夜間対応型訪問介護の事業所数

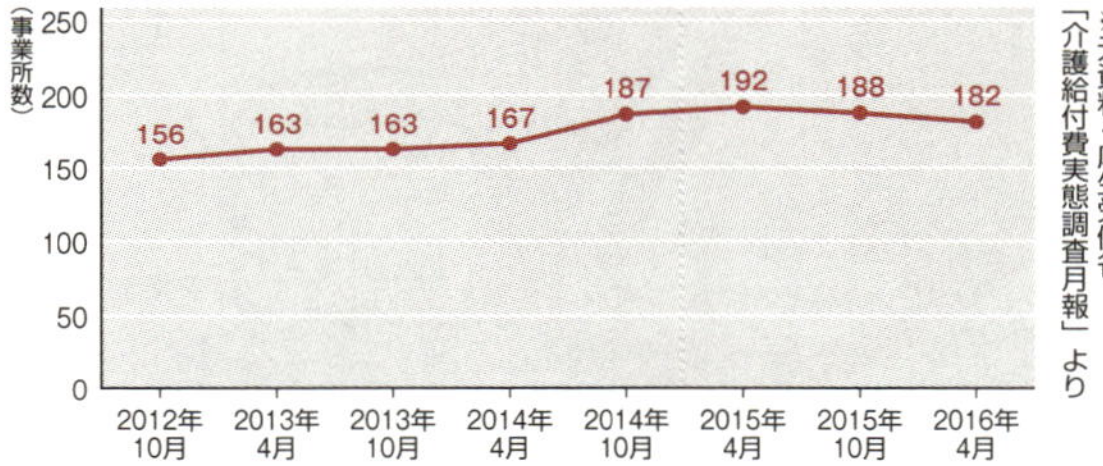

(事業所数)
250
200
150
100
50
0
156
163
163
167
187
192
188
182
2012年10月
2013年4月
2013年10月
2014年4月
2014年10月
2015年4月
2015年10月
2016年4月
※元資料：厚生労働省「介護給付費実態調査月報」より

夜間巡回を含む「24時間365日体制の老人介護サービス」にことさら熱心だったのは、株式会社コムスンです。同社が「介護サービス事業所の新規及び更新指定不許可処分」を受けた2007年当時は、全国で百前後の事業所数でした

ケアコール端末で夜間でも連絡がとれる

夜間対応型訪問介護は、午後10時〜翌朝6時を含む時間帯に訪問介護を行うサービスです。当初、午前8時〜午後6時は訪問できませんでしたが、2009年度の改正で、日中のサービスもできるようになりました。

利用者は、ケアプランに基づく定期的な巡回訪問（30分程度の介護）を受けるほか、夜間に緊急のことがあれば、貸し出されたケアコール端末（通話機）を使って、常駐する看護師などへ医療、介護上の相談ができます（オペレーションサービス）。必要があれば、夜間でも介護職による随時訪問を受けられるのです。

夜間対応型訪問介護の介護報酬

●介護報酬

	オペレーションセンターを設置する場合	オペレーションセンターを設置しない場合
基本サービス費	1,009単位／月	2,742単位／月
定期巡回サービス費	378単位／回	
随時訪問サービス費Ⅰ	576単位／回	
随時訪問サービス費Ⅱ	775単位／回	

※１級地11.40円、２級地11.12円、３級地11.05円、４級地10.84円、５級地10.70円、６級地10.42円、７級地10.21円、その他10.00円で換算
※オペレーションセンターを設置しない場合は１ヵ月の定額制、設置する場合は基本サービス費と定期巡回、随時訪問の回数による費用の合計になります

利用者にケアコール端末という通話機が貸し出され、ボタンを押すと受信側に本人データが表示されます。これを夜間（午後10時～翌朝６時）に鳴らすとヘルパーが訪問するサービスです。利用者からの通報による「随時訪問」のほか、定期的な「巡回訪問」、救急車の要請や助言を行う「オペレーションサービス」があります

夜間対応型訪問介護はなぜ伸びないのか

地域密着型サービスは比較的狭い範囲を対象としていますが、都市部を中心に普及するはずだった夜間対応型訪問介護は、予想された利用者数が全国で約20万人、事業所数が７００近い大きな計画でした。実際、そのくらい普及しなければ、重度の在宅生活者を24時間支えることはできません。それが、いまでも右ページのグラフ程度にとどまっています。

普及が進まなかったのは、人材確保の難しさもありますが、なによりも「合鍵を渡しておいて、夜中に家の中に人が入ってくる」方式に私たち日本人が馴染めなかったからです。こうしたメンタル面をクリアしなければ、これからも大々的な普及は難しいと思われます。

訪問３種（訪問介護、夜間対応型訪問介護、定期巡回・随時対応型訪問介護看護）の使い分け方は、もっと知られなければなりません。

3-22

地域密着型通所介護

２０１５年からの介護保険法改正で、デイサービスの小規模型が再編されて生まれたサービスです

小規模型通所介護の変化

デイサービス（**3-9**参照）の中にかつてあった小規模型は、次の3種類に再編されました

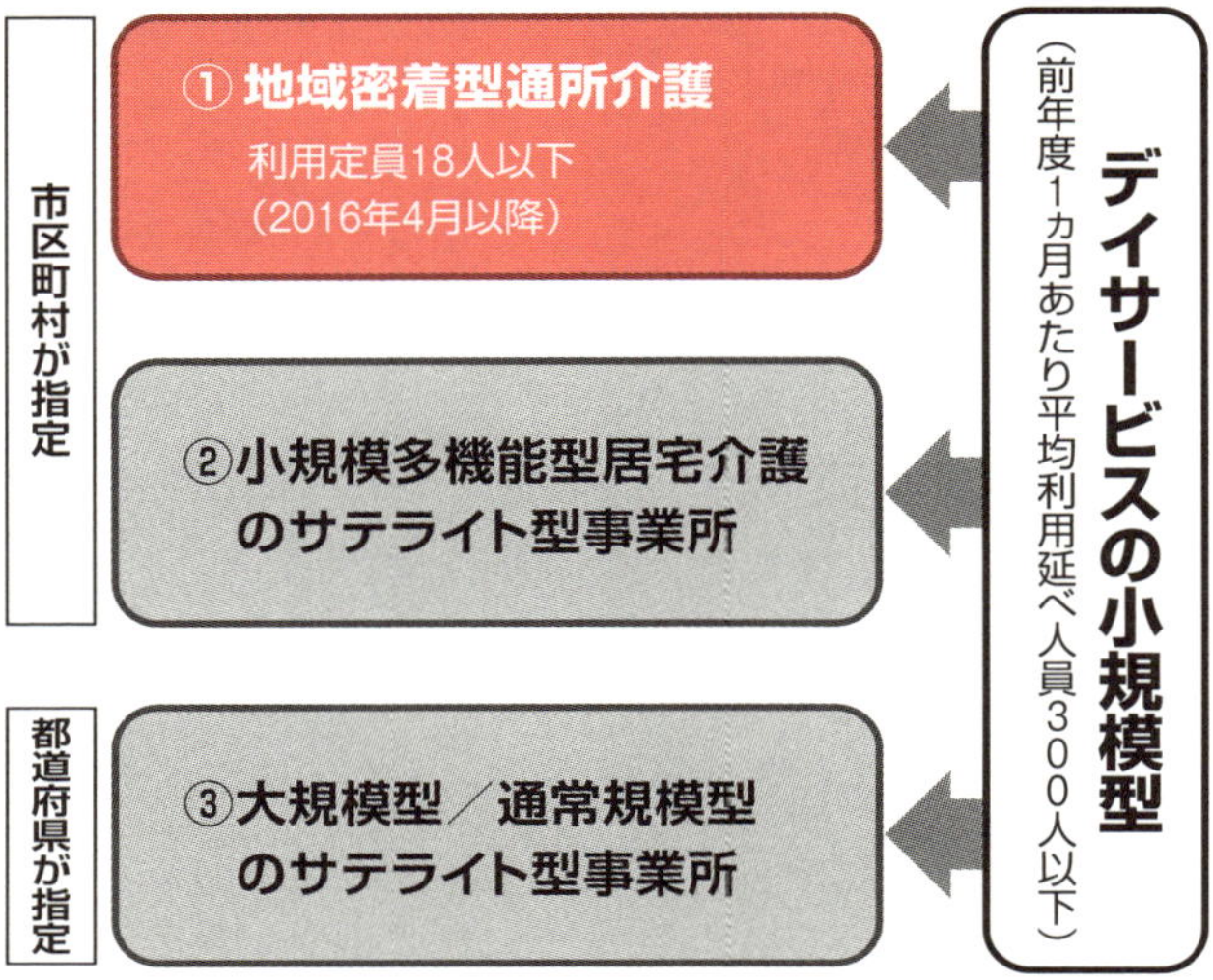

デイサービスの小規模型
（前年度1カ月あたり平均利用延べ人員３００人以下）
① 地域密着型通所介護
利用定員18人以下
（2016年4月以降）
②小規模多機能型居宅介護のサテライト型事業所
市区町村が指定
③大規模型／通常規模型のサテライト型事業所
都道府県が指定

地域密着型通所介護へ移行すると、3年に一度作成される当該市区町村の介護保険事業計画に記載されなければならないため、公募による事業者指定など総量規制の対象となる。指定されたとしても、運営推進会議の設置をはじめ規制が多い

デイサービスの新カテゴリーが誕生した

地域密着型通所介護は、居宅サービスのひとつであるデイサービスの中で、小規模のものを市区町村の管轄に移すためにできた新しいくくりです。デイサービスの小規模型は、上の図のように3つに再編されました。もし、本体が大きなデイサービスであれば③へ、宿泊室を整備し人員基準を満たすだけの資本力がある事業者は②へ移行したことでしょう。

２０１５年４月から、小規模型デイサービスの介護報酬は大きく引き下げられました。廃業する事業者も出ましたが、①の地域密着型へ移行する事業者も少なくありませんでした。

地域密着型通所介護の介護報酬

●介護報酬

	区分	要介護1	要介護2	要介護3	要介護4	要介護5
小規模型事業所	3時間以上4時間未満	407単位	466単位	527単位	586単位	647単位
	4時間以上5時間未満	426単位	488単位	552単位	614単位	678単位
	5時間以上6時間未満	641単位	757単位	874単位	990単位	1,107単位
	6時間以上7時間未満	662単位	782単位	903単位	1,023単位	1,144単位
	7時間以上8時間未満	735単位	868単位	1,006単位	1,144単位	1,281単位
	8時間以上9時間未満	764単位	903単位	1,046単位	1,190単位	1,332単位

※1級地10.90円、2級地10.72円、3級地10.68円、4級地10.54円、5級地10.45円、6級地10.27円、7級地10.14円、その他10.00円で換算

通所介護（デイサービス）の中の小規模型（1ヵ月の延べ利用者300人以下）は、2015年改正で居宅サービスから外されることになりました。地域密着型に移行して市区町村の指定・監督を受けるのは、利用定員18人以下で大規模型や通常規模型のサテライト型でないデイサービスです。これは「お泊まりデイサービス」（下のコラム参照）の質を確保するためと言われています

小規模デイサービス再編の裏にあるお泊まりデイサービスとは

デイサービスとは本来、日帰りで食事や入浴などの介護を受けるところです。そこに、自主事業（極端に安い実費）で宿泊を提供する、通称お泊まりデイサービスが登場しました。格安で宿泊させる条件は、当該事業所で介護保険のデイサービスを利用すること。居宅サービスのひとつである通所介護は、低価格のおまけをつけた利用者獲得競争に巻き込まれていたのです。

「格安で泊めてもらえるならいいではないか」という声もありますが、男女の区別がない雑魚寝で、食事はレトルト食品のような簡素なものしか提供されず、夜間には無資格の職員を配置するお泊まりデイもありました。デイサービスは大規模型、通常規模型、小規模型の順に介護報酬が高かったため、小規模型の利益を当てにした利用者の囲い込みと思われても仕方ありません。

厚生労働省は、2015年4月にお泊まりデイのガイドラインを発表しました。それには法的拘束力がなかったので、地域密着型に移して市区町村に監督を押し付けたとの見方もあります。

3-23

その他の地域密着型サービス

介護の主役は地域になっていく

これまで紹介した以外の地域密着型サービスとしては、左ページに掲げた3種類があります

地域密着型サービスを開始年度で分類すると

地域密着型サービスはこうして増えました。●2006年度に創設：小規模多機能型居宅介護、夜間対応型訪問介護 ●2006年度に小規模型が認められたもの：地域密着型特定施設入居者生活介護、地域密着型介護老人福祉施設入所者生活介護 ●2006年度に居宅サービスから移行したもの：認知症対応型共同生活介護、認知症対応型通所介護 ●2012年度に創設：定期巡回・随時対応型訪問介護看護、複合型サービス（現・看護小規模多機能型居宅介護）●2015年度末までに居宅サービスから移行したもの：地域密着型通所介護

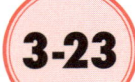

認知症対応型通所介護

認知症の人だけを対象にしたデイサービスです。定員は12人以下と少人数なので、家庭的な雰囲気の中で食事、排泄、入浴などの世話やレクリエーションが受けられます。また、グループホームや地域密着型の介護サービス事業者でも、3人までなら食堂やリビングなどの共有部分を利用してこのサービスが行えるようになりました

●介護報酬

	7時間以上8時間未満	8時間以上9時間未満
要介護1	985単位	1,017単位
要介護2	1,092単位	1,127単位
要介護3	1,199単位	1,237単位
要介護4	1,307単位	1,349単位
要介護5	1,414単位	1,459単位

※上記は単独型事業所の1日あたりの単位。換算率は1級地11.10円のサービスと同じです
※時間区分は1時間ごとに変更されました

地域密着型介護老人福祉施設入所者生活介護

定員が29人以下の小規模な介護老人福祉施設です。従来型の大きな施設の近くにこのサービスをつくり、「サテライト型特養」として一体的に運営している事業者が少なくありません。また、民家を活用してこのサービスを行い、デイサービスやショートステイを併設することで、在宅生活に近い雰囲気を出すことも可能です

●介護報酬

	従来型個室	ユニット型個室
要介護1	565単位	644単位
要介護2	634単位	712単位
要介護3	704単位	785単位
要介護4	774単位	854単位
要介護5	841単位	922単位

※上記は1日あたりの単位。換算率は1級地10.90円のサービスと同じです
※上記の基本報酬のほかにさまざまな加算があります

地域密着型特定施設入居者生活介護

特定施設の指定を受けた29人以下の有料老人ホーム、ケアハウスなどの入居者が受けられるサービスです。食事、排泄、入浴などの世話や介護、リハビリなどのサービスがその事業者のスタッフから受けられます。利用できるのは要介護者だけで、指定された市区町村の住民に限られます。外部サービス利用型はありません

●介護報酬

要介護1	534単位
要介護2	599単位
要介護3	668単位
要介護4	732単位
要介護5	800単位

※上記は1日あたりの単位。換算率は1級地10.90円のサービスと同じです
※上記の基本報酬のほかにさまざまな加算があります

3-24 介護保険施設の種類

介護保険上の介護施設は3種類あり、居宅サービスとはまったく別の体系になっています

介護保険施設数

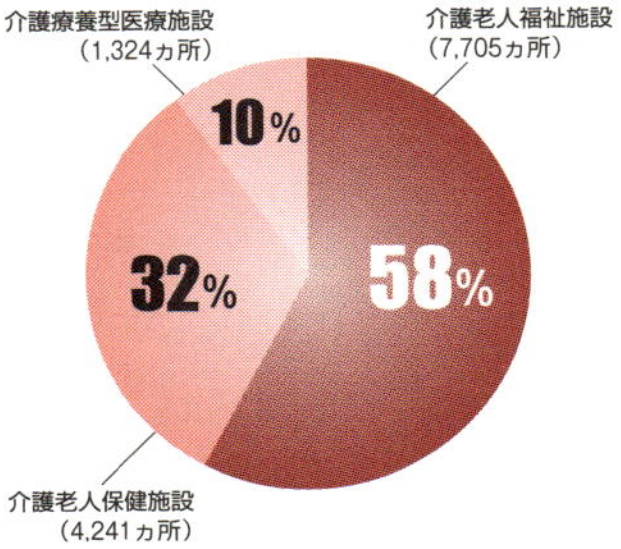
介護療養型医療施設（1,324ヵ所）
介護老人福祉施設（7,705ヵ所）
10%
32%
58%
介護老人保健施設（4,241ヵ所）

介護保険施設在所者数

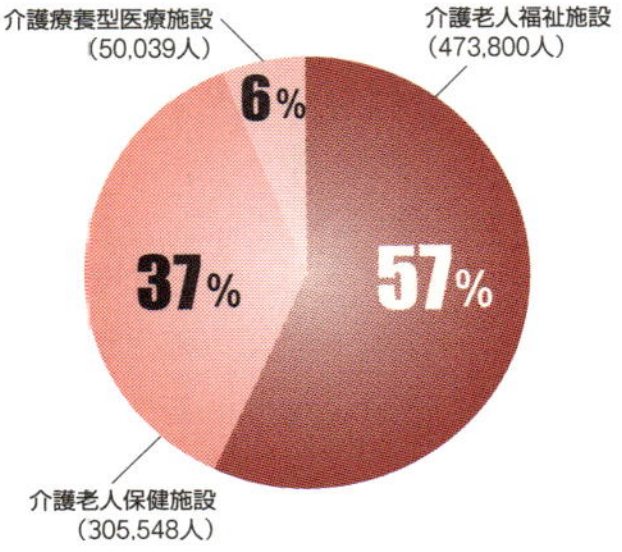
介護療養型医療施設（50,039人）
介護老人福祉施設（473,800人）
6%
37%
57%
介護老人保健施設（305,548人）

要介護度別在所者の構成割合

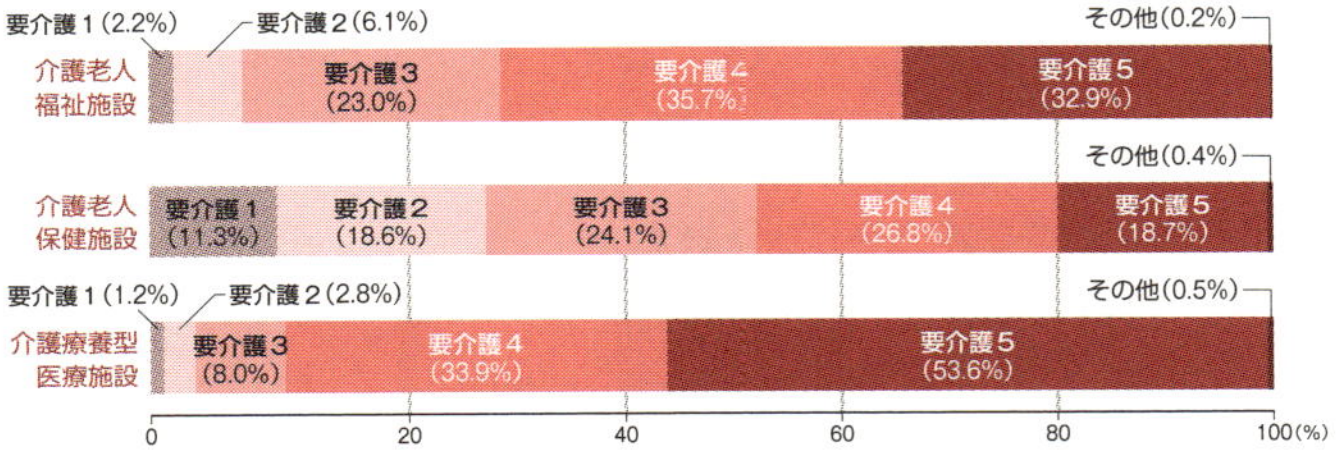
介護老人福祉施設
要介護1（2.2%）
要介護2（6.1%）
要介護3（23.0%）
要介護4（35.7%）
要介護5（32.9%）
その他（0.2%）
介護老人保健施設
要介護1（11.3%）
要介護2（18.6%）
要介護3（24.1%）
要介護4（26.8%）
要介護5（18.7%）
その他（0.4%）
介護療養型医療施設
要介護1（1.2%）
要介護2（2.8%）
要介護3（8.0%）
要介護4（33.9%）
要介護5（53.6%）
その他（0.5%）
0
20
40
60
80
100（%）

※厚生労働省「介護サービス施設・事業所調査」より（2016年9月末現在）

要介護度がいちばん高いのは介護療養型医療施設ですが、要介護3以上の人の施設になった介護老人福祉施設も、今後は要介護度が上がると思われます

介護保険制度で「施設」と呼ばれるのは3つだけ

一般の人には理解しにくいことですが、介護保険制度で「施設」と呼ばれるのは、介護老人福祉施設（特別養護老人ホーム：特養）、介護老人保健施設（老健）、介護療養型医療施設（介護療養病床）の3つしかありません。

これらは要支援の人は利用できず、介護老人福祉施設は2015年4月から原則、要介護3以上でないと利用できなくなりました。

介護老人福祉施設は「終《つい》の棲家《すみか》」となる生活の場、介護老人保健施設は病院と自宅の中間施設、介護療養型医療施設は慢性疾患の看護や介護に重点を置いた施設です。

介護保険施設における入退所者の動向

入退所者の動向を見ると、介護老人福祉施設の死亡退所者の多さが目立ちます。これは、約3.5年間もある平均在所日数と関連しているのです。介護老人福祉施設は、老健に代表される通過施設とは異なり、最後まで面倒をみてもらえる場所になっています

入所前の場所（%）　　　　退所後の行き先（%）

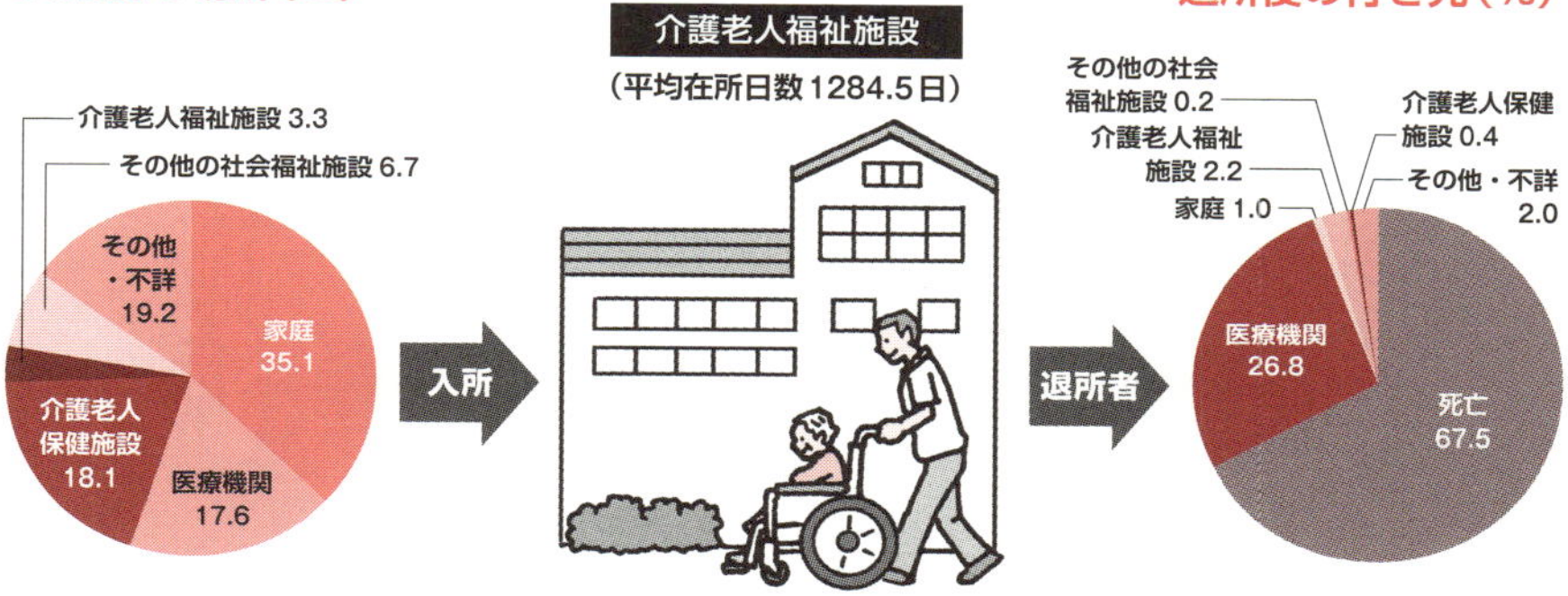
介護老人福祉施設
（平均在所日数1284.5日）
介護老人福祉施設 3.3
その他の社会福祉施設 6.7
その他・不詳 19.2
家庭 35.1
介護老人保健施設 18.1
医療機関 17.6
入所
退所者
その他の社会福祉施設 0.2
介護老人福祉施設 2.2
家庭 1.0
介護老人保健施設 0.4
その他・不詳 2.0
医療機関 26.8
死亡 67.5

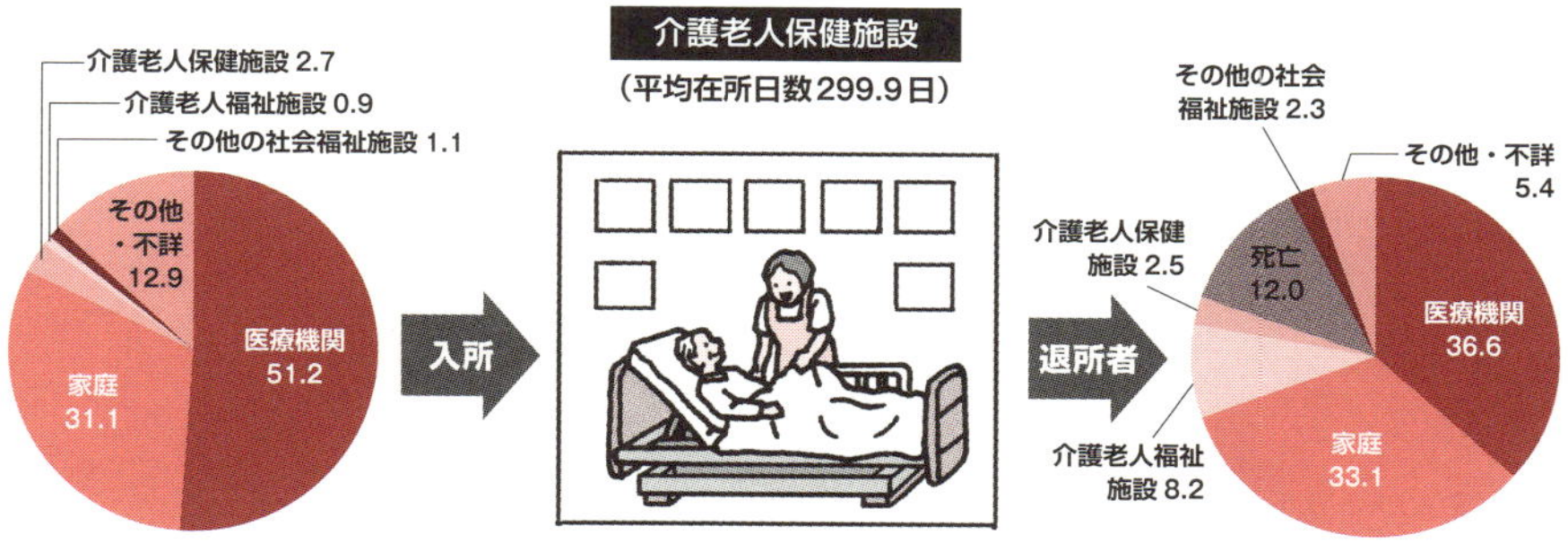
介護老人保健施設
（平均在所日数299.9日）
介護老人保健施設 2.7
介護老人福祉施設 0.9
その他の社会福祉施設 1.1
その他・不詳 12.9
医療機関 51.2
家庭 31.1
入所
退所者
その他の社会福祉施設 2.3
その他・不詳 5.4
介護老人保健施設 2.5
死亡 12.0
医療機関 36.6
介護老人福祉施設 8.2
家庭 33.1

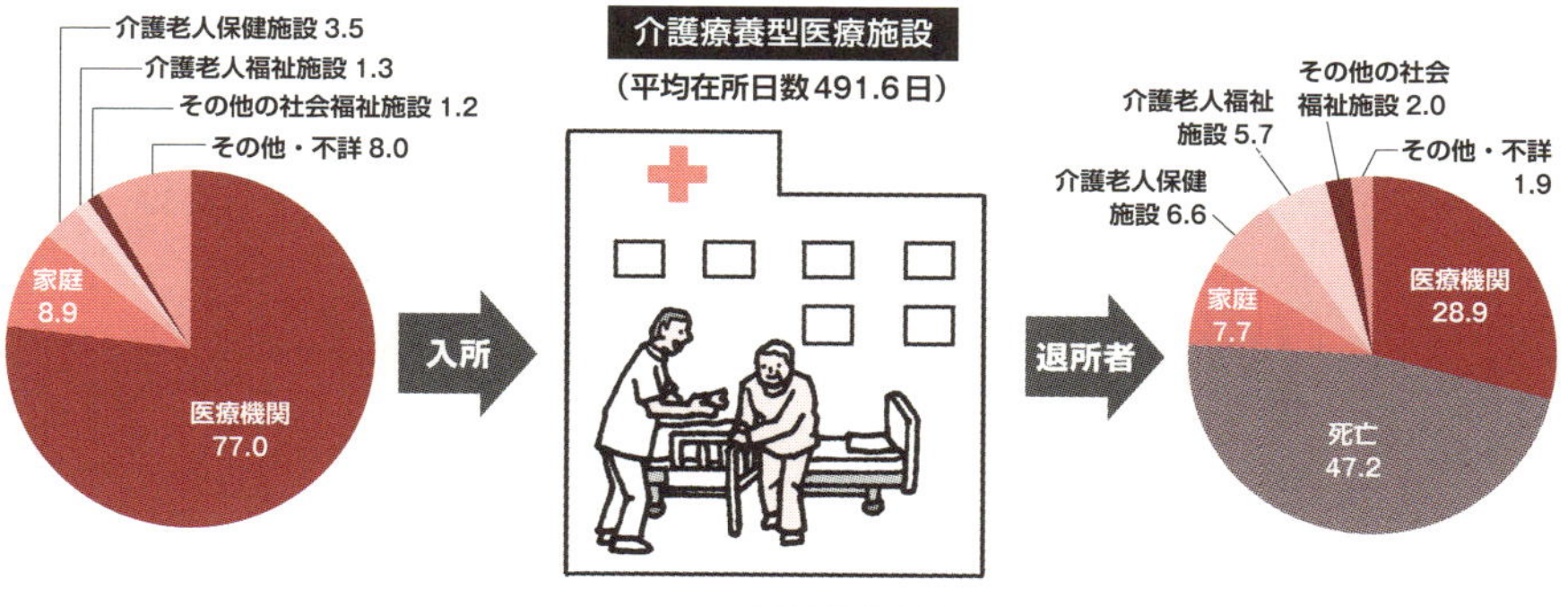
介護療養型医療施設
（平均在所日数491.6日）
介護老人保健施設 3.5
介護老人福祉施設 1.3
その他の社会福祉施設 1.2
その他・不詳 8.0
家庭 8.9
医療機関 77.0
入所
退所者
その他の社会福祉施設 2.0
介護老人福祉施設 5.7
介護老人保健施設 6.6
その他・不詳 1.9
家庭 7.7
医療機関 28.9
死亡 47.2

※厚生労働省「介護サービス施設・事業所調査」より（2016年9月現在）

3-25

介護老人福祉施設

常時介護が必要で、自宅での生活が困難になった要介護3以上の人が申し込むことができます

1つの建物が2つの法律の下で使われている

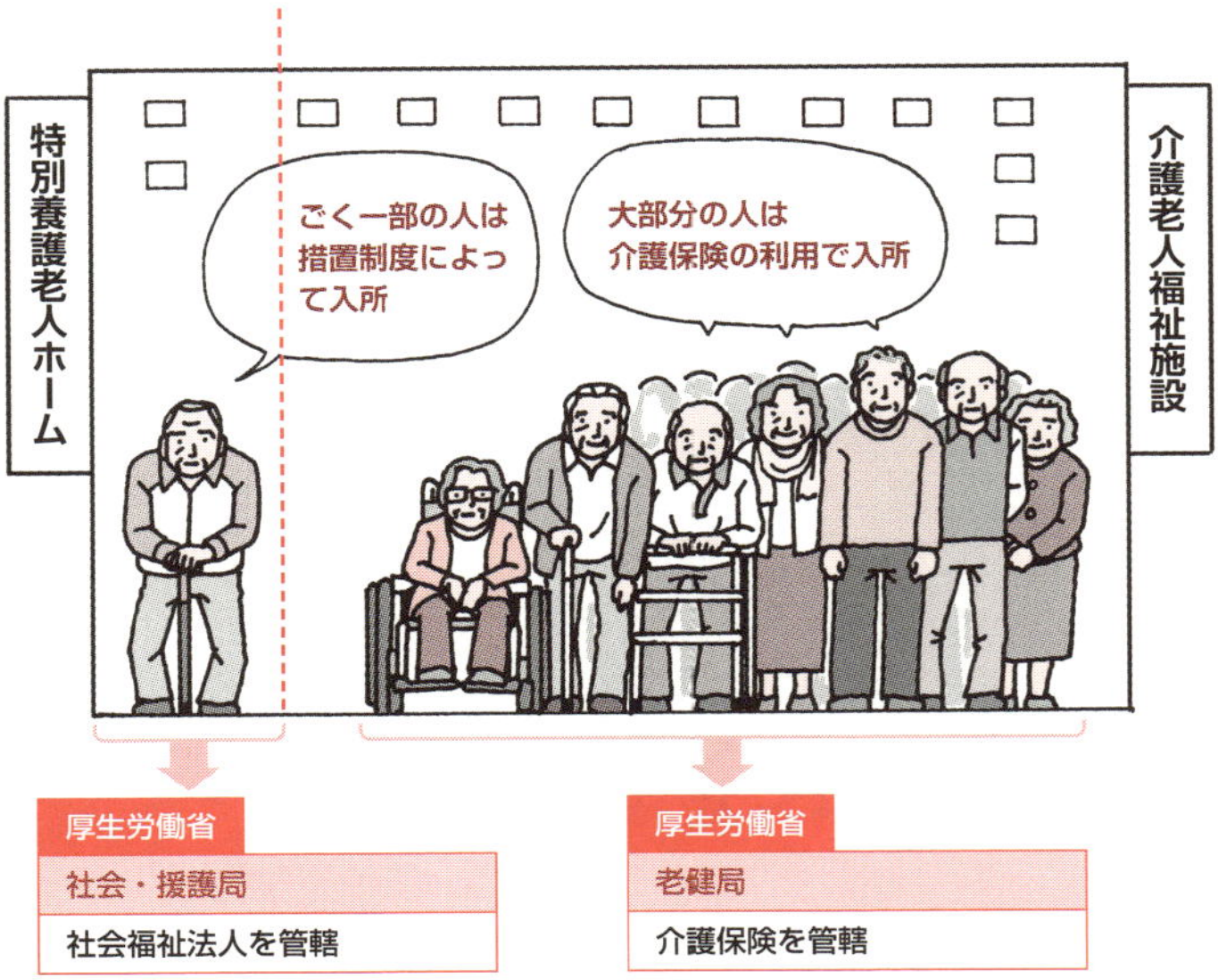

特別養護老人ホーム
介護老人福祉施設
ごく一部の人は措置制度によって入所
大部分の人は介護保険の利用で入所
厚生労働省
社会・援護局
社会福祉法人を管轄
厚生労働省
老健局
介護保険を管轄

これまで入所していた軽度（要支援、自立）の人は5年間の経過措置を経て退所した。現在、措置制度を使って入所してくる人は、1施設で年間数人いるかいないか

要介護3～5の人が申し込んで入所する。2016年4月1日現在で全国の待機者は約36万人。新設も徐々に増えてはいるが、人気が高いためまだ待機者が多い

特別養護老人ホームと呼ばれることが多い施設

介護老人福祉施設は、老人福祉法でいう特別養護老人ホームのうち、定員30人以上で開設者から申請があったところを都道府県知事が指定して、介護保険施設になったものです。ですから、1つの建物の中に老人福祉法に基づく措置の入所者と、介護保険法に基づく契約の入所者がいます（上のイラスト参照）。

介護保険上の正式名称は介護老人福祉施設ですが、馴染みのある名称として特別養護老人ホームまたは特養と呼ばれることが多く、行政上もそう呼ばれています。また、ベテランの介護職には特養ホームと呼ばれています。

介護老人福祉施設の概要

施設の特徴	介護保険施設として都道府県知事の指定を受けた特別養護老人ホーム
タイプ（区分）	多床室、従来型個室、ユニット型個室的多床室、ユニット型個室
対象者	原則、要介護３～５で自宅での介護が困難な人。 以前は申し込み順だったが、2006年改正で必要性の高い人を優先的に入所させるようになった
人員配置（入所者100人で）	医師１人（非常勤可）、看護職３人、介護職31人、ケアマネジャー１人、生活相談員などが必要
医療面の対応	医療保険を使って通院や入院ができる。通院介助は職員が行ってくれる。 病院へ入院して長く居室を空けたら退所しなければならないが、３ヵ月以内なら戻る権利がある
利用料	利用料（介護サービス費）は要介護度と施設のタイプで異なり、介護保険によって利用者は1～3割負担。 居住費と食費は利用者の負担（所得による違いあり）。その他日用品、理美容代などが別途必要
その他	近年は夜間看護の強化や計画的な看取り介護にも取り組んでいる。入所は直接当該の施設に申し込む

開設主体

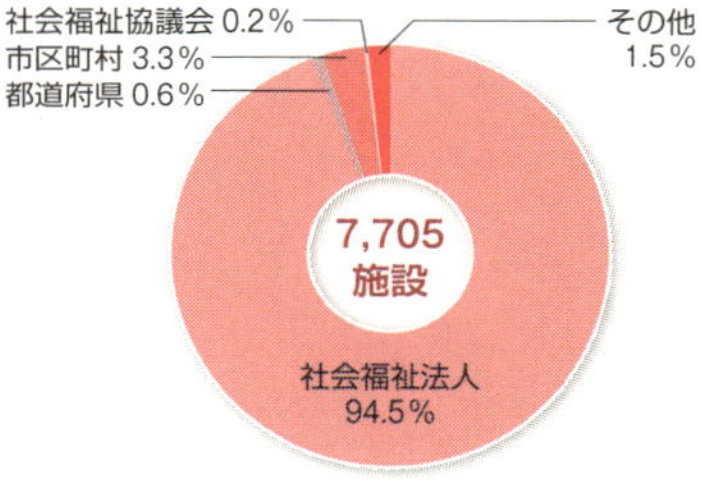
社会福祉協議会 0.2％
市区町村 3.3％
都道府県 0.6％
その他 1.5％
7,705 施設
社会福祉法人 94.5％

※厚生労働省「介護サービス施設・事業所調査」より（2016年10月1日現在）

利用者数の推移

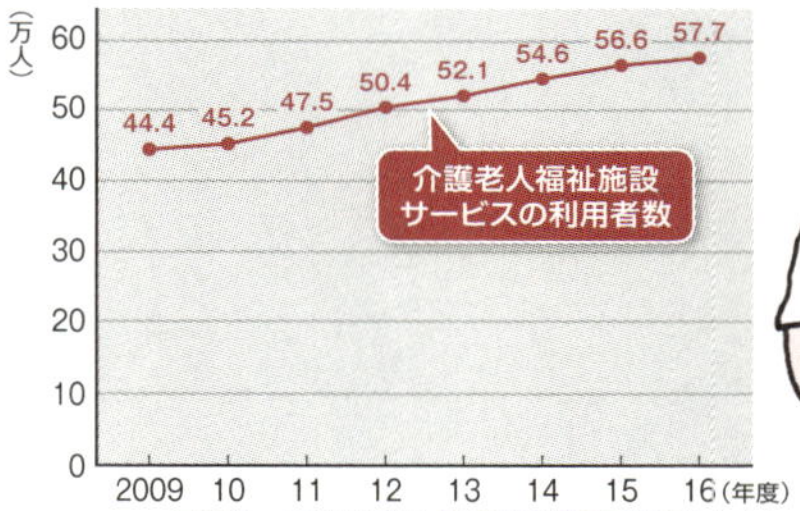
（万人）
60
50
40
30
20
10
0
44.4
45.2
47.5
50.4
52.1
54.6
56.6
57.7
介護老人福祉施設サービスの利用者数
2009
10
11
12
13
14
15
16（年度）

※元資料：厚生労働省「介護給付費実態調査」より（各年度末の値）

住所地特例について

介護保険施設（介護老人福祉施設、介護老人保健施設、介護療養型医療施設）は、それがお年寄り本人にとっていいかどうかは別にして、日本中どこの施設にでも入所を申し込めます。

いざ入所となると、施設がある市区町村に住民票を移しますが（特に最期まで住むつもりで入所する介護老人福祉施設はみなさんが住民票を移します）、住所地特例という決まりがあって、入所前の市区町村の被保険者として扱われます。

これは、高齢者を受け入れてくれる市区町村の財政に配慮しているからです。しかし、何年住み続けても無制限なのは問題だという声もあります。

介護老人福祉施設の入所費用（月額の目安）

区分	内訳	要介護１	要介護２	要介護３	要介護４	要介護５
従来型個室	居住費	34,500円				
	食費	41,400円				
	介護サービス費	16,710円	18,750円	20,850円	22,890円	24,870円
	合計	92,610円	94,650円	96,750円	98,790円	100,770円
ユニット型個室	居住費	59,100円				
	食費	41,400円				
	介護サービス費	19,080円	21,090円	23,280円	25,290円	27,300円
	合計	119,580円	121,590円	123,780円	125,790円	127,800円

※従来型個室はリビングのない個室、ユニット型個室はリビングを中心に10人程度を１つの生活単位とした個室
※料金は、収入区分による減額がない人の入所月額の目安（１割負担の場合）。１ヵ月を30日、１単位を10円として計算。食費は介護老人保健施設や介護療養型医療施設、介護医療院でも同額。このほかレクリエーションの材料や理美容代などの雑費負担があります

ユニットケアとはどのようなものか

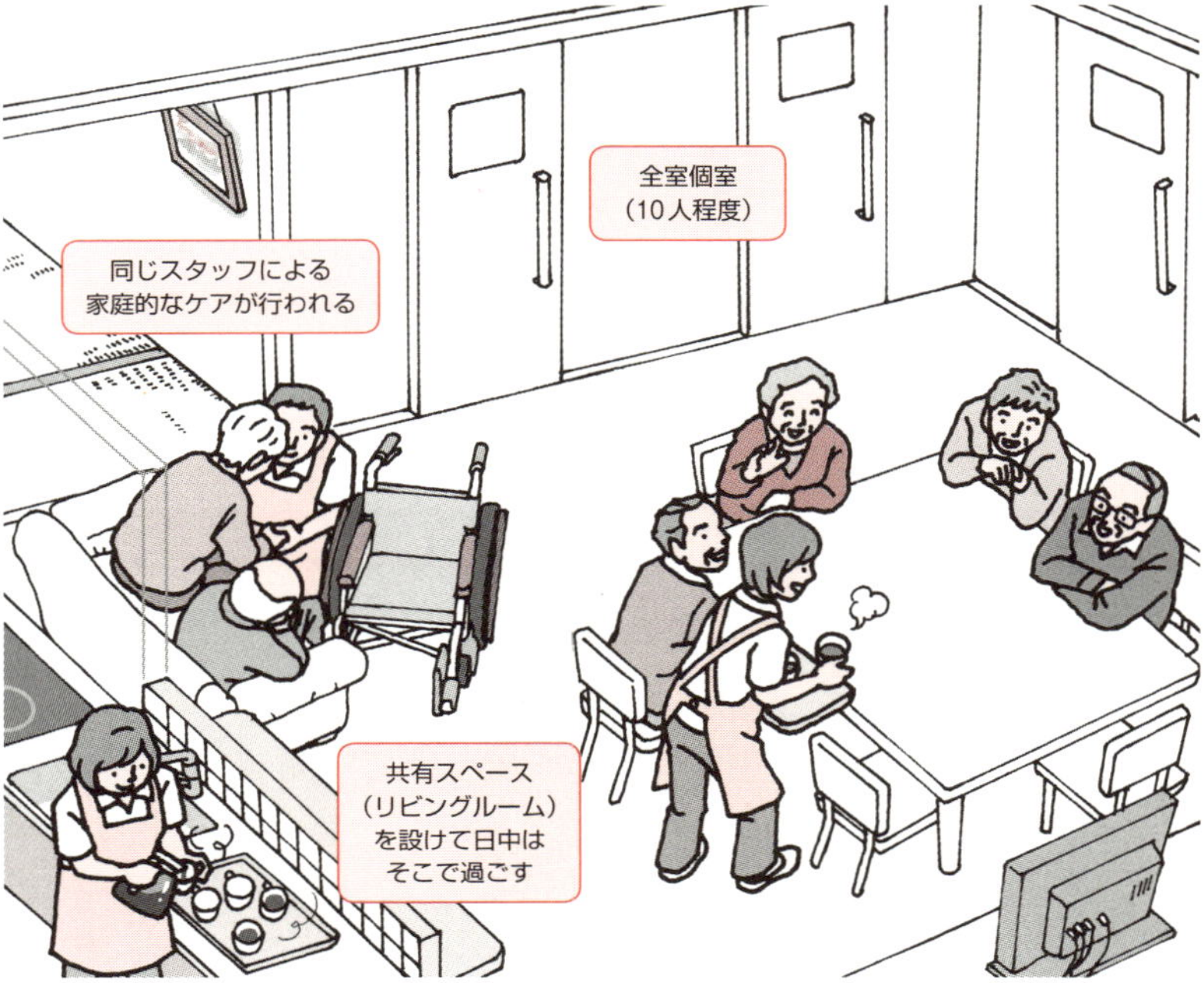
全室個室
（10人程度）
同じスタッフによる
家庭的なケアが行われる
共有スペース
（リビングルーム）
を設けて日中は
そこで過ごす

これからはユニット型の「新型特養」が中心に

従来の特養は4人部屋でしたが、厚生労働省が個室とユニットケアに基準を変更したため、2002年度以降は「新型特養」が中心です。新型は個室を持った10人程度の利用者を1ユニット（生活単位）とし、食堂、台所、浴室などを共有しながら、同じ介護チームによる家庭的雰囲気のなかでケアを行うものです。新型という名称が生まれたために、これまでのタイプは従来型と呼ばれるようになりました。

特養は常時介護が受けられるうえ、生活の世話もしてもらえるので人気が高い施設です。2014年時点では52万人の待機者がいましたが、2015年4月から原則、要介護3以上の人しか入れなくなったため、2016年4月時点で待機者は36・6万人まで減りました。

今後、介護老人福祉施設はどうなっていくのか

個室面積基準の緩和で増床を模索

厚生労働省は2010年７月、介護老人福祉施設の個室面積の基準緩和を決めました。全国に広がる待機者を解消することが目的で、2010年秋から実施されています。「新型特養」における個室の面積基準は13.2㎡ですが、新しい基準は「従来型」と同じ10.65㎡です。これで８畳間程度が６畳間強になり、同じ敷地面積でも定員を増やすことができます。定員を増やしたいのなら、以前のように多床室（２～４人部屋）を認めればいいのですが、個室へのこだわりはしばらく続きそうです

介護老人福祉施設におけるユニットケアの割合
※2016年10月1日現在

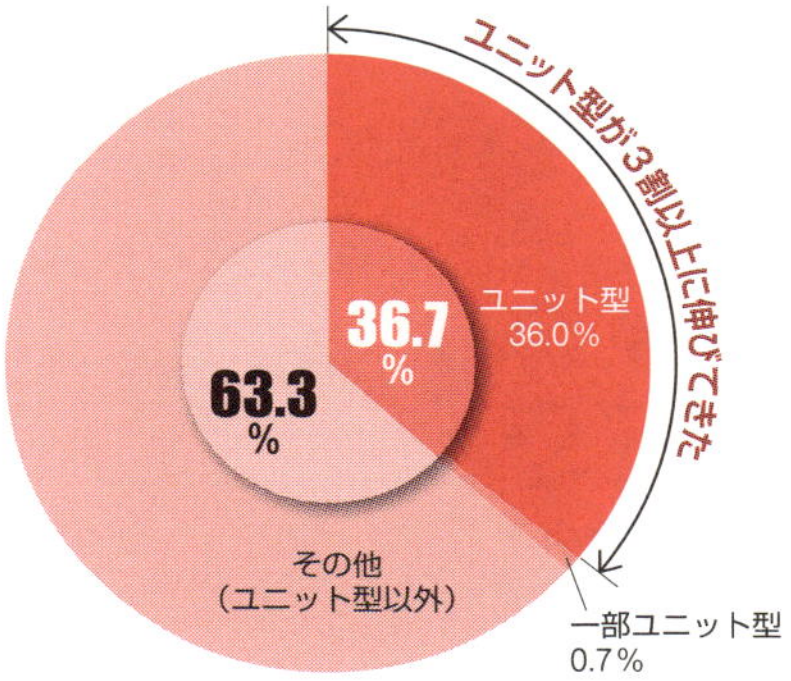

ユニット型が３割以上に伸びてきた
36.7 %
ユニット型 36.0％
63.3 %
その他（ユニット型以外）
一部ユニット型 0.7％

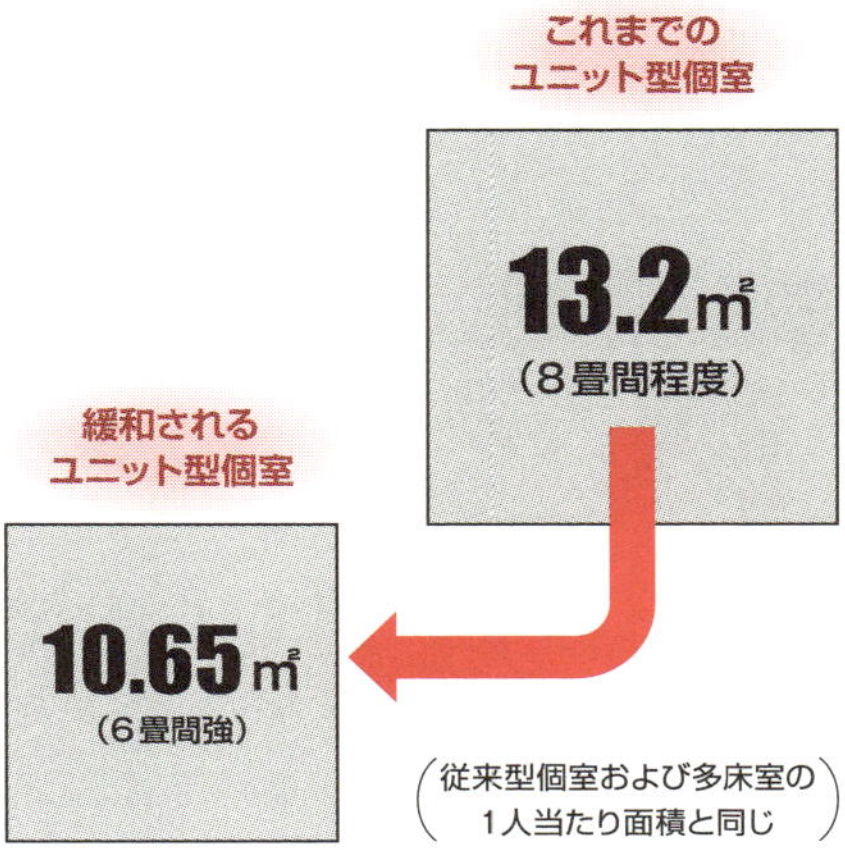

これまでのユニット型個室
13.2㎡
（８畳間程度）
緩和されるユニット型個室
10.65㎡
（６畳間強）
（従来型個室および多床室の1人当たり面積と同じ）

2015年改正で入所費軽減措置が厳格化

施設サービス（介護老人福祉施設、介護老人保健施設、介護療養型医療施設）の居住費と食費、ショートステイを利用したときの滞在費と食費は自己負担ですが、これまでは所得が低い人に軽減措置がありました。介護保険の2015年改正は「利用者負担の公平化」の視点からこの問題に切り込み、所得が少なくても資産（一人暮らしで1000万円超、夫婦で2000万円超）がある場合や、世帯分離した配偶者の所得が高い場合などは、軽減措置から外すことになったのです（2015年8月以降）。さらに2016年8月以降には、遺族年金や障害年金などの非課税年金も利用者の所得とされるようになり、軽減措置の幅がさらに狭くなりました

あれ？利用料が高くなっている！
利用明細

3-26

介護老人保健施設

状態が安定しているものの、機能訓練が必要な要介護1～5のお年寄りが入所します

介護老人保健施設の介護報酬（1日あたり）

	要介護1	要介護2	要介護3	要介護4	要介護5
在宅強化型（多床室）	818単位	892単位	954単位	1,010単位	1,065単位
基本型（多床室）	771単位	819単位	880単位	931単位	984単位
その他（多床室）	756単位	803単位	862単位	912単位	964単位

※単位は1級地10.90円、2級地10.72円、3級地10.68円、4級地10.54円、5級地10.45円、6級地10.27円、7級地10.14円、その他10.00円で換算
※利用料の目安は換算した金額の1～3割です
※在宅強化型は2012年より新設された区分で、在宅復帰を目指して理学療法士などを適切に配置し、在宅復帰の割合など一定の条件を満たした場合に認定されます
※上の表は、介護老人保健施設（Ⅰ）の介護報酬です。その他に夜間看護職員を配置した介護老人保健施設（Ⅱ）、夜間看護オンコール体制をとった介護老人保健施設（Ⅲ）などがあり、介護報酬は（Ⅰ）よりやや高めに設定されています

介護老人保健施設の居室区分

従来型	多床室	定員2人以上の相部屋
	従来型個室	食事や談話ができる共同生活室（リビングルーム）を併設していない個室
ユニット型	ユニット型個室的多床室	食事や談話ができる共同生活室（リビングルーム）を併設しているが、一定の基準を満たしていない個室
	ユニット型個室	食事や談話ができる共同生活室（リビングルーム）を併設し、基準を満たしている個室

※介護老人福祉施設、介護療養型医療施設、ショートステイにも共通する区分です

在宅復帰を目指す中間施設とされているが

介護老人保健施設（老健）は、１９８６年に改正された老人保健法で制度化されました。退院したがリハビリや看護・介護が必要な高齢者が自宅に戻るまでの数ヵ月間、医療ケアと日常生活のサービスを受ける場所です。つまり、病院と自宅との中間施設として誕生しました。

２０００年に介護保険制度が始まると、老健は新たに介護保険施設に設置し直されました。大きな変化は、入所期間に3ヵ月という縛りがあったのが緩やかになったことです。現状は、家族の介護力の低下などによって、在宅復帰率が十分高いとは言えません。

介護老人保健施設とはどんなところか

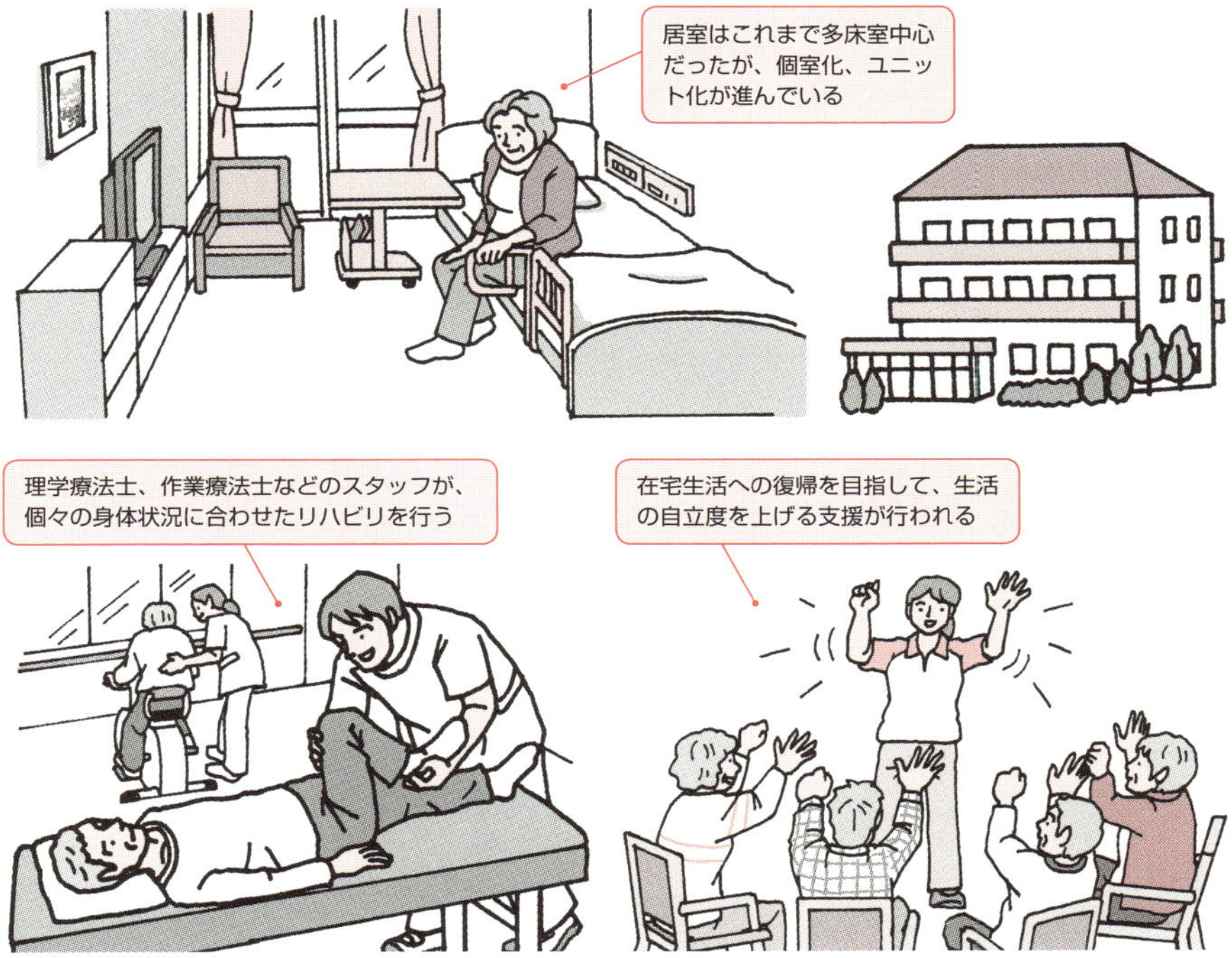
居室はこれまで多床室中心だったが、個室化、ユニット化が進んでいる
理学療法士、作業療法士などのスタッフが、個々の身体状況に合わせたリハビリを行う
在宅生活への復帰を目指して、生活の自立度を上げる支援が行われる

老健は意外なことに医療に弱い

老健の特徴は、医師が管理者でありながら医療保険が使えず、介護保険でサービスを提供するところに端的に表れています。もともと高騰する医療費を抑制するための定額施設として制度化された老健は、医療に弱いのです。

常勤の医師が1名いますが、これは土日や夜間はいないことを意味します。介護保険でできる医療は限られているので（月に1回、3日が限度。緊急時施設療養費を別途払って診てもらえる）、病気になると他の医療機関を受診することになりますが、本人は自己負担分の1～3割を支払い、残りの7～9割は受診した医療機関から老健へ請求がくるのです。したがって、高額な医療費がかかるとわかっている人は、利用を断られる可能性があります。

老健は、不要な治療や薬を整理する施設であると考えるべきでしょう。

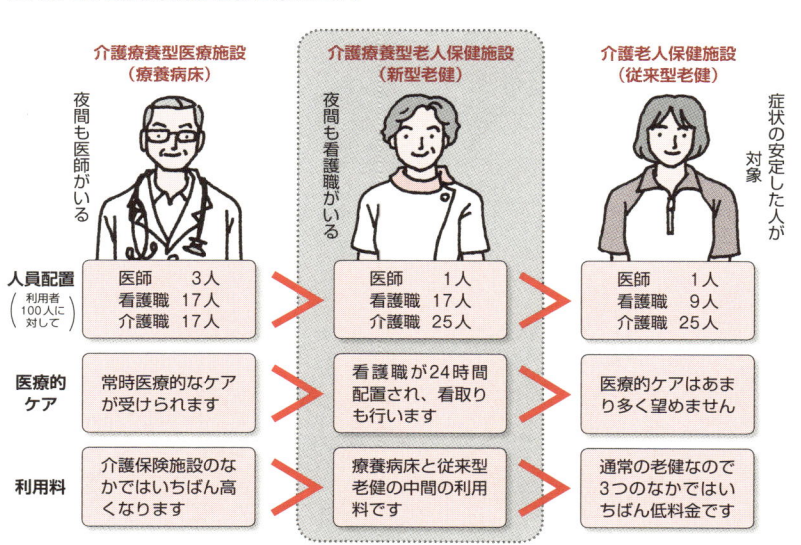

介護療養型老人保健施設とは

新型老健と呼ばれる介護療養型老人保健施設（介護療養型老健）は、療養病床の削減が決まったあと、介護難民を生まないように、療養病床が転換するかたちでスタートしました（2008年5月から）。入院するほど重い症状ではないが、たんの吸引や経管栄養などの医療処置が24時間必要なお年寄りが対象となり、看取りまで行えます。この新型老健に対して、これまでの老健は従来型老健と呼ばれます

夜間も医師がいる
夜間も看護職がいる
症状の安定した人が対象

	介護療養型医療施設（療養病床）	介護療養型老人保健施設（新型老健）	介護老人保健施設（従来型老健）
人員配置（利用者100人に対して）	医師 3人 看護職 17人 介護職 17人	医師 1人 看護職 17人 介護職 25人	医師 1人 看護職 9人 介護職 25人
医療的ケア	常時医療的なケアが受けられます	看護職が24時間配置され、看取りも行います	医療的ケアはあまり多く望めません
利用料	介護保険施設のなかではいちばん高くなります	療養病床と従来型老健の中間の利用料です	通常の老健なので3つのなかではいちばん低料金です

入院するとその日のうちに退所となる

介護保険と医療保険を同じ人の同じ治療で同時に使うことはできません。したがって老健の入所者は、病院に入院が決まるとその日のうちに退所となります。ケガなどで確実に退院できることがわかっている場合は、また老健へ戻って来られるよう事前に話し合っておく必要があるでしょう。ベッドは空けておけないので、これは面倒な調整のようですが、老健のスタッフはこうした調整に慣れています。

老健の創設当時、長期利用ができないにもかかわらず在宅復帰できないケースでは、系列の病院に短期入院させ（一時退所）、また老健に戻す手法が使われていました。同じことを行っている老健は今でもめずらしくなく、創設当時のノウハウが役立っていると言う人もいます。

介護老人保健施設の概要

施設の特徴	介護保険法に基づいて開設許可を受ける。開設者は医療法人が圧倒的に多く、次いで社会福祉法人。老健を持つ医療法人は介護に熱心なので、多くはショートステイやデイケアを併設している
タイプ（区分）	多床室、従来型個室、ユニット型個室的多床室、ユニット型個室
対象者	要介護1～5の人。胃瘻、鼻腔栄養、留置カテーテル、酸素吸入、気管切開、たんの吸引など医療的管理が必要な人も利用できる
人員配置（入所者100人で）	常勤の医師1人、看護職9人、介護職25人、ケアマネジャー1人などが必要
医療面の対応	老健の医師が必要と認めると、入所証明書を発行してもらって他の医療機関を受診できる（耳鼻科、皮膚科など）
利用料	利用料（介護サービス費）は要介護度と老健のタイプで異なり、介護保険によって利用者は1～3割負担。居住費と食費は利用者の負担（所得による違いあり）。その他日用品、理美容代などが別途必要
その他	入所は直接当該の老健に申し込む

開設主体

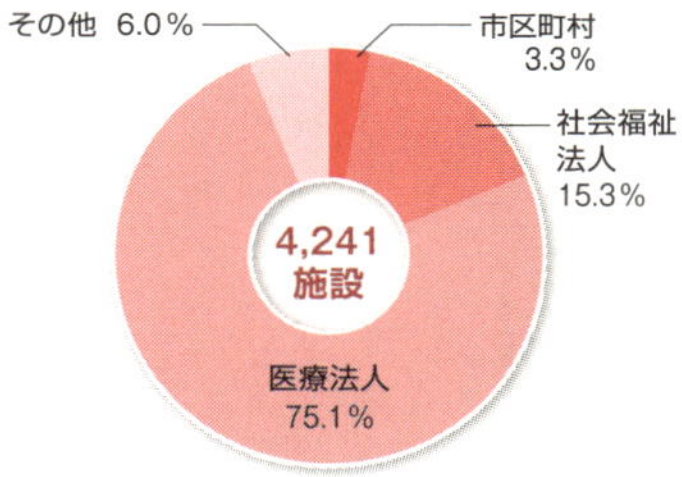
その他 6.0%
市区町村 3.3%
社会福祉法人 15.3%
4,241施設
医療法人 75.1%

※厚生労働省「介護サービス施設・事業所調査」より（2016年10月1日現在）

利用者数の推移

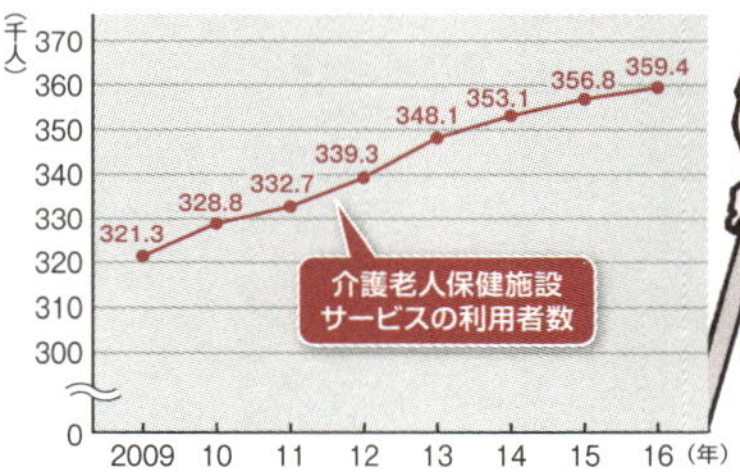
（千人）
370
360
350
340
330
320
310
300
0
2009
10
11
12
13
14
15
16
（年）
321.3
328.8
332.7
339.3
348.1
353.1
356.8
359.4
介護老人保健施設サービスの利用者数

※元資料：厚生労働省「介護給付費実態調査」より（各年4月）

驚くほど種類が多い 介護老人保健施設の「加算」

加算というのは、事業所や施設が一定の基準を満たせば、利用料を高く設定できるという決まりです。老健には、この加算が驚くほどたくさん定められています。多くは1日数十円から数百円ですが、それでも1ヵ月分となると、無視できない金額になります。どんなものがあるか、一般的なものを書き出してみましょう。

- 初期加算
- 夜勤職員配置加算
- 短期集中リハビリテーション実施加算
- 認知症短期集中リハビリテーション実施加算
- 認知症ケア加算
- 在宅復帰・在宅療養支援機能加算
- ターミナルケア加算
- 栄養マネジメント加算
- 療養食加算
- 退所時支援等加算
- 経口移行加算

どんなときに加算がつくかは、入所先の老健のホームページを閲覧してください。

3-27

介護療養病床および介護医療院

長期療養を必要とする要介護者に対して、医学的管理下における介護を提供する施設です

介護療養病床（介護保険型）の概要

施設の特徴	急性期、回復期の治療が終わり、維持期になった要介護者のための長期療養施設
タイプ（区分）	多床室、従来型個室、ユニット型個室的多床室、ユニット型個室
対象者	要介護1～5の人。脳卒中の後遺症や認知症などさまざまな病気を抱え、医療的なケアを必要とする人が利用できる
人員配置（入所者100人で）	医師3人、看護職17人、介護職17人、ケアマネジャー1人などが必要。夜間も医師がいるので、緊急時の対応ができる
医療面の対応	通常の治療は施設内で間に合う。専門的な治療が必要な場合は、施設の医師の紹介で急性期病院などへ転院して治療を受ける
利用料	利用料（介護サービス費）は要介護度と病床のタイプで異なる。介護保険分は1～3割負担。居住費と食費は利用者の負担（所得による違いあり）。その他、日常生活費がかかるところもある

介護療養型医療施設が廃止されるとどうなるか

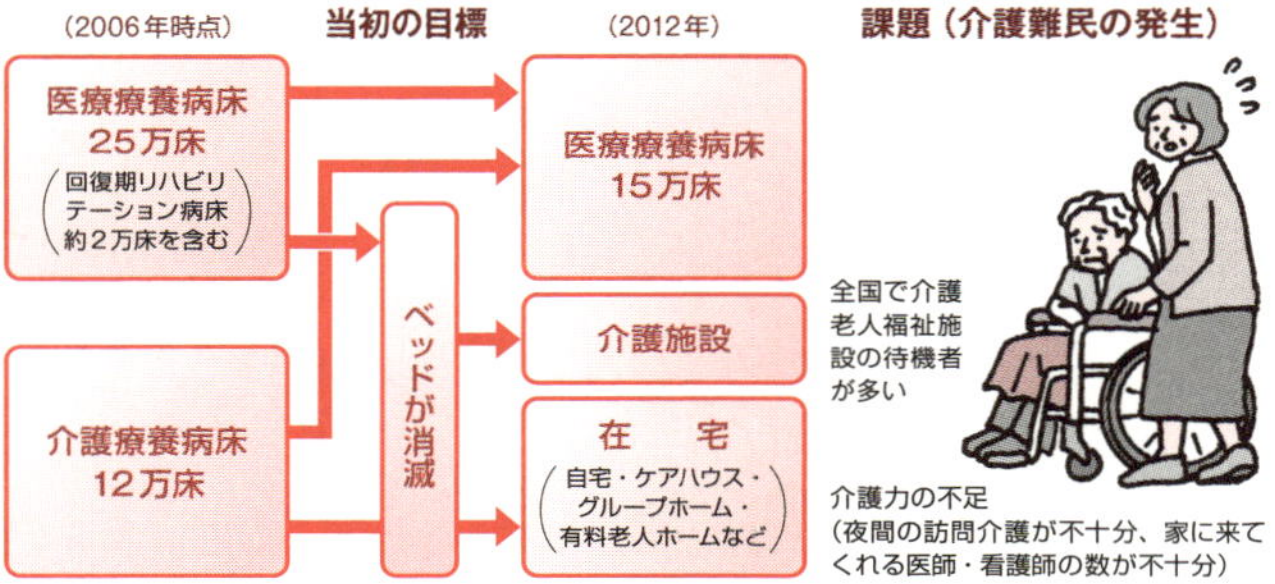
（2006年時点）
当初の目標
（2012年）
課題（介護難民の発生）
医療療養病床
25万床
（回復期リハビリテーション病床約2万床を含む）
介護療養病床
12万床
ベッドが消滅
医療療養病床
15万床
介護施設
在　宅
（自宅・ケアハウス・グループホーム・有料老人ホームなど）
全国で介護老人福祉施設の待機者が多い
介護力の不足
（夜間の訪問介護が不十分、家に来てくれる医師・看護師の数が不十分）

介護療養病床とはどのようなものか

2000年から介護保険制度が始まると、いわゆる老人病院は、医療療養病床（医療保険財源）と介護療養病床（介護保険財源）に分けられ、都道府県知事から指定を受けた①病院や診療所の「療養病床」、②病院の「老人性認知症疾患療養病床」が誕生しました。

もともとは、これ以上治らない慢性疾患患者や認知症高齢者の「社会的入院」を解消する試みでしたが、十分な成果は得られませんでした。そこで政府は、介護療養病床を削減する方針を打ち出しました。2006年時点での目標は、上の図のような全廃案でした。

介護療養病床の基本報酬（1日あたり）

	療養機能強化型A	療養機能強化型B	その他
要介護1	778単位	766単位	745単位
要介護2	886単位	873単位	848単位
要介護3	1,119単位	1,102単位	1,071単位
要介護4	1,218単位	1,199単位	1,166単位
要介護5	1,307単位	1,287単位	1,251単位

※上記は多床室（看護6：1、介護4：1）の場合。換算率は1級地10.90円のサービスと同じです

介護医療院の基本報酬（1日あたり）

	Ⅰ型療養床			Ⅱ型療養床		
	Ⅰ型介護医療院サービス費（Ⅰ）	Ⅰ型介護医療院サービス費（Ⅱ）	Ⅰ型介護医療院サービス費（Ⅲ）	Ⅱ型介護医療院サービス費（Ⅰ）	Ⅱ型介護医療院サービス費（Ⅱ）	Ⅱ型介護医療院サービス費（Ⅲ）
要介護1	803単位	791単位	775単位	758単位	742単位	731単位
要介護2	911単位	898単位	882単位	852単位	836単位	825単位
要介護3	1,144単位	1,127単位	1,111単位	1,056単位	1,040単位	1,029単位
要介護4	1,243単位	1,224単位	1,208単位	1,143単位	1,127単位	1,116単位
要介護5	1,332単位	1,312単位	1,296単位	1,221単位	1,205単位	1,194単位

※上記は多床室の場合。Ⅰ型療養床は介護療養病床の療養機能強化型、Ⅱ型療養床は転換老健相当、単位の違いは介護人員の違い。換算率は介護療養病床と同じです

要介護度の分布

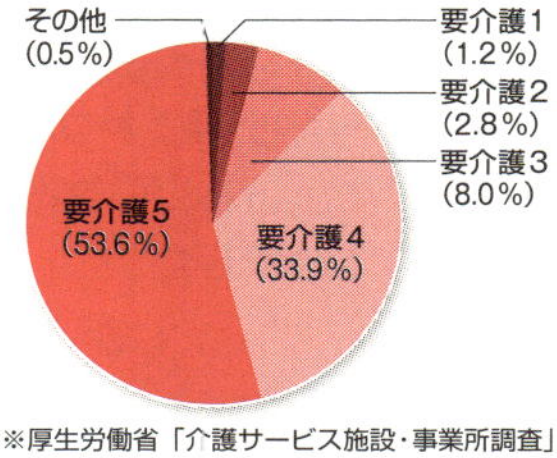
その他
(0.5%)
要介護1
(1.2%)
要介護2
(2.8%)
要介護3
(8.0%)
要介護5
(53.6%)
要介護4
(33.9%)

※厚生労働省「介護サービス施設・事業所調査」より（2016年10月1日現在）

介護療養型医療施設は、要介護4と5の人が8割を大きく超えます。これは、医療依存度が高いお年寄りを引き受けた結果と考えられます

開設主体

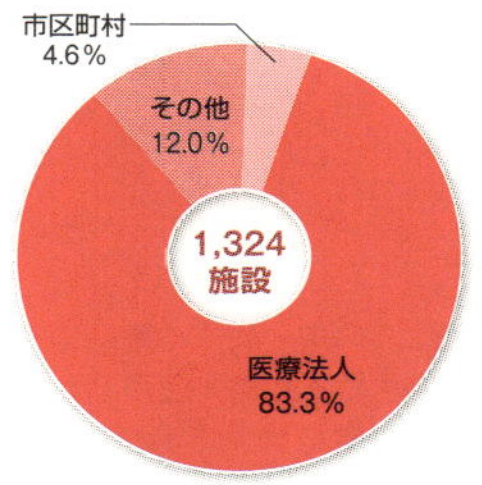
市区町村
4.6%
その他
12.0%
1,324
施設
医療法人
83.3%

※厚生労働省「介護サービス施設・事業所調査」より（2016年10月1日現在）

残った介護療養病床は介護医療院へ移行する

しかし、慢性期とはいえ、医療的ニーズのある高齢者を自宅や他の施設に移すには、それなりの準備が必要です。そこで2012年の改正介護保険では、現存する介護療養病床の転換期限を2017年度末まで6年間延長することを決めました。また、2012年以降は介護療養病床を新設できなくなりました。

2018年度からの改正介護保険では、介護療養病床の新たな移行先が創設されました。それが、①「日常的な医学的管理」や「看取り・ターミナルケア」等の医療機能と、②「生活施設」としての機能を兼ね備えた「介護医療院」です。併せて、残った介護療養病床の移行する経過期間については、さらに6年間（2023年度末まで）の延長が決まりました。

これで長年の迷走に終止符が打たれるのか、注目が集まるところです。

3-28 変化する高齢者の住まい

施設以外だと、自立できなくなった高齢者にはどのような住まいの選択肢があるのでしょうか

急性期病院からの退院を機に住まいが変化する高齢者が多い

上は、高齢者の住まいが急性期病院からの退院を機に大きく変化する様子を示したグラフです。入院前と同じ自宅（本人の持ち家・賃貸住宅、または家族の持ち家・賃貸住宅）に退院できた人は全体の56・4％で、それ以外の人は転居していました。転居先で多かったのは、介護付有料老人ホーム、サービス付き高齢者向け住宅、特定施設入居者生活介護の指定を受けていない有料老人ホームの順でした。

入院前の居住地とは異なる持ち家や賃貸住宅に退院する人も、少ない割合ではありますが存在しました。

退院後の高齢者の住まいの変化

自宅から入院した高齢患者が退院後、自宅復帰できたケースとできなかったケースを調べた高齢者住宅財団の報告書（2016年3月）*によると、自宅復帰できなかった高齢者は以下の場所へ転居していました

入院前と異なる退院先

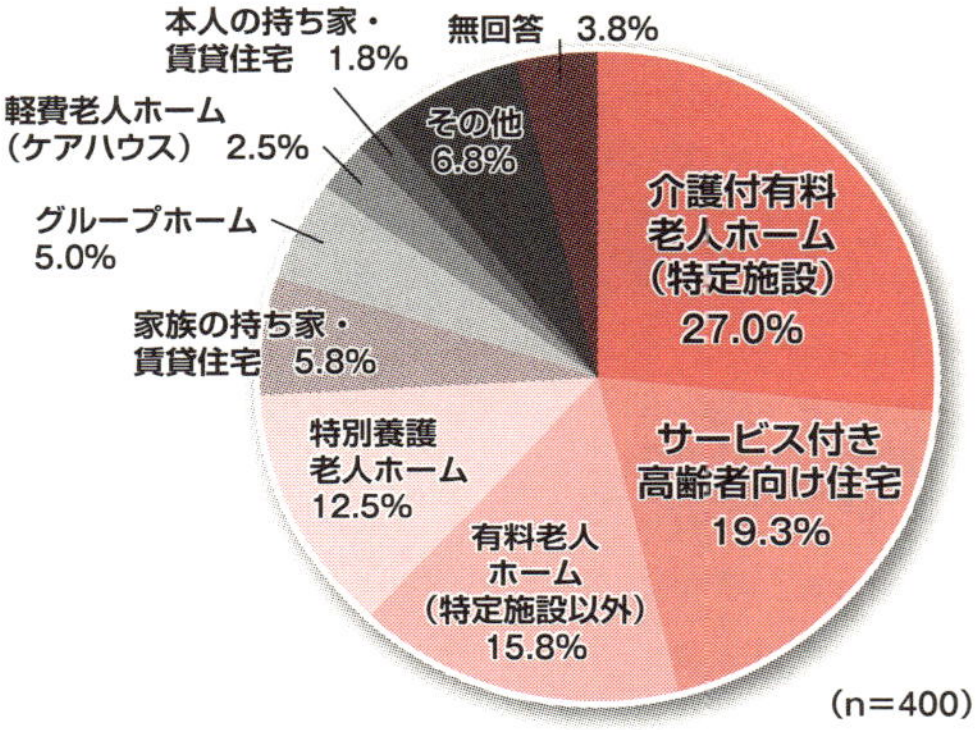

調査は、病院・病床の種別によって退院支援・調査業務の困難度が異なることが想定されるため、こうした「変数」を減らす観点から、急性期病院・急性期病床を対象に実施されました。入院前と同じ自宅に退院できた人は、全体の56.4％です。同居者があったのは、「入院前と同じ群」80.9％、「入院前と異なる群」53.8％で、同居者の有無が自宅復帰の大きな要因となっていました

*『医療・介護ニーズがある高齢者等の地域居住のあり方に関する調査研究事業報告書』（2016年）

医療・介護と住まいの関係図式の変遷

近代化・機能分化の時代
1961年〜1970年代
・病気になったら入院し、また退院する
・亡くなる場所は一般的には家

↓ **家族機能の低下と社会保障の充実**

社会的入院の時代
1980年代〜2000年3月
・介護を病院が引き受けるようになる
・入院が片道切符になり病院死が一般化

↓ **介護保険制度の開始によって変化**

介護保険・施設の時代
2000年4月〜2015年3月
・介護を施設が、医療を病院がになう
・施設も病院も機能分化し拡大を続ける

↓ **財源と人材の枯渇から構造転換へ**

地域包括ケアの時代
2015年4月〜
・インフラ、人材、組織を結びつける動きへ
・「家」「施設」「病院」相互の関係見直しへ

※一般財団法人高齢者住宅財団「医療・介護ニーズがある高齢者等の地域居住のあり方に関する調査研究事業報告書」（2015年）所収の明治大学・園田眞理子教授のコメントを参考に作成

地域包括ケア時代の住まいの理想は「時々入院、ほぼ在宅」

北欧や西欧など福祉先進国の高齢者は、日常生活が不自由になると自宅暮らしをやめて高齢者住宅へ移り住むのが一般的です。こうした国々では同居率が低く、子どもは成人したら家を出るので、親は夫婦で暮らせる間は自宅で暮らし、暮らせなくなったら（あるいは配偶者に先立たれたら）自宅をたたむ決意をします。行政も強くそう指導し、高齢者住宅への転居を支援するのです。

日本では高齢者を支えるサービス付き住宅の供給が大きく遅れていました。持ち家政策が先行して、公営住宅が少ないという問題もありました。そのため、慢性期の病院が住まいの受け皿になっていたのです。

地域包括ケアでは「時々入院、ほぼ在宅（自宅ではない）」というスローガンを掲げ、病院死を少なくしようとしています。

3-29

有料老人ホーム

昔からある高齢者の住まいで、よく知られていますが、近年は中身が大きく変化しています

民間の有料老人ホームは増え続けている

介護保険制度開始直後から、民間が経営する介護付有料老人ホームが急増し始めました。これは、特定施設入居者生活介護という居宅サービスを利用した住まいです（3-12参照）。背景には、介護老人福祉施設が狭き門になってきたことが挙げられます。また、2002年の規制緩和によって、企業が売却した社員寮の転用が可能になったことも見逃せません。

昨今の有料老人ホームは、入居一時金が数千万円からゼロ円まで、毎月の支払いも数十万円から生活保護費でまかなえる額までと、二極分化しているのが大きな特徴です。

特定施設入居者生活介護の介護費用

	要支援1	要支援2	要介護1	要介護2	要介護3	要介護4	要介護5
1日あたりの介護報酬	180単位	309単位	534単位	599単位	668単位	732単位	800単位
「その他の地域」で30日換算した場合の介護費（1割負担）	5,400円	9,270円	16,020円	17,970円	20,040円	21,960円	24,000円

※1級地（10.90円）、2級地（10.72円）、3級地（10.68円）、4級地（10.54円）、5級地（10.45円）、6級地（10.27円）、7級地（10.14円）、その他（10.00円）で換算

有料老人ホームの届出数の推移（定員数）

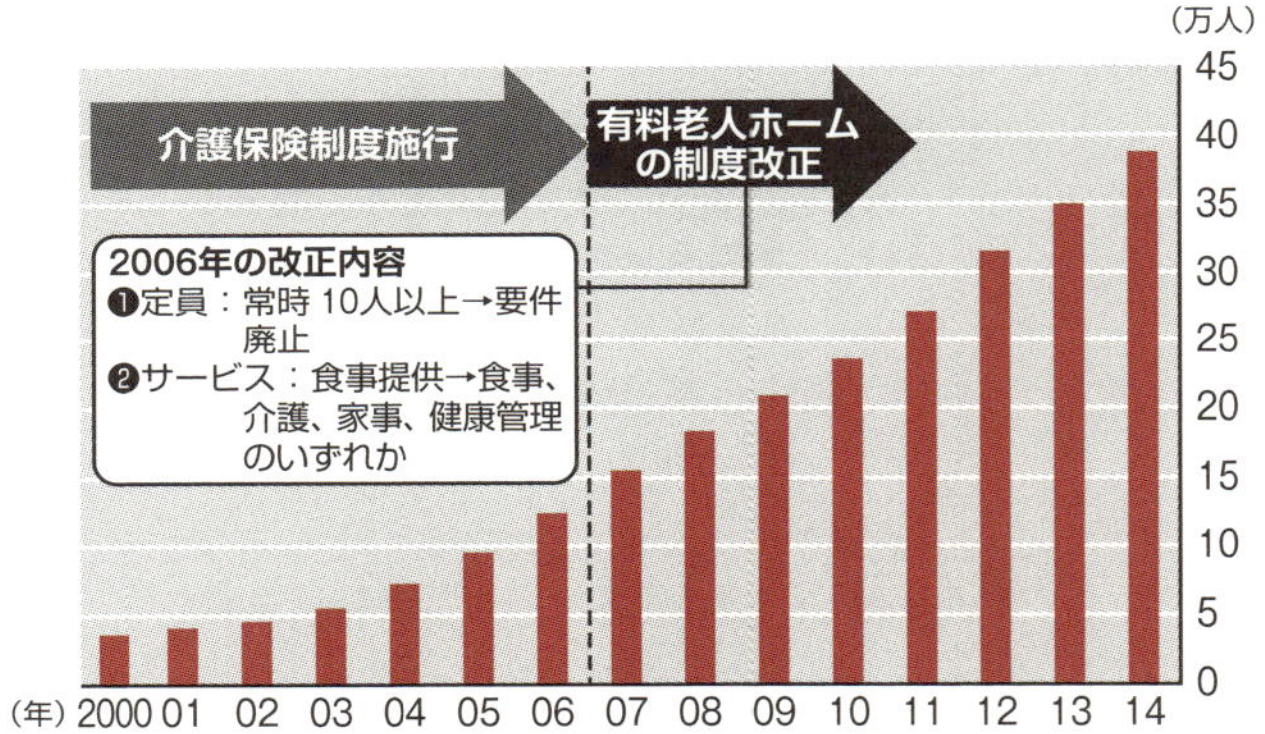

※国土交通省「第1回コンパクトシティ形成支援チーム会議資料」（2015年3月19日）より

有料老人ホームの種類

介護付有料老人ホーム

介護保険の中の居宅サービスのひとつである「特定施設入居者生活介護」の指定を受けている。ホーム内で職員が介護保険サービスを行う

住宅型有料老人ホーム

介護が必要になったら、外部の事業者から訪問介護などの介護保険サービスを受ける。介護保険上は自宅にいるのと変わらない

健康型有料老人ホーム

健康で自立した高齢者のためのリゾート感覚のホーム。介護が必要になったら、契約を解除して退去しなければならない

入居方式の違い

終身利用権方式
入居一時金を支払い、1代限りの終身利用権を買う。償却期間が設けられていて、途中退去の場合は未償却分が返還される方式をとっているところが多い

賃貸方式
賃貸マンション暮らしと同様に、毎月決まった家賃を支払う方式。入居一時金を併用して、終身の賃料をあらかじめもらい受けておくホームもある

分譲方式
所有権を買うので、いつでも売却することができる（一般の不動産業者は扱わない）。相続も可能。不動産取得税、固定資産税などの各種税金がかかる

法律の改正で大きく変化した有料老人ホームの定義

有料老人ホームは、かつての老人福祉法で「常時10人以上の老人を入居させ、食事の提供や日常生活上必要な便宜を供与する施設で福祉施設でないもの」と定義されていました。それが、2006年の改正で「常時10人以上」という制限が撤廃されました。

これによって、①食事の提供、②入浴・排泄・食事の介助、③洗濯・掃除などの家事、④健康管理のどれかを提供すれば、入居者数に関係なく有料老人ホームになりました。これは、入居者が1人であっても介護をしていれば都道府県知事への届け出が必要になることを意味します。届け出を行って老人福祉法の管轄に入ると、居室の広さやスプリンクラーの設置など多くの制約を受けなければなりません。

良質なサービス事業者と悪質なものとの峻別のあり方は、今後も大きな課題です。

高齢者の住まいの量的比較（定員数の年次推移）

高齢者の住まいに共通しているのは、介護を受けられるタイプは需要が大きく、そうでないタイプは淘汰される傾向にあることです

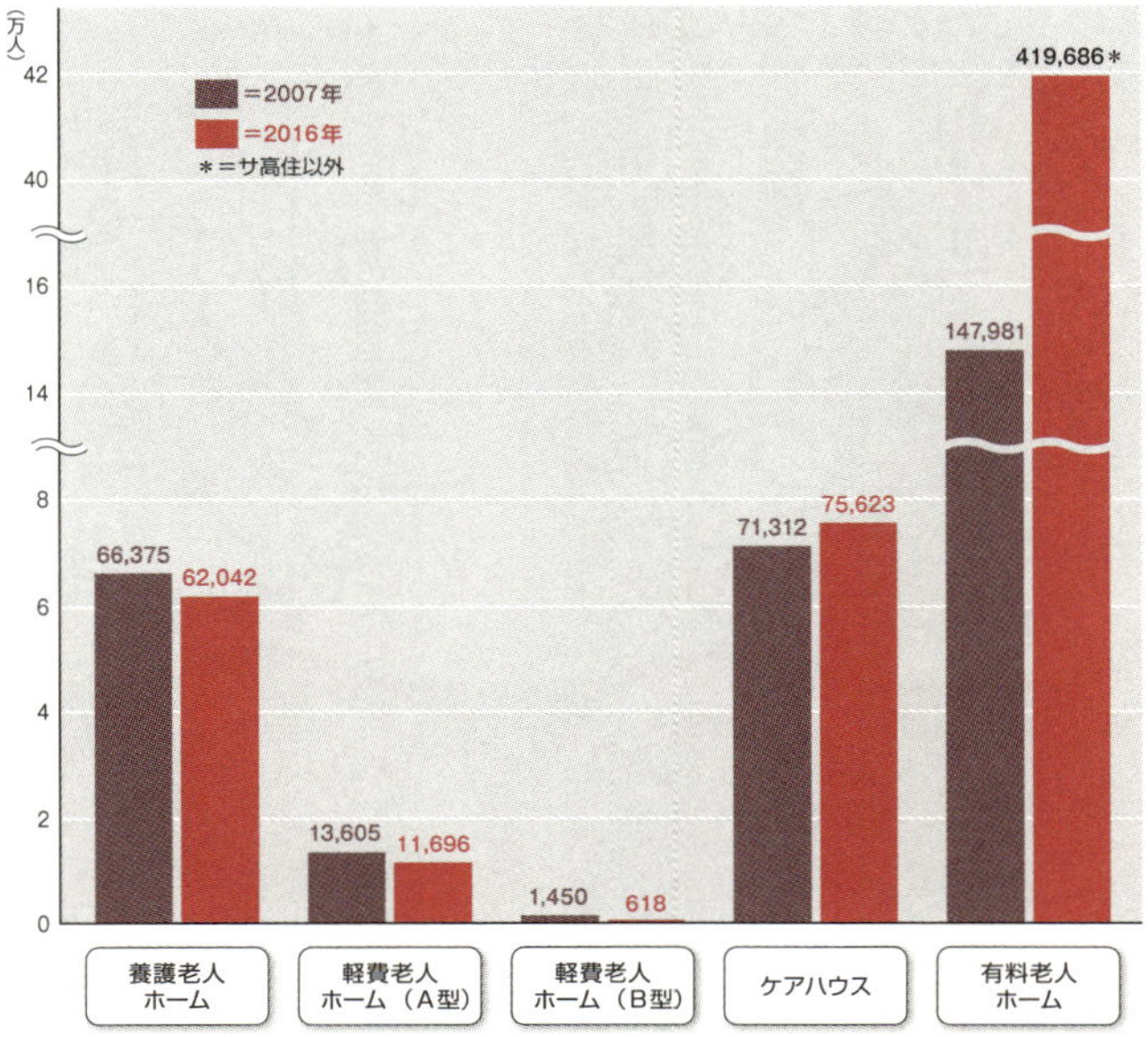

※厚生労働省「社会福祉施設等調査」より

3-30 ケアハウスなど

高齢者のためには、さまざまな住まいが提供されてきました。その流れを知っておきましょう

軽費で入居できるケアハウスとはどのようなものか

「軽費老人ホーム」は、老人福祉法に基づいて設置された、文字通り軽費（無料または低額）の賃貸住宅です。60歳以上が対象で、市区町村や社会福祉法人によって運営されています。種類は給食付きの「A型」、自炊式の「B型」、給食と介護が付く「ケアハウス」です。

ケアハウスは介護保険制度開始後、訪問介護などの外部サービスが受けられるようになり、需要が急増しました。そこで経費老人ホームはケアハウスに一元化され、２００８年6月以降A型とB型はつくられていません。

軽費老人ホームの種類

B型

対象は、家庭環境や住宅事情により居宅で生活することが困難な人。自炊ができることが条件。60歳以上。居室には調理設備と洗面所が付いている

A型

対象は、収入が一定程度以下で、身寄りのない人。または家庭の事情などで家族との同居が困難な人。60歳以上。居室は狭いが食事が提供される

新型ケアハウス

対象はケアハウスと同じ。民間事業者が建設した建物を市区町村が買い上げ、事業者に貸与して運営委託する。10人程度のユニットケアが一般的

ケアハウス

対象は、自炊ができない程度の身体機能の低下が認められ、高齢のため独居に不安がある人。60歳以上。家族による援助を受けられないことが条件

そのほか経済的な優遇措置がある住まい

ほかにも次のようなものがあります。

●養護老人ホーム

対象は、身体・精神・環境上の理由に加え、経済的な理由で在宅生活ができない65歳以上の人です。老人福祉法に基づく入居施設で、古くからの歴史があります。特徴は、介護保険法によらず、市区町村による措置で入居者が決まることです。居室は数人の相部屋で、ほとんどが市区町村によって運営されています。

●生活支援ハウス

一時的に自宅での生活が困難になった60歳以上の一人暮らしまたは夫婦世帯が、自立できるまでの間利用できる安価な賃貸住宅です。ただし、要介護状態になると入居が困難になります。収入によって費用が発生しますが0円から5万円と安く、社会福祉法人などが運営し、交流機能があるのが特徴です。利用できる期間は3～6ヵ月くらいで、市区町村役所などが受付窓口。法律上の定義はありません。

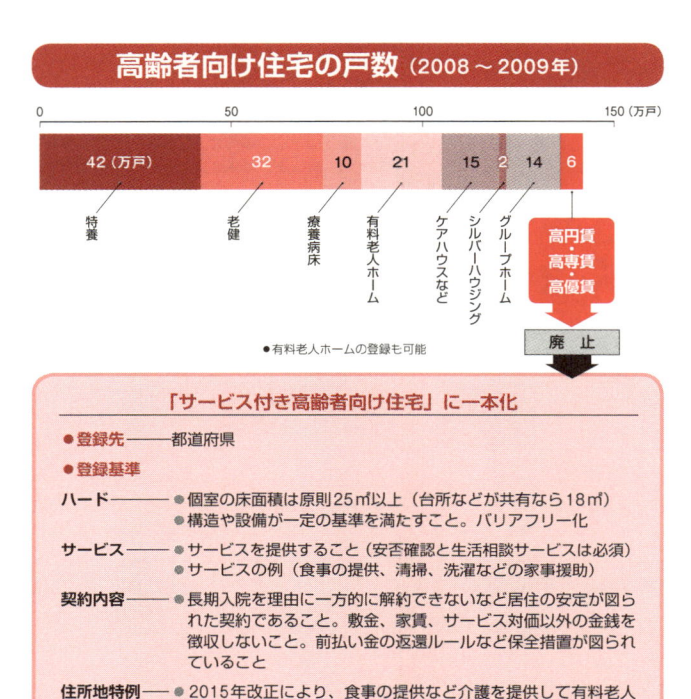

3-31

サービス付き高齢者向け住宅

安否確認と生活相談サービスが付いた民間の高齢者向け賃貸住宅で、近年急増しています

「自立できなくなった高齢者はここに移り住む」という施策

高齢者住まい法の改正による「サービス付き高齢者向け住宅」の登録は、２０１１年10月から始まりました。これは、高齢の単身者や夫婦のみ世帯が、住み慣れた地域で暮らし続けるために創設された賃貸住宅です。個室が原則25㎡以上の床面積でバリアフリー化などの要件を満たした住宅が安否確認と生活相談サービスを付ければ、サービス付き高齢者向け住宅として都道府県に登録できます。

登録後は行政による指導・監督を受けますが、建設費の補助や税制の優遇措置があるため、すでに22万戸を突破しました。

高齢者向け住宅の戸数（2008～2009年）

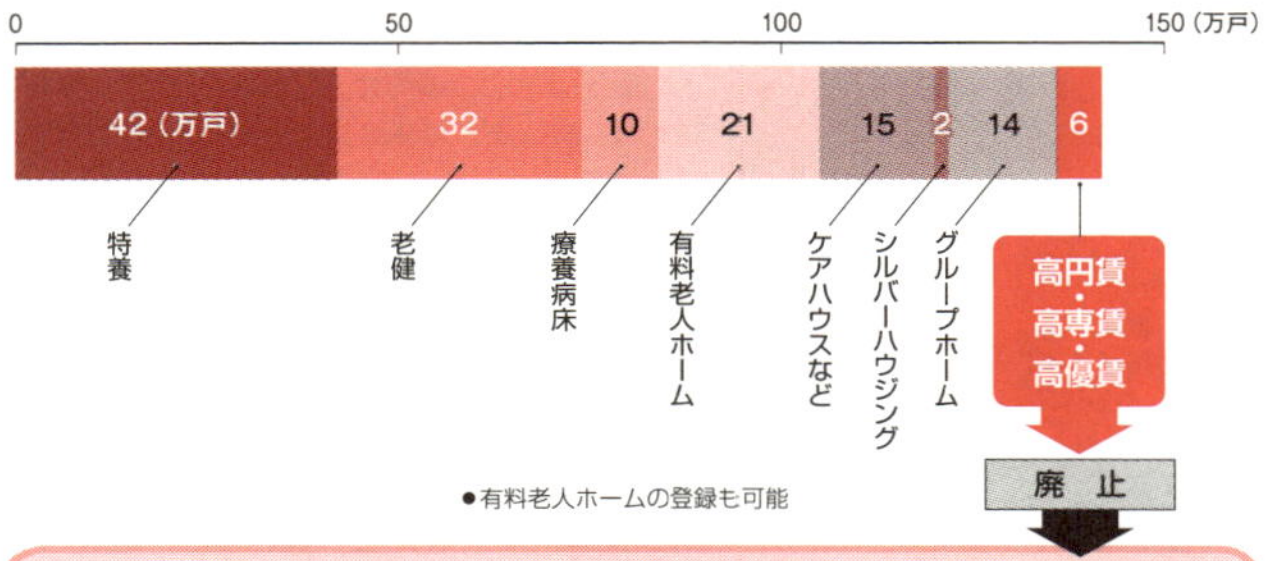

0
50
100
150（万戸）
42（万戸）
32
10
21
15
2
14
6
特養
老健
療養病床
有料老人ホーム
ケアハウスなど
シルバーハウジング
グループホーム
高円賃・高専賃・高優賃
廃止
●有料老人ホームの登録も可能

「サービス付き高齢者向け住宅」に一本化

●登録先――都道府県

●登録基準

ハード――●個室の床面積は原則25㎡以上（台所などが共有なら18㎡）
●構造や設備が一定の基準を満たすこと。バリアフリー化

サービス――●サービスを提供すること（安否確認と生活相談サービスは必須）
●サービスの例（食事の提供、清掃、洗濯などの家事援助）

契約内容――●長期入院を理由に一方的に解約できないなど居住の安定が図られた契約であること。敷金、家賃、サービス対価以外の金銭を徴収しないこと。前払い金の返還ルールなど保全措置が図られていること

住所地特例――●2015年改正により、食事の提供など介護を提供して有料老人ホームに該当する「サ高住」も住所地特例の対象となった。よその自治体から転居してきた場合、以前の自治体が介護給付を負担する

「サービス付き高齢者向け住宅」のイメージ

日常生活に不安を抱く「高齢単身・高齢夫婦のみ世帯」が住み慣れた地域で安心して暮らすことができるよう、「サービス付き高齢者向け住宅」（高齢者住まい法：国土交通省・厚生労働省共管）に、24時間対応の「定期巡回・随時対応サービス」（介護保険法：厚生労働省）などの介護保険サービスを組み合わせたしくみの普及が図られています

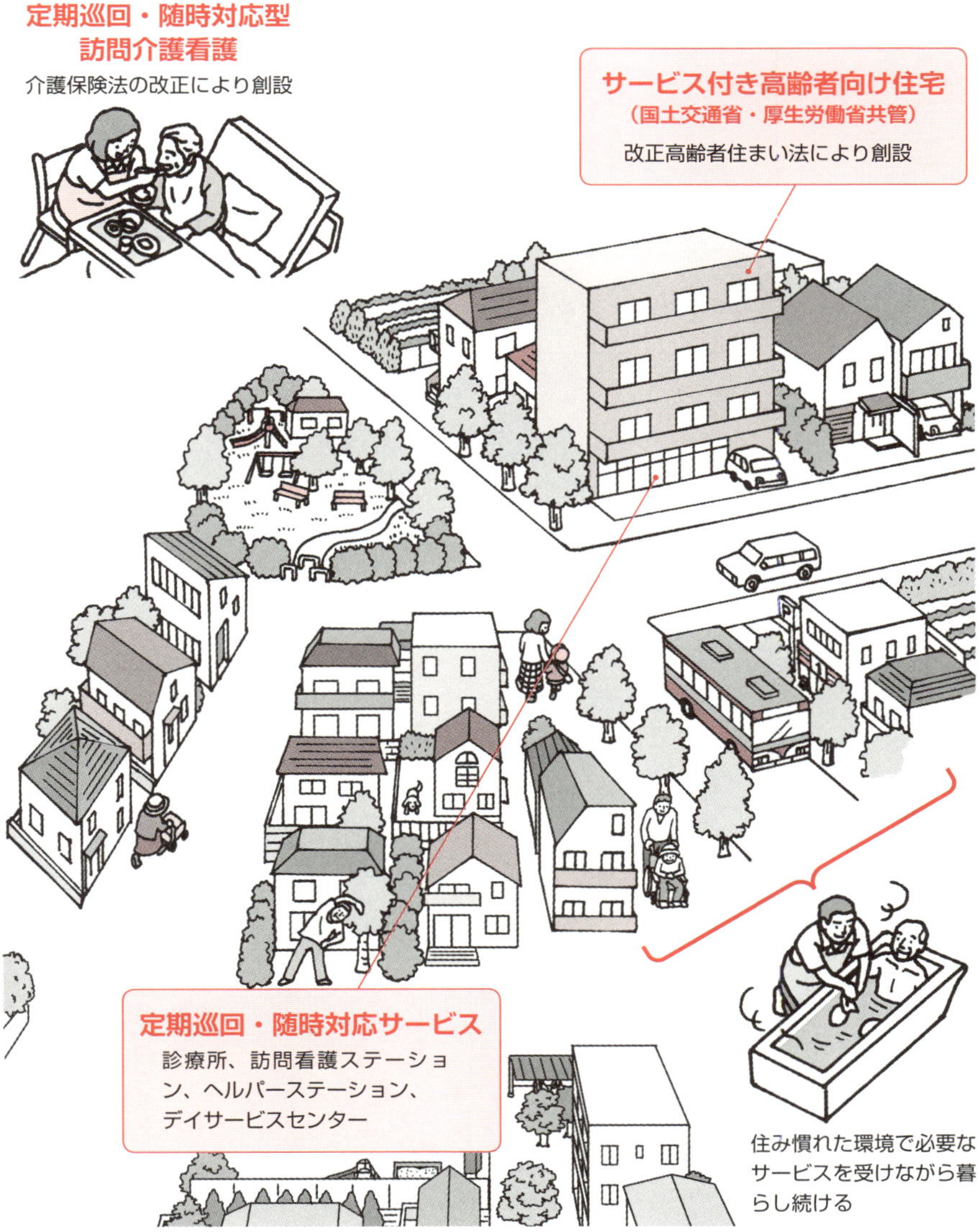
定期巡回・随時対応型
訪問介護看護
介護保険法の改正により創設
サービス付き高齢者向け住宅
（国土交通省・厚生労働省共管）
改正高齢者住まい法により創設
定期巡回・随時対応サービス
診療所、訪問看護ステーション、ヘルパーステーション、デイサービスセンター
住み慣れた環境で必要なサービスを受けながら暮らし続ける

かつての高齢者のための住まい（現在は廃止）

名称	概要	サービス	入居金	月額	申込先
高齢者円滑入居賃貸住宅（高円賃）	高齢者の入居を拒まない賃貸住宅として都道府県に登録され、誰もが登録情報を閲覧できます。高齢者だけの入居施設ではありません	介護が必要になれば外部事業者のサービスを利用します	敷金、礼金、一部家賃の前払いなどの入居一時金がかかります。生活支援サービス契約を行う場合は、そのための一時金も発生します	家賃は約7万～15万円です	各住宅に申し込みます
高齢者専用賃貸住宅（高専賃）	上記高円賃のうち高齢者だけの賃貸住宅です。終身建物賃貸借契約が結ばれるので、安心して住めます。高優賃のように広さやバリアフリーに関する制限はありません	同上。特定施設の指定を受けた「適合高専賃」であれば、常駐するスタッフから介護保険サービスが受けられます			
高齢者向け優良賃貸住宅（高優賃）	国土交通省や自治体が事業者に建設費用の補助を行い、入居者にも家賃の補助を行うことで負担を軽減しています。25㎡以上でバリアフリー、緊急通報装置の設置などの要件があります	介護が必要になれば外部事業者のサービスを利用します	3ヵ月分までの敷金がかかります	家賃は約5万～13万円です	

国土交通省と厚生労働省が高齢者の住宅で連携

2011年に国土交通省（当時の建設省）は「高齢者の居住の安定確保に関する法律」（高齢者住まい法）を定め、高齢者の入居を拒否しない住宅の登録制度を進めました。しかし、賃貸住宅に高齢者が安心して住み続けるためには、ハード面（建物）を整備するだけでなく、ソフト面（生活支援）のサポートも欠かせません。そこで国土交通省は、この法律を厚生労働省と共管にし、両省が連携して2009年に「改正高齢者住まい法」が誕生しました。

この時点で整備されたのは、上に掲げた高円賃、高専賃、高優賃の3種類です。その後、2011年にこの法律は再度改正され、高円賃、高専賃、高優賃は、サービス付き高齢者向け住宅に一本化されました。

高齢者向け住宅の情報収集・相談窓口

こんな希望がある場合	情報の入手・相談先	内容
自分の希望する地域には、どんな高齢者向けの賃貸住宅があるか知りたい	サービス付き高齢者向け住宅情報提供システム URL http://www.satsuki-jutaku.jp/	全国のサービス付き高齢者向け住宅が検索できます
	都道府県の住宅課 （課の名称は都道府県によって異なります）	地域のサービス付き高齢者向け住宅やシニア住宅などの情報が入手できます
	市区町村の高齢者住宅窓口 （窓口の名称は市区町村によって異なります）	
公的な補助がある高齢者向け賃貸住宅を探したい	UR都市機構（独立行政法人都市再生機構） URL http://sumai.ur-net.go.jp/chintai/whats/system/eldery	公的な補助がある住まいの募集情報が検索できます
	市区町村の高齢者住宅窓口 （窓口の名称は市区町村によって異なります）	シルバーハウジングなどの公営住宅情報が入手できます
自分が希望する地域にどんな有料老人ホームがあるか調べたい	公益社団法人全国有料老人ホーム協会 TEL. 03-3548-1077　受付時間：月～金 10:00 ～17:00 （土日・祝日、年末年始を除く） URL http://www.yurokyo.or.jp/	公益社団法人全国有料老人ホーム協会に加盟している有料老人ホームの情報が確認できます
	独立行政法人福祉医療機構　WAM NET URL http://www.wam.go.jp/	全国の介護サービス事業者の情報が検索できます
高齢者住宅や有料老人ホームに入居後、契約に関するトラブルが発生したらどうすればいいか知りたい	市区町村の消費生活相談窓口 （窓口の名称は市区町村によって異なります）	地域内の契約問題について、相談することができます
	独立行政法人国民生活センター 消費者ホットライン 188 IP電話など一部の電話からはつながりません URL http://www.kokusen.go.jp/	消費者問題全般に関する相談を受け付けています

大きく変わった国の高齢者住宅政策

「サ高住」と呼ばれるこの住宅は、「高齢になって自宅に住み続けられなくなったら、ここへ移り住みなさい」と国が勧める民間の集合住宅です。そこには、財政的にこれ以上介護施設を増やせない事情があります。「最期まで住み慣れた地域で」と国が言う人生最後の住宅は、「家」ではなく「賃貸住宅」なのです。

夜間の訪問サービスは同居者が嫌がりますが、利用者だけをサ高住へ移せば問題ありません。従来の訪問サービスは出来高払いなので、短時間頻回訪問を行うと誰も払えないような金額になるのもネックでした。そこで定額制の定期巡回・随時対応型訪問介護看護を創設しました。サ高住に定期巡回・随時対応型訪問介護看護が頻回訪問を行うのが、地域包括ケアのイメージです。住み慣れた家ではないことは、知っておかなければなりません。

コラム 3

「共生型サービス」を創設する背景にある意図

2018年度から施行される改正介護保険では、共生型サービスが創設されました。内容は、障害福祉または介護保険の指定を受けた事業所であれば、基本的にもう一方の制度の指定も受けやすくするというものです。具体的には、共生型訪問介護（ホームヘルプ）、共生型通所介護（デイサービス）、共生型短期入所生活介護（ショートステイ）が誕生することになります。

きっかけは、「介護保険優先原則の下では、障害者が65歳になって介護保険の被保険者となった際に、使い慣れた障害福祉サービス事業所を利用できなくなる」という社会保障審議会障害者部会での議論でした。また、地域共生社会実現本部における「人口減少など地域の実情に応じて、制度の〝縦割り〟を超えて柔軟に必要な支援を確保することが容易になるよう、事業・報酬の体系を見直す」という方向づけもありました。

共生型サービスの原形は、「富山型デイサービス」です。これは、赤ちゃんからお年寄りまで、障害の有無にかかわらず、誰もが一緒に身近な地域でデイサービスを受けられる方式で、富山県は1997年度から、こうした民間デイサービスに対して補助金を出してきました。

縦割りの壁を打ち破ったこの方式は、2003年11月に「富山型デイサービス推進特区」の認定を受け、2006年10月からは規制緩和により全国で実施できるようになっています。

第4章

これから重要になる認知症介護とターミナルケア

この章では、避けて通れない認知症と終末期の介護（ターミナルケア）に関する制度を学びます。制度の概要を知るまえに、まずは認知症とは何だったのかをおさらいしましょう

4-1

認知症の増加と日本の傾向

日本が認知症大国であることは、国民の常識となりつつあります。その実態を見てみましょう

何度も上方修正された認知症高齢者の推計値

いまや、認知症は誰もが知っている身近な病気です。2004年にそれまでの「痴呆症」という病名を廃して定められたこの病名は、介護保険制度の普及に伴って広く知られるようになりました。当初は寝たきりの解消を目指してスタートした介護保険制度ですが、サービスが開始されると隠れていた認知症高齢者の多さが明らかとなり、政府を動かしたのです。

近年、介護保険制度に認知症対応型のサービスが増えたことは第3章で見た通りです。厚生労働省は認知症の推計値を発表して、対策の必要性を啓発しました。左ページのグラフを見てください。上のグラフは、厚生労働省が発表した2002年と2012年の推計値の比較です。2012年には2002年の推計値を大きく修正しました。さらに2013年と15年には前回の推計値を再度修正し、2012年時点で462万人いる認知症が、2025年には700万人になると発表したのです。

2013年に増えたのには理由があります。このとき、厚生労働省はMCIと呼ばれる軽度認知障害の高齢者（2012年時点で400万人）を同時に発表しました。そして、MCIより進行した人をすべて認知症にカウントするよう基準を緩めたのです。そのため、日本では65歳以上に占める認知症の割合が、欧米（7～8%）よりはるかに多くなりました。

認知症高齢者の推計が修正された

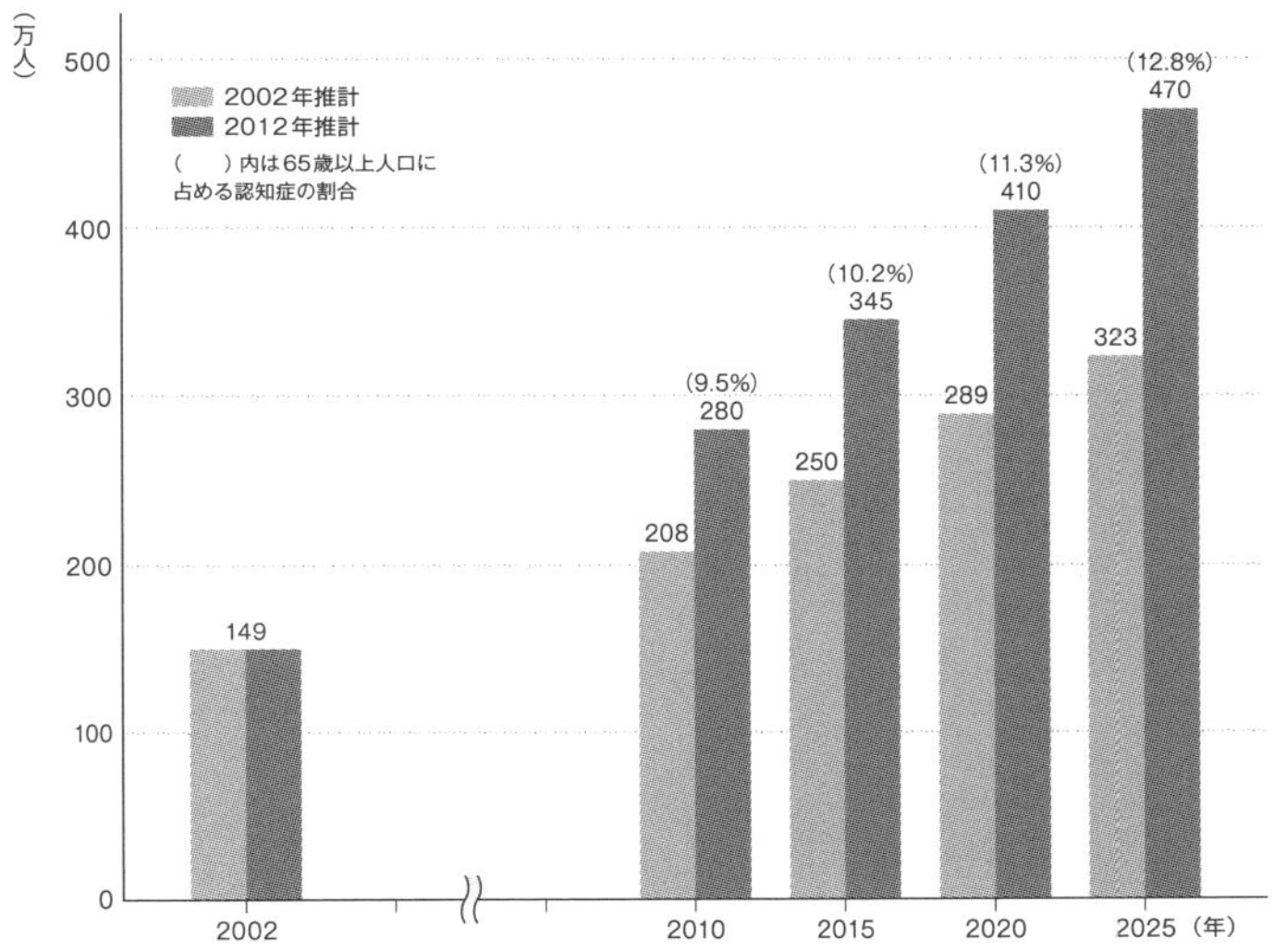

※2012年8月に発表された厚生労働省の資料より

さらに上方修正された認知症高齢者の推計

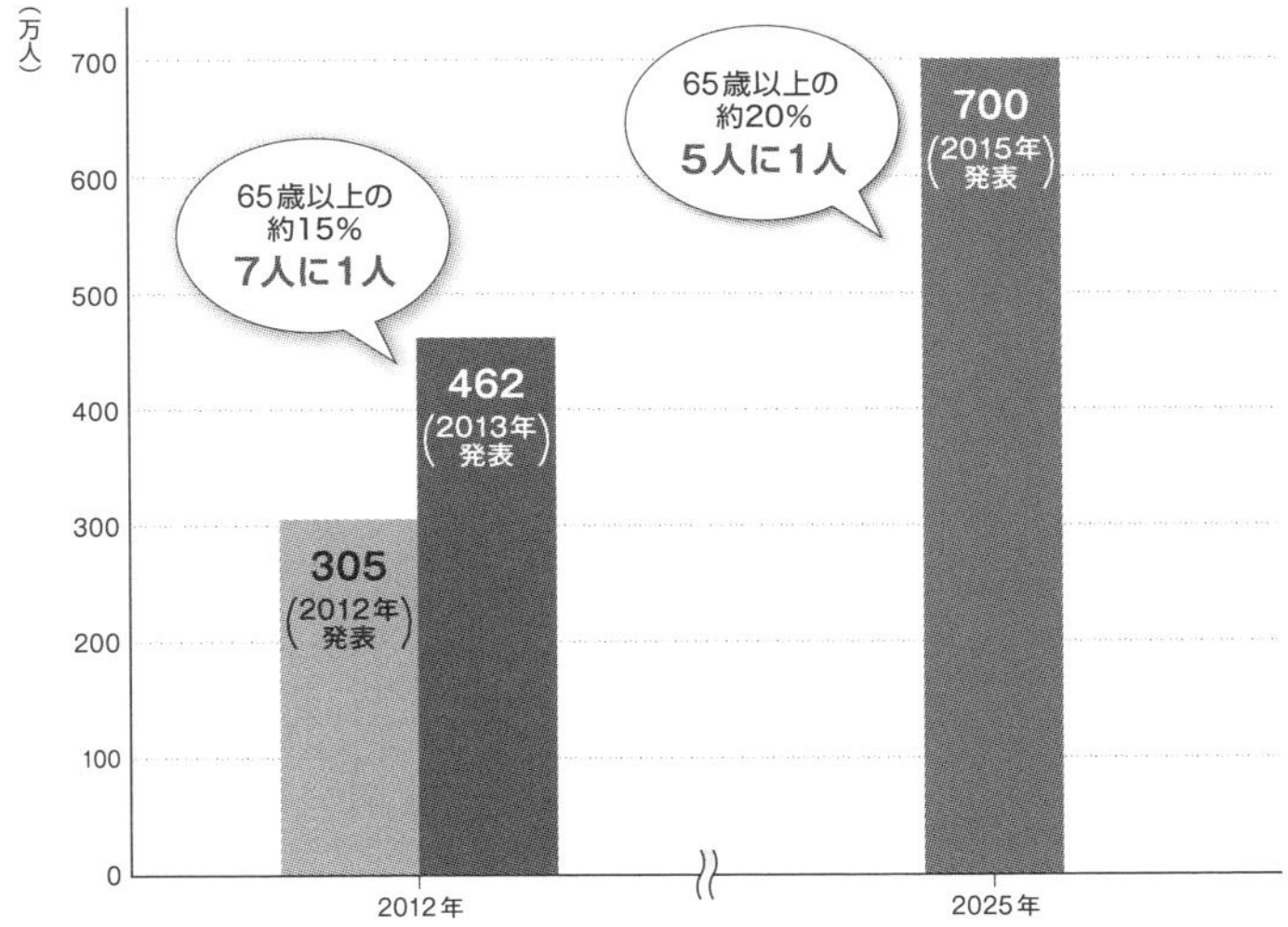

上のグラフで紹介した厚生労働省の推計値では、2012年の認知症高齢者は305万人でした。ところが厚生労働省は2013年になると、2012年の認知症高齢者を462万人に修正しました。さらに2015年1月には2025年の推計値を700万人と発表しました

4-2

認知症の症状と薬

認知症はどのような原因で起こり、どのような症状が出るのかを知っておきましょう

認知症は最初のかかわりが大切
専門医を受診する
神経内科
老年科
もの忘れ外来
認知症外来
専門家に相談する
高齢者総合相談センター
地域包括支援センター
福祉事務所
精神保健福祉センター
認知症
間違った対応をしない
精神障害やうつ病と間違われやすい
慢性硬膜下血腫や正常圧水頭症など治る病気ではないか調べる
きつく叱らない
もの忘れ、紛失、できなくなったこと、言い繕いなどを感情的に叱ると症状が悪化する

だいぶわかってきたがまだ謎の多い「病気」

認知症は、いったん正常に発達した認知機能が、成人になってから低下した状態の総称です。認知機能が低下すると、記憶力、判断力、計算力、コミュニケーション能力などが低下し、日常生活が困難になります。

しかし、総論（認知症を脳の病気だとする点）では一致している医師や学者などの専門家も、各論となるとバラバラです。各論とは、認知症を引き起こす病気の内訳と原因疾患別の治療法で、特に内訳の比率が一定しません。左ページのような原因疾患の円グラフの数値は、発表者によってかなり異なっています。

認知症の原因となる病気

その他の原因疾患

ピック病	前頭側頭型認知症とも呼ばれます。前頭葉が強く萎縮するので自制心が低下し、万引き、暴力、食行動の異常、同じ動作を続ける常同行動などの症状が出ます
混合型認知症	アルツハイマー型認知症と脳血管性認知症の合併症です。全体の20％近いという説もあります
頭部外傷	脳挫傷、慢性硬膜下出血など
悪性腫瘍	脳腫瘍（原発性、転移性）、がん性髄膜炎など
感染症	髄膜炎、脳炎、進行マヒ、クロイツフェルト・ヤコブ病など
代謝・栄養障害	ウェルニッケ脳症、ビタミン B_{12} 欠乏症、肝性脳症など
内分泌疾患	甲状腺機能低下症、副腎皮質機能低下症など
中毒症状	各種薬物依存症、金属中毒、アルコール依存症など
その他	正常圧水頭症、低酸素性脳症など

アルツハイマー型認知症とは

〈脳内の神経細胞にβアミロイドという異常なたんぱく質が凝集→老人斑というシミを形成→神経細胞の中に糸くずのような神経原線維変化が発生→脳細胞が死滅して脳が萎縮〉という順に進行すると推定されています。潜伏期間は10～20年と長く、原因は不明です

レビー小体型認知症とは

脳の全体にレビー小体といわれる異常な物質が沈着して起こる認知症です。原因はわかっていません。パーキンソン病のような手足のこわばりや小刻み歩行が見られ、幻視や幻覚が起こるのが特徴です

脳血管性認知症とは

多発性脳梗塞など比較的軽微で広範な脳内の血行障害によって脳細胞が壊死を起こし、認知症を発病したものです。発作のたびに段階的に症状が進むのが特徴で、感情失禁、うつ状態、夜間せん妄、不眠、尿失禁などの症状を伴います

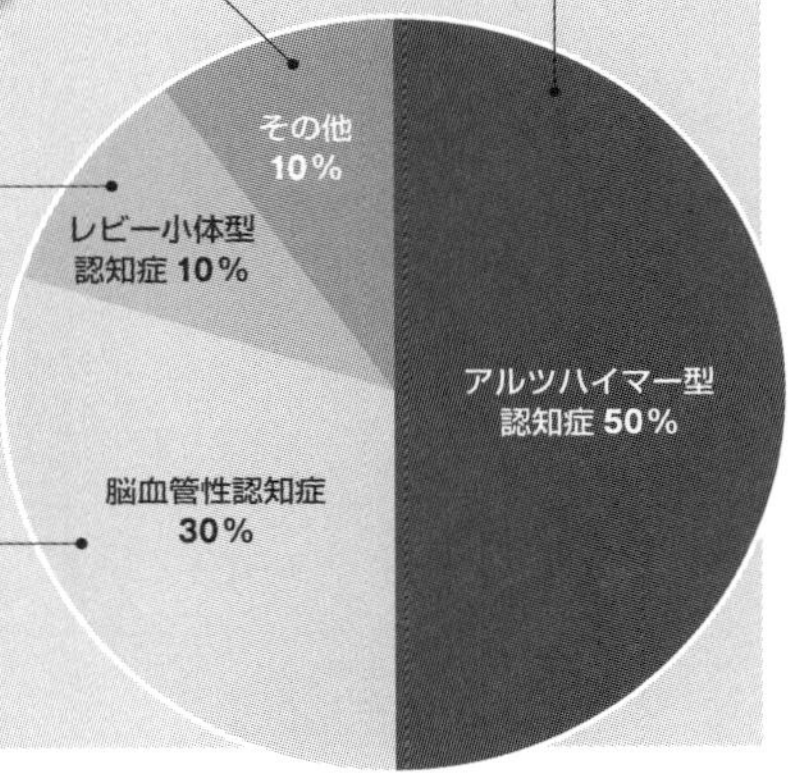

なぜ医師や学者によって意見の違いがあるのか

原因疾患の内訳があいまいな理由は、認知症を引き起こす病気が多い（70種類以上あると言われる）からです。その中で、アルツハイマー型認知症、脳血管性認知症、レビー小体型認知症を三大認知症と呼ぶ、あるいは前頭側頭型認知症（ピック病など）を加えて四大認知症と呼ぶところまでは意見が一致していますが、その比率や順位となるとあいまいです。

あいまいな理由は、①統計がとられたわけではなく、どれも推計値である、②近年、レビー小体型の比率を高く見積もる医師がいて、多い人は第2位（20％以上、その分脳血管性の比率が下がる）と主張している、③高齢になると単独の疾患は少なくなり、合併や移行が多くなるという説もある、などです。

病型によって治療法が異なるのですから、薬物療法は慎重でなければなりません。

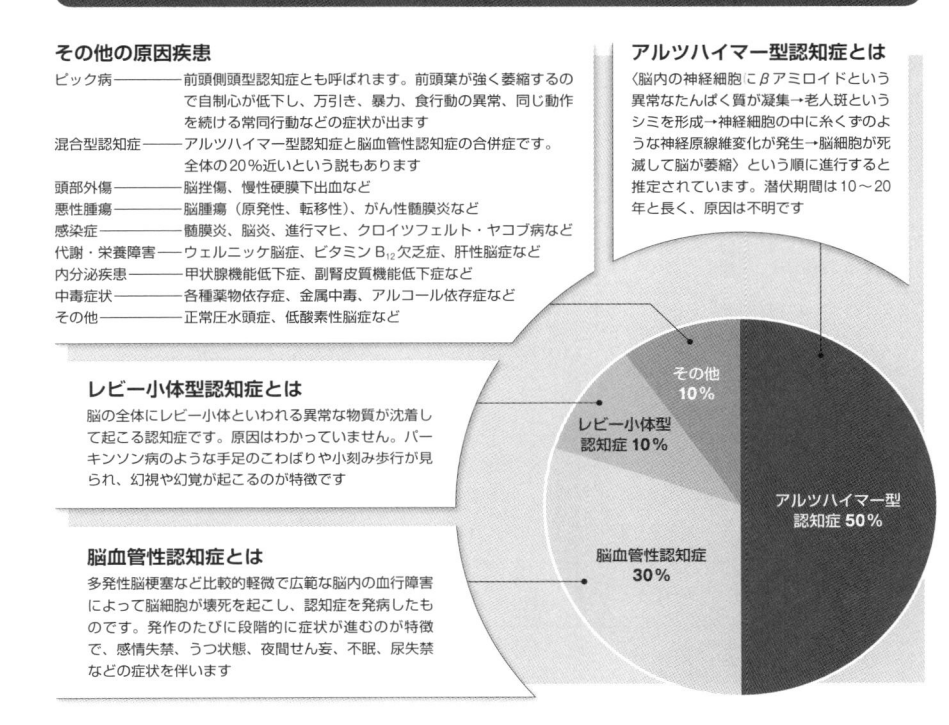

認知症の中核症状に作用する薬

薬剤名	アリセプト	レミニール	メマリー	①イクセロンパッチ ②リバスタッチパッチ
一般名	ドネペジル塩酸塩	ガランタミン臭化水素酸塩	メマンチン塩酸塩	リバスチグミン
発売日	1999年11月	2011年3月	2011年6月	2011年7月
特徴	脳内の神経伝達物質アセチルコリンの減少を防ぎ、アルツハイマー病の進行を抑制する。2011年秋には他社からジェネリック（後発医薬品）が発売された	天然物質から得られた誘導体。アリセプトと同じ働きをするのでアリセプトとの併用はできないが、神経の伝わりをよくするとされている	脳内の神経細胞を保護し、アルツハイマー病の進行を抑制する。アリセプトとは異なる作用機序を持つため、アリセプト（の後発品）との併用療法を行うことができる	アリセプトと同じ働きをする。経口薬ではなく貼り薬になったことから、使い勝手のいいアルツハイマー病の進行抑制薬として期待されている
副作用	下痢、吐き気、怒りっぽくなる	吐き気	めまい	吐き気（弱い）、肌の発赤
開発会社	エーザイ	ヤンセン＊1	アスビオファーマ	①ノバルティスファーマ ②小野薬品工業＊2
販売会社	エーザイ	ヤンセンファーマ 武田薬品工業	第一三共	

＊1：ジョンソン・エンド・ジョンソン・ファーマシューティカル・リサーチ・アンド・デベロプメントとシャイア社の2社で共同開発

＊2：リバスチグミンはスイスのノバルティスファーマが開発。日本ではノバルティスファーマと小野薬品工業が共同で臨床開発を行った

進行を遅らせる薬が使われるが完治させる効果はない

認知症の症状は、左ページに示したように、中核症状と周辺症状に分かれます。中核症状に使われる薬は抗認知症薬と呼ばれ、現在承認されているのが上の表の4種5薬です。

日本で開発されたドネペジル塩酸塩（商品名アリセプト）は1999年に認可されました。10年以上、認知症の進行を遅らせる唯一の薬として使われ、有効率は30～40％と言われながら、効いたとしても完治させる効果はなく、興奮系の薬剤なので陽性症状（徘徊、暴力、妄想、不眠など）が出ている人には不向きです。

また、規定で5㎎を処方されますが、1～3㎎の低用量がいいという声もあります。

2011年から認可された薬が増えましたが、薬物に頼りすぎるのは危険です。

アルツハイマー病の経過

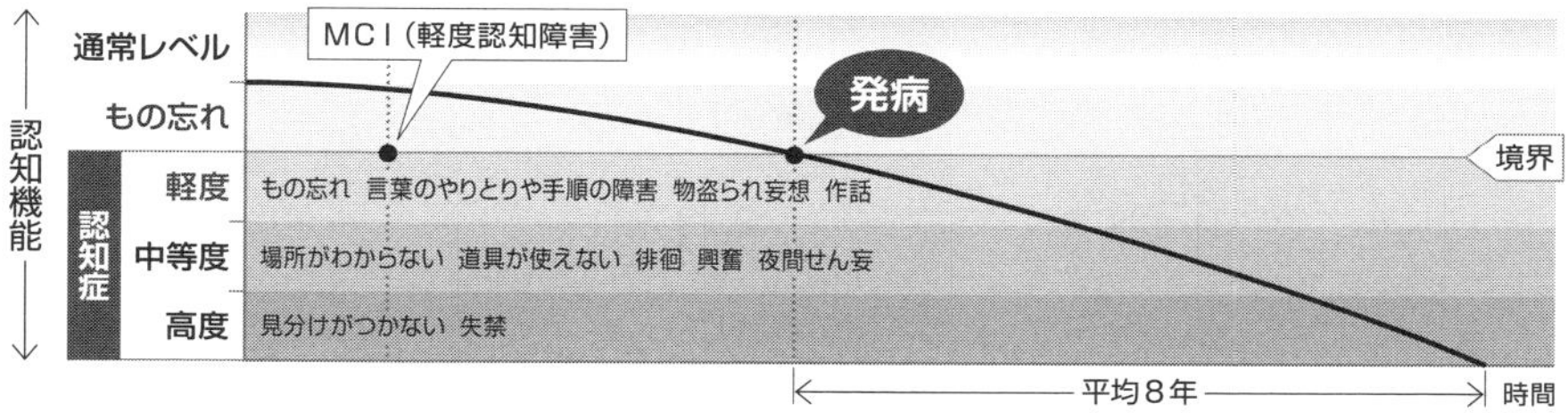
通常レベル
もの忘れ
認知機能
認知症
軽度
中等度
高度
MCI（軽度認知障害）
発病
境界
もの忘れ　言葉のやりとりや手順の障害　物盗られ妄想　作話
場所がわからない　道具が使えない　徘徊　興奮　夜間せん妄
見分けがつかない　失禁
平均８年
時間

認知症の中核症状とおもな周辺症状

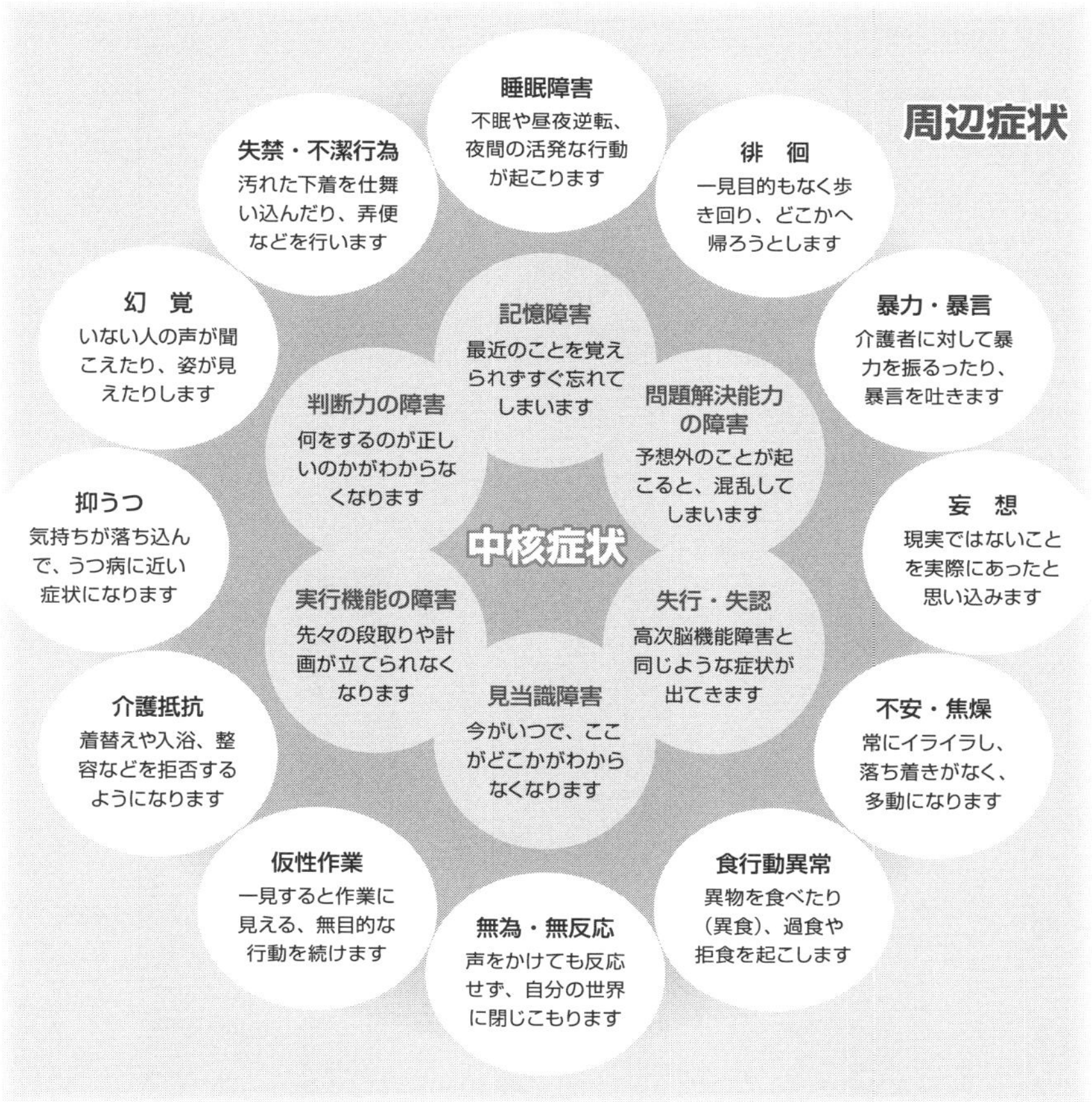
周辺症状
睡眠障害
不眠や昼夜逆転、夜間の活発な行動が起こります
徘　徊
一見目的もなく歩き回り、どこかへ帰ろうとします
暴力・暴言
介護者に対して暴力を振るったり、暴言を吐きます
妄　想
現実ではないことを実際にあったと思い込みます
不安・焦燥
常にイライラし、落ち着きがなく、多動になります
食行動異常
異物を食べたり（異食）、過食や拒食を起こします
無為・無反応
声をかけても反応せず、自分の世界に閉じこもります
仮性作業
一見すると作業に見える、無目的な行動を続けます
介護抵抗
着替えや入浴、整容などを拒否するようになります
抑うつ
気持ちが落ち込んで、うつ病に近い症状になります
幻　覚
いない人の声が聞こえたり、姿が見えたりします
失禁・不潔行為
汚れた下着を仕舞い込んだり、弄便などを行います
中核症状
記憶障害
最近のことを覚えられずすぐ忘れてしまいます
問題解決能力の障害
予想外のことが起こると、混乱してしまいます
失行・失認
高次脳機能障害と同じような症状が出てきます
見当識障害
今がいつで、ここがどこかがわからなくなります
実行機能の障害
先々の段取りや計画が立てられなくなります
判断力の障害
何をするのが正しいのかがわからなくなります

中心部分が中核症状で、認知症になると誰にでも出て進行する症状です。それを取り巻くのが個人差のある周辺症状で、近年は英語の頭文字をとったBPSDまたは「認知症に伴う行動・心理症状」と呼ばれます

4-3

認知症に関する相談機関

認知症のことで困ったときは、どこへ相談すればいいのでしょうか。覚えておくと便利です

家族の認知症に対する不安

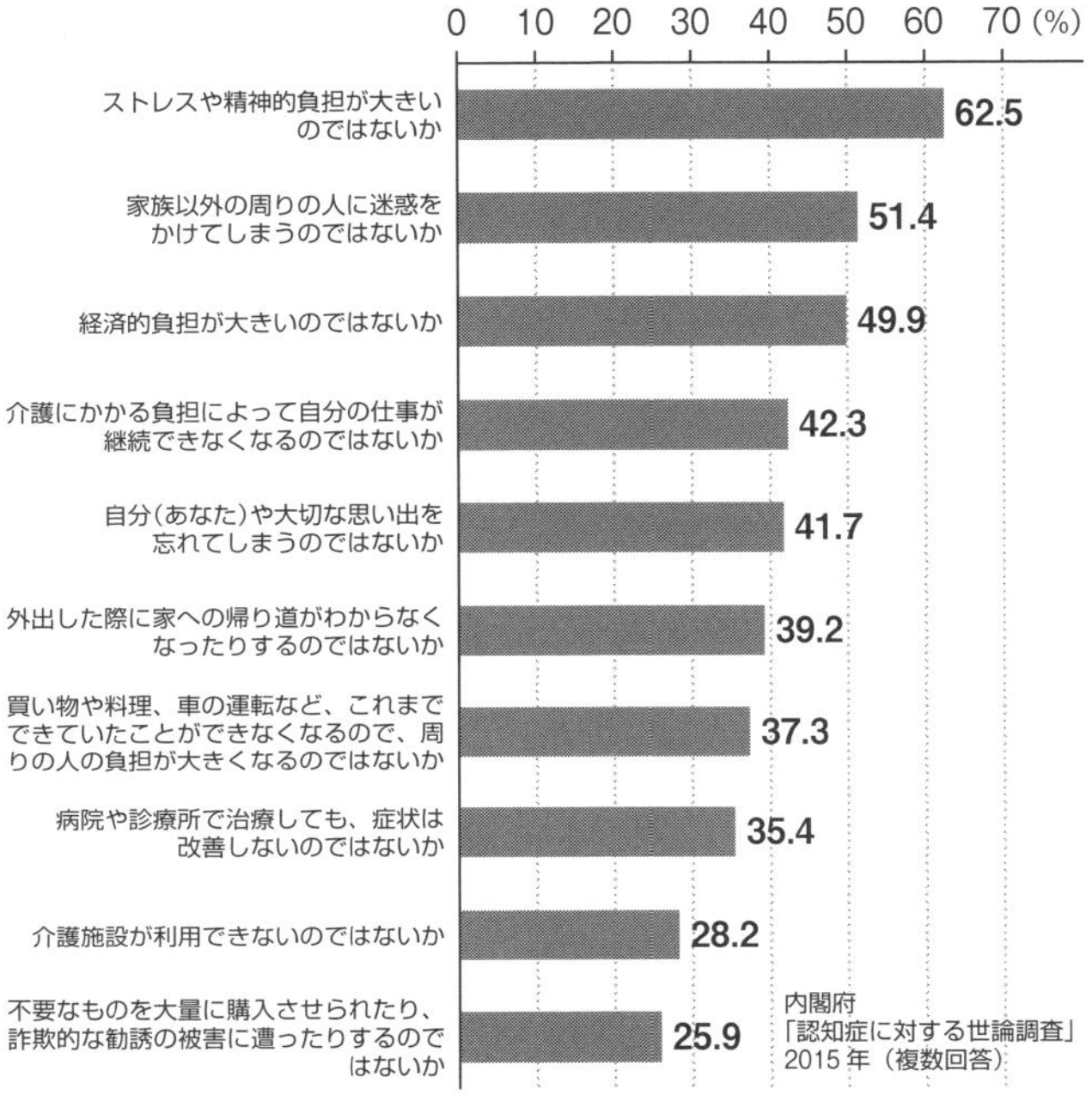

0 10 20 30 40 50 60 70 (%)
ストレスや精神的負担が大きいのではないか 62.5
家族以外の周りの人に迷惑をかけてしまうのではないか 51.4
経済的負担が大きいのではないか 49.9
介護にかかる負担によって自分の仕事が継続できなくなるのではないか 42.3
自分（あなた）や大切な思い出を忘れてしまうのではないか 41.7
外出した際に家への帰り道がわからなくなったりするのではないか 39.2
買い物や料理、車の運転など、これまでできていたことができなくなるので、周りの人の負担が大きくなるのではないか 37.3
病院や診療所で治療しても、症状は改善しないのではないか 35.4
介護施設が利用できないのではないか 28.2
不要なものを大量に購入させられたり、詐欺的な勧誘の被害に遭ったりするのではないか 25.9
内閣府「認知症に対する世論調査」2015年（複数回答）

※ 一般の人が認知症に対してどのようなイメージを抱いているか、いちばん多いものから10位までの不安

認知症の介護で困ったときはどうすればいいのか

認知症の人を介護するときの悩みでいちばん多いのは、ＢＰＳＤ（認知症に伴う行動・心理症状）に関するものです。これは、かつて「問題行動」と呼ばれていました。親や配偶者がおかしな言動をとり始めると、家族は穏やかな気持ちではいられません。身近な関係であるほど怒り、絶望、悲しみなどが湧いてきて、冷静な介護どころではなくなるものです。

家族介護者が悩んでいたら、左ページの相談窓口を教えてあげましょう。こうした専門家とつながり、ネットワークを結んでおくことは、介護職にも多くのメリットがあります。

認知症についての相談窓口

公的機関に相談するなら

都道府県や市区町村には、さまざまな相談窓口があります。問い合わせ先は、電話帳や「住民のしおり」などで調べることができます

民生委員
福祉事務所、社会福祉協議会
市区町村の介護保険課や高齢者福祉課
地域包括支援センター
保健所、保健センター、精神保健福祉センター

認知症に関する電話相談

公益社団法人 認知症の人と家族の会	若年性認知症コールセンター	認知症110番
研修を受けた介護経験者が相談に応じています。全国の支部でも相談にのってくれるところがあります。フリーダイヤル：0120-294-456（土・日・祝日、夏季・年末年始を除く10時〜15時）	65歳以下で発症する認知症についてのさまざまな相談が受けられる電話相談です。フリーコール：0800-100-2707（年末年始・祝日を除く月〜土曜10時〜15時）	生命保険会社の委託事業として認知症予防財団の事務局内に開設された、無料の電話相談です。フリーダイヤル：0120-654874（年末年始・祝日を除く月曜と木曜の10時〜15時）

公的機関の窓口では要介護認定の申請を勧められる

かつての医療は、認知症のBPSDを抑えるために拘束し、薬漬けにしていました。それは認知症が「脳の病気」とされていたからです。それは医療の世界の一部では、今でも同じ方法が用いられていますが、介護の世界の一部では、これを老化に伴う自然な変化と捉え、「その人らしさ」だと思って接することで、落ち着いてもらう方法が模索されています。

したがって、公的機関へ出向くのであれば、医療の悩みより介護の悩みを相談するほうがいいでしょう。要介護認定を受けないまま公的機関に相談に行くと、ほぼ間違いなく要介護認定の申請へと導いてくれます。そうしたら、次のステップは第5章（**5-8**）で紹介する介護者の家族会につながることです。介護の先輩にアドバイスを受ければ、地元の医療機関や介護施設の情報（良し悪し）がつかめます。

4-4

認知症施策推進総合戦略（新オレンジプラン）

国は認知症に関する総合的な国家戦略を掲げ、将来にわたる取り組みを公表しています

大きく転換された国の認知症対策

2012年、厚生労働省は「今後の認知症施策の方向性について」という基本項目を発表しました。それには、これまで「自宅→グループホーム→施設あるいは一般病院・精神科病院」となっていた従来の認知症ケアの流れを「不適切」と断定し、「認知症になっても本人の意思が尊重され、できる限り住み慣れた地域のよい環境で暮らし続けることができる社会」を目指して、新しい「認知症ケアパス」（上の図参照）を構築することが宣言されていました。

こうして2013年度から2017年度までの「認知症施策推進5か年計画（オレンジプラ

認知症ケアの近未来図

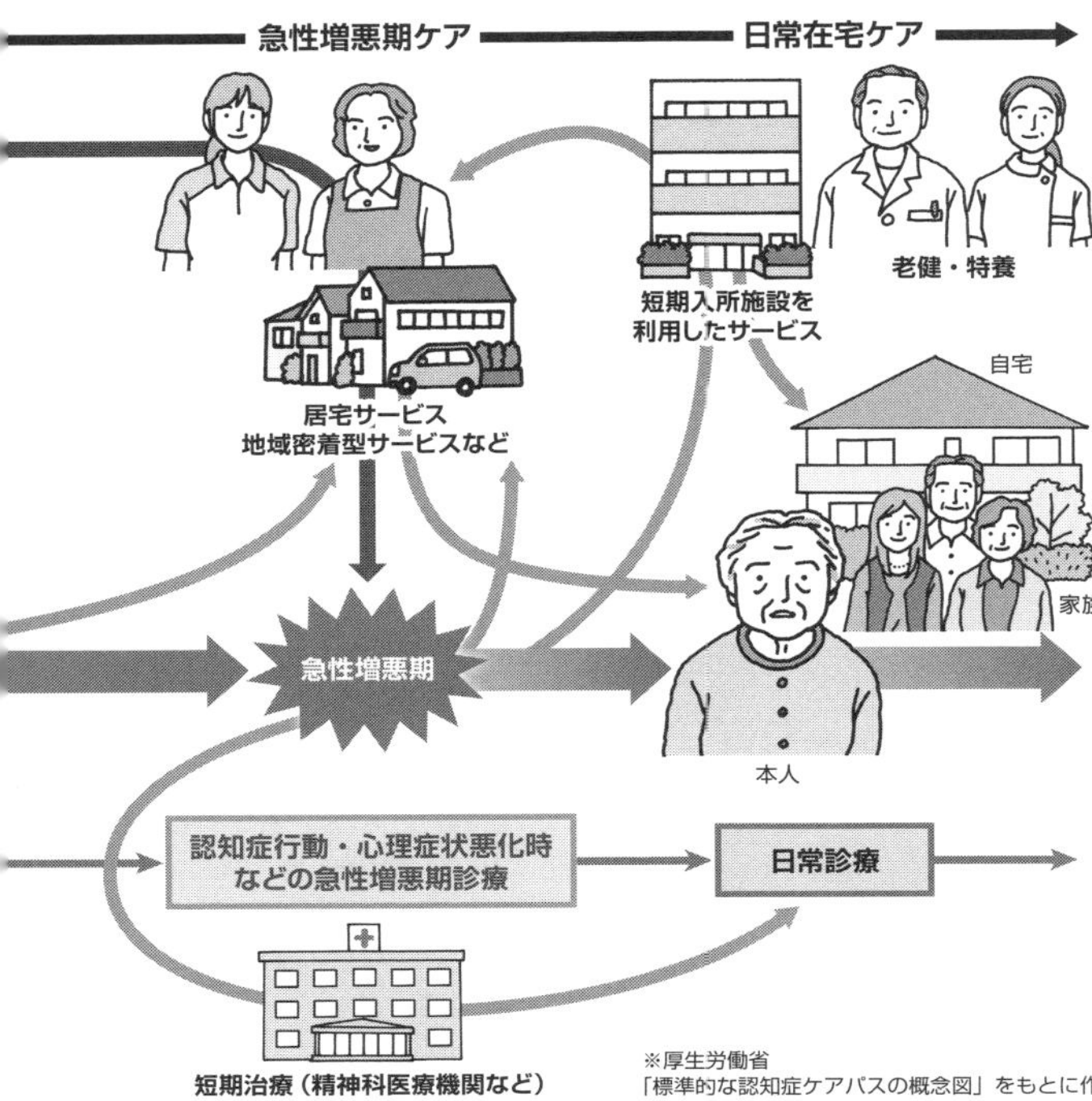

急性増悪期ケア
日常在宅ケア
老健・特養
短期入所施設を利用したサービス
居宅サービス
地域密着型サービスなど
自宅
家族
急性増悪期
本人
認知症行動・心理症状悪化時などの急性増悪期診療
日常診療
短期治療（精神科医療機関など）

※厚生労働省
「標準的な認知症ケアパスの概念図」をもとに作成

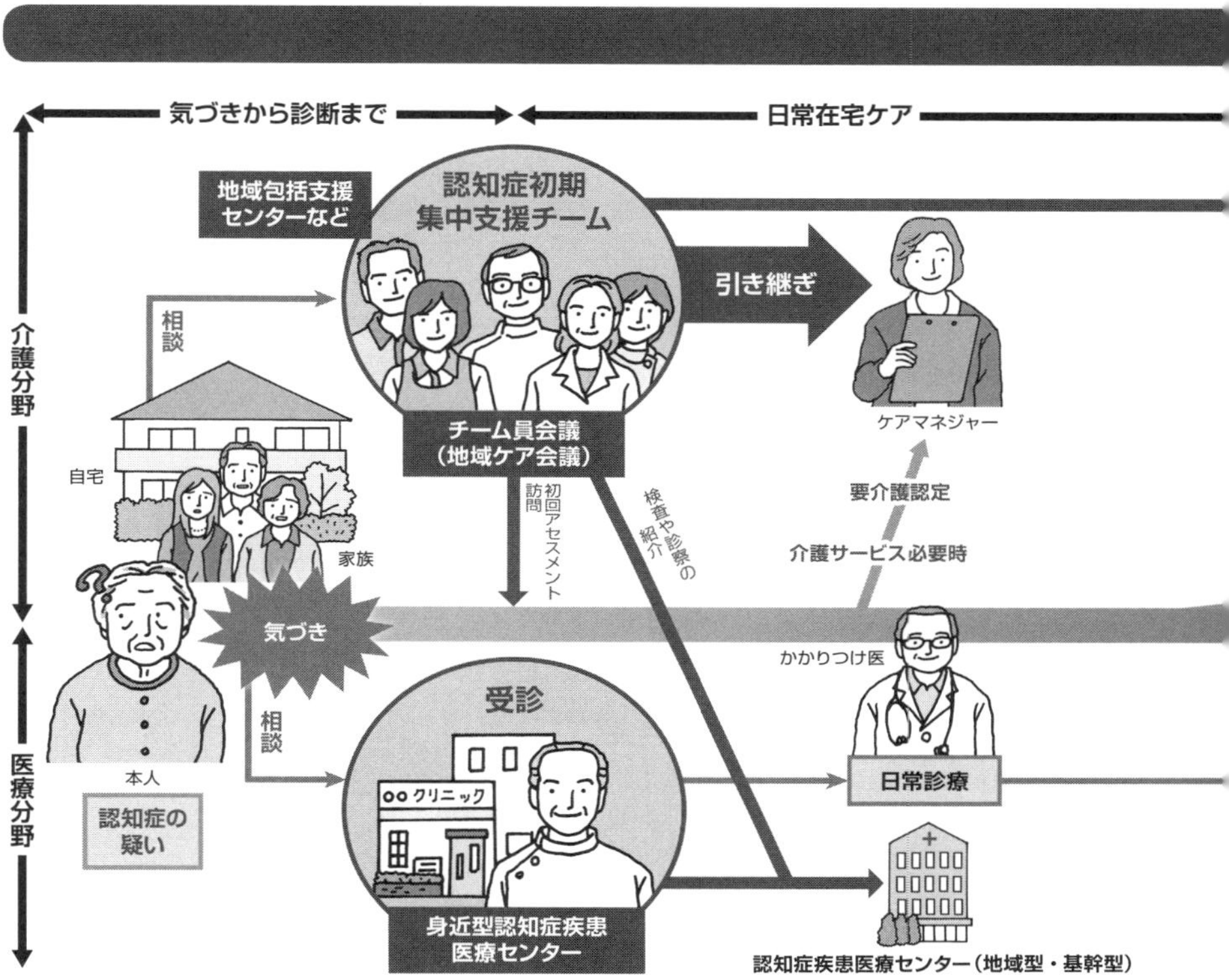
気づきから診断まで
日常在宅ケア
地域包括支援センターなど
認知症初期集中支援チーム
引き継ぎ
ケアマネジャー
介護分野
相談
自宅
家族
チーム員会議（地域ケア会議）
初回アセスメント訪問
検査や診察の紹介
要介護認定
介護サービス必要時
気づき
かかりつけ医
本人
認知症の疑い
医療分野
相談
受診
クリニック
日常診療
身近型認知症疾患医療センター
認知症疾患医療センター（地域型・基幹型）

ン）」がスタートしたのです。地域で認知症の人を支えるケアパスの目玉は、認知症初期集中支援チームと身近型認知症疾患医療センターでした。後者は、かかりつけ医と連携をとりながら在宅生活の継続を目指します。

ところが２０１４年11月に、前年ロンドンで開かれた「Ｇ８認知症サミット」の後継イベントが日本で開かれ、安倍首相が「日本は認知症の新たな国家戦略をつくる」と発表したのです。厚生労働省は、他の省庁と協力して２０１５年１月に「認知症施策推進総合戦略（新オレンジプラン）」を打ち出して継続中です。

このプランは、引き継いだオレンジプランをほぼ踏襲しながら、目標値を引き上げた前向きな内容でした。しかし、旧オレンジプランが狙っていた精神科病床の削減に関しては、トーンダウンした感があります。日本が福祉先進国並みに、認知症の人を精神科病院へ入院させず、抗精神病薬で抑えつけない施策を確立するまでには、まだ時間がかかりそうです。

4-5

施設での看取りと在宅での看取り

病院死が圧倒的に多い日本ですが、国は地域包括ケアで在宅死へ舵を切ろうとしています

余命が限られている場合、自宅で過ごしたいか（性別、年齢層別）

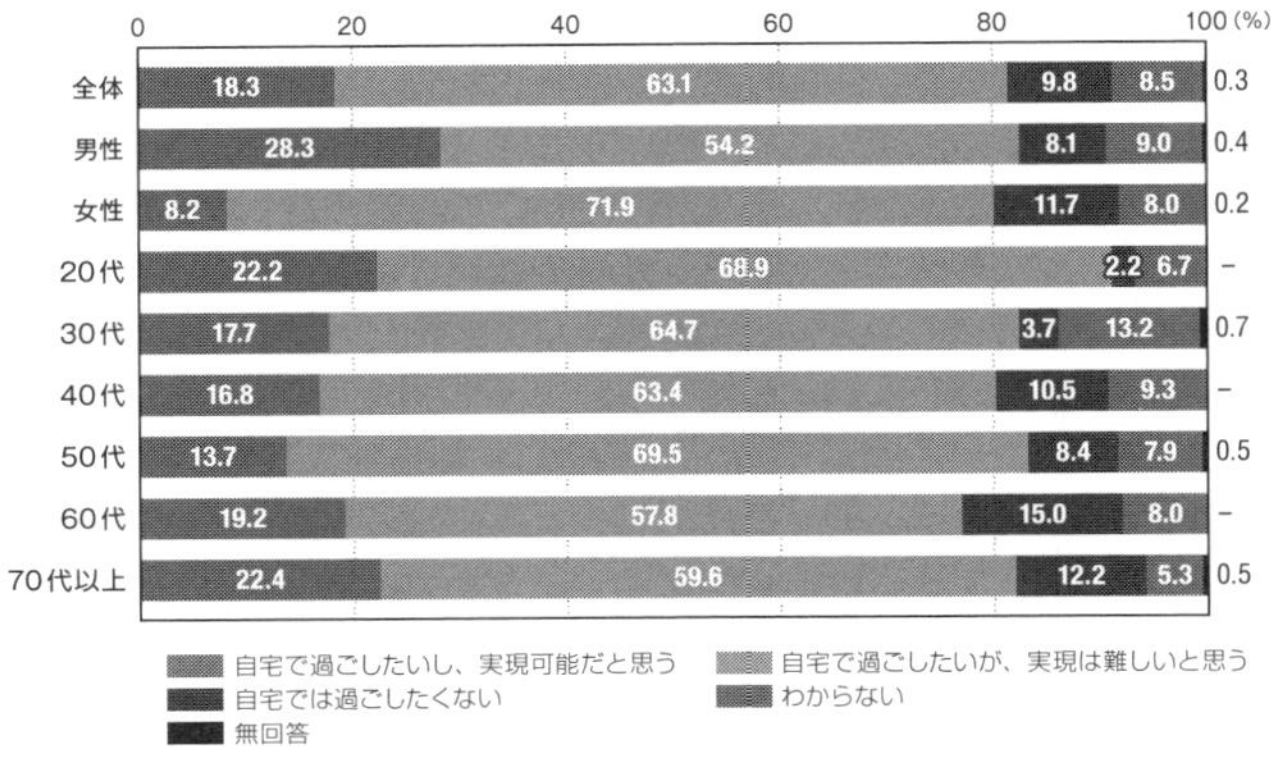

0 20 40 60 80 100（%）
全体 18.3 63.1 9.8 8.5 0.3
男性 28.3 54.2 8.1 9.0 0.4
女性 8.2 71.9 11.7 8.0 0.2
20代 22.2 68.9 2.2 6.7 –
30代 17.7 64.7 3.7 13.2 0.7
40代 16.8 63.4 10.5 9.3 –
50代 13.7 69.5 8.4 7.9 0.5
60代 19.2 57.8 15.0 8.0 –
70代以上 22.4 59.6 12.2 5.3 0.5
自宅で過ごしたいし、実現可能だと思う
自宅で過ごしたいが、実現は難しいと思う
自宅では過ごしたくない
わからない
無回答

※日本ホスピス・緩和ケア研究振興財団が行った2012年のアンケートより

病院死の問題点

1. やりすぎの医療の中での死
2. 苦痛の緩和が不十分な中での死
3. 精神的なケアが不足している中での死
4. 個性が重んじられない中での死

※柏木哲夫：日本ホスピス・緩和ケア研究振興財団理事長の著書『死を看取る医学』より

自宅で死にたいが実現は難しいと思う人が大半

上のグラフは、日本ホスピス・緩和ケア研究振興財団が行った調査です。余命が限られているなら、実現可能かどうかは別として「自宅で過ごしたい」と答えた人が81・4%いました。しかしその大半は、「自宅で過ごしたいが、実現は難しいと思う」という答えでした。

左ページのグラフは、自宅で最期を迎えるためにはどんな条件が必要だと思うか、を尋ねたものです。住み慣れたわが家での死を望みながら、実現は難しいと考えている高齢者が、何を気にしているのかを知ることができます。どこで看取るかは、今後の大きな課題です。

自宅で最期を迎えるために必要な条件（3つまで選択）

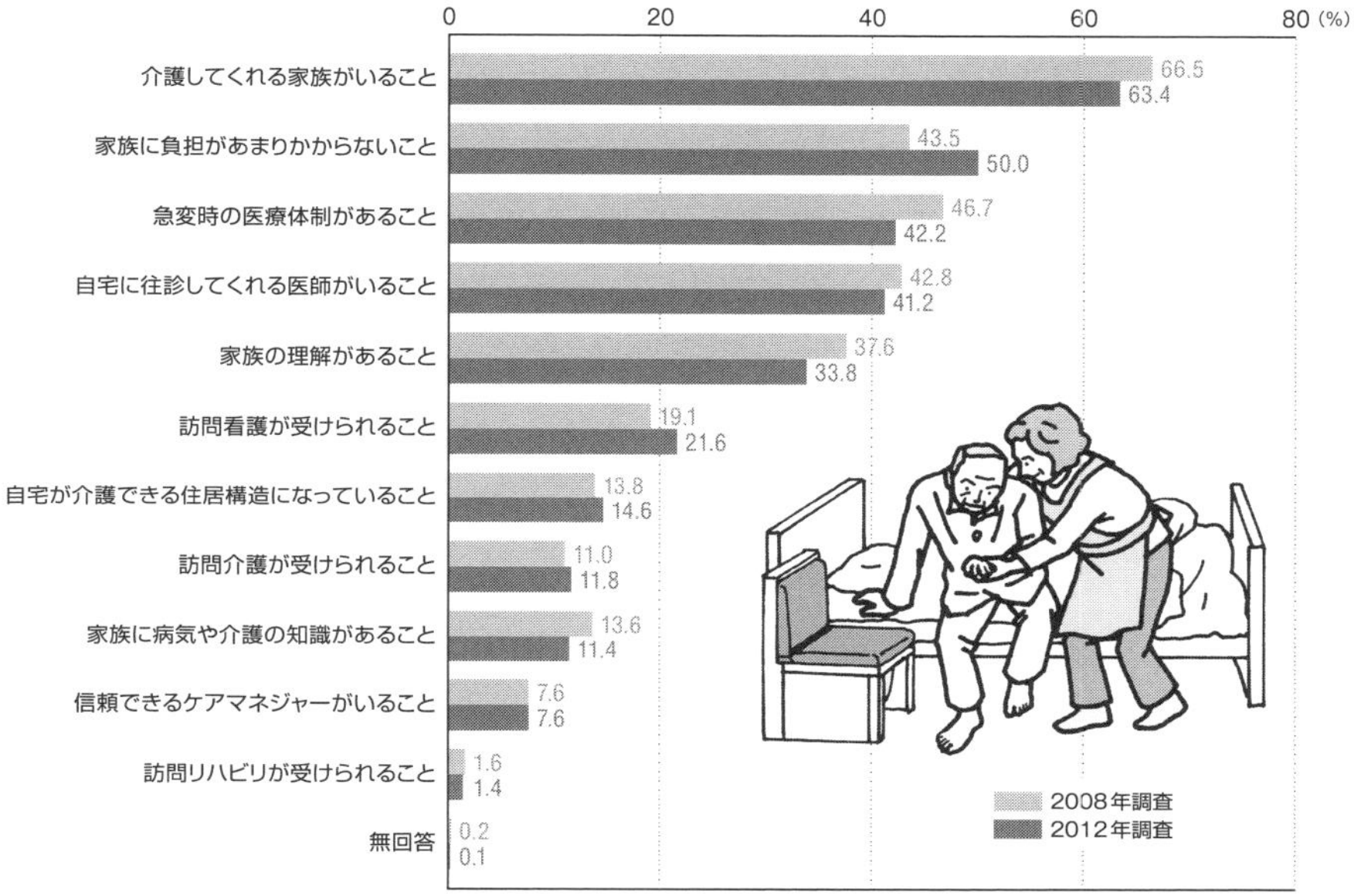
0
20
40
60
80 (%)
介護してくれる家族がいること 66.5 63.4
家族に負担があまりかからないこと 43.5 50.0
急変時の医療体制があること 46.7 42.2
自宅に往診してくれる医師がいること 42.8 41.2
家族の理解があること 37.6 33.8
訪問看護が受けられること 19.1 21.6
自宅が介護できる住居構造になっていること 13.8 14.6
訪問介護が受けられること 11.0 11.8
家族に病気や介護の知識があること 13.6 11.4
信頼できるケアマネジャーがいること 7.6 7.6
訪問リハビリが受けられること 1.6 1.4
無回答 0.2 0.1
2008年調査
2012年調査

※2008年調査と比較すると、回答率が5ポイント以上高くなったのは「家族に負担があまりかからないこと」（6.5ポイント）で、家族の負担を気にしている人が多いことがわかります

※日本ホスピス・緩和ケア研究振興財団が行った2012年のアンケートより

国は病院以外での看取りを推進しようとしているが

第１章（**1-2**）で見たように、国は病院死が圧倒的に多い現状を限界と捉え、地域包括ケア（**2-12**）で在宅死へ舵を切ろうとしています。確かに、高齢者を病院で看取るのはもう限界です。２００７年には１１０万人だった死亡者数は、団塊の世代が平均寿命の年齢に達した２０３８年には約１７０万人に上ると推定されています。今後、病院死（約90万人）が維持されたとしても、残る約80万人は自宅か介護施設での看取りが必要になる計算です。このうちの半数が行き場を失い、看取りが行えないという悲観的な見方もあります。

今後は施設での看取りを強化すると同時に、高齢者住宅でも看取りを行える体制づくりが急務です。在宅療養支援診療所や訪問看護ステーションを整備して、独居でも看取りを受けられる方向へ向かう必要があります。

4-6

終末期と延命治療

進行性の病気などで回復の見込みがない状態になっても、延命治療が行われることがあります

終末期に延命治療を望むか

自分の家族が治る見込みがなく死期が迫っていると告げられた場合の延命治療について

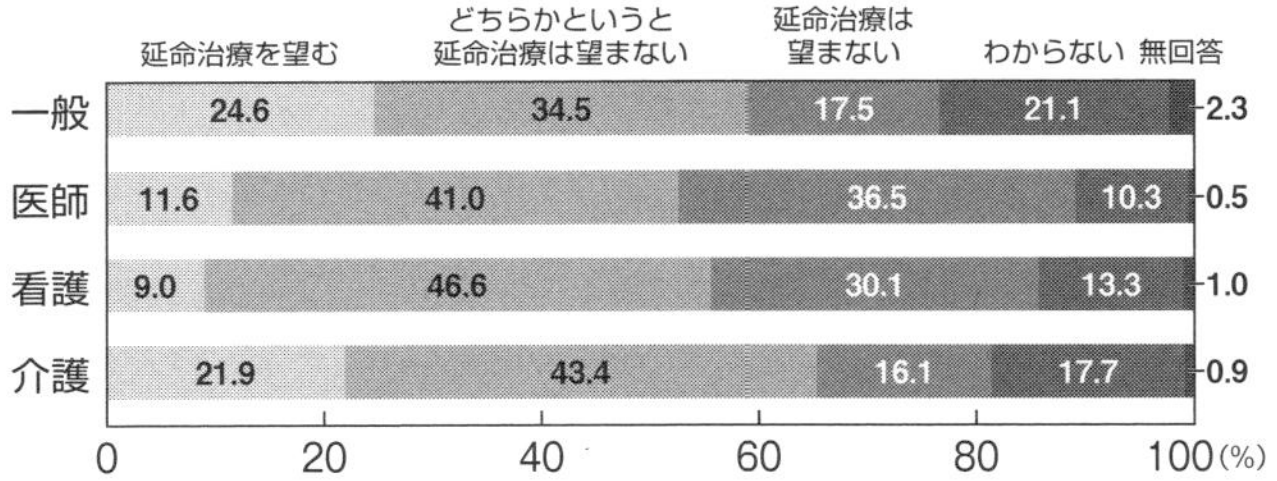

延命治療を望む
どちらかというと延命治療は望まない
延命治療は望まない
わからない
無回答
一般 24.6 34.5 17.5 21.1 2.3
医師 11.6 41.0 36.5 10.3 0.5
看護 9.0 46.6 30.1 13.3 1.0
介護 21.9 43.4 16.1 17.7 0.9
0 20 40 60 80 100(%)

「どちらかというと延命治療は望まない」「延命治療は望まない」と回答した人を対象に、どのような延命治療の中止を望むかについて質問

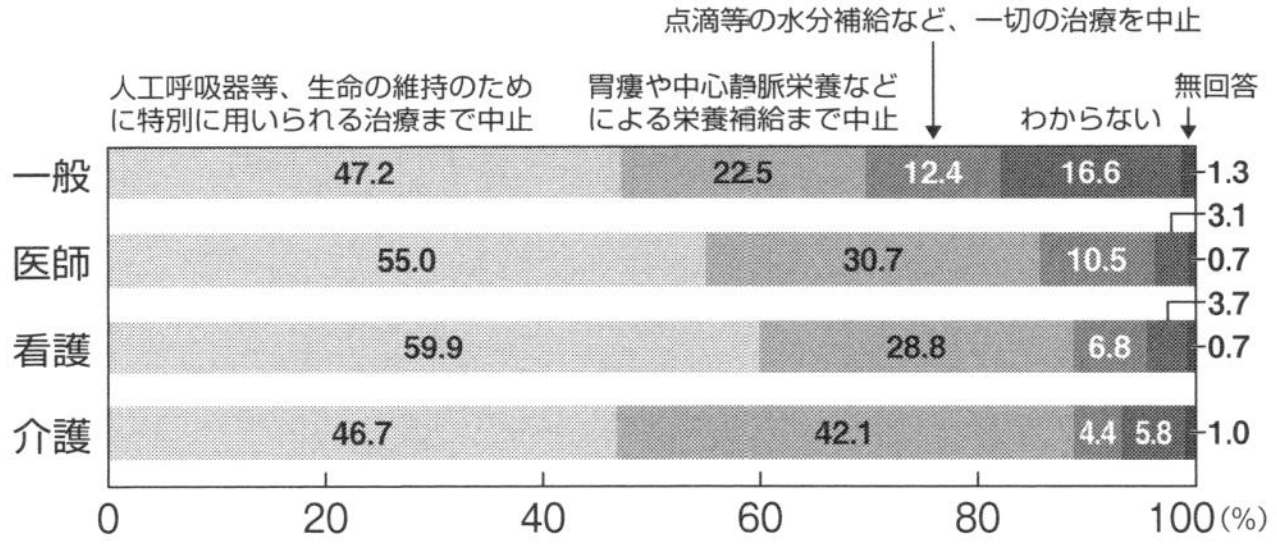

人工呼吸器等、生命の維持のために特別に用いられる治療まで中止
胃瘻や中心静脈栄養などによる栄養補給まで中止
点滴等の水分補給など、一切の治療を中止
わからない
無回答
一般 47.2 22.5 12.4 16.6 1.3
医師 55.0 30.7 10.5 3.1 0.7
看護 59.9 28.8 6.8 3.7 0.7
介護 46.7 42.1 4.4 5.8 1.0
0 20 40 60 80 100(%)

※厚生労働省「終末期医療に関する調査」2008年より

終末期の定義と延命治療の是非

上のグラフは、終末期の医療に関する日本人の意識を調べたものです。ここでは、終末期を「治る見込みがなく死期が迫っている（6ヵ月程度あるいはそれより短い期間を想定）と告げられた場合」としています。

迫った死を引き延ばすために行われるのが、延命治療です。延命治療には、人工呼吸器など生命維持の特別な装置、口から食べられなくなった人に行う胃《い》瘻《ろう》や中心静脈栄養などの人工栄養、同じく口から飲めなくなった人に行う点滴による水分補給があります。延命治療を行うかどうかは、終末期の大きな問題です。

日本尊厳死協会のリビング・ウイル

終末期医療における事前指示書

この指示書は、私の精神が健全な状態にある時に私自身の考えで書いたものであります。

したがって、私の精神が健全な状態にある時に私自身が破棄するか、または撤回する旨の文書を作成しない限り有効であります。

■私の傷病が、現代の医学では不治の状態であり、既に死が迫っていると診断された場合には、ただ単に死期を引き延ばすためだけの延命措置はお断りいたします。

■ただしこの場合、私の苦痛を和らげるためには、麻薬などの適切な使用により十分な緩和医療を行ってください。

■私が回復不能な遷延性意識障害（持続的植物状態）に陥った時は生命維持装置を取りやめてください。

以上、私の要望を忠実に果たしてくださった方々に深く感謝申し上げるとともに、その方々が私の要望に従ってくださった行為一切の責任は私自身にあることを付記いたします。

（氏名欄は略）

※一般財団法人日本尊厳死協会（http://www.songenshi-kyokai.com/）の文例

知っておきたい リビング・ウイルと緩和医療

医療は人を生かすことを目的としていますから、終末期であっても濃厚な治療が行われます。現代の医療は、右ページで紹介した延命治療を行うことで、寿命が尽きて亡くなる人でも生かし続けることができるのです。

一方、回復の見込みがないのに苦しい治療を受けるのはイヤだと考える人もいます。終末期を迎えたら、安らかに死にたいと考える人がその意思を表明する方法がリビング・ウイル（終末期医療における事前指示書）です。上に掲げた文例をホームページで公開している日本尊厳死協会では、会員登録と医師に提出する証明書付きのリビング・ウイルを発行しています。

末期がんなどで終末期を迎えた人が安らかに亡くなるには、痛みを抑える緩和医療が必要です。緩和医療を行う医師は、日本在宅ホスピス協会のホームページで検索できます。

4-7

人生の最終段階における医療と看取りの流れ

終末期に医療と介護が連携できるよう、業界団体や国は新たな取り組みを始めています

看取り介護の流れ

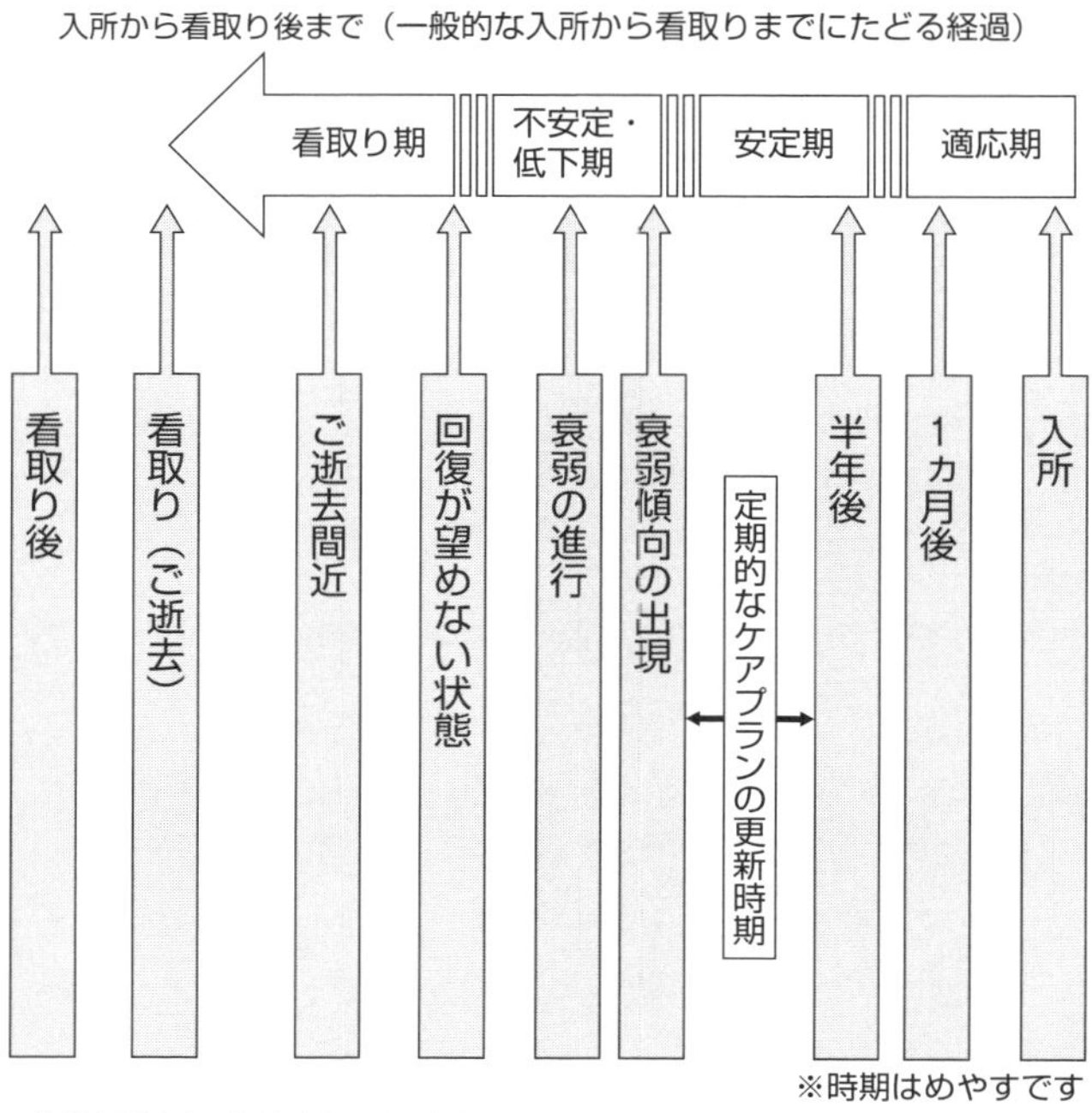

入所から看取り後まで（一般的な入所から看取りまでにたどる経過）
看取り期
不安定・低下期
安定期
適応期
看取り後
看取り（ご逝去）
ご逝去間近
回復が望めない状態
衰弱の進行
衰弱傾向の出現
定期的なケアプランの更新時期
半年後
1ヵ月後
入所
※時期はめやすです

※公益社団法人全国老人福祉施設協議会「看取り介護指針・説明支援ツール【平成27年度介護報酬改定対応版】」（2015年）より

全国老人福祉施設協議会が看取り介護の指針を作成

上の図は、全国老人福祉施設協議会（老施協）が作成した「看取り介護指針・説明支援ツール」の一部です。入所から看取りまで高齢者がたどる一般的な経過を示し、それぞれの時期で介護職がとるべき行動が示されています。

介護保険制度で最初に看取り介護加算がついたのは特養でした（２００６年度）。その後、老健とグループホーム（２００９年度）、特定施設（２０１２年度）、小規模多機能（２０１５年度）と改正のたびに加算を付け、国は「死ねる施設」を増やしてきました。いまや、施設での看取りは「当たり前のこと」です。

人生の最終段階における医療とケアの話し合いのプロセス

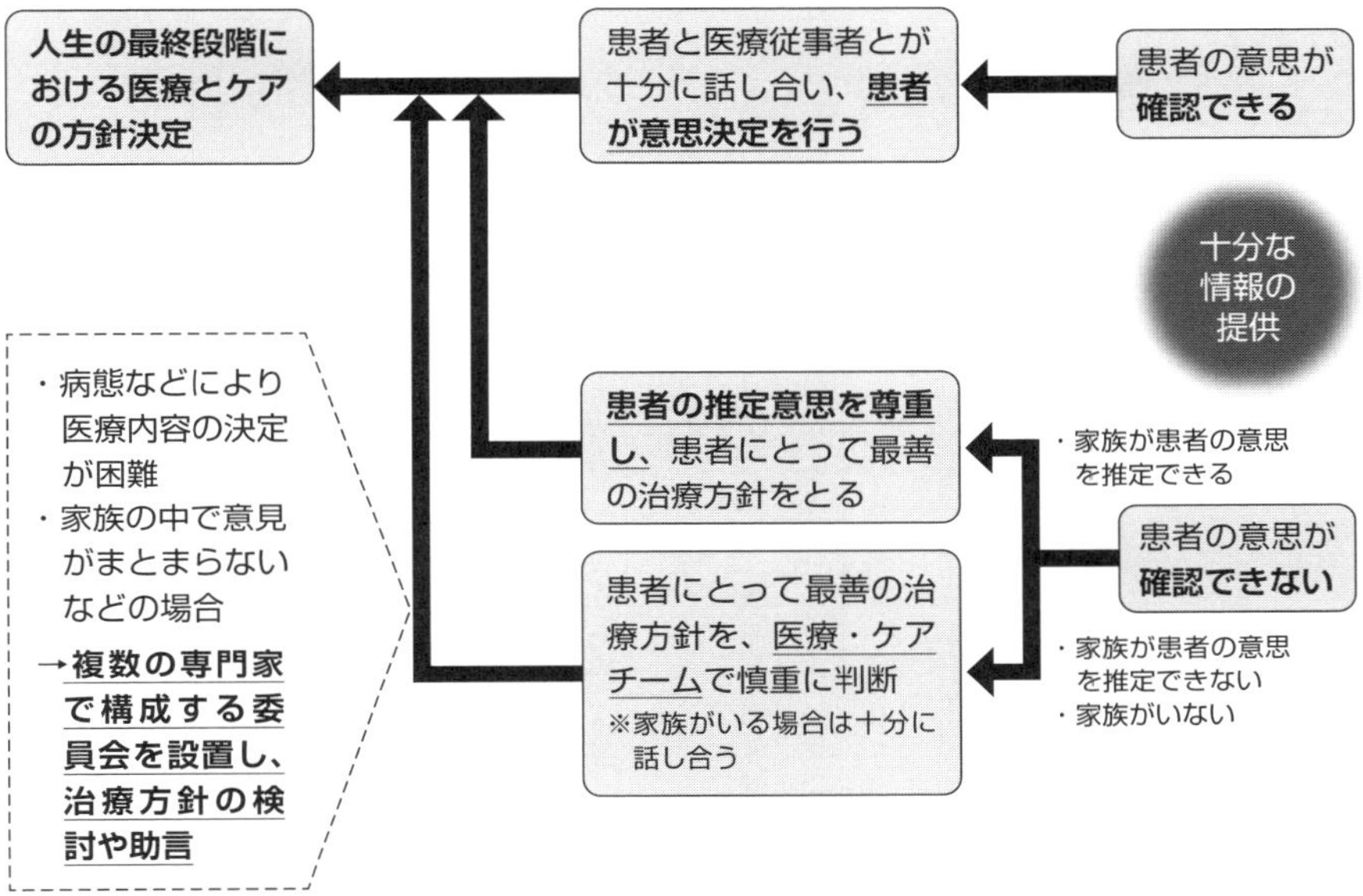
人生の最終段階における医療とケアの方針決定
患者と医療従事者とが十分に話し合い、患者が意思決定を行う
患者の意思が確認できる
十分な情報の提供
・病態などにより医療内容の決定が困難
・家族の中で意見がまとまらないなどの場合
→複数の専門家で構成する委員会を設置し、治療方針の検討や助言
患者の推定意思を尊重し、患者にとって最善の治療方針をとる
・家族が患者の意思を推定できる
患者の意思が確認できない
患者にとって最善の治療方針を、医療・ケアチームで慎重に判断
※家族がいる場合は十分に話し合う
・家族が患者の意思を推定できない
・家族がいない

※厚生労働省「人生の最終段階における医療の決定プロセスに関するガイドライン」リーフレット（2015年）より

このガイドラインの最新版（2018年3月付）は、「解説編」とともに厚生労働省のホームページに掲載されています。上のチャートは啓発用の冊子に使われたものです

厚労省が行う「人生の最終段階における医療体制の整備事業」

厚生労働省では、「人生の最終段階における医療の決定プロセスに関するガイドライン」を制定しています。これは、終末期を迎えた本人や家族、医療従事者、介護従事者が、本人にとって最善の医療とケアをつくり上げるための手引きです（厚生労働省では近年、これまでの「終末期医療」を、「人生の最終段階における医療」に言い改めています）。

２０１６年度からは、２０１４～15年度に行ったモデル事業の成果を踏まえ、「人生の最終段階における医療体制の整備事業」に着手しました。これは、これから迎える「多死社会」（団塊の世代が85歳以上になる２０３５年の日本）を見据えた国の体制づくりです。

２０１８年度に行われた診療・介護報酬同時改定も、そうした大きな流れに乗ったものであることを理解する必要があります。

コラム
4

終末期に役立つACP（アドバンス・ケア・プランニング）とは

高齢者やがん患者などが、今後の見通しや治療について、医療チームと繰り返し相談を重ねながら方針を決めていくACP（アドバンス・ケア・プランニング）が注目を集めています。「終末期に延命治療を望むかどうか、家族とまったく話し合ったことがない人が56％」「終末期においては、約70％の患者で意思決定が不可能」などのデータが知られるようになった結果です。

厚生労働省は、2007年度に医療従事者向けの「終末期医療指針」を策定していますが、対象はおもに入院患者を想定していました。2018年度内には、自宅や介護施設で療養する高齢者にも対象を広げた新指針へ改訂する予定です。新たな指針では、ACPが重視されます。本人が意思表示できなくなることを想定し、本人と医療機関だけでなく、話し合いに家族や介護職を加え、文書にまとめておくのが改訂のポイントです。

ACPは、終末期が近い人だけのものではありません。年齢や病気の有無にかかわらず、自分が意思決定できなくなったときに備えて、健康な人も作成できます。本人と周囲の人が、価値、人生の目標、将来の医療に関する望みを理解し、共有し合うプロセスなのです。したがって、定期的に見直されることが望ましいとされています。

ACPが普及すれば、死の話題に対する日本人特有の抵抗感が弱まり、医師を交えて要介護者と家族との率直な対話が広がることでしょう。

第5章

介護保険外の制度とサービスにはこんなものがある

2000年度以降、公的介護保険サービスが浸透したために、行政や民間による介護サービスが見えにくくなりました。この章では、介護保険制度以外の役立つ制度やサービスについて紹介します

5-1

行政による支援

受け手側が調べ、積極的にアプローチしなければ享受できないのが、行政による支援の難点です

自治体ごとの高齢者サービス

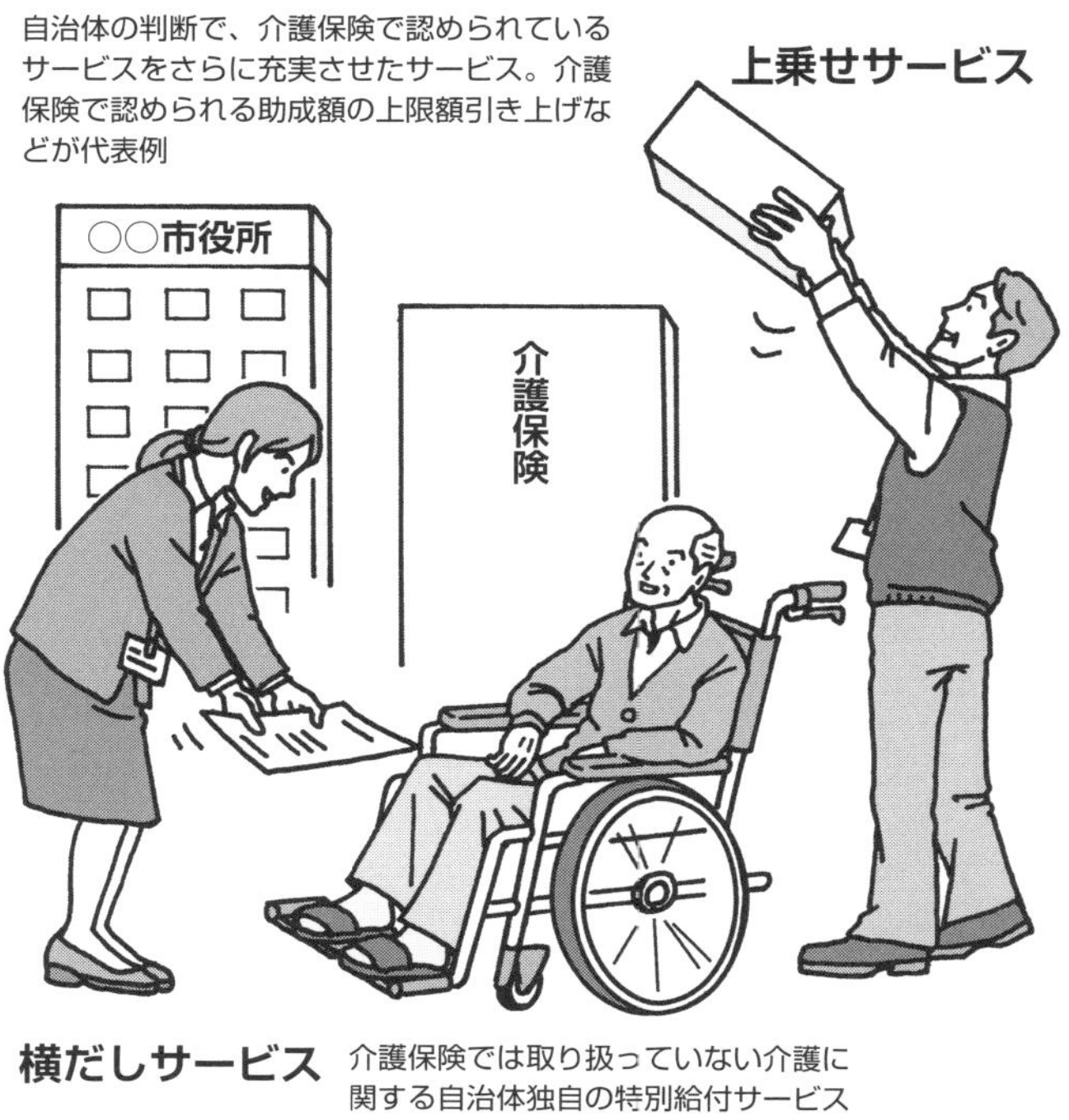

自治体の判断で、介護保険で認められているサービスをさらに充実させたサービス。介護保険で認められる助成額の上限額引き上げなどが代表例
上乗せサービス
○○市役所
介護保険
横だしサービス
介護保険では取り扱っていない介護に関する自治体独自の特別給付サービス

上乗せサービスと横出しサービス

国や自治体は、介護保険が始まるよりもずっと前から、高齢者や介護が必要な人とその家族のためにさまざまなサービスを行ってきました。今も行っています。役所が窓口となって行う介護保険以外のサービスが、通称「上乗せサービス」と「横出しサービス」です。

介護保険にあるサービスを、自治体の予算でさらに充実させたものを上乗せサービスと呼びます。一方、介護保険では取り扱っていないものを自治体独自に給付するのが横出しサービスです。これらを介護保険と併用すると、月額利用料を抑えることができます。

所得税・住民税の障害者控除

所得税の障害者控除（2017年4月1日現在）

	障害者控除	特別障害者控除
本人または配偶者扶養家族	●身体障害者手帳3～6級 ●精神障害者保健福祉手帳2～3級	●身体障害者手帳1～2級 ●精神障害者保健福祉手帳1級 ●寝たきりで複雑な介護が必要な人
控除額	27万円	40万円

※同居の被扶養家族が特別障害者である場合は、同居特別障害者控除として35万円の加算があります
※寝たきりで複雑な介護が必要な人とは、前年12月31日現在で半年以上寝たきりの状態にあり、自力での排便ができない程度の状態にある人です（障害者手帳は不要）

住民税の障害者控除（2017年4月1日現在）

	障害者控除	特別障害者控除
本人または配偶者扶養家族	●身体障害者手帳3～6級 ●精神障害者保健福祉手帳2～3級	●身体障害者手帳1～2級 ●精神障害者保健福祉手帳1級 ●寝たきりで複雑な介護が必要な人
控除額	26万円	30万円

※本人が障害者で前年中の合計所得が125万円以下の場合は非課税です
※同居の被扶養家族が特別障害者である場合は、同居特別障害者控除として23万円の加算があります
※寝たきりで複雑な介護が必要な人とは、所得税の場合と同じです

要介護者への障害福祉サービス

要介護者が障害者手帳を取得すると、介護保険サービスのほかに障害福祉サービスも受けられます。要介護者に関連があるのは、脳卒中の後遺症で片マヒなど身体的ハンディを負った人や、視覚、聴覚、言語能力、内臓の機能などに障害がある人が取得できる「身体障害者手帳」と、一定以上の認知症の人が取得できる「精神障害者保健福祉手帳」です。

障害福祉サービスは介護保険サービスとかなり重複していて、類似のサービスは介護保険が優先されます（**1-1**参照）。それでも、各種交通機関の割引、介護タクシー券の支給などの移送サービスは、介護保険にない確実なメリットです。特に、所得税、住民税、相続税の障害者控除は、制度を知らなければ正当な権利を失います。おおまかな内容を上に掲げたので、詳しい内容を調べてください。

防火に関するサービスが豊富

どの自治体でも、お年寄りが火災を出すことを警戒して、手厚いサービスを提供しています

見守りを兼ねたサービス

配食や乳酸菌飲料の配達は安否確認を兼ねているので、独居のお年寄りに万一のことがあったときに助かります

税金を使わなかった家族にごほうびも

重度の要介護者を自宅で介護しながら介護保険を使わなかった家族への慰労金支給は、多くの自治体で実施しています

相談はどの窓口へ行けばよいか

上のイラストや左ページで紹介したのは、行政による高齢者福祉サービスの一例です。残念なことに、こうした公的サービスは積極的に広報されません。市区町村の高齢者福祉課などに足を運び、どんなサービスがあるかを聞いてパンフレットを集める必要があります。ホームページに掲載している自治体もあります。

「公的サービスがあるのに、必要な人に情報がいかないのは不公平だ」と行政を批判するのはたやすいことですが、とにかく介護者や支援者が調べるのがいちばんです。「ケアマネジャーが教えてくれる」と書いてある介護本もありますが、介護の世界では、待っていてよいことはひとつもありません。役所が遠ければ、地域包括支援センターで尋ねましょう。

自治体が行っている高齢者福祉サービスの例

すべての自治体が下記のサービスを行っているわけではありません。各自治体が独自に実施している高齢者福祉サービスについては、介護保険課や高齢者福祉課などの窓口でご確認ください

訪問理美容サービス	理容師や美容師が自宅へ来て理容や美容を行ってくれるサービス
寝具乾燥消毒サービス	自分でふとんが干せない人のために、寝具の洗濯や消毒、乾燥などを行う専用車両が来てくれるサービス
紙オムツの支給	紙オムツや尿取りパッドを支給してくれるサービス。一定量までは無料で支給する自治体と廉価で支給する自治体がある。また、入院中で紙オムツの持ち込みができない場合は費用を助成する自治体もある
日常生活用具の支給	対象はおおむね65歳以上で防火の配慮が必要な独居または高齢者のみの世帯。支給品目は火災報知器、ガス安全システム、自動消火装置、電磁調理器など
徘徊高齢者位置検索システム費用助成	認知症による徘徊がある高齢者と同居する家族に対して、GPSを使った位置検索サービスへの加入料、検索料の助成を行う
住宅改修費用給付	多いのは手すりの取り付け、床段差の解消、浴槽の取り替え、流しや洗面台の取り替え、便器の洋式化の工事など。自治体によって所得制限や対象工事が異なり、事前の申請が必要
福祉電話の設置	近隣に親族がおらず、定期的な安否確認が必要な高齢者に電話の貸与、基本料金の助成などを行う。通話料は利用者負担
緊急通報システムの設置	慢性疾患などで常時注意を要する高齢者がペンダントを押すと、コールセンターに緊急通報されるシステムの設置。月額の利用料は利用者負担
火災安全システムの設置	火災発生を消防署に通報するシステムの設置
家庭介護者教室の開催	在宅で介護を行っている家族に、介護の知識や技術を無料で教えてくれる
認知症高齢者家族支援員の派遣	家族に外出や休息が必要なとき、家族に代わって認知症高齢者の見守りをしてくれるボランティアを派遣する
傾聴ボランティアの派遣	独居の高齢者に傾聴の訓練を受けたボランティアを派遣してくれる
食事の配食サービス	栄養バランスのとれた高齢者向けのお弁当を配達してくれる。対象条件や回数、価格などは自治体によって異なる
マッサージサービス	定期的に会場を借りて行うマッサージや自宅に来てくれるマッサージがある
ゴミ出しサービス	玄関先にゴミを出しておくと収集場まで運んでくれるサービスが一般的。家の中まで粗大ゴミを取りに来てくれるサービスもある
ステッキの支給	歩行の困難な高齢者に福祉事務所からシルバーステッキが支給される
自立支援ホームヘルプ	日常生活に支障がある独居の人を対象にした介護保険外の家事援助
機能訓練教室の開催	中高年以上を対象に健康体操やリハビリ教室を開いて仲間づくりを行う
おはよう訪問	業者が乳酸菌飲料（有料）を配達する際、独居高齢者の安否確認をしてくれる
家族介護慰労金の支給	要介護4、5の家族を自宅で介護しながら1年間介護保険を利用していない非課税世帯の介護者に年間10万円前後が支給される
かかりつけ医相談窓口	通院が困難な高齢者へ訪問診療や往診を行う医師を紹介する。通常、地元の医師会の相談窓口を教えてくれる

5-2

地域支援事業

市区町村が開始時期や細かな内容を決めることができる、市区町村主体のサービスです

3年間の移行期間を経て2018年4月から全国で展開

2012年度からの介護保険法改正で、介護予防・日常生活支援総合事業が創設されました。これは市区町村の判断で、予防給付（要支援1、2の人に対する介護保険サービス）と生活支援サービスを一体化させたものです。新たな枠組みが必要な理由として、「要支援と自立を行き来する層や、虚弱・引きこもりで介護保険制度に馴染まない層に対して、総合的な施策を行うため」という説明がなされました。

2015年度からの介護保険法改正で大きく変わったことのひとつは、要支援1、2の人も同事業の対象となったことです。このため、同事業は再編され、新しい介護予防・日常生活支援総合事業（新しい総合事業）となりました。さらに、それまで要支援1、2の人が受けていた訪問介護と通所介護が予防給付から外れ、新しい総合事業に移されました。移行に伴う経過措置は、2017年度末までです。

新しい総合事業は、要支援1、2の人や自立の人を対象にして、市区町村が訪問型サービス、通所型サービスなどを行います。また、一般介護予防事業も行います。

こうした新しい総合事業と包括的支援事業、任意事業が集まったものが地域支援事業です。2018年度からの介護保険法改正を経て、すべての市区町村が再整備された地域支援事業に取り組むことになりました。

介護保険事業と地域支援事業の流れ

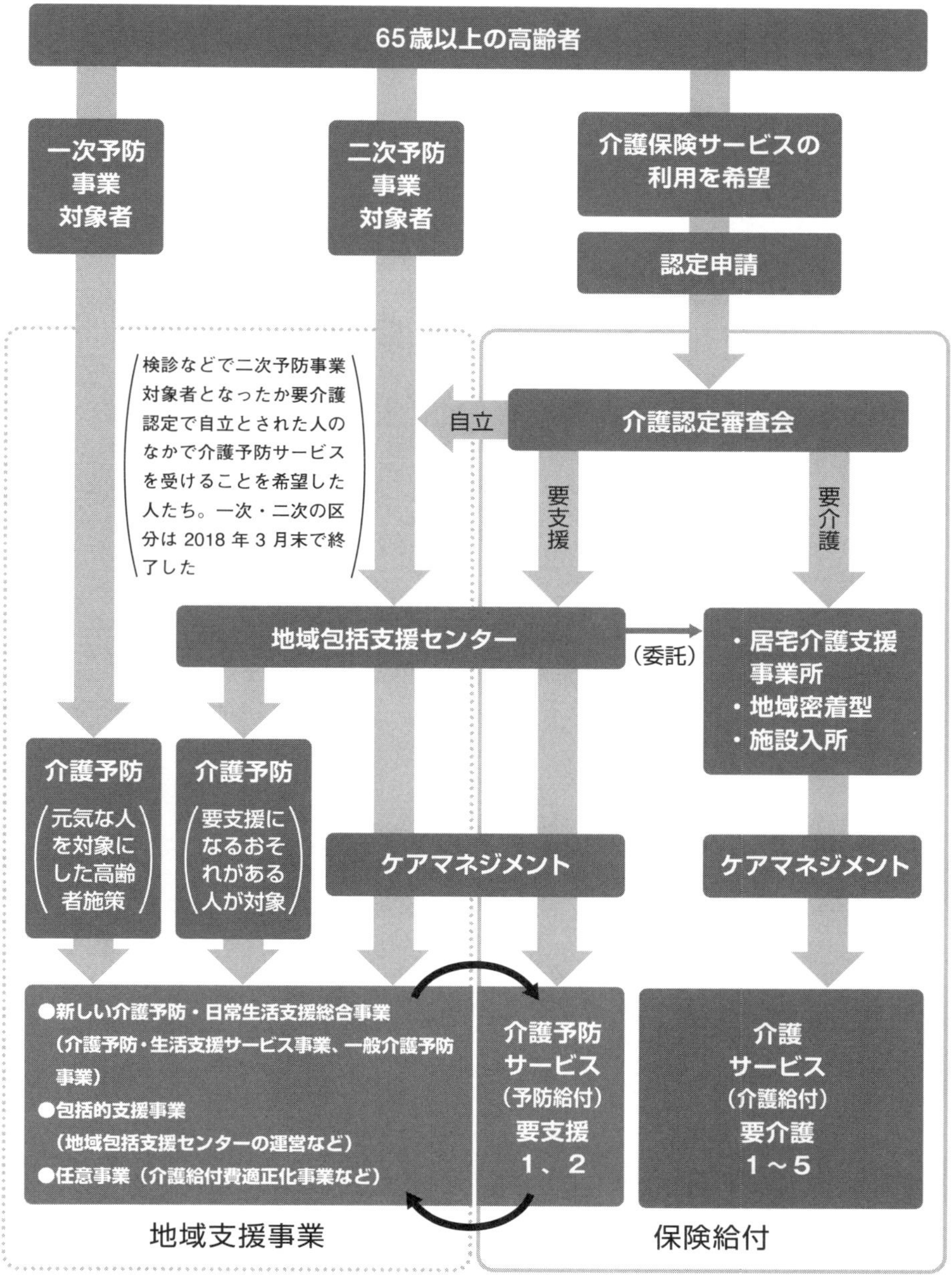
65歳以上の高齢者
一次予防事業対象者
二次予防事業対象者
介護保険サービスの利用を希望
認定申請
検診などで二次予防事業対象者となったか要介護認定で自立とされた人のなかで介護予防サービスを受けることを希望した人たち。一次・二次の区分は2018年3月末で終了した
自立
介護認定審査会
要支援
要介護
地域包括支援センター
（委託）
・居宅介護支援事業所
・地域密着型
・施設入所
介護予防（元気な人を対象にした高齢者施策）
介護予防（要支援になるおそれがある人が対象）
ケアマネジメント
ケアマネジメント
●新しい介護予防・日常生活支援総合事業（介護予防・生活支援サービス事業、一般介護予防事業）
●包括的支援事業（地域包括支援センターの運営など）
●任意事業（介護給付費適正化事業など）
介護予防サービス（予防給付）要支援1、2
介護サービス（介護給付）要介護1～5
地域支援事業
保険給付

5-3

社会福祉協議会が行う事業

社会福祉協議会が行うさまざまな事業の中から、代表的な高齢者福祉サービスを紹介します

日常生活自立支援事業の内容

書類などの預かりサービス
紛失してはならない大切な書類などを、金融機関の貸金庫で預かります
日常の金銭管理サービス
口座からの払い戻しや振り込みなど、必要なお金の出し入れを行います
福祉サービスの利用援助
福祉サービスの情報提供と助言、申請手続きや支払いの援助を行います
貸金庫
保険証書
権利証
58

社会福祉協議会とはどのような組織か

社会福祉協議会は、地域福祉の推進を目的とする民間団体で、中央組織として全国社会福祉協議会があり、すべての都道府県と市区町村に社会福祉協議会があります。民間団体でありながら、社会福祉法で定められた公的事業を行う半官半民的な組織です。

介護保険法や障害者総合支援法に基づいた事業を行うところが多いので、一見するとサービス事業者のように見えますが、事業内容は福祉全般に及びます。なかでも高齢者世帯や低所得世帯への生活資金の貸し付け、ボランティアセンターの運営は特筆に値します。

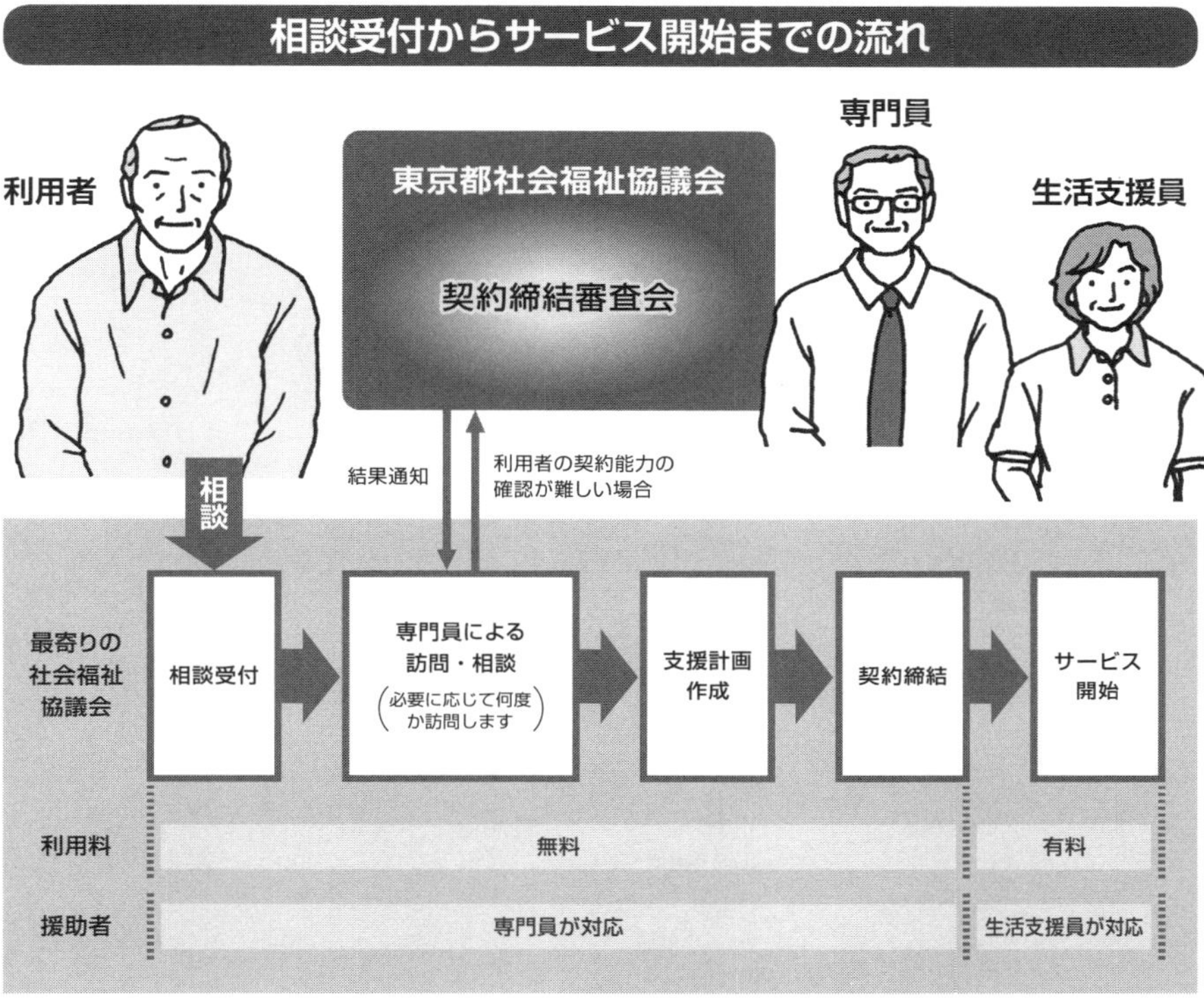
相談受付からサービス開始までの流れ
利用者
東京都社会福祉協議会
契約締結審査会
専門員
生活支援員
相談
結果通知
利用者の契約能力の
確認が難しい場合
最寄りの
社会福祉
協議会
相談受付
専門員による
訪問・相談
（必要に応じて何度か訪問します）
支援計画
作成
契約締結
サービス
開始
利用料
無料
有料
援助者
専門員が対応
生活支援員が対応

※社会福祉法人東京都社会福祉協議会発行のパンフレットをもとに作成

日常生活自立支援事業のサービス内容

２０００年4月の介護保険開始に伴い、措置から契約へ変わることで困る人を守る必要が生まれました。そこで、１９９９年10月から社会福祉協議会が始めたのが、地域福祉権利擁護事業です。これは、認知症や障害（知的障害、精神障害など）で十分な判断ができない人が、社会福祉協議会と契約を結ぶことで、右ページにイラストで示したサービスを受けられる事業です。名称は、２００７年から日常生活自立支援事業と改められました。

この事業は、契約締結までは無料で、サービス開始後は有料です（上のイラスト参照）。利用料は都道府県によって異なりますが、通常１回１２００円程度、書類などの預かりはその都度１０００円程度かかります。

認知症や独居の高齢者が多くなるなかで、介護者や支援者にもっと活用してほしい事業です。

5-4

成年後見制度

認知症の増加や同居家族が減っていることなどから、成年後見制度の必要性が高まっています

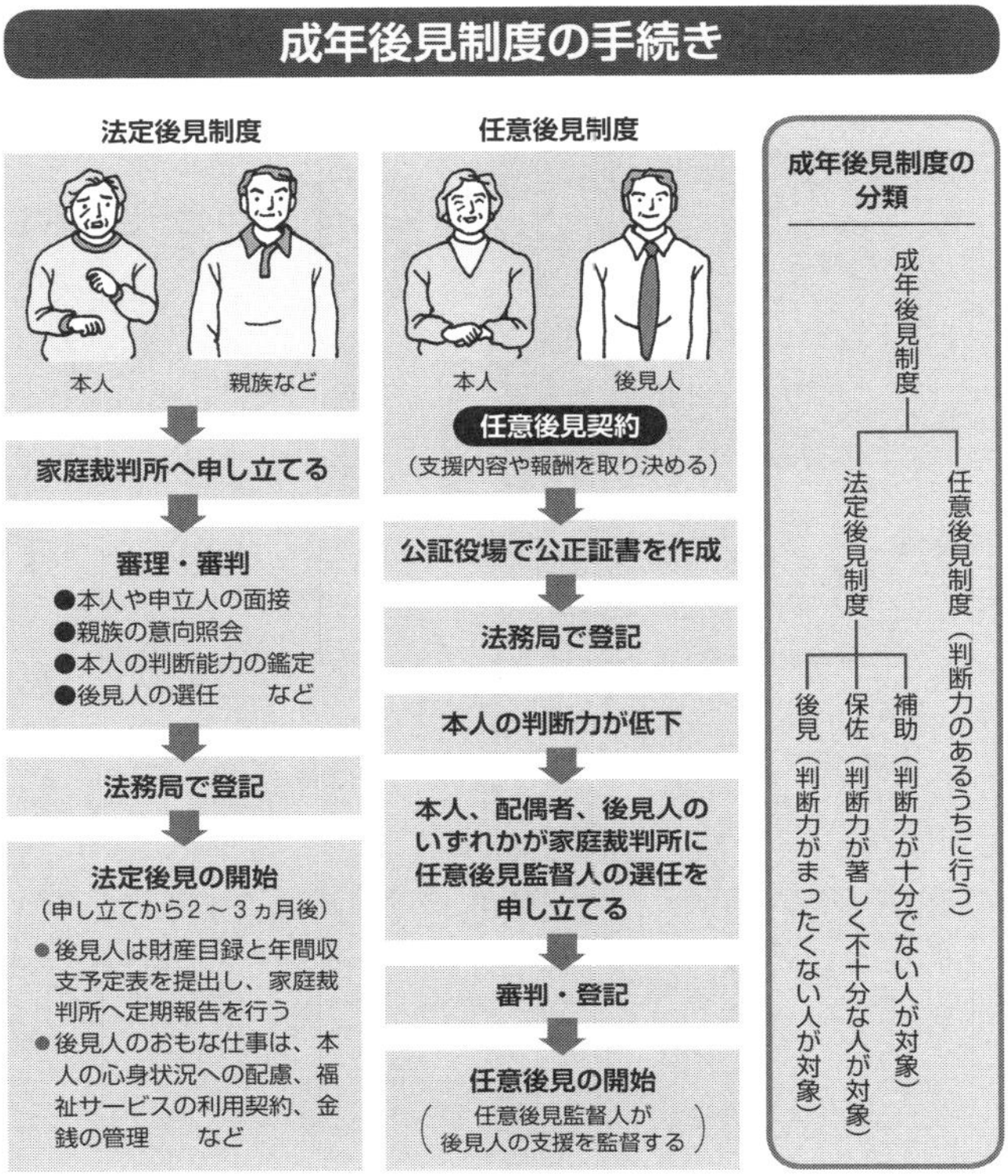

成年後見制度の手続き
法定後見制度
本人
親族など
家庭裁判所へ申し立てる
審理・審判
●本人や申立人の面接
●親族の意向照会
●本人の判断能力の鑑定
●後見人の選任　　など
法務局で登記
法定後見の開始
（申し立てから2～3ヵ月後）
●後見人は財産目録と年間収支予定表を提出し、家庭裁判所へ定期報告を行う
●後見人のおもな仕事は、本人の心身状況への配慮、福祉サービスの利用契約、金銭の管理　　など
任意後見制度
本人
後見人
任意後見契約
（支援内容や報酬を取り決める）
公証役場で公正証書を作成
法務局で登記
本人の判断力が低下
本人、配偶者、後見人のいずれかが家庭裁判所に任意後見監督人の選任を申し立てる
審判・登記
任意後見の開始
（任意後見監督人が後見人の支援を監督する）
成年後見制度の分類
成年後見制度
任意後見制度（判断力のあるうちに行う）
法定後見制度
補助（判断力が十分でない人が対象）
保佐（判断力が著しく不十分な人が対象）
後見（判断力がまったくない人が対象）

判断力が衰えた高齢者の財産を守る制度

成年後見制度は、判断力が十分でない人の人権を守り、財産管理や身上監護（施設への入退所の判断など）を行うための制度で、法定後見制度と任意後見制度があります。

法定後見制度は、すでに判断力が衰えた人のために家庭裁判所が後見人を選ぶもので、後見（従来の禁治産に相当し、選挙権を失う）、保佐（従来の準禁治産に相当する）、補助（新設された軽度のランク）に分かれます。

任意後見制度は、判断力が衰える前に本人が後見人を選んでおくものです。公証役場で証書を作成し、法務局で登記します。

法定成年後見制度の分類

		補助	保佐	後見
開始の要件	対象となる人の条件	精神上の障害（認知症・知的障害・精神障害など）によって利害の得失を判断する能力が十分でない人	精神上の障害によって利害の得失を判断する能力が著しく不十分な人	精神上の障害によって利害の得失を判断する能力が常に欠けている人
	鑑定の必要性	診断書などでよい	原則として鑑定が必要	
機関の名称	本人	被補助人	被保佐人	成年被後見人
	援助者	補助人	保佐人	成年後見人
	監督人	補助監督人	保佐監督人	成年後見監督人
開始の手続き	請求できる者	本人、配偶者、四親等以内の親族、任意後見の受任者、任意後見人、任意後見監督人、検察官、市区町村長など		
	本人の同意	必要	不要	
同意・取消権	付与の範囲	申し立ての範囲内で家庭裁判所が定める「特定の法律行為」	民法13条1項各号に定められた行為	日常生活に関する行為以外の行為
	本人の同意	必要	不要	
	取り消せる人	本人と補助人	本人と保佐人	本人と成年後見人
代理権	付与される範囲	特定の法律行為		財産に関するすべての法律行為
	本人の同意	必要		不要
責務	一般的な義務	本人の意思の尊重と心身の状態および生活の状況に配慮する義務がある		

※社会福祉法人東京都社会福祉協議会発行のパンフレットをもとに作成

少しずつではあるが増加傾向にある

成年後見制度の利用者数は、2015年12月末現在で19万1335人と、毎年1万人規模で増えています。しかし、欧米先進国で行われている類似制度の利用状況と比較すると、桁違いに少ないと言わなければなりません。それは、裁判所へ申し立てるなど制度利用の敷居が高いからです。全国の地域包括支援センターは、親族が申し立てを行うための支援業務を行うことになっています。

申立人の内訳を見ると、本人の子どもがいちばん多く全体の約30・2%、次いで市区町村長約17・3%、本人の兄弟姉妹約13・7%の順です（2015年12月末現在）。

法定後見制度を利用するには、登記手数料、必要であれば医師の鑑定代、後見人への月々の報酬がかかります。任意後見制度を利用するには、契約書作成料や印紙代がかかります。

5-5

有償サービスの活用

介護保険ではできないサービスがたくさんあります。困ったときは、有償サービスが便利です

自由に使えるので試してみたい有償サービス

訪問介護で訪問介護員に来てもらっても、できること（してもいいこと）は限られています。見守り、話し相手、留守番、墓参りの同行、庭の草むしりやペットの世話といったサービスは介護保険が使えず、自治体のサービスでも弱い部分です。介護保険外のサービスがどうしても必要で、かつ経済的な余裕があれば、左ページで紹介する有償サービスを利用する方法があります。

ニチイのような大手以外にも、有償の介護サービスを提供している団体を紹介しましょう。代表的なところは、関東では「ＮＰＯ法人グレースケア機構」、関西では「ＮＰＯ法人つどい場さくらちゃん」です（アドレスは下欄参照）。

グレースケア機構は、東京都三鷹市に事務所があり、訪問介護などの在宅支援を介護保険外で行っています。活動しているヘルパーは約80人、訪問できるエリアは三鷹市、武蔵野市を中心に東京都下や都内23区全般に及びます。年齢、障害、病気を問わず、困っている人なら誰でも何でも相談に乗ってもらえます。

つどい場さくらちゃんは、兵庫県の阪神西宮駅のすぐ近くにある民家で開かれる介護者の「つどい場」です。介護者が利用料を払っておいしい食事やお茶を楽しみながら悩みを語り合えるほか、高齢者の見守り、外出支援、介護講座、イベントの開催などを行っています。

グレースケア機構のホームページ　http://g-care.org/
つどい場さくらちゃんのホームページ　http://www.tsudoiba-sakurachan.com/

全国展開している代表的な有償サービス

ニチイライフ（ニチイの家事・育児・自費介護サービス）
http://www.nichiiweb.jp/kaji/

サービス内容

日常清掃
掃除機かけ、コンロまわり、シンク、浴槽、便器、窓拭きなど

家電製品の清掃
天井の照明、電子レンジ、換気扇、エアコン、冷蔵庫など

洗濯
衣類などの洗濯、ものほし、アイロン、ベッドメイクなど

調理
炊飯、調理、食器洗い、食器の漂白など

買い物、各種代行
買い物、公共料金の支払い、宅配便やクリーニングの受け渡しなど

入退院時のお手伝い
入院中の洗濯や買い物、掃除、入院中の見守りなど

その他
高齢者や障がい者の世話、食事や入浴の介助、見守りなど

サービス料金（一例、税込）

スポットプラン：不定期に1回から利用できるプラン（1回1時間以上、延長可、留守宅は不可）

料金エリア	通常料金（1時間）	延長料金（30分ごと）
Sエリア	6,372円	1,836円
Aエリア	5,724円	1,620円
Bエリア	5,400円	1,296円

定期プラン（週1回以上）：週1回から定期的に利用できるプラン（1回1時間、スタッフ1名から）

料金エリア	通常料金（1時間）	延長料金（30分ごと）
Sエリア	3,888円	1,836円
Aエリア	3,240円	1,620円
Bエリア	2,808円	1,296円

シニア短期間プラン：介護保険利用者・障がい者向けに、短時間で利用できるプラン（1回30分、スタッフ1名から、早朝・夜間・深夜利用は追加料金あり）

料金エリア	通常料金（30分）
Sエリア	2,700円
Aエリア	2,376円
Bエリア	2,160円

Sエリア：東京都、**Aエリア**：宮城の一部・茨城・埼玉・千葉・神奈川・静岡・愛知・三重・滋賀・奈良・京都・岐阜・大阪・兵庫・広島、**Bエリア**：上記以外のエリア

※2018年4月現在。サービス内容や料金は変更される場合があります。申し込み時に各自でご確認ください

多様化する介護保険外サービスの一例（2018年4月現在）

種類	名称／関連ウェブサイト	企業名	内容
家事代行 生活支援	ぐっと楽 http://goodluck-ct.com/	クラブツーリズム株式会社	掃除などのほか家具移動といった日常の困り事にも対応
	おまかせさん http://www.omakasesan.com/	株式会社やさしい手	介護保険とも組み合わせやすい家事代行・ケアサービス
外出・旅行	トラベルヘルパーサービス http://www.aelclub.com/	株式会社エス・ピー・アイ（あ・える倶楽部）	介護資格の保有者が、介護が必要な人の旅行やお出かけをサポート
	ユニバーサルデザイン旅行 http://www.tabinoyorokobi.com/	旅のよろこび株式会社	ボランティア協力のもと、介助が必要な人も参加できる安全なツアーを提供
配食	宅配クック１２３ http://takuhaicook123.jp/	株式会社 シニアライフクリエイト	高齢者専門の宅配弁当チェーン。普通食のほか塩分調整食も提供
	バランス弁当 https://www.carepia.jp/bento/	株式会社日本ケアサプライ	レンジで簡単調理でき、塩分などにも配慮された冷凍弁当を販売

※厚生労働省ほか『地域包括ケアシステム構築に向けた公的介護保険外サービスの参考事例集』と各社ウェブサイトより抜粋・まとめ（サービス内容は変更されることがあります）

5-6

民間保険会社の介護保険

生命保険会社などが、介護保険に参入してきました。どんなメリットがあるのでしょうか

使いやすい民間の介護保険が近年増えている

介護保険といえば本書で取り扱っている公的介護保険を指すのが一般的ですが、民間の生命保険会社などでも、同じ「介護保険」の名のもとに、加入して掛け金を払い続ければ一定の要介護状態になったときに保険金が受け取れる金融商品を発売しています。両者の違いは、公的介護保険が現物支給で、介護が必要になったらサービスが支給されるのに比べ、民間の介護保険は現金が支給されることです。

歳をとることによって増える支出に備える方法としては、将来確実にお金が入る個人年金保険を選ぶ人がいました。しかし、日銀の低金利政策の影響で、約束した利回りを維持することが困難になり、個人年金保険は販売休止が相次ぎました。２０１８年８月から、現役世代並みの所得がある人は、公的介護保険の自己負担が3割に引き上げられることも追い風になりました。確定申告をする場合、民間介護保険の掛け金は、控除の対象となるからです。

受け取れる保険金は、介護一時金（有料老人ホームへの入居金やバリアフリーリフォームなどで使える）タイプと介護年金（一生涯または一定期間継続して受け取れる）タイプがあります。支払う条件は各社さまざまですが、自社で査定せず、要介護度を基準にする会社が増えたことと、軽度な要介護1~2にも対応する商品が増えたことが近年の特徴です。

代表的な民間の介護保険

会社名／商品名	商品の特徴	加入年齢
JA共済 介護共済	加入年齢が40歳、掛金払込終了年齢が99歳の場合、男性5000円台、女性6000円台の月額掛金で、受取要件（要介護２以上に認定された場合など）に該当した場合、500万円の一時金が受け取れる。年金方式で受け取ることも可	40～75歳
太陽生命 保険組曲Best	終身生活介護年金保険は要介護２以上で一生涯介護年金が受け取れる（一時金で受け取れるタイプもある）。さらに、認知症治療保険は要介護１以上で最高500万円の一時金が受け取れる。いずれも他の保険と組み合わせ可能	15～75歳
あんしん少額短期保険株式会社 みんなのキズナ介護一時金付定期保険	要支援１から保障が受けられる。１日あたり50円程度の保険料で、介護一時金や死亡保険金、傷害死亡保険金の保障が受けられる。申し込みに必要なのは健康などについての告知だけで、医師の診察は不要	40～84歳
朝日生命 あんしん介護	①年金タイプと②一時金タイプがあり、①は要介護１以上の認定で一生涯の年金を受け取れ、②は要介護３以上の認定で受け取ることができる。両方への加入も可能で、どちらも要介護１以上に認定されると保険料の払込みは不要	40～79歳
損保ジャパン日本興亜ひまわり生命 介護一時金特約	医療保険に付ける「介護一時金特約」タイプ。要介護１以上と認定されたときなどに最大500万円の一時金が受け取れる。年金として分割受給も可。グループ会社の有料老人ホームを紹介してもらうサービスも受けられる	15～75歳

※2017年７月５日読売新聞の記事を参考に作成。変更されることがあるので、申し込み時は各自で確認してください

ボランティアと地域の助け合い

介護家族も支援者も、ボランティアを頼めるようになると、介護の幅が大きく広がります

ボランティアはどこにいるのか

ボランティアの探し方と地域住民の社会参加

「公益財団法人さわやか福祉財団」のホームページでは、全国を14のブロックに分けて、ボランティア団体情報を提供しています。ホームページ内の「全国ボランティアネットワーク情報」欄を開き、「さわやかインストラクター」に問い合わせてください（アドレスは下欄参照）。

シルバー人材センターは、都道府県知事の認可を受けた公益法人で、原則として市区町村単位で設置されています。高齢者でもできる簡単な仕事内容で、先方の都合に合わせせられるだけの時間的な余裕があれば、格安で労務の提供が受けられます。電話番号はタウンページで調べ

さわやか福祉財団のホームページ　http://sawayakazaidan.or.jp/

介護予防・生活支援サービス事業の充実と高齢者の社会参加

介護予防・生活支援サービス事業

●ニーズに合った多様なサービス種類
●住民主体、ＮＰＯ、民間企業等多様な主体によるサービス提供

・地域サロンの開催
・見守り、安否確認
・外出支援
・買い物、調理、掃除などの家事支援
・介護者支援　など

地域住民の参加

生活支援の担い手としての社会参加

高齢者の社会参加

●現役時代の能力を生かした活動
●興味・関心がある活動
●新たにチャレンジする活動

・一般就労、起業
・趣味活動
・健康づくり活動、地域活動
・介護、福祉以外のボランティア活動　など

るか、１０４番に問い合わせてください。

この章の**5-3**で紹介した社会福祉協議会は、都道府県単位と市区町村単位で設置された全国組織の民間団体です。住民が公的サービスを受けたいときに相談に乗ってくれたり、ボランティア団体の支援をしたりしています。福祉公社は自治体が設立した非営利組織で、住民参加型の在宅福祉サービスを提供しています。

そのほか、全国のＪＡ（農業協同組合）や生協（生活協同組合）でも、在宅の高齢者に向けた格安のサービスを提供しています。

介護保険制度上も、新たな取り組みが進行中です。この章の**5-2**で紹介したように、すべての市区町村は２０１８年度から地域支援事業を始めなければなりません。なかでも、上に示した介護予防・生活支援サービス事業は、地域住民の社会参加が前提です。助けが必要な高齢者に手を差し伸べる一方で、高齢のボランティアに役割や生きがいを持ってもらい、介護予防の成果を上げようという狙いがあります。

5-8

介護者の会（家族会）

介護者の会への参加は、介護する人の閉じこもりを防ぎ、視野を広げるのに役立ちます

首都圏の情報はホームページから入手可能

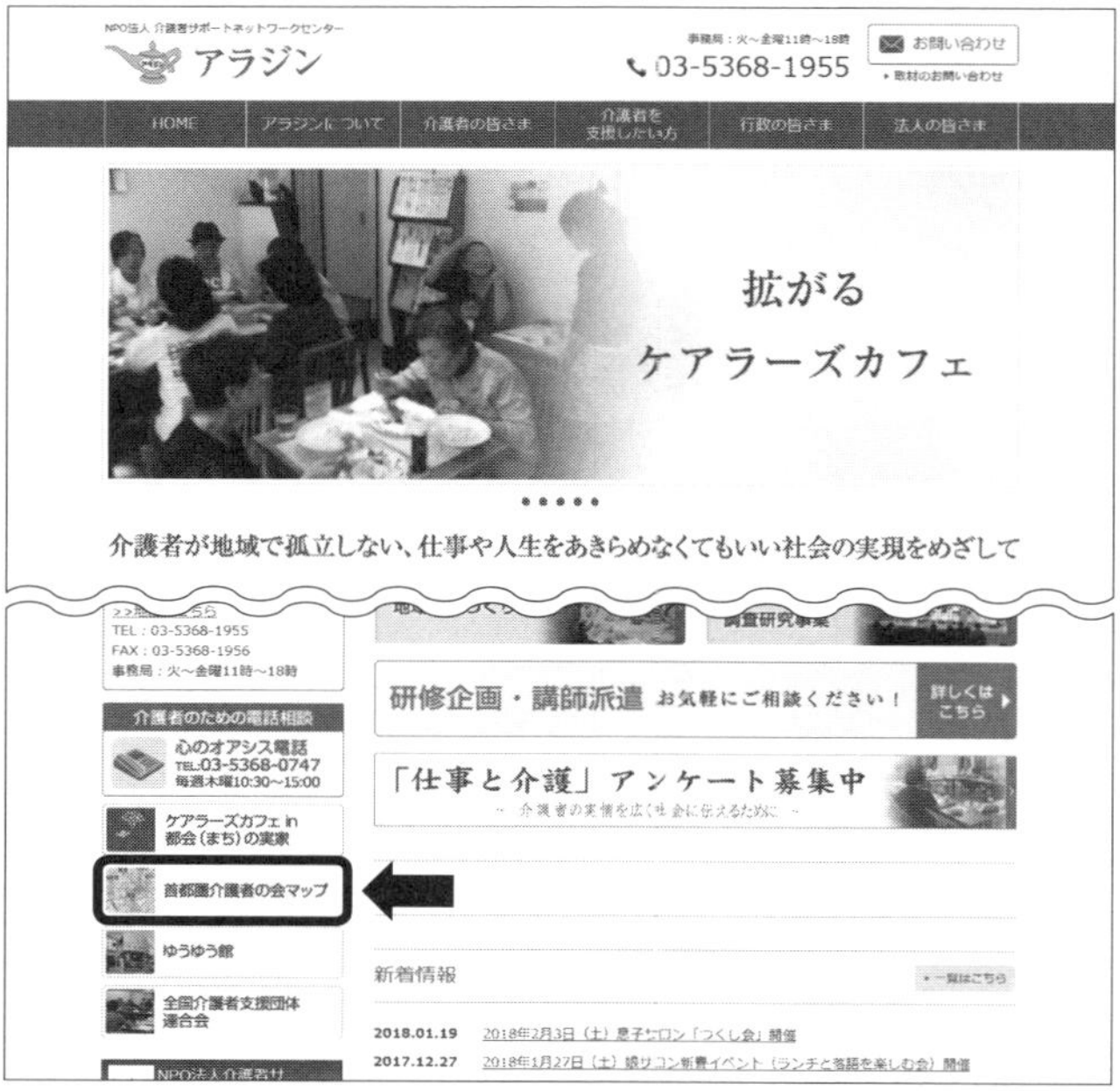

「NPO 法人アラジン」のトップページ（http://arajin-care.net/）から首都圏の介護者の会や関連団体の情報にアクセスできる（矢印部分をクリック）

介護者の悩みを受けとめる仲間たちのつどい

全国には、介護をしている人が定期的に集まって、情報交換を行ったり、お互いの悩みを語り合ったりする会がたくさんあります。東京近郊で「NPO法人介護者サポートネットワークセンター・アラジン」（**5-9**参照）が連携している会だけでも40くらいあるので、各地にかなりの数の介護者の会があると考えていいでしょう。大きな病院や介護施設にも、介護する人の家族会があります。

介護者の会は、月に1回程度集まって新しい参加者の相談に乗り、医療や介護の知識を学び、身近な情報を交換しています。

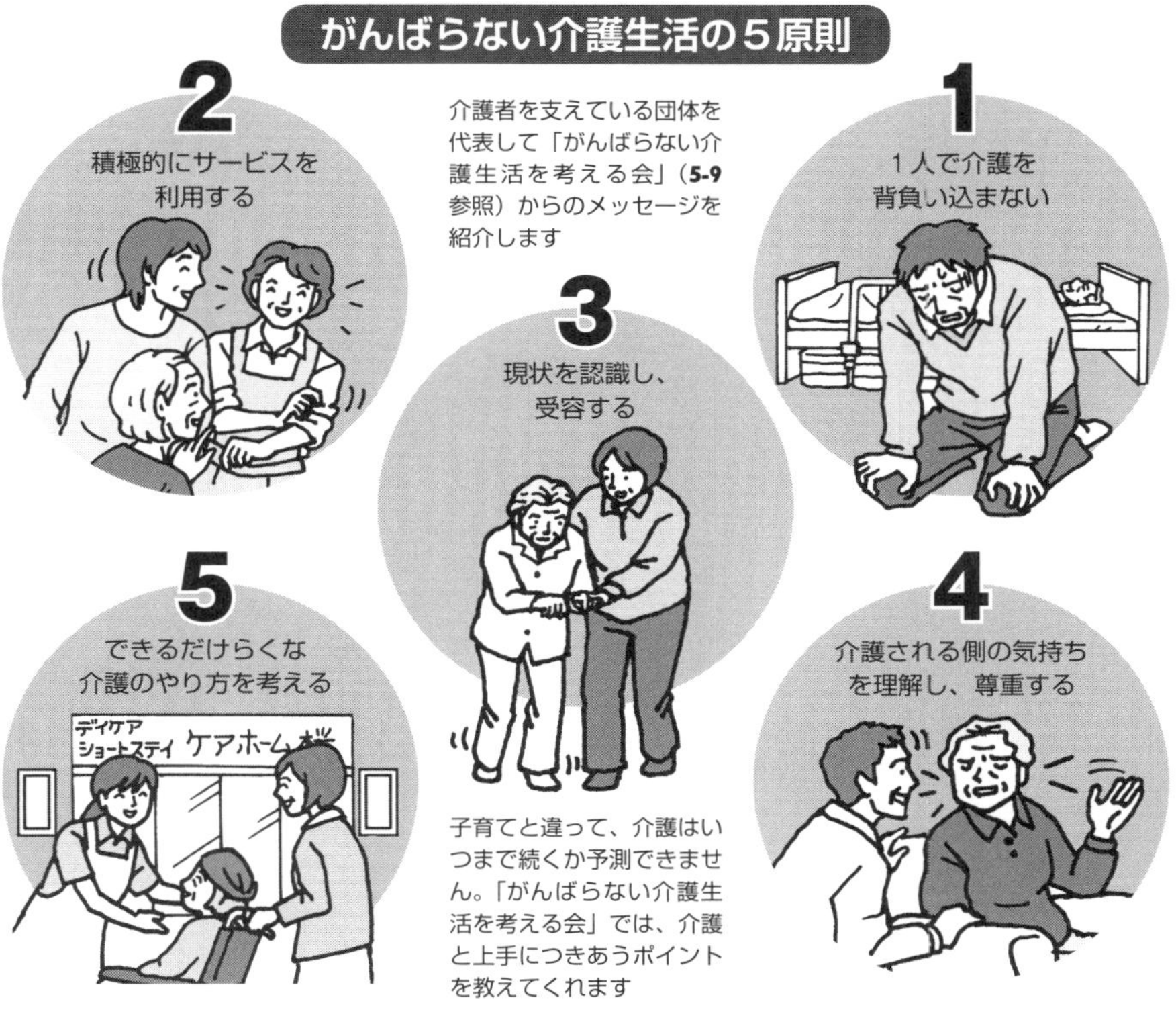
がんばらない介護生活の5原則
1
1人で介護を
背負い込まない
2
積極的にサービスを
利用する
3
現状を認識し、
受容する
4
介護される側の気持ち
を理解し、尊重する
5
できるだけらくな
介護のやり方を考える
デイケア
ショートステイ
ケアホーム

介護者を支えている団体を代表して「がんばらない介護生活を考える会」（**5-9**参照）からのメッセージを紹介します

子育てと違って、介護はいつまで続くか予測できません。「がんばらない介護生活を考える会」では、介護と上手につきあうポイントを教えてくれます

地域で介護者の会を探すにはどうすればいいか

介護者の会の連絡先は、市区町村役所の高齢者福祉課などで教えてもらえます。役所で把握していなければ、地元の社会福祉協議会への問い合わせが有効です。そこでも把握していなければ、全国組織である「公益社団法人認知症の人と家族の会」（**5-9**参照）のホームページに、都道府県の支部が掲載されています。そこの集まりに参加し、通いにくければ最寄りの介護者の会を教えてもらうといいでしょう。

介護者の会は、家族だけでなく介護職もオブザーバーとして参加できます。介護サービス事業所で働いている人は、利用者の家族がどんなことに悩んでいるか、本心を知ることができるのです。ケアマネジャーや相談員など対人援助の専門家は、公的制度に詳しくなるだけでなく、地域の介護者の会を紹介できると、介護者を孤立から救い出すのに役立ちます。

5-9

介護者を支えてくれる団体

介護者の会と同じように、介護者を支援してくれる団体の存在も知っておくと便利です

こうした団体に共通しているのは、「要介護者をケアするだけでなく、介護者をケアする必要もある」という考えです。介護保険制度は要支援または要介護状態にある高齢者しか見てくれないので、介護者をも視野に入れた支援をどう行っていくかが模索されています。

そうした動きのひとつが、２０１０年に発足した「一般社団法人日本ケアラー連盟」です。この団体は「介護者支援推進法」の制定に向けた働きかけを行っています。ケアラーとは、「ケアをする人」ですが、単に介護者と呼ばないのは、高齢者介護に限定しないためです。背景には、引きこもりや依存症など、社会の変化に伴って支援されるべき人の姿が多様化しているという問題があります。

介護している人を支えるネットワークもある

介護者の会（家族会）が、ほとんど法人格を持たない任意団体であるのに比べ、組織的に介護者を支援している法人、団体、ネットワークもあります。左ページで紹介するのが、その代表的なところです。それぞれが明確なテーマを掲げ、介護している人を支えています。

こういうところにつながると、次々と新しい情報が入ってくるので、介護家族であっても介護職であっても、介護を取り巻く世の中の動きがわかるようになるものです。どんな活動をしているのか、ホームページで活動内容をチェックしてみることができます。

介護している人を支えている団体

公益社団法人「認知症の人と家族の会」

認知症の人と家族、支援者を中心とした全国的な民間団体です。全国47都道府県に支部をもち、国際アルツハイマー病協会に加盟しています。
活動内容：会報の発行、電話相談、つどいの開催、認知症に関係した調査研究、啓発活動、厚生労働省や自治体などへの提言、認知症の人と家族への援助をすすめる全国研修会の開催など

TEL：075-811-8195（本部事務局）
http://www.alzheimer.or.jp/

がんばらない介護生活を考える会

「がんばらない介護生活」実現のために医師、看護師、介護アドバイザー、心理カウンセラーを委員として設立。精神的にゆとりのある質の高い介護生活を送るためには何をしたらいいのか、行政・団体・企業・メディアなどと連携、11月11日の「介護の日」を中心にセミナーやホームページなどを通して広い視野から情報提供を行っています

FAX：03-3549-1685
http://www.gambaranaikaigo.com/

NPO法人
介護者サポートネットワークセンター・アラジン

「ケアする人のケア」を掲げて首都圏を中心に活動する市民団体です。①「介護する人への直接的なケアやサポートのしくみづくり」②「孤立しがちな介護者を社会へつなぐしくみづくり」をミッションとしています。
活動内容：電話相談、ケアフレンドの派遣、介護者サポーター養成講座の開催、介護者の会の立ち上げおよび運営の支援など

TEL：03-5368-1955
http://arajin-care.net/

一般社団法人「全国介護者支援協議会」

介護に関わる企業・団体・施設および個人が情報を交換できる場をつくり、そこで得られた成果を介護者に還元する活動を行っています。
活動内容：「介護サービスガイド帳」の発行、介護たすけあいホームページ「あったかタウン」の運営、「高齢者のための電動車いす安全運転講習会」の開催など

TEL：03-5992-0372
http://zenkaikyo.or.jp/

NPO法人「日本コンチネンス協会」

人には相談しにくい排泄障害や排泄ケアに関する相談を受けている団体です。排泄の障害を持つ当事者やケアを提供する専門職をはじめ、すべての人に排泄障害の予防、治療、適切なケアマネジメントの推進に関する支援、教育、情報提供を行っています。また、排泄障害への偏見をなくすための活動にも熱心です

TEL：050-3786-1145
http://www.jcas.or.jp/

全国マイケアプラン・ネットワーク

介護保険のケアプランを自分でつくろうという利用者と家族、および賛同者のネットワークです。ホームページには、ケアプランの自己作成に役立つ情報がいっぱい。作成ソフトが無料でダウンロードできるうえ、ホームページからケアプランづくりのマニュアルを購入することもできます

FAX：042-306-5796
http://www.mycareplan-net.com/

若年認知症家族会・彩星《ほし》の会

65歳未満で発症した若年性認知症本人と家族を対象とした会です。本人と家族への支援、若年性認知症の理解を深める活動を行っています。会員組織で、会員になれば定例会への参加や専門職による相談を受けられます。電話やFAX、メールによる相談も受けています

TEL：03-5919-4185（月水金10：30～16：00）
http://www.hoshinokai.org/

5-10

遠距離介護を助けてくれるサービス

親世帯と子世帯との同居が減り続けるなかで、遠距離介護者を支援する動きが加速しています

遠距離介護者をどう支えるかは国を挙げての大問題

近年、離れて暮らす親元に通って介護をする遠距離介護者を支援するサービスが増えてきました。これは次（**5-11**）に紹介する介護休業制度の普及と無縁ではありません。

日本の社会は、田舎で暮らす親と都会で働く子どもという二重構造を内包しています。つまり企業は、多くの遠距離介護者によって支えられているのです。もし会社側が介護に一切の理解を示さなければ、社員の一部は勤め続けることができなくなるでしょう。介護者を支えなければ企業が持たない、という意識がさまざまなサービスを生んでいると考えられます。

遠距離介護をサポートしてくれる団体

NPO法人
パオッコ
離れて暮らす親のケアを考える会

NPO法人　パオッコ
ホームページ
http://paokko.org/

遠距離介護・別居介護を行う子世代に対して、情報支援を行うNPO法人。毎年秋に東京と大阪で遠距離介護セミナーを開催するほか、月に1回サロンも開いています。会員は全国に2000人ほどで、介護が本格的に始まっていない「介護予備軍」の人も参加しています。

一般会員は会費無料でメールマガジン「月刊パオッコ通信」を受け取ることができます

はたらくあなたのための高齢者支援コミュニティ
特定非営利活動法人
海を越えるケアの手
略称 シーケア

NPO法人　海を越えるケアの手
TEL＆FAX 03-3249-7231
ホームページ
http://www.seacare.or.jp/

海外で暮らす子どもが日本にいる親を遠距離介護するときに支援してくれる団体として発足しました。会員制の有料サービスで、介護に関する相談に応え、医療や介護の手配を行ったり、スタッフが訪問して見守りや生活の支援を行います。

「遠距離介護を支援するコンシェルジェ」を合い言葉に、介護保険の申請手続きや入退院のお世話、転院先探し、介護施設探しなど、さまざまなニーズに応えています

遠距離介護を助けてくれるサービスのいろいろ（2018年4月現在）

	会社名	サービス名／企業ウェブサイトアドレス	サービス内容	利用料
帰省割引	日本航空	介護帰省割引 https://www.jal.co.jp/	事前に取得した情報登録済みのJALカードかJALマイレージバンクカードを呈示すれば、介護者と要介護者の居住地の最寄り空港間を結ぶ一路線の運賃が安くなります	JALマイレージバンクの入会金・年会費は無料
	全日空	介護割引 https://www.ana.co.jp/	登録済みのANAマイレージクラブカードがあれば、介護する人・される人の最寄りの空港を結ぶ一路線が安くなります。全日空の直行便がない場合、経由便の利用も可能です	「介護割引情報登録」の手数料は無料
緊急通報・見守りサービス	綜合警備保障株式会社（ALSOK）	HOME ALSOK みまもりサポート https://www.alsok.co.jp/	設置された非常通報装置で、ガードマンへの通報、ヘルスケアセンターへの相談などができます。持病やかかりつけ病院を登録して救急搬送時に役立てることも可能です	初期費用なし、月額2,960円で機器をレンタルするプランなどさまざまな選択肢があり、オプション（有料）も多数用意されています
	セントラル警備保障株式会社	見守りハピネス https://www.we-are-csp.co.jp/	①ボタンひとつで緊急通報できるサービス、②生活反応が確認できないとき自動通報されるサービスがあり、①②と追加サービスの組み合わせで3つのプランがあります	①のみの場合は、機器レンタル・5年契約で初期費用なし、月3,024円、②と組み合わせた場合はサービス内容により料金が変わります
	ホームネット株式会社	見まもっ TEL プラス http://www.homenet-24.co.jp/	週2回の電話（自動音声ガイダンス）による安否確認。安否確認の結果はメールで通知されます。居室内での不慮の事故の際は、100万円まで費用を補償してもらえます	初回登録料10,000円、月額利用料1,500円（ともに税別）
	象印マホービン株式会社	みまもりホットライン http://www.mimamori.net/	無線受信機能がついた電気ポット（iポット）を親の家でレンタルすると、ポットの使用状況を1日2回、離れて暮らす家族にメールで知らせてくれます	契約料はポット1台につき5,400円（初回のみ）、月額利用料は1台につき3,240円。アドレスは3件まで登録可能（1件のみ無料）です
	東京ガス株式会社	くらし見守りサービス http://mimamori.tg-service.jp/	東京ガスの契約者宅が対象。「ついうっかり」の消し忘れを電話で知らせる自動通報や、1日ガスが使われなかった場合メールで知らせるサービスなどが受けられます	月額500円（初期加入料なし）。東京ガスのガス契約者であることが条件となります
	大阪ガスセキュリティサービス株式会社	あんしんお元気サービス https://www.oss-og.co.jp/	トイレの扉などに設置した生活リズムセンサーに一定時間反応がない場合、センターに自動通報され、安否確認連絡をしてくれます。また、必要に応じて係員が駆けつけます	初期費用45,000円、月額利用料5,594円。週1～3回、スタッフから利用者に電話が入るオプション（月額648円～）もあります
	NTTテレコン株式会社	あんしんテレちゃん http://www.ntt-tc.co.jp/tele_chan/	見守られる方の自宅がLPガス使用であれば、利用可能なサービスです。LPガスの使用状況を、1日1回登録されたメールアドレスへお知らせします	初期費用23,000円、月額利用料790円。ガス会社設置の通信機器が利用可能なら初期費用無料、月額利用料990円（すべて税別）
	株式会社アートデータ	安否確認サービス http://www.artdata.co.jp/	マットセンサーやドアセンサーなどをお年寄りの家に設置し、動きを検知してメールなどで通知してくれます。生活リズムにそって早めの判定ができることが特徴です	入会金8,000円、マット（L）30,000円、電話自動コール装置28,000円、標準工事費7,000円、月会費1,000円（レンタルあり要相談、税別）

※サービス内容や料金は変更される場合があります。申し込み時などに各自でご確認ください

5-11

介護休業制度

介護をしている労働者は、育児休業と同じように、介護休業制度を利用することができます

介護離職を防ぐために普及が望まれる介護休業制度

介護休業制度は、1991年に制定された「育児休業、介護休業等育児又は家族介護を行う労働者の福祉に関する法律」（通称：育児・介護休業法）によって設けられました。具体的には、左ページに掲げた介護休業と介護休暇の2つから成る制度です。また、介護者は、介護を理由に時間外労働の制限と深夜業の制限を求めることができます。

介護休業を求めることができる労働者は、男女を問いません。介護保険サービスを使っていたり、他の人の手伝いを受けたりしていても、労働者本人が介護をしていればこの制度を利用できます。この権利は法律で定められているので、勤務先に介護休業の規定がなくても休業することは可能です。この権利が侵害されれば、厚生労働大臣の指導などが入ります。

介護休業期間中の賃金については、法律に記載がありません。支払ってもらえるかどうかは、勤務先の就業規則次第です。支払ってもらえない場合は、ハローワークで介護休業給付金（給料の67％相当）を受給できます。

この制度は2017年1月に改正され、「通算93日まで原則1回」が「通算93日まで3回を上限として分割可能」になりました。介護が始まったとき、施設入所に踏み切るとき、看取りを行うとき、それぞれ1ヵ月の休みが必要、という考え方が根底にあるようです。

介護休業制度

休業の定義	●労働者が要介護状態（負傷、疾病又は身体上若しくは精神上の障害により、２週間以上の期間にわたり常時介護を必要とする状態）にある対象家族を介護するためにする休業
対象労働者	●労働者（日々雇用を除く） ●労使協定により対象外にできる労働者 ○入社１年未満の労働者　○申出の日から93日以内に雇用期間が終了する労働者　○１週間の所定労働日数が２日以下の労働者 ●有期契約労働者は、申出時点において、次の要件を満たすことが必要 ①入社１年以上　②介護休業開始予定日から起算して93日を経過する日から６か月経過する日までに労働契約期間が満了し、更新されないことが明らかでないこと
対象となる家族の範囲	●配偶者（事実婚を含む）、父母、子、配偶者の父母、祖父母、兄弟姉妹及び孫 ※介護関係の「子」の範囲は、法律上の親子関係がある子（養子を含む）のみ
期　間	●対象家族１人につき、通算93日まで
回　数	●対象家族１人につき、３回
手　続	●労働者は、休業開始予定日の２週間前までに、書面のほか、事業主が適当と認める場合には、ファックス又は電子メール等により、事業主に申出 ●申出が遅れた場合、事業主は法に基づき休業開始日の指定が可能 ●事業主は、証明書類の提出を求めることが可能 ●事業主は、介護休業の申出がなされたときは、次の事項を申出からおおむね１週間以内に、書面によるほか、労働者が希望する場合は、ファックス又は電子メール等により通知 ①介護休業申出を受けた旨　②介護休業開始予定日及び介護休業終了予定日 ③介護休業申出を拒む場合には、その旨及びその理由 ●休業終了予定日の２週間前までに申し出ることにより、93日の範囲内で申出毎に１回に限り繰下げが可能 ●休業開始予定日の前日までに申出の撤回が可能。ただし、同じ対象家族について２回連続して撤回した場合には、それ以降の介護休業の申出について事業主は拒むことができる

介護休暇制度

制度の内容	●要介護状態にある対象家族の介護その他の世話＊を行う労働者は、１年に５日（対象家族が２人以上の場合は10日）まで、介護その他の世話を行うために、休暇の取得が可能 ●１日又は半日（所定労働時間の２分の１）単位で取得可能 ●１日単位での取得のみとすることができる労働者 ○１日の所定労働時間が４時間以下の労働者　○半日単位での取得が困難と認められる業務に従事する労働者（労使協定が必要） ＊その他の世話とは、対象家族の通院等の付添い、対象家族が介護サービスの適応を受けるために必要な手続きの代行、その他の対象家族に必要な世話をいう
対象労働者	●労働者（日々雇用を除く） ●労使協定により対象外にできる労働者 ○入社６か月未満の労働者　○１週間の所定労働日数が２日以下の労働者

※厚生労働省「育児・介護休業制度ガイドブック」より抜粋

コラム 5

民法（相続税法）改正と介護への影響

法務大臣の諮問機関「法制審議会」相続関係部会は民法の改正要綱案をまとめ、2018年の通常国会へ提出するべく法相への答申を行いました。改正の柱は相続税法の大幅な見直しで、1980年以来約40年ぶりの改正となります。

注目されるのは、相続人の中でも配偶者の優遇です。住宅の権利を「所有権」と「居住権」に分け、配偶者は居住権を取得すれば、自宅に住み続けることができるようになります。

相続人以外の親族が介護に貢献した場合、相続する権利がなくても、相続人に金銭を請求できる制度が新設されることも大きな変化です。この場合、親族には3親等（おいやめい）以内の配偶者も含まれます。これまで介護に貢献しながら相続では部外者だった嫁（息子の妻）に焦点を当てた改正であることは間違いありません。

支払い額は当事者間の話し合いによりますが、合意できない場合は家庭裁判所に決めてもらうこともできます。ただし、事実婚や内縁など、戸籍上の親族でない人は請求できません。

さらに、遺産分割が終了するまで故人の預貯金が金融機関で凍結されていた現状を変え、葬儀費用などを引き出しやすくする「仮払制度」の創設も注目の的です。これまでは、一家の大黒柱が急死した場合など、一定期間預貯金が引き出せないために「葬儀費用が払えない、生活費が足りない」など遺族に不便が生じていました。

第6章

介護を支えるおもな職業

介護は、多職種協働の場です。さまざまな専門職が自分の技量を高め、互いに連携しなければ高齢者を支えることはできません。この章では、それぞれの専門職が「何をする人なのか」、理解を深めます

6-1

ケアマネジャー

介護保険制度において、ケアプランの作成と給付の管理を行うケアマネジャーは不可欠です

介護保険の要となるコーディネーター

正式名称は「介護支援専門員」ですが、ケアマネジャーと呼ばれることが多く、略してケアマネとも呼ばれます。介護保険制度の開始にあたって、各種のサービスを一元的に提供するために設けられた公的資格で、都道府県に登録され（2018年度から市区町村が事業所の指定に参加）、5年ごとの更新研修が必要です。

最も中心となる仕事は、利用者別にケアプラン（介護サービス計画）を作成することです。さらに利用者とサービス事業者との連絡調整を行い、毎月ケアプランを更新しながら、給付に関する書類を市区町村へ提出します。

ケアマネジャーの仕事の流れ

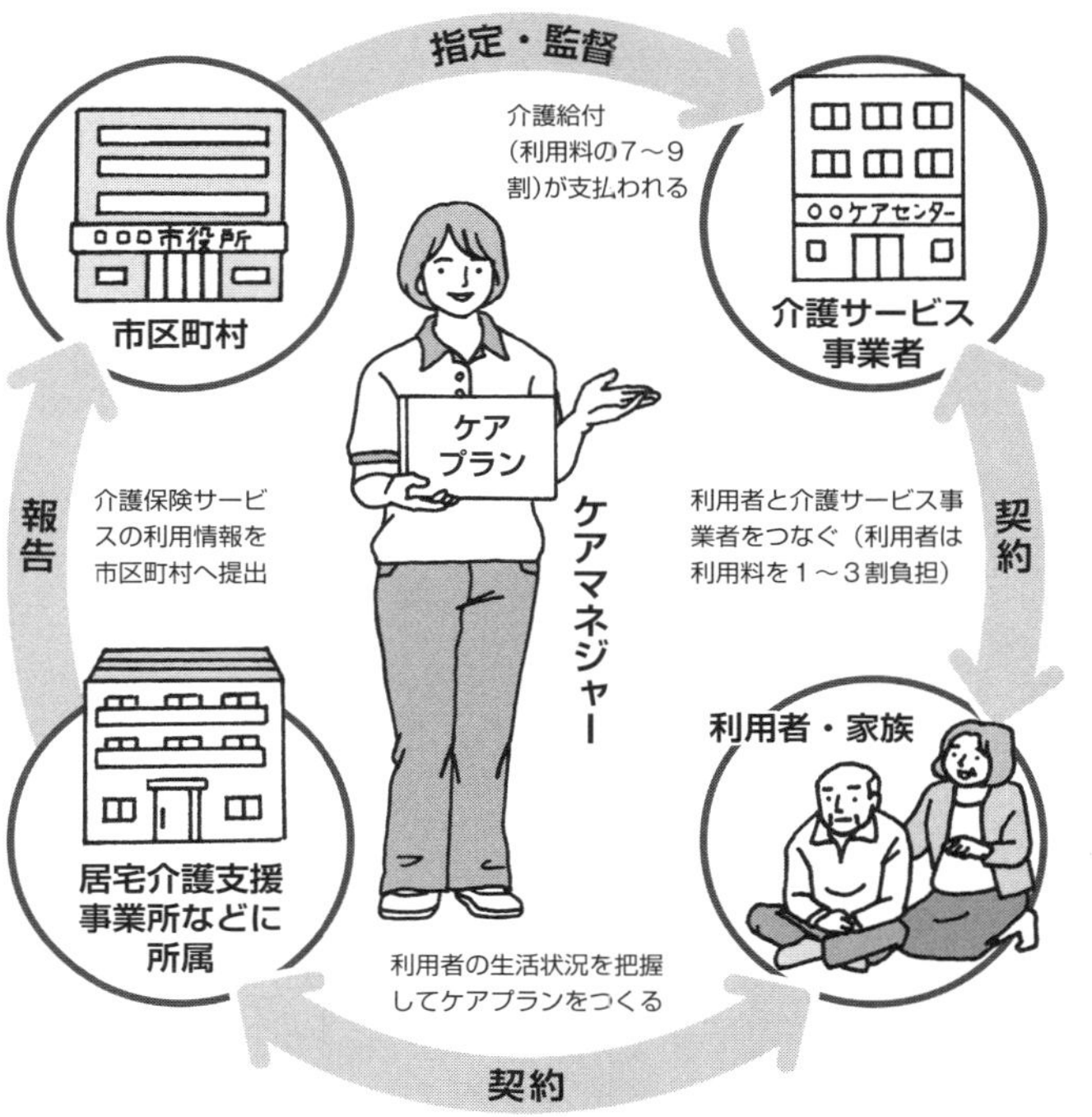

指定・監督
介護給付（利用料の7～9割）が支払われる
〇〇〇市役所
市区町村
〇〇ケアセンター
介護サービス事業者
ケアプラン
ケアマネジャー
報告
介護保険サービスの利用情報を市区町村へ提出
契約
利用者と介護サービス事業者をつなぐ（利用者は利用料を1～3割負担）
利用者・家族
居宅介護支援事業所などに所属
利用者の生活状況を把握してケアプランをつくる
契約

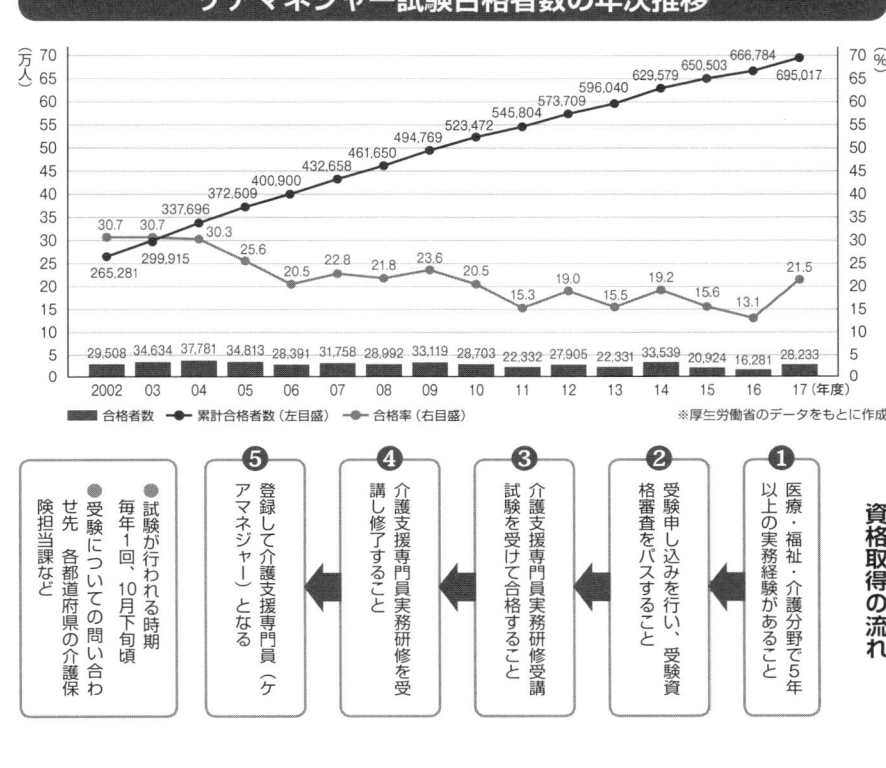

ケアマネジャー試験合格者数の年次推移

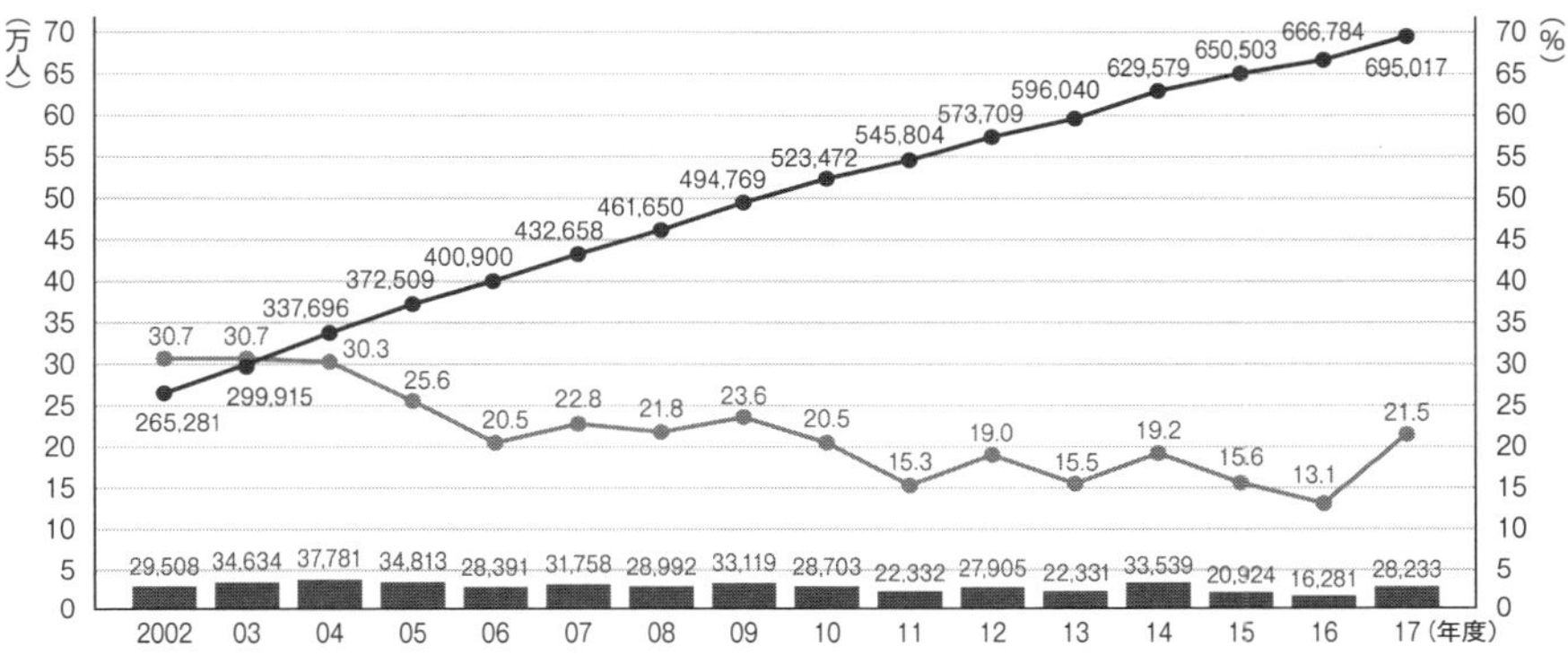
（万人）
（%）
265,281
299,915
337,696
372,509
400,900
432,658
461,650
494,769
523,472
545,804
573,709
596,040
629,579
650,503
666,784
695,017
30.7
30.7
30.3
25.6
20.5
22.8
21.8
23.6
20.5
15.3
19.0
15.5
19.2
15.6
13.1
21.5
29,508
34,634
37,781
34,813
28,391
31,758
28,992
33,119
28,703
22,332
27,905
22,331
33,539
20,924
16,281
28,233
2002 03 04 05 06 07 08 09 10 11 12 13 14 15 16 17（年度）
合格者数
累計合格者数（左目盛）
合格率（右目盛）
※厚生労働省のデータをもとに作成

資格取得の流れ

1. 医療・福祉・介護分野で5年以上の実務経験があること
2. 受験申し込みを行い、受験資格審査をパスすること
3. 介護支援専門員実務研修受講試験を受けて合格すること
4. 介護支援専門員実務研修を受講し修了すること
5. 登録して介護支援専門員（ケアマネジャー）となる

- 試験が行われる時期
  毎年1回、10月下旬頃
- 受験についての問い合わせ先　各都道府県の介護保険担当課など

どうしたらケアマネジャーになれて、どこで働けるのか

ケアマネジャーになるには、都道府県が実施する試験に合格し、定められた実務研修を受講する必要があります。受験資格は、医療系や介護系の国家資格を取得していて、それらの実務経験が5年以上あるか、介護老人福祉施設や在宅サービス事業所などでの実務経験が有資格者で5年必要です。

ケアマネジャーは、フリーで働くことができず、法人に所属しなければなりません（1人で法人化することはできます）。ケアマネジャーの事務所は「居宅介護支援事業所」と呼ばれ、通常要介護1～5の人の居宅サービスを担当します。独立型は少なく、約9割が他の介護サービス事業所に併設された事務所です。

介護保険施設や地域密着型サービスの一部でもケアマネの設置が義務づけられています。地域包括支援センターで要支援の担当もできます。

6-2

社会福祉士

福祉の仕事は対人援助業と呼ばれることがありますが、その代表的な資格が社会福祉士です

社会福祉士が活躍する分野

行政や団体の職員として

行政の相談窓口や社会福祉協議会などで専門職として働く。地域包括支援センターでは、主任ケアマネジャー、保健師または看護師と共に設置が義務づけられている

介護施設や病院で

施設の相談員や医療ソーシャルワーカーとして働く

地域の小・中学校へ

臨床心理士と共にスクールソーシャルワーカーとして配置される

成年後見制度を担当

弁護士、司法書士などと同じく、認知症のお年寄りの後見人になることができる

ソーシャルワーカーとして最上位の国家資格

1987年に国会で「社会福祉士及び介護福祉士法」が制定され、89年から始まった国家試験で誕生したのが社会福祉士と介護福祉士です。これに精神保健福祉士を合わせた3つの国家資格が「三福祉士」と通称されます。

社会福祉士は、身体的または精神的な障害や環境上の理由から日常生活を営むのに支障がある人の相談に応じ、助言や指導を行うのが仕事です。そのような人を福祉や医療のサービスに結びつけ、調整や援助も行います。社会福祉士は、福祉や介護の専門知識を持ち、援助技術があることを国から認められた人です。

社会福祉士の資格取得までの流れ

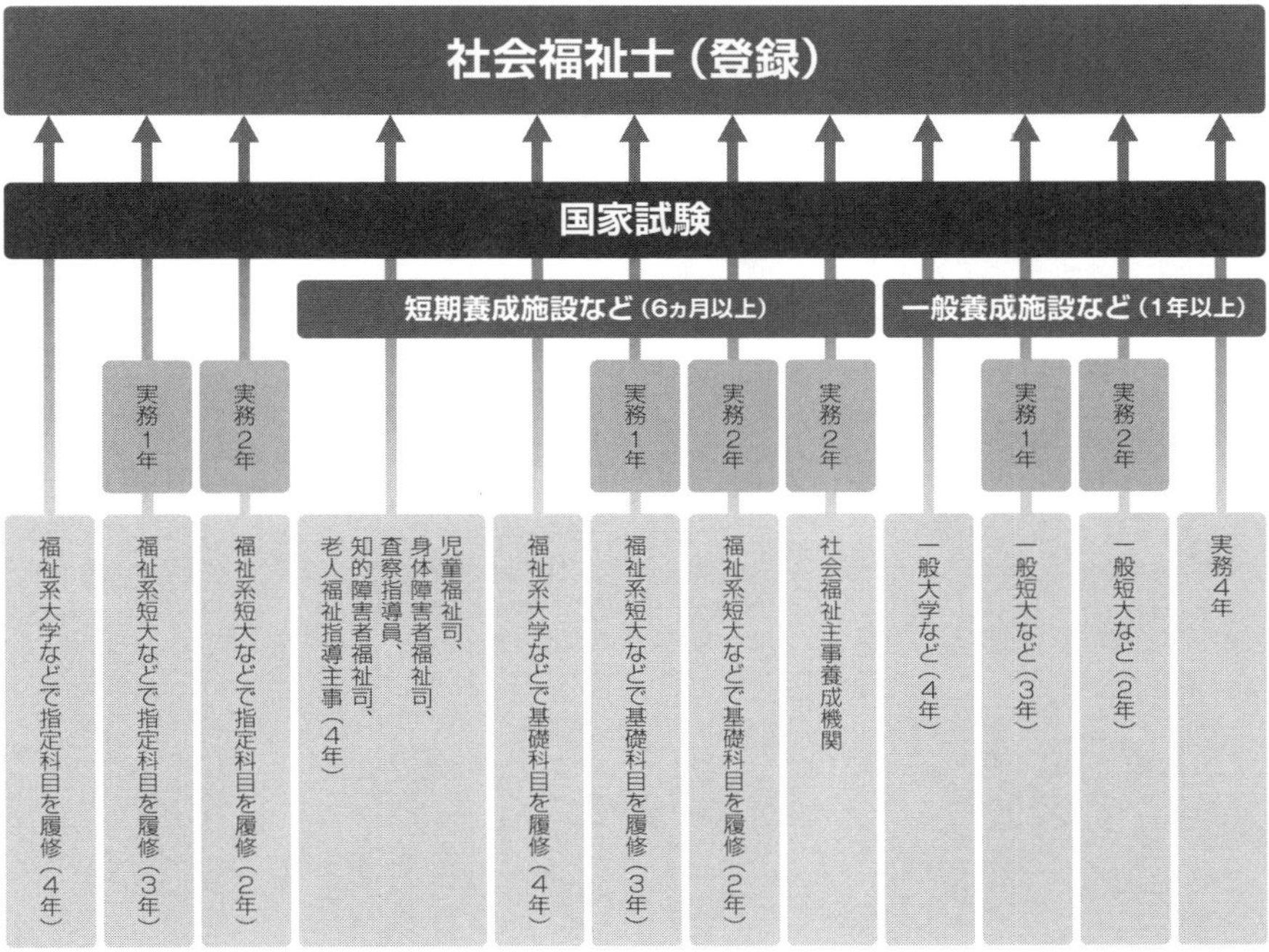
社会福祉士（登録）
国家試験
短期養成施設など（6ヵ月以上）
一般養成施設など（1年以上）
実務1年
実務2年
実務1年
実務2年
実務2年
実務1年
実務2年
福祉系大学などで指定科目を履修（4年）
福祉系短大などで指定科目を履修（3年）
福祉系短大などで指定科目を履修（2年）
児童福祉司、身体障害者福祉司、査察指導員、知的障害者福祉司、老人福祉指導主事（4年）
福祉系大学などで基礎科目を履修（4年）
福祉系短大などで基礎科目を履修（3年）
福祉系短大などで基礎科目を履修（2年）
社会福祉主事養成機関
一般大学など（4年）
一般短大など（3年）
一般短大など（2年）
実務4年

資格と職種は違うので注意が必要

社会福祉士は、医師や弁護士のような業務独占資格ではなく、名称独占資格です。福祉の現場では、資格を持たない人でも社会福祉士と同じように相談・援助を行えますが、資格を持たない人が社会福祉士は名乗れません。

ところで、社会福祉士の資格を持つ人が働く場合、社会福祉士という職種があるわけではありません。現場によって生活相談員やケースワーカーなど、さまざまな職種に分かれます。

社会福祉士の資格取得には、国家試験（毎年1回、1月下旬に各地で実施され、3月中旬発表）に合格しなければならず、上に示した受験資格が必要です。合格して開業する人もいますが、ケアマネジャーがケアプランをつくれば収入になるのに比べ、相談・援助は報酬を得にくいのが実情です。今後、成年後見制度が普及すれば独立開業の道が開けると思われます。

6-3

介護福祉士

介護職が取得するべき資格といえば、介護福祉士です。実際にはどのような資格なのでしょうか

介護福祉士が活躍する分野

入所施設で働く

介護老人福祉施設、介護老人保健施設、介護療養型医療施設、有料老人ホームなどで入所者の介護を行う

通所サービスで働く

デイサービスセンター、デイケアセンター、宅老所などに通ってくるお年寄りの介護を行う

訪問サービスで働く

訪問介護事業所で管理者、サービス提供責任者、ホームヘルパーとして在宅の利用者の介護を行う

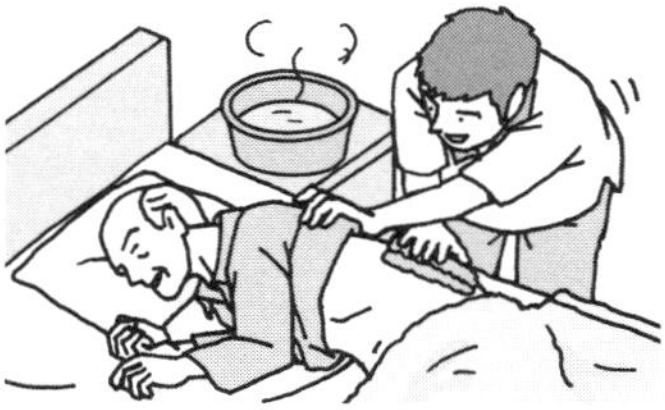

団体や機関で働く

社会福祉協議会、社会福祉事業団、地域包括支援センターなどのスタッフとなって介護の仕事を行う

ケアワーカーとしての唯一の国家資格

介護福祉士は、介護現場で実際に介護を行う人（ケアワーカー）の国家資格で、１９８７年の「社会福祉士及び介護福祉士法」によって誕生しました（名称独占資格のひとつ）。２００７年にはこの法律が改正され、定義や業務規程が見直されています。

「入浴、排泄、食事その他の介護などを行う者」が、「心身の状況に応じた介護などを行う者」に変わったのが、定義の見直された部分です。これは、従来の身体介護にとどまらず、認知症高齢者などへの心理的・社会的支援が重点的に求められることを意味します。

介護福祉士の資格取得までの流れ

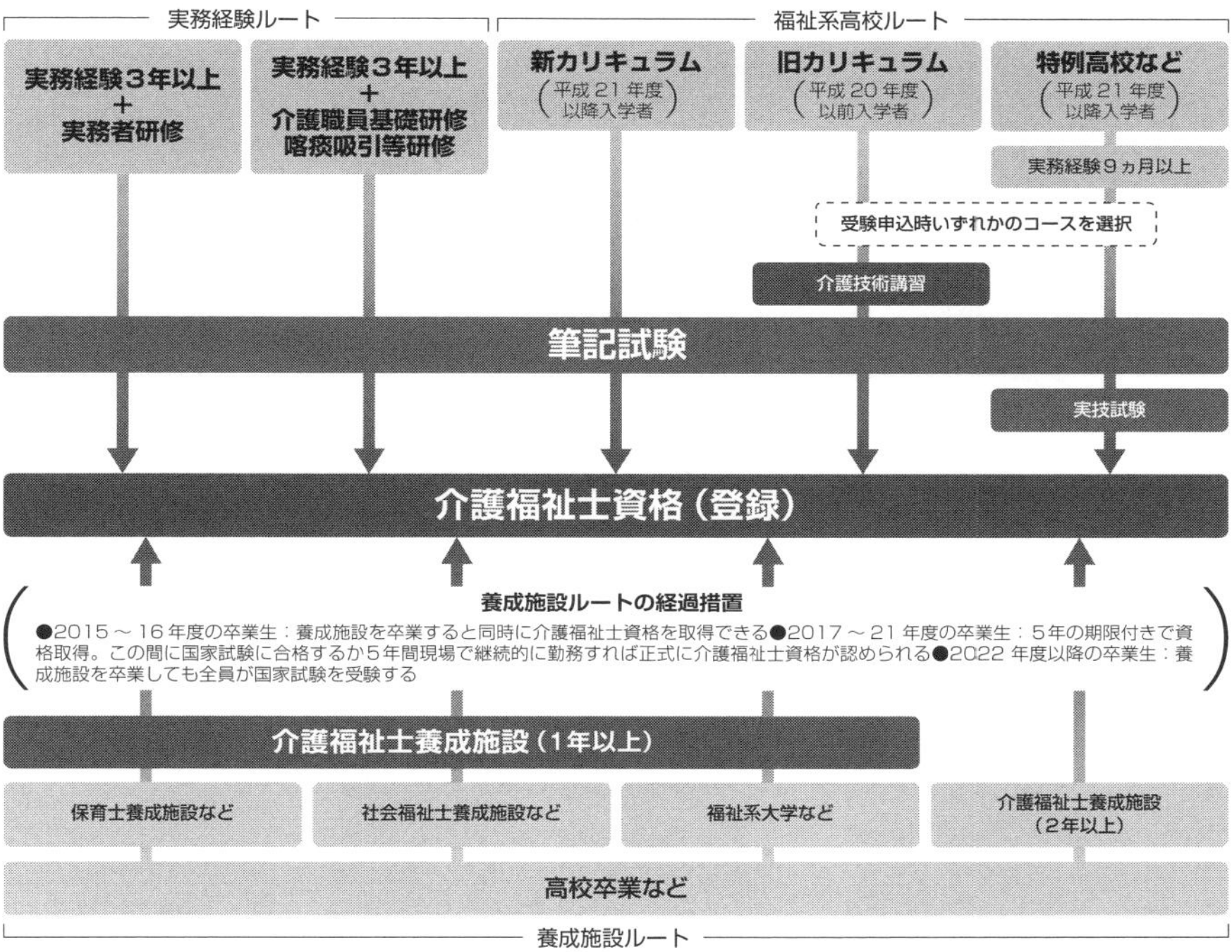
実務経験ルート
福祉系高校ルート
実務経験３年以上
＋
実務者研修
実務経験３年以上
＋
介護職員基礎研修
喀痰吸引等研修
新カリキュラム
（平成２１年度以降入学者）
旧カリキュラム
（平成２０年度以前入学者）
特例高校など
（平成２１年度以降入学者）
実務経験９ヵ月以上
受験申込時いずれかのコースを選択
介護技術講習
筆記試験
実技試験
介護福祉士資格（登録）
養成施設ルートの経過措置
●2015～16年度の卒業生：養成施設を卒業すると同時に介護福祉士資格を取得できる●2017～21年度の卒業生：５年の期限付きで資格取得。この間に国家試験に合格するか５年間現場で継続的に勤務すれば正式に介護福祉士資格が認められる●2022年度以降の卒業生：養成施設を卒業しても全員が国家試験を受験する
介護福祉士養成施設（1年以上）
保育士養成施設など
社会福祉士養成施設など
福祉系大学など
介護福祉士養成施設
（2年以上）
高校卒業など
養成施設ルート

制度の見直しで 資格取得はやや困難に

介護福祉士の国家資格を取得する流れにも変化がありました。上の図のように、これまでは高卒後2年間の養成施設に通えば無試験で介護福祉士になれたルートが廃止されつつあるのです。2022年度以降は、全員が国家試験（毎年1回、1月下旬に各地で実施され、3月中旬発表）を受けることになる見込みです。

また、実務経験3年以上で介護福祉士の国家試験を受験できていたところを、これに6ヵ月（600時間）の研修を課す案も出されました。しかし、働きながらこのハードルをクリアするのは難しいと批判を浴びたため450時間に時間数を見直し、2016年度開始へと延期された経緯があります。

介護福祉士の国家資格を取得するためには、このほかにEPA（経済連携協定）に基づく外国人の人材育成ルートがあります。

6-4

ホームヘルパー

昔は、家庭奉仕員と呼ばれていました。今、ヘルパーという名称も消えようとしています

ホームヘルパーが活躍する分野

訪問介護員として働く　　**介護施設で働く**

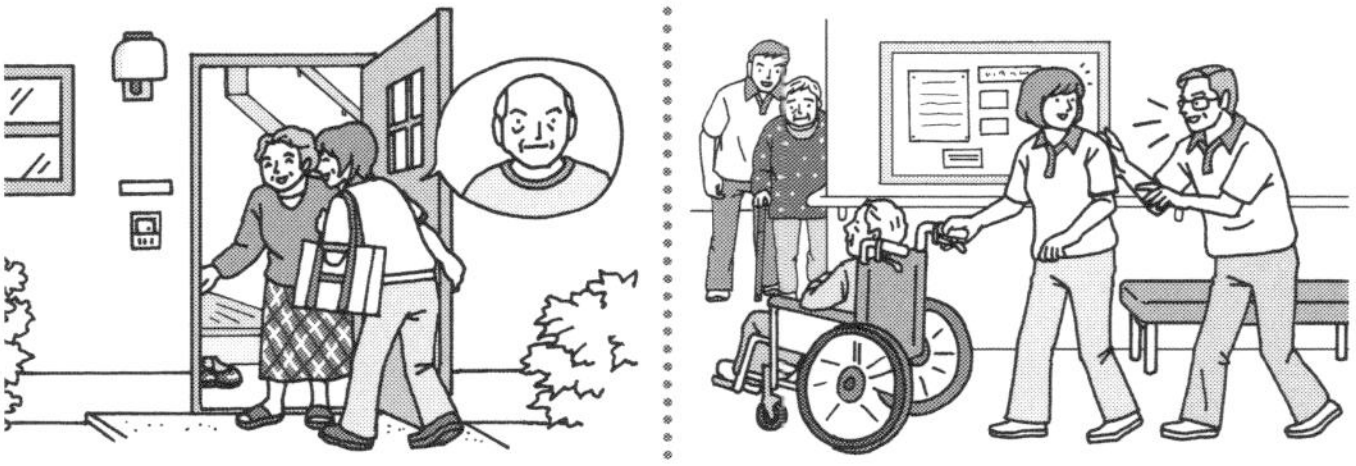

資格名が変更された

1級ヘルパー	2級ヘルパー
↓	↓
実務者研修	介護職員初任者研修
これまでの1級ヘルパーは、計画づくりやヘルパーの指導が中心でした。実務者研修は介護福祉士の受験資格です	介護職員初任者研修の修了者は、在宅介護と施設介護の両方を学び、介護職として生涯働く基礎を身につけます

ホームヘルパー2級は介護職員初任者研修になった

ホームヘルパーには、1級から3級までありましたが、2010年度に3級は廃止されました。かつて2級は、都道府県知事などが指定する機関で養成講座を受講し、修了すれば無試験で取得できる資格でした。1級は、2級ヘルパーとして1年間働いた後、自治体または民間の養成講座を受講すれば無試験で取得できました。

2013年度から、ホームヘルパー2級は介護職員初任者研修に、ホームヘルパー1級は実務者研修に一本化され、資格取得のハードルが上がりました。これは、介護福祉士を目指すルートとして整備されたためです。

訪問介護員の管理方法

日報

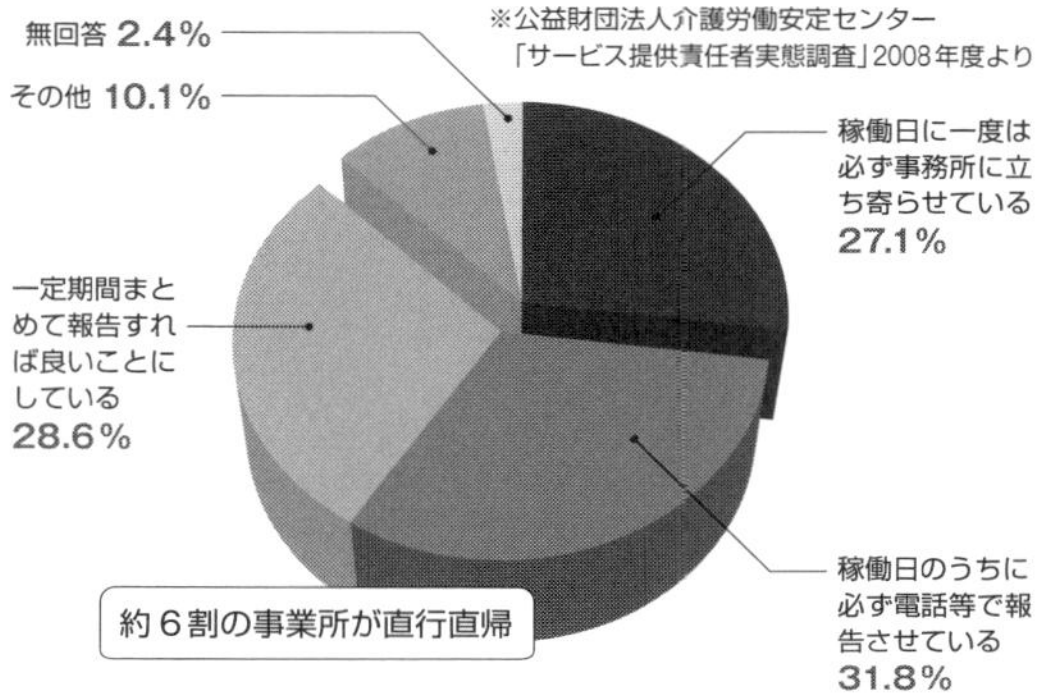
無回答 2.4%
※公益財団法人介護労働安定センター「サービス提供責任者実態調査」2008年度より
その他 10.1%
稼働日に一度は必ず事務所に立ち寄らせている 27.1%
一定期間まとめて報告すれば良いことにしている 28.6%
稼働日のうちに必ず電話等で報告させている 31.8%
約6割の事業所が直行直帰

ホームヘルパーの職業倫理

ヘルパー憲章（日本ホームヘルパー協会）

1　私たちホームヘルパーは、常に社会福祉に携わる者としての誇りをもって仕事にあたります。

1　私たちホームヘルパーは、常に愛情と熱意をもって利用者の自立を助け、家庭の維持と発展を援助します。

1　私たちホームヘルパーは、利用者の尊厳を守り、常に利用者の立場に立ちながら仕事にあたり、利用世帯や地域住民から信頼されるホームヘルパーになります。

1　私たちホームヘルパーは、常に服装や言語に気をつけ、笑顔を忘れず、仕事上で知り得た他人の秘密は口外しないことを約束します。

1　私たちホームヘルパーは、常に研鑽に努め、在宅福祉の第一線にある者として、自ら資質向上に努めます。

（1982年制定／最終用語改正2002年）

自由な働き方ができるのがホームヘルパーの魅力

今でもホームヘルパーという呼び名が残っているのは、訪問介護事業所の訪問介護員で、多くは登録ヘルパーです。上の円グラフを見ると、約6割の事業所が直行直帰（自宅から利用者宅へ出勤し、事業所には寄らない勤務形態）で登録ヘルパーを管理しています。

登録ヘルパーのメリットは、時間の融通がきくことです。多くは非正規社員なので、扶養の範囲内で働く人もいますし、複数の事業所に登録してバリバリ稼ぐ人もいます。

しかし、気楽な仕事ではありません。訪問介護員は利用者の住まいを訪れて、一対一で身体介護や生活援助を行います。そのため他の職種と同じか、それ以上に強い倫理観が求められます。また、高度な守秘義務も課せられます。そこでつくられたのが、名高い「ヘルパー憲章」（上の囲み参照）です。

6-5

ソーシャルワーカー

よく耳にするので、どのような仕事なのか知っておきましょう

ソーシャルワーカーが活躍する分野

行政では　社会福祉主事として
市区町村役所
福祉事務所
福祉課
施設では　生活相談員として
特別養護老人ホーム
デイサービスセンター
社会福祉協議会では　社会福祉の専門家として
社会福祉協議会
福祉活動専門員
福祉活動指導員
保健医療機関では　医療・福祉の専門家として
○○病院
○○精神科
医療ソーシャルワーカー
精神科ソーシャルワーカー

社会福祉事業に従事する専門職の総称

ソーシャルワーカーは、社会福祉を学び、社会福祉援助技術を用いて、社会的に困っている人の相談に乗り、援助を行う仕事です。

本来は、無資格でもソーシャルワーカーとして働けるのですが、「社会福祉士及び介護福祉士法」の制定以来、社会福祉士の資格取得者をソーシャルワーカー（介護福祉士はケアワーカー）と呼ぶことが多くなりました。

また、「精神保健福祉士法」の制定によって、精神医学の分野は精神保健福祉士が受け持つことが多くなったので、ソーシャルワーカーという名称は、社会福祉士と精神保健福祉士に限定して使われるのが一般的です。

6-6 理学療法士

作業療法士や言語聴覚士と並ぶ医療従事者です

理学療法士が活躍する分野

施設でのリハビリテーション

介護老人保健施設、デイケアセンターなどで個別または集団のリハビリを担当し、ADL の向上を目指します

病院でのリハビリテーション

急性期病院では、合併症や廃用症候群を避けるためにベッドにいる時点からリハビリを開始します

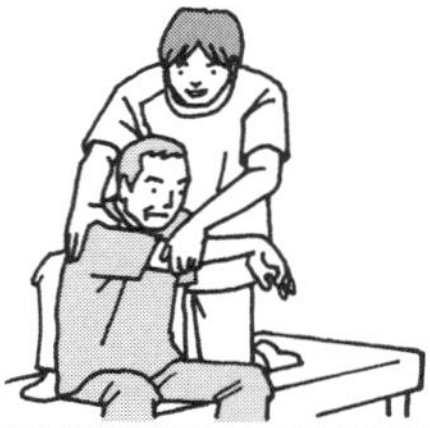

地域でのリハビリテーション

加齢や障害のために引きこもる人が出ないよう、地域でのリハビリ事業や介護予防に参画します

在宅生活へ移行する支援

回復期病院、リハビリセンターなどでは、訓練と同時に福祉用具の選定や住宅改修の指導を行います

身体機能の回復を目指す リハビリの専門家

理学療法士は、医師の指示のもとに、事故や加齢などで身体機能に障害のある人のリハビリテーションを行う専門職で、英語のフィジカル・セラピスト（Physical Therapist）を略してPTとも呼ばれます。大学の理学療法関連学部や養成施設を経て国家試験を受験し（毎年1回、2月頃に全国で実施）、合格して登録しなければ名乗れない国家資格です。

勤務先は、急性期病院、回復期病院、介護老人保健施設、デイケアセンターなど、医療と介護の両分野で活躍しています。また、福祉用具の選定や住宅改修の指導も行います。

6-7

作業療法士

回復した機能を、応用能力へと高めるための訓練を担当します

作業を通して適応能力の向上を図る

作業療法士は、医師の指示のもとに、体や精神に障害を負った人の適応能力を回復させる専門職で、英語のオキュペーショナル・セラピスト（Occupational Therapist）を略してＯＴとも呼ばれます。大学の作業療法関連学部や養成施設を経て国家試験を受験し（毎年1回、2月頃に全国で実施）、合格して登録しなければ名乗れない国家資格です。

作業療法士は、基本動作を獲得した人に作業訓練を行い、生活で役立つ機能へ高めます。理学療法士に近い職種ですが、それに精神分野が加わり、メンタル面にも働きかけて本人が自信や生きがいを見出せるサポートを行います。

作業療法士が活躍する分野

介護施設で

介護老人保健施設、介護老人福祉施設、デイケアセンターなどでレクリエーションを担当します

病院で

一般病院に併設されたリハビリセンター、精神科病院、小児病院で作業療法を行います

福祉施設で

障害者・障害児福祉施設、身体障害者・知的障害者更生施設、保健所、保健センターで働きます

養護学校で

レクリエーションなどを通して情緒面に働きかけ、社会生活に必要な適応能力を高めます

6-8 言語聴覚士

言語、聴覚、嚥下、会話などの訓練を担当する医療従事者です

言語と聴覚だけでなく嚥下や会話の訓練も行う

言語聴覚士は、医師の指示のもとに、言語機能や聴覚機能などに問題がある人を診断・評価して訓練、指導、助言を行う専門家で、英語のスピーチ・ランゲージ・ヒヤリング・セラピスト（Speech-Language-Hearing Therapist）を略してSTとも呼ばれます。指定大学や指定養成所などを経て国家試験を受験し（毎年1回、2月頃に全国で実施）、合格して登録しなければ名乗れない国家資格です。

かつては失語症の訓練を多く受け持っていましたが、近年は誤嚥性肺炎を予防する嚥下トレーニングが大切な仕事になっています。

言語聴覚士が活躍する分野

嚥下トレーニング

病院や介護老人保健施設などの高齢者施設で、嚥下機能を向上させるための口腔ケア（口腔リハビリテーション）を行います

認知症のケア

認知症を進行させないために不可欠な会話力を保持する訓練も、近年、言語聴覚士の仕事に加わってきました

失語症のリハビリ

脳血管疾患や事故による高次脳機能障害で失語症に陥った人に、コミュニケーション能力の回復訓練を行います

6-9

訪問看護師

在宅での看取りが増えるなかで、注目されている職業です

訪問看護師が活躍する分野

介護に関すること

食事・入浴・排泄の介助、清拭（入浴できない人の体を拭くこと）や感染症予防のための清潔保持など

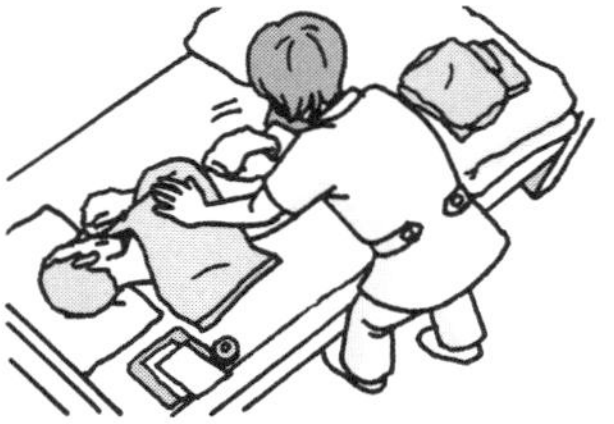

医療的な補助行為

たんの吸引、点滴・栄養チューブ・カテーテル・在宅酸素療法の装置の管理、褥瘡の予防や手当てなど

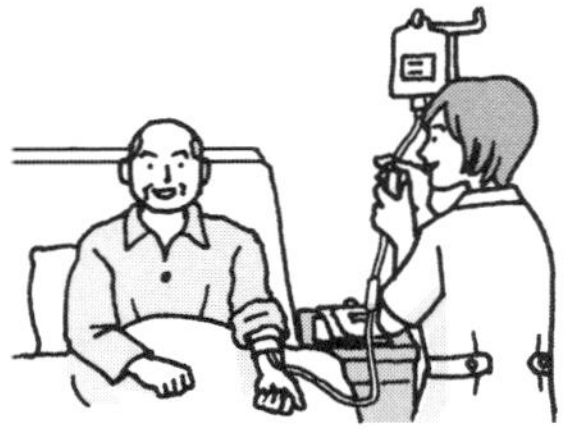

本人への機能訓練

関節可動域訓練、歩行訓練、嚥下機能を高める訓練、車イスや自助具を使った訓練など

家族への支援

療養指導、栄養指導、家族ができる介護・看護方法のアドバイス、環境整備への助言など

主治医の補佐役として在宅介護に欠かせない存在

訪問看護師は、在宅で療養する人を対象に働く看護師で、通常は訪問看護ステーションに在籍する看護師を指します。訪問看護ステーションは、社会福祉法人や営利法人でも開設できますが、多いのは医療法人です。１９９２年に老人保健法が改正されて全国各地に訪問看護ステーションが生まれ、現在では看護師や保健師にも開業権が認められています。

訪問看護を利用するのは、病院で高度な先進医療を受ける必要のない安定した病状の人か、通院できない寝たきりの人です。訪問看護師は、主治医の指示に基づいて、診療の補助やケアプランに組まれた訪問看護を行います。

栄養士・管理栄養士

施設や学校の厨房だけでなく、いろいろな職場で活躍しています

栄養士・管理栄養士が活躍する分野

介護・医療・福祉施設

個々の嚥下機能を考え、入所者や入院患者に合った献立をつくります

行政・企業関係

保健所、教育委員会などで働くほか、研究機関で研究を行います

病院・クリニック

肥満、糖尿病、心臓病などの患者に対して栄養指導を行います

給食・配食センター

栄養バランスを考え、目的に合わせた献立をつくり、食材を手配します

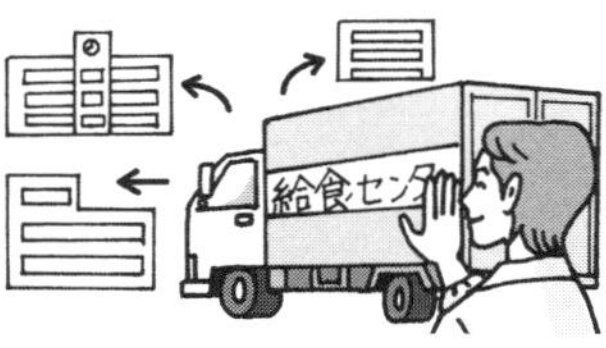

献立を考える仕事だが活動範囲は驚くほど広い

栄養士は、栄養士の養成施設（2年以上）を卒業した人に都道府県知事が与える資格です。介護・医療・福祉施設や給食・配食センター、学校や企業の食堂などで献立を考え、提供するのがおもな仕事になります。

管理栄養士は、栄養士の養成施設（4年以上）を卒業した人か、栄養士であって養成施設と実務経験の合計が5年を超えた人が国家試験に合格して得られる資格です。管理栄養士になると、栄養士としての仕事のほかに、コ・メディカル（医療従事者）として療養中や外来の患者の栄養指導を行い、保険点数がつきます。

6-11

精神保健福祉士

「三福祉士」の中では、もっとも新しくできた資格です

精神保健福祉士が活躍する分野
医療機関で
精神障害者のリハビリテーションを担当するほか、併設のデイケアに配置されて認知症のリハビリを行います
社会復帰施設で
社会復帰施設の入所者に、就職活動への助言や就労前のトレーニングを行い、職場への定着を支援します
司法分野で
心神喪失状態にあったとされる犯罪者を治療する多職種チーム、矯正施設における社会復帰プログラムに参加します
精神保健福祉士

社会福祉士、介護福祉士と並ぶ国家資格

以前は、精神科ソーシャルワーカーの名称で相談業務を行っていましたが、１９９７年から「精神保健福祉士法」が施行され、１９９９年に国家資格としての精神保健福祉士が誕生しました。英語のサイキアトリック・ソーシャル・ワーカー（Psychiatric Social Worker）を略してＰＳＷとも呼ばれます。

介護分野ではこれまでのところ、それほど目立った活躍は見られません。この先、精神科病院の高齢者病棟にいる深い認知症のお年寄りを地域（在宅、グループホーム、サ高住など）で看られるようになれば、介護分野に欠かせない資格になるものと思われます。

福祉用具専門相談員

その人に合った福祉用具の選定や調整を行う専門家です

福祉用具専門相談員が活躍する分野

自宅での設置や説明

商品によっては、自宅へ出向いて説明や指導を行います

ケアマネジャーと連携

介護保険での福祉用具のレンタルや販売にはケアプランが必要です

福祉用具のレンタルや販売

利用者に福祉用具の選び方や使い方をアドバイスします

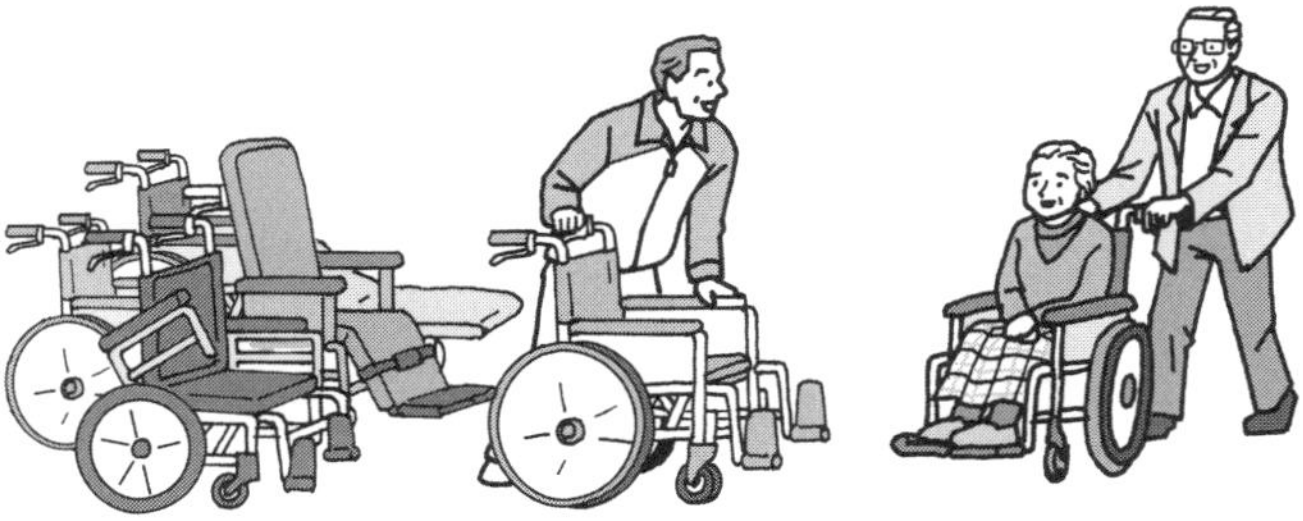

福祉器具の選び方や使い方のアドバイザー

福祉用具専門相談員の資格は、都道府県が指定する講習会を受講すると取得できます。受講資格は特になく、すでに保健師、看護師、准看護師、社会福祉士、介護福祉士、理学療法士、作業療法士、義肢装具士などの資格を保有している人は、受講しなくても福祉用具専門相談員の業務にあたることができます。

介護保険による福祉用具のレンタル・販売を行う事業所は、福祉用具専門相談員を常勤換算で2名以上配置しなければなりません。したがって、福祉用具専門相談員の資格を取得した人のおもな勤務先は、そうした事業所です。

コラム 6

国家資格、公的資格、民間資格、任用資格の違い

介護の世界には、国家資格、公的資格、民間資格、任用資格などさまざまな資格があり、資格を必要としない仕事もあります。

国家資格は、法律で定められた資格です。多くは国家試験に合格して登録しなければならず、受験資格が厳格です。介護に関する国家資格には、社会福祉士、介護福祉士、看護師、理学療法士、作業療法士、言語聴覚士などがあります。

公的資格は、厚生労働省などの省庁が認定した審査基準に基づき、自治体や公益法人、民間団体などが実施する試験に合格して認定される資格です。介護に関する公的資格には、介護支援専門員（ケアマネジャー）、介護職員初任者研修、福祉用具専門相談員などがあります。

民間資格は、業界団体などが独自の基準を設けて与える資格です。介護に関する民間資格には、福祉住環境コーディネーター、音楽療法士、福祉レクリエーションワーカーなどがあります。

任用資格は、福祉事務所の指導員などになるために取得しておく資格で、仕事に就くと名乗ることができます。福祉分野全般における任用資格の代表格が社会福祉主事です。

民間施設の介護職員（ケアワーカー）、送迎スタッフ、作業指導員など、資格を必要としない福祉や介護の仕事もあります。しかし、福祉や介護の世界で長く仕事を続けたいのであれば、何か資格を取ったほうがいいでしょう。

第7章

介護を取り巻く日本の現状と展望

介護を取り巻く現状としては、当分続く少子高齢化の問題があります。少ない現役世代で、多くの高齢者を支えなければならないのです。そのため日本は財政難に陥り、先行きに不安を抱えています

7-1

少子高齢化の推移

福祉や介護の土台となる人口構造は、近年どのような変化を見せているのでしょうか

アンバランスになっていく日本の人口構造

日本の人口は、２００８年の1億２８０８万人をピークに減少を始めました。総人口が減少するなかで、増え続けているのが65歳以上の高齢者の比率です。推計によると、２０３５年には32・8％で3人に1人、２０６０年には38・1％で２・５人に1人が高齢者になります。これは、わが国の少子化が異様なスピードで進行しているからです。

少子高齢化が進むと、受益者／負担者構造が不安定化します。上のイラストのように、かつては大勢で高齢者を支えていたのに、これからは少数で支えなければならないのです。

高齢者を支える現役世代の減少

2060年には現役世代1.3人で1人の高齢者を支える時代になると予測されている

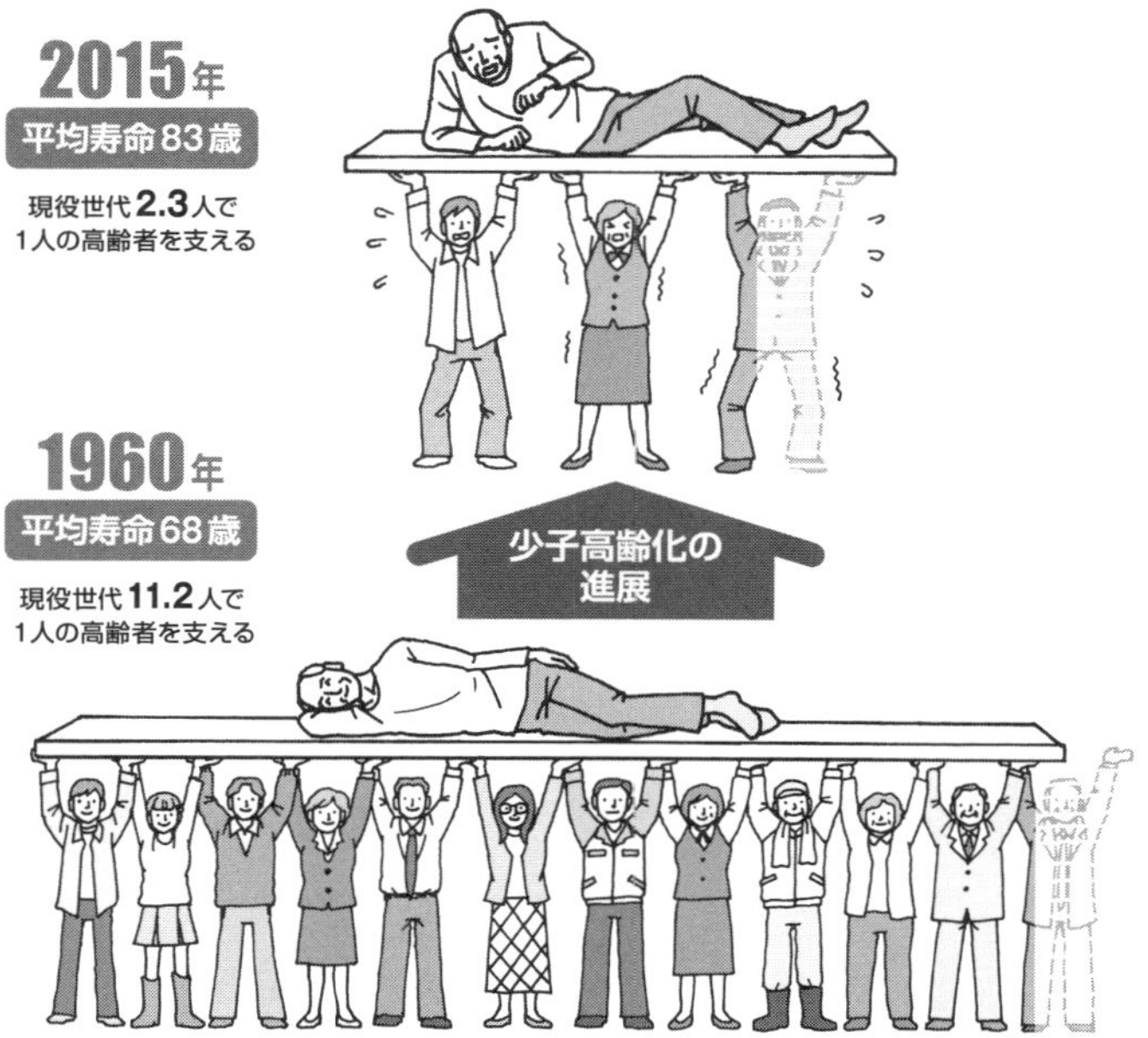
2015年
平均寿命83歳
現役世代2.3人で
1人の高齢者を支える
少子高齢化の進展
1960年
平均寿命68歳
現役世代11.2人で
1人の高齢者を支える

下り坂を迎えた総人口の中で増加する高齢者比率

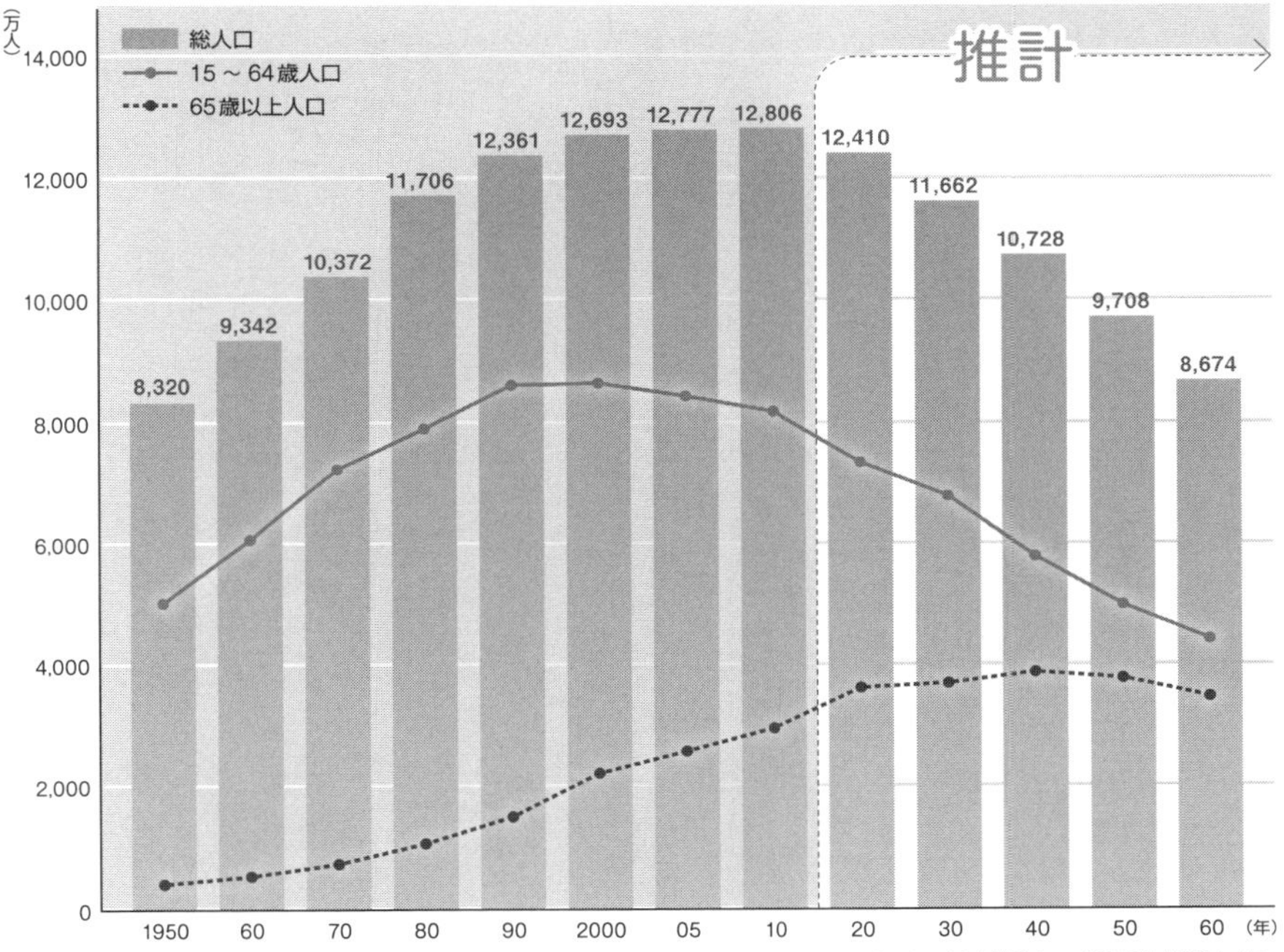

※2010年以前は総務省国勢調査、2020年以降は国立社会保障・人口問題研究所「日本の将来推計人口（2012年推計）」より

これからの高齢者をどう支えていくのか

上のグラフは、少子高齢化の進展によって、15歳から64歳の生産年齢（いわゆる現役世代）人口が急速に比率を下げ、高齢者人口に限りなく接近していることを示しています。この現役世代は、あらゆる面で高齢者を支えることが期待されている世代です。しかし、このままでは支え続けられなくなってしまいます。

そこで、2000年にスタートしたのが介護保険制度でした。配偶者や子どもによる介護の限界を見越して、社会で高齢者を支えるしくみとして誕生しました。その後、3年ごとに改正が行われているのは、急激に進む少子高齢化への対応に追われているからだ、といっても過言ではないでしょう。

介護保険制度は、改正されるたびに地域のニーズを汲み取る方向へ向かっています。利用するだけでなく、参加する意識が必要です。

日本の人口ピラミッド

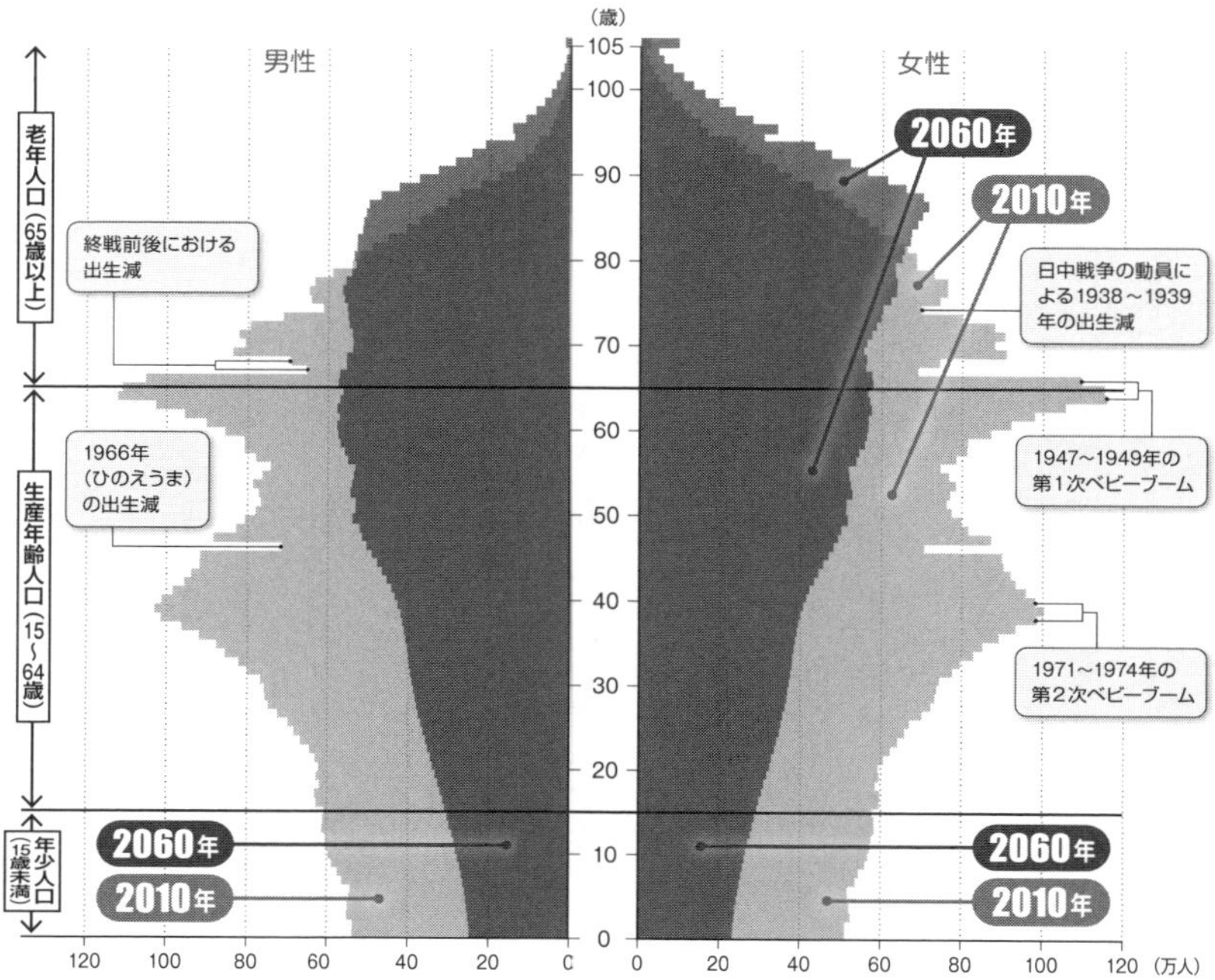

（歳）
男性
女性
2060年
2010年
老年人口（65歳以上）
生産年齢人口（15～64歳）
年少人口（15歳未満）
終戦前後における出生減
日中戦争の動員による1938～1939年の出生減
1966年（ひのえうま）の出生減
1947~1949年の第1次ベビーブーム
1971~1974年の第2次ベビーブーム
105
100
90
80
70
60
50
40
30
20
10
0
120 100 80 60 40 20 0
0 20 40 60 80 100 120（万人）

※総務省2008年10月1日現在の資料と国立社会保障・人口問題研究所「日本の将来推計人口（2012年推計）」より

高齢化社会と高齢社会の違い

上のグラフは、２０１０年と２０６０年の人口ピラミッドを比較したものです。団塊の世代が全員85歳以上になる２０３５年以降は、「多死社会」と呼ばれる大変な時期を経て、人口ピラミッドはなだらかになります。

左ページの上のグラフは、世界の高齢化率の推移です。人口における65歳以上の割合が高齢化率で、高齢化率が7％以上になると高齢化社会、14％以上になると高齢社会と言います。７％から14％になるまでに、フランスは１１５年、スウェーデンは85年、イギリスは47年かかりました。日本は、この間をたった24年で走り抜けたのです。２０１６年の日本人の平均寿命は、女性87・１４歳、男性80・９８歳で、いずれも過去最高を更新しています。

世界の高齢化率の推移

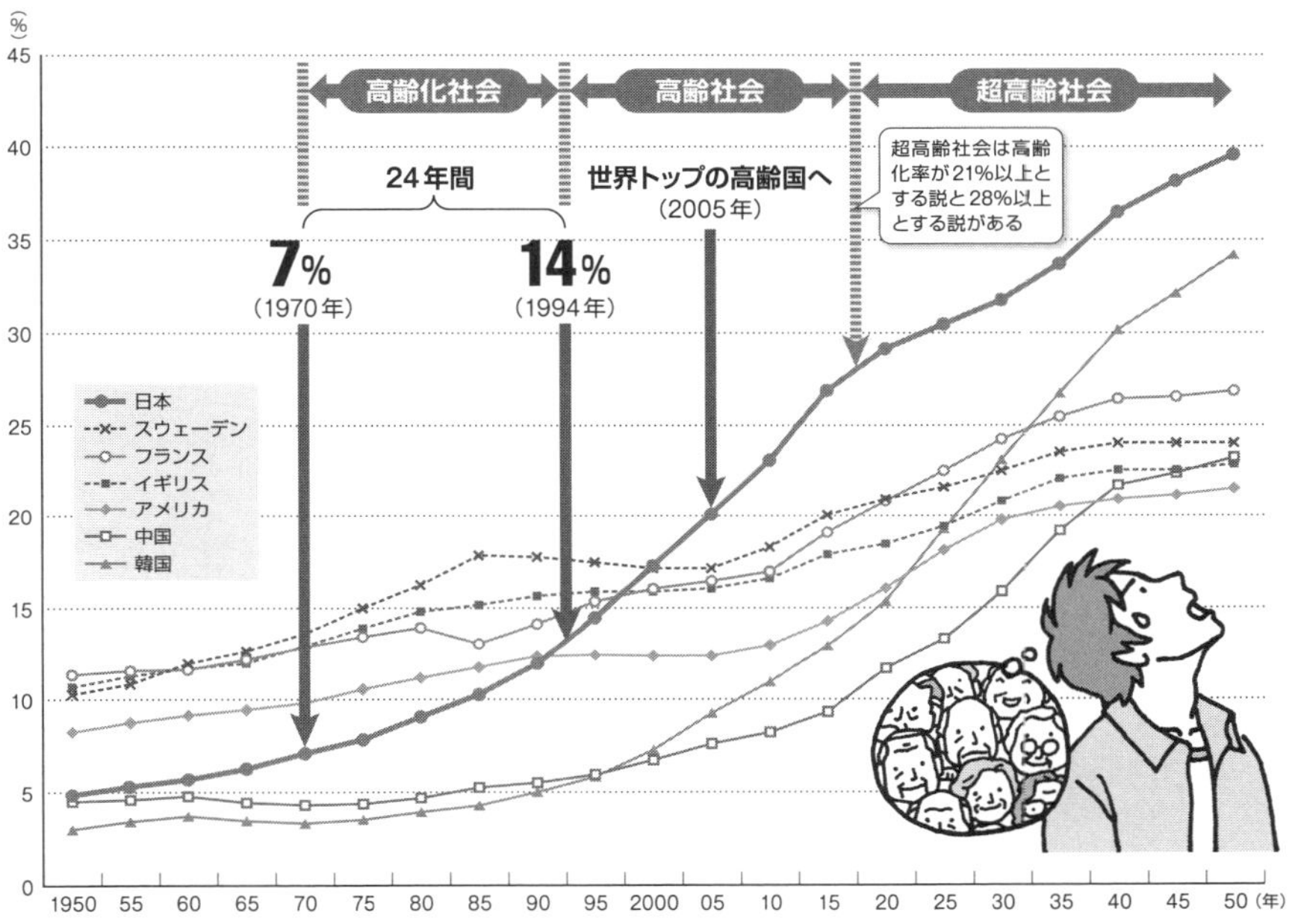

(%)
高齢化社会
高齢社会
超高齢社会
24年間
世界トップの高齢国へ
(2005年)
超高齢社会は高齢化率が21%以上とする説と28%以上とする説がある
7%
(1970年)
14%
(1994年)
日本
スウェーデン
フランス
イギリス
アメリカ
中国
韓国
(年)

※内閣府「高齢社会白書」2010年版より

日本の高齢者（65歳以上）人口割合の予測

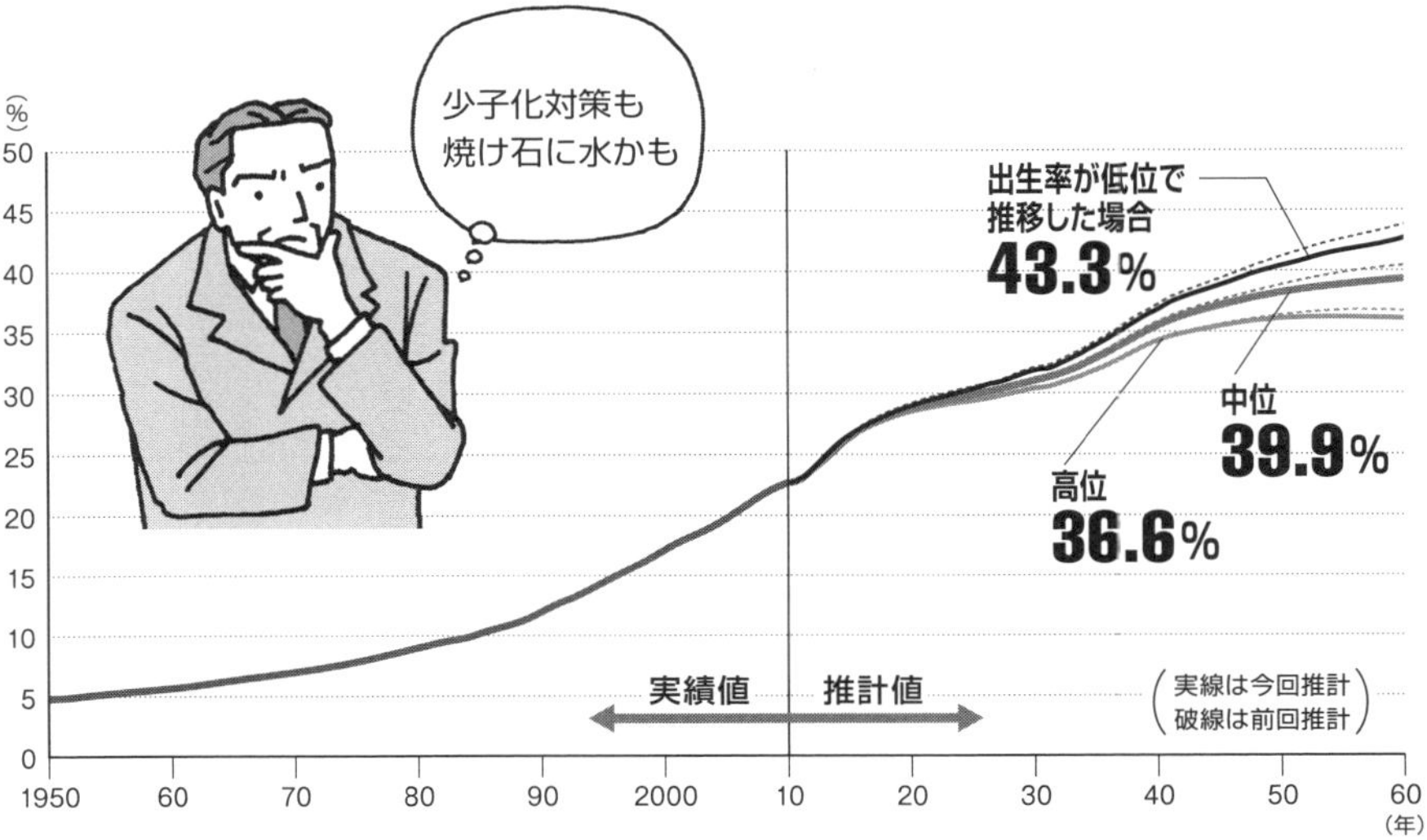

少子化対策も
焼け石に水かも
(%)
出生率が低位で
推移した場合
43.3%
中位
39.9%
高位
36.6%
実績値
推計値
実線は今回推計
破線は前回推計
(年)

※国立社会保障・人口問題研究所「日本の将来推計人口（2012年推計）」より

7-2

介護者の現状と展望

介護を取り巻く環境が激変する中で、介護者の立場はどう変わりつつあるのでしょうか

家族構造の変化が生んだ介護者の高齢化と孤立化

少子高齢化とともに日本で進行しているのは、総人口が減っているにもかかわらず世帯数が増えていること、つまり平均世帯人員の減少です。１９５３年には約５人だった平均世帯人員は、２０１５年に２・４９人と、約60年間で半減しています。その原因は、核家族化であり、親世代と子世代の同居率の低下です。

左ページに２０１６年時点での介護者の内訳を示しました。いちばん多いのは58・６％の同居している人ですが、次は13・０％で事業者となっています。同居者の内訳を見ると、子の配偶者は９・７％しかいません。かつて日本の介護を支えてきた長男の妻（嫁）は、同居率の低下に伴い、全体の１割を切るほどにまで少なくなってしまったのです。同時に、左ページの下の棒グラフを見ると、同居している介護者の３割以上を男性が占めていることがわかります。また、年齢的には男女とも50代、60代が多く、介護者の高齢化が目立ちます。

同じ調査の別のデータでは、70～79歳の要介護者を介護している同居者は70代がもっとも多く、これは配偶者による老老介護です。80～89歳の要介護者を介護している同居者は50代がもっとも多く、介護者が配偶者から子供へと変わっていく様子がうかがえます。

介護者の高齢化は、孤立化と閉じこもりを生みがちなので注意が必要です。

介護者の内訳

おもな介護者の続柄別構成割合

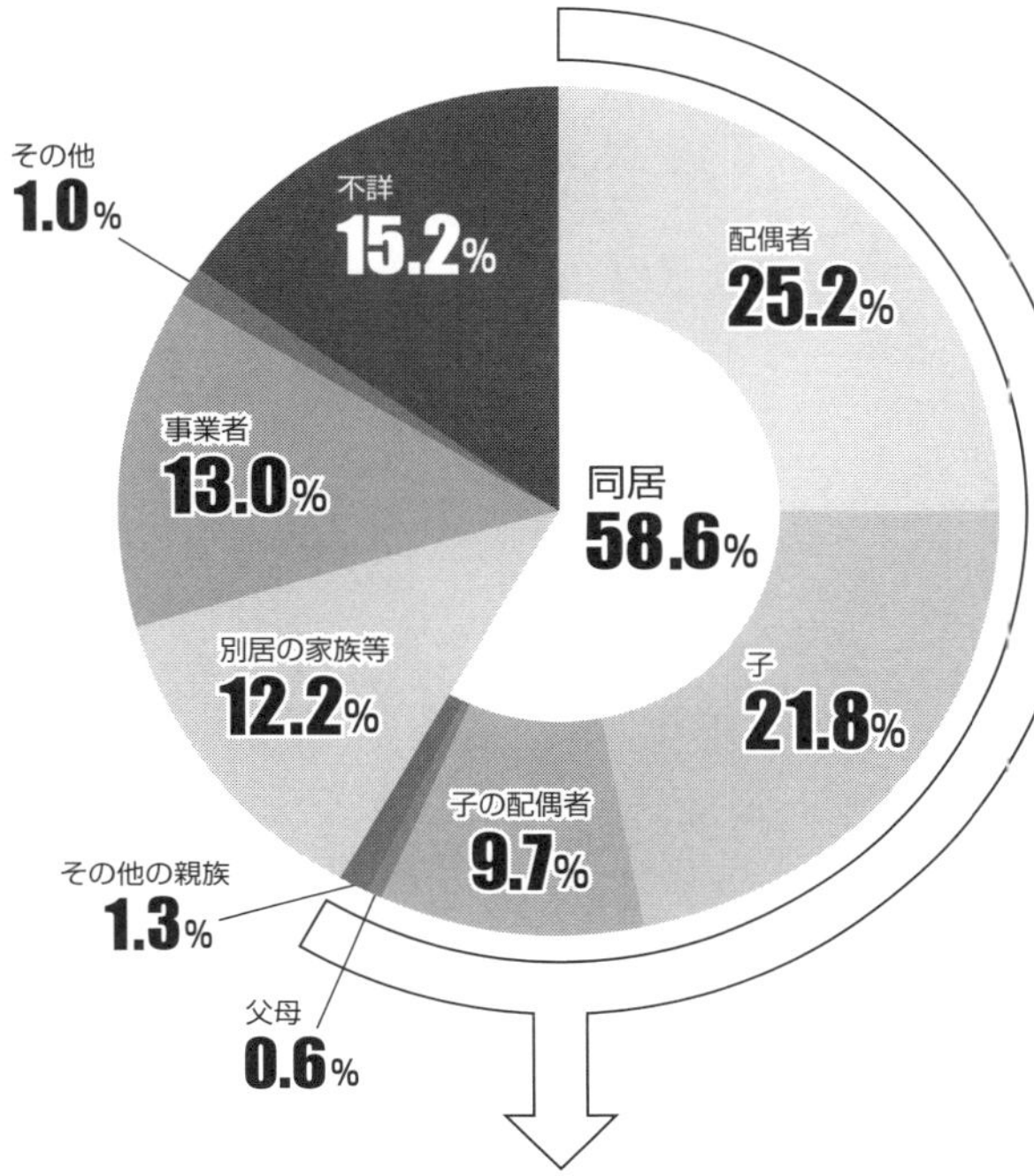

その他
1.0%
不詳
15.2%
配偶者
25.2%
事業者
13.0%
同居
58.6%
別居の家族等
12.2%
子
21.8%
子の配偶者
9.7%
その他の親族
1.3%
父母
0.6%

同居している介護者の性・年齢別構成割合

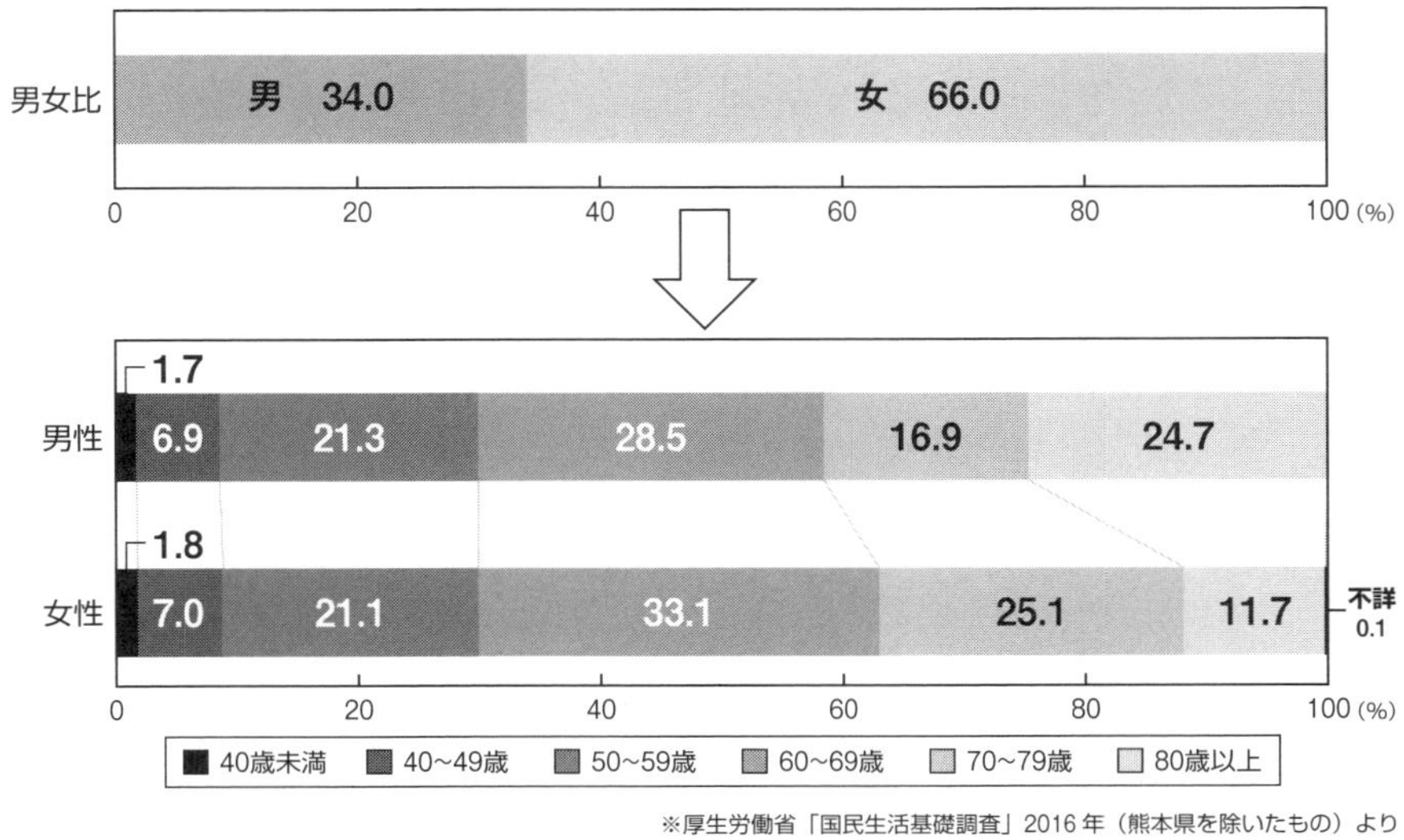

男女比
男 34.0
女 66.0
0
20
40
60
80
100 (%)
1.7
男性
6.9
21.3
28.5
16.9
24.7
1.8
女性
7.0
21.1
33.1
25.1
11.7
不詳
0.1
0
20
40
60
80
100 (%)
40歳未満
40～49歳
50～59歳
60～69歳
70～79歳
80歳以上

※厚生労働省「国民生活基礎調査」2016年（熊本県を除いたもの）より

同居する介護者のおもな悩み（複数回答）

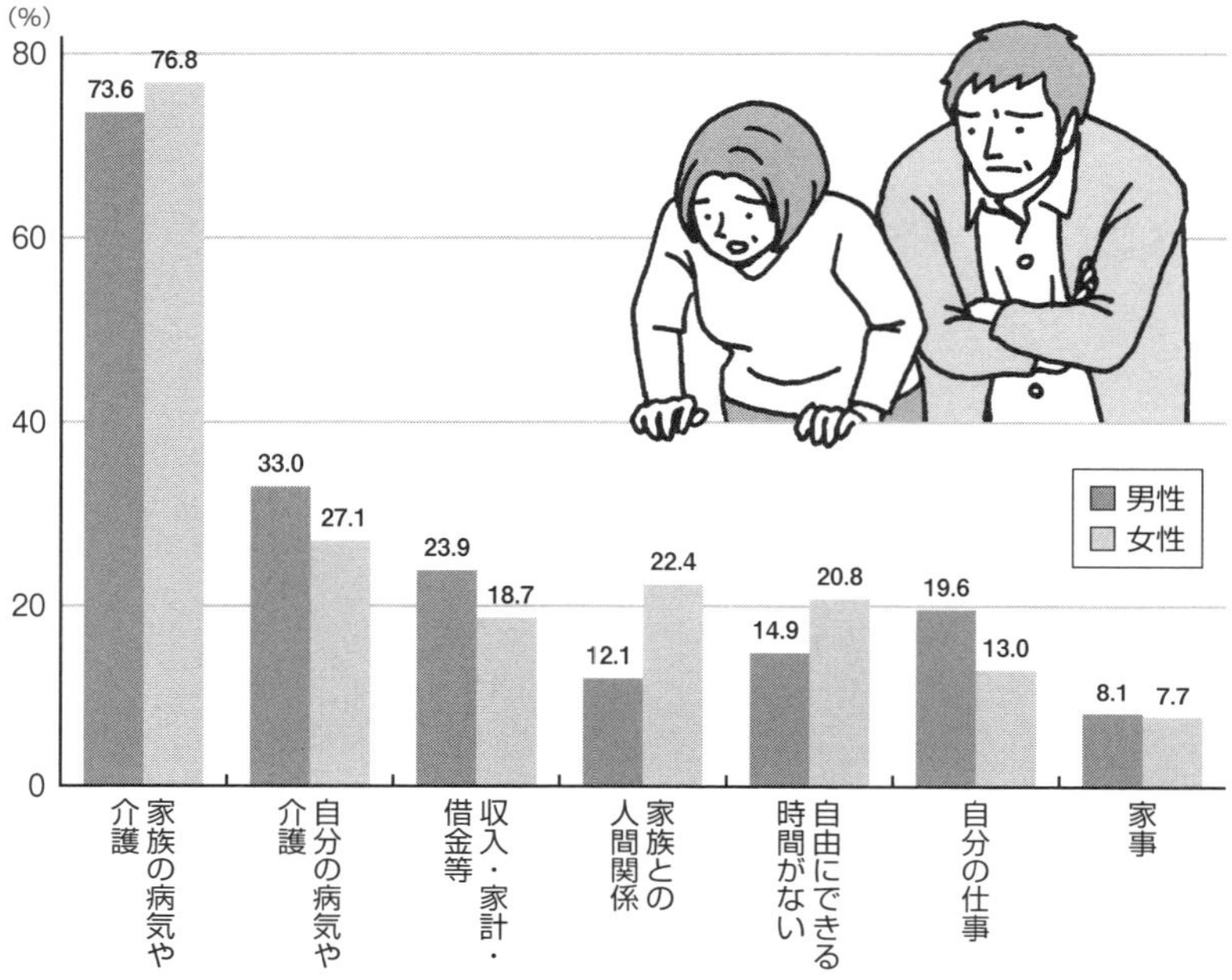
(%)
80
60
40
20
0
73.6
76.8
33.0
27.1
23.9
18.7
12.1
22.4
14.9
20.8
19.6
13.0
8.1
7.7
男性
女性
家族の病気や介護
自分の病気や介護
収入・家計・借金等
家族との人間関係
自由にできる時間がない
自分の仕事
家事

※厚生労働省「国民生活基礎調査」2016年（熊本県を除いたもの）より

同居する介護者にしのび寄る閉塞感

上のグラフは、同居する介護者が何に悩んでいるかを調査したものです。男女とも「家族の病気や介護」がいちばん多く、次が「自分の病気や介護」です。これは、介護者自身も加齢の影響を受けはじめていることを意味しています。身近に要介護者がいるだけに、老化の苛酷さがリアルに感じられるのでしょう。

近年、介護の風景で変わったものに、実家を離れないシングル層の出現があります。未婚や引きこもりなど理由はさまざまですが、実家にいることで、否応《いやおう》なく親の介護に巻き込まれるのです。そういう状態で親の年金に頼っている人は、経済的な理由で介護保険サービスを使わずに自力で介護しようとしますが、親が亡くなると一気に貧困問題へと発展します。

介護や看護を理由に離職・転職した人数と年齢構成

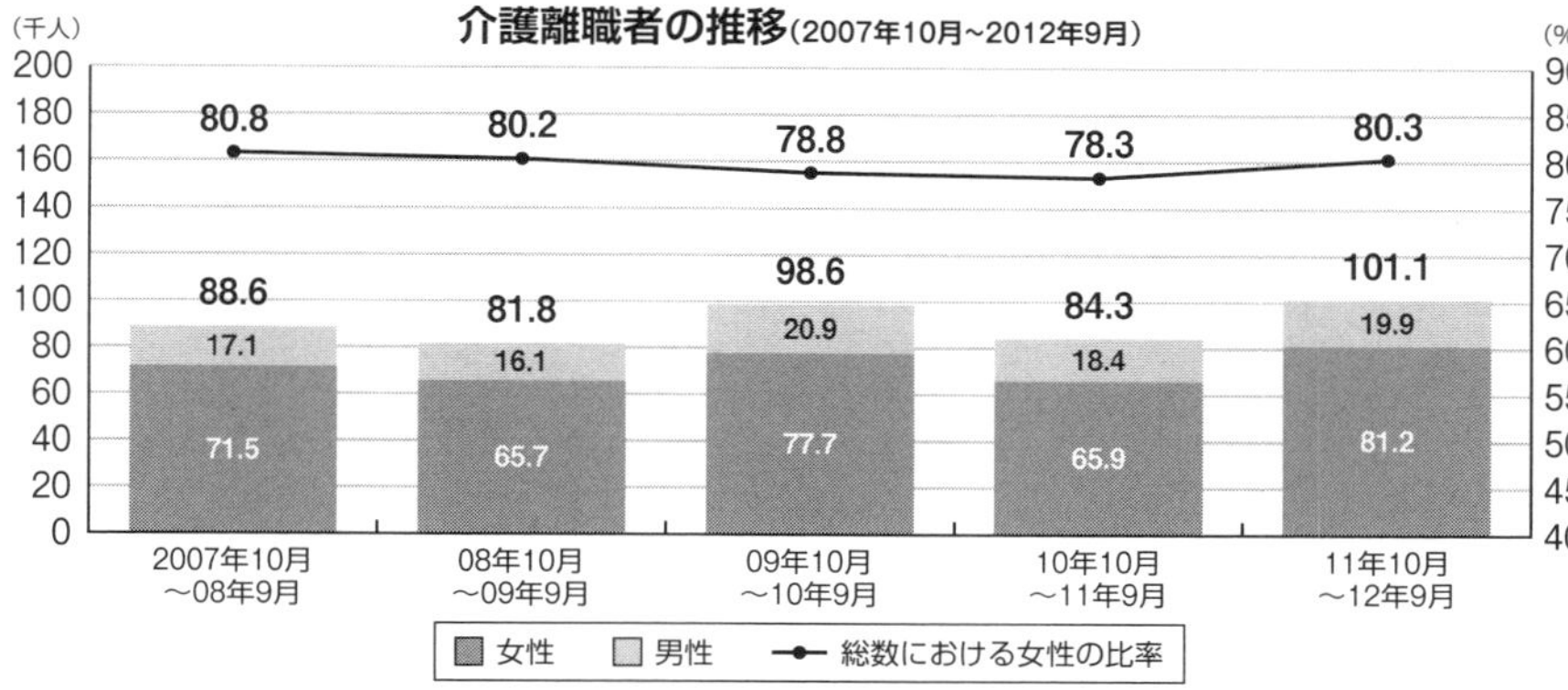

介護離職者の推移（2007年10月~2012年9月）
（千人）
（%）
200
180
160
140
120
100
80
60
40
20
0
90
85
80
75
70
65
60
55
50
45
40
80.8
80.2
78.8
78.3
80.3
88.6
81.8
98.6
84.3
101.1
17.1
16.1
20.9
18.4
19.9
71.5
65.7
77.7
65.9
81.2
2007年10月 ～08年9月
08年10月 ～09年9月
09年10月 ～10年9月
10年10月 ～11年9月
11年10月 ～12年9月
女性
男性
総数における女性の比率

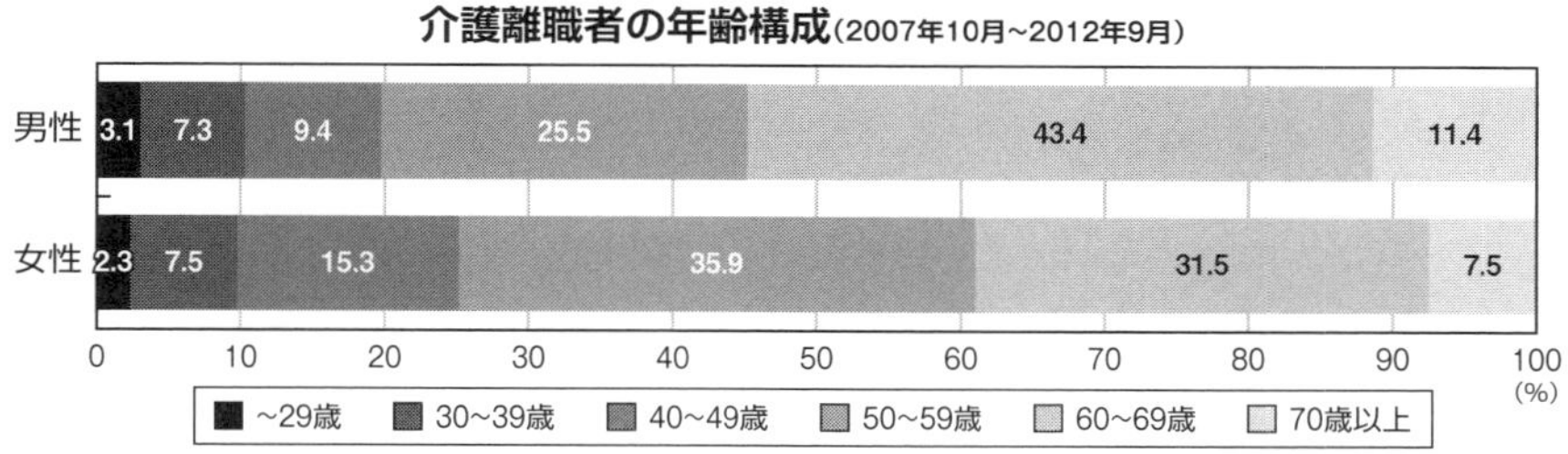

介護離職者の年齢構成（2007年10月~2012年9月）
男性
3.1
7.3
9.4
25.5
43.4
11.4
女性
2.3
7.5
15.3
35.9
31.5
7.5
0
10
20
30
40
50
60
70
80
90
100
(%)
～29歳
30～39歳
40～49歳
50～59歳
60～69歳
70歳以上

※内閣府「高齢社会白書」2016年版より

介護離職者の増加と「介護離職ゼロ」への取り組み

上のグラフは、家族の介護や看護を理由に離職・転職をした人（いわゆる介護離職者）の数と年齢構成を示したものです。２０１１年10月から２０１２年９月の１年間で、10万１１００人の人が介護離職をしました。とりわけ女性の離職・転職者数が多く、８万１２００人と全体の80・３％でした。年齢を見ると、男女とも50代および60代の離職・転職が多く、合計で約７割を占めています。

これは、深刻な数字です。毎年10万人もの介護離職が続くと、日本経済に大きな打撃を与えかねません。２０１５年９月、政府は「介護離職ゼロ」を目指す宣言をしました。家族を介護するために離職・転職する人を２０２０年代初頭にゼロにしようという計画です。

介護離職が減るかどうかは、特養やサ高住の増設など今後の施策にかかっています。

7-3

どんな理由で介護が必要になるのか

要介護状態になるおもな原因は何でしょうか。それを知っておくと、日頃の介護に役立ちます

認知症が要介護になる原因の第1位になった

厚生労働省は「国民生活基礎調査」で、介護が必要となったおもな原因を発表しています。2016年の上位3位は、要介護者では①認知症、②脳血管疾患、③高齢による衰弱の順でした。日本人の死因は、多い順に①がん、②心疾患、③肺炎、④脳血管疾患ですから、それとはずいぶん違うことがわかります。

要介護となった原因の1位を占める認知症は、20年近い歳月をかけて4位、3位、2位と上がってきました。これは、介護保険効果と考えていいでしょう。介護を社会化した介護保険制度は、これまで家庭介護に隠されていた認知症の存在を顕在化（可視化）させたのです。

脳血管疾患は、認知症に抜かれるまで不動の1位でした。これはいわゆる脳卒中（脳出血や脳梗塞の総称）で、発症した人には3通りの結果が待っています。治る人、亡くなる人、後遺症が残って介護が必要になる人です。死因の4位でもあるこの病気の人たちに「生きていてよかった」と思ってもらうことが、長年介護の優先事項のひとつとされてきました。

左ページの下は、日本人の健康寿命と平均寿命の差を示すグラフです。これを見ると、女性は12年余り、男性は9年近く要介護状態で晩年を過ごすことがわかります。一応、介護期間（するにしても、されるにしても）の平均値を頭に入れておくといいでしょう。

介護が必要となったおもな原因（要介護 1〜5 男女合計）

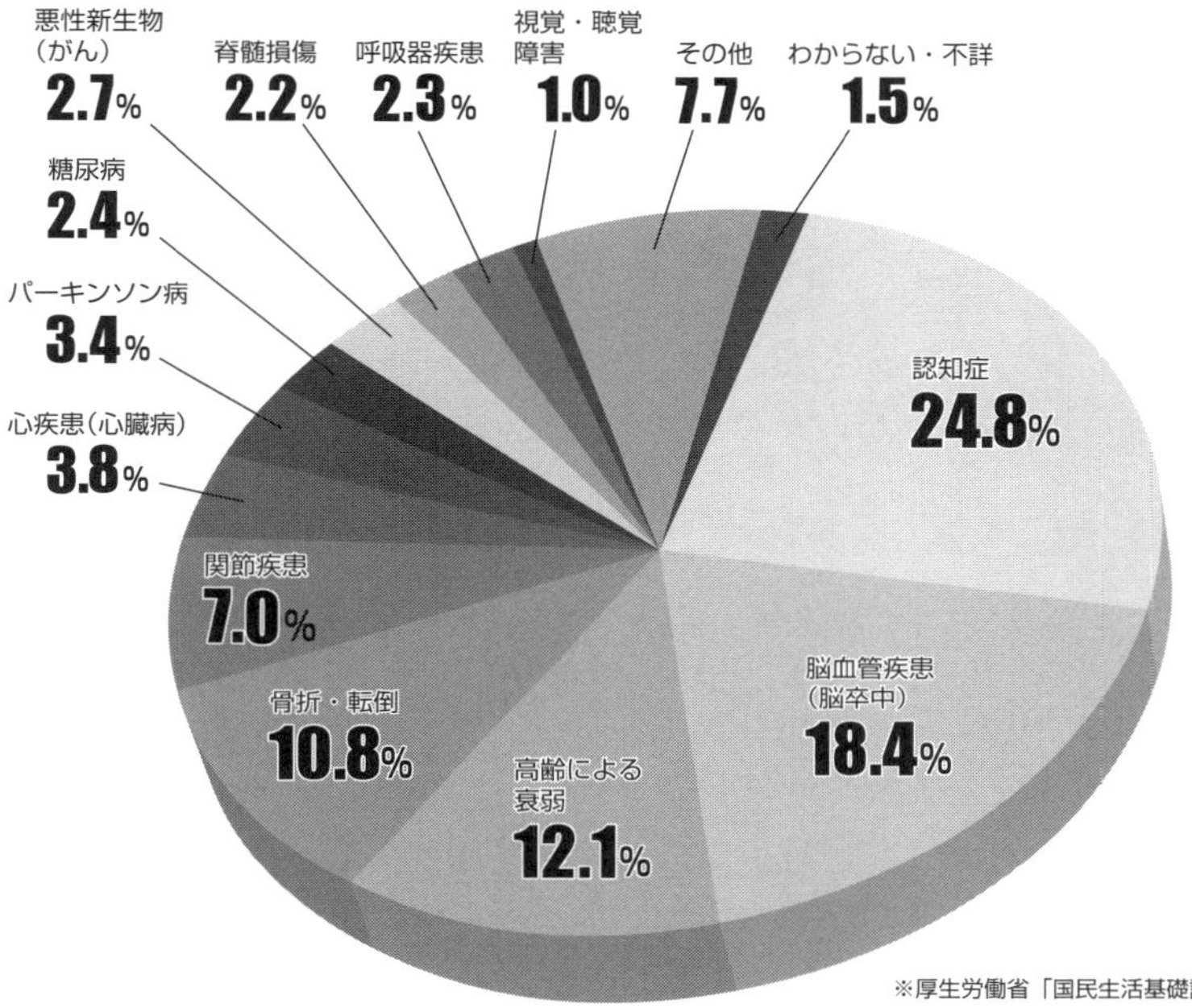
悪性新生物（がん） 2.7%
脊髄損傷 2.2%
呼吸器疾患 2.3%
視覚・聴覚障害 1.0%
その他 7.7%
わからない・不詳 1.5%
糖尿病 2.4%
パーキンソン病 3.4%
心疾患（心臓病） 3.8%
認知症 24.8%
関節疾患 7.0%
脳血管疾患（脳卒中） 18.4%
骨折・転倒 10.8%
高齢による衰弱 12.1%

※厚生労働省「国民生活基礎調査」2016 年より

日本人が介護を受ける平均期間

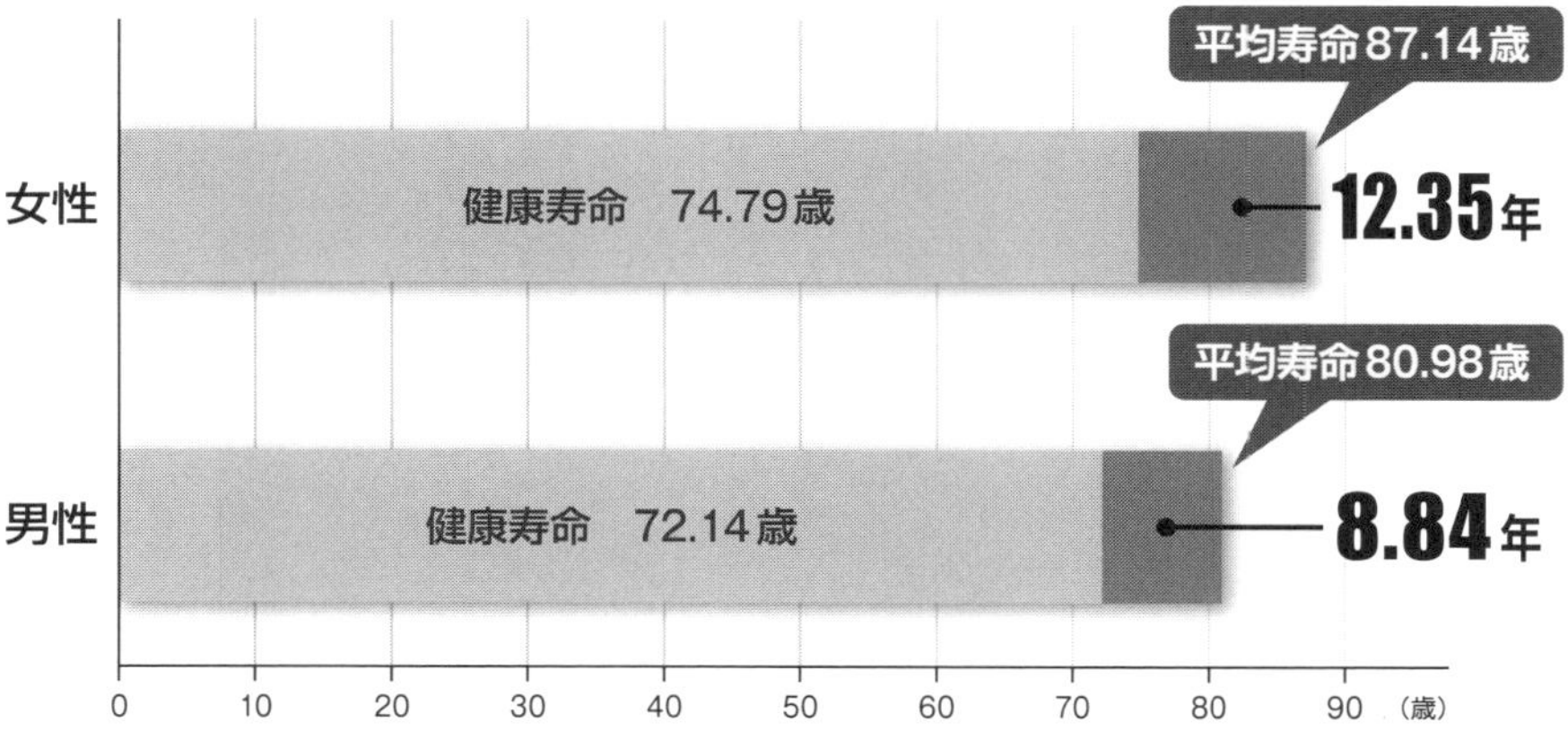
平均寿命 87.14 歳
女性
健康寿命　74.79 歳
12.35 年
平均寿命 80.98 歳
男性
健康寿命　72.14 歳
8.84 年
0
10
20
30
40
50
60
70
80
90
（歳）

※ 2016年の平均寿命と健康寿命の差

厚生労働省は、介護を受けたり寝たきりになったりせず、制限なく健康な日常生活を送ることが可能な期間を示す「健康寿命」を発表しています。平均寿命から健康寿命を引くと、介護を受ける平均期間が算出できます

7-4

介護保険制度をめぐるこれまでの動き

介護保険制度が生まれるまでの経過は、これから介護を始める人も知っておきたいものです

介護保険制度創設までの流れ

措置制度の時代

- 1963年 老人福祉法
- 1982年 老人保健法
- 1989年 ゴールドプラン（高齢者保健福祉推進十か年戦略）

予想を超えて高齢化が進んだために改定

各プランの目標値

サービスの種類	ゴールドプラン
ホームヘルパー	10万人
訪問看護	―
デイサービス	1万ヵ所
ショートステイ	5万床
特別養護老人ホーム	24万床
介護老人保健施設	28万床
グループホーム	―
ケアハウス	10万人分
高齢者生活福祉センター	400ヵ所

長く続いてきた「措置」の時代

１９６３年制定の老人福祉法で全国に特別養護老人ホームが開設されるまで、日本の高齢者介護は基本的に家族が担っていました。当時の社会福祉は、責任者である国や自治体が一方的にサービスを提供する「措置制度」で、利用者に選択権はありませんでした。

措置制度は身寄りのない老人や低所得者が対象で、中間層以上は家族介護が当然とされていました。当時の在宅サービスは、独居老人宅への家庭奉仕員の派遣だけです。ホームヘルパーの前身である家庭奉仕員は、役所などから派遣されて家事援助だけを行っていました。

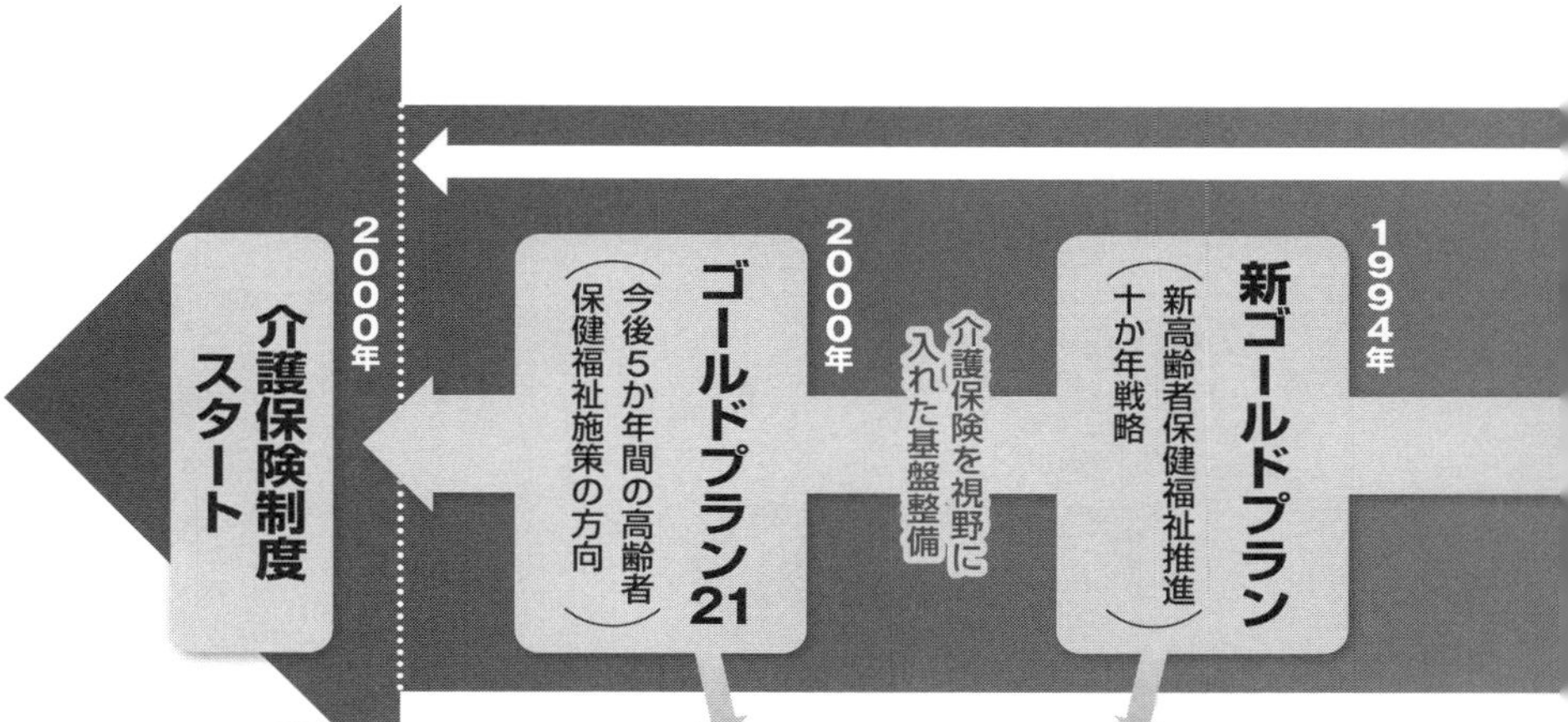
1994年
新ゴールドプラン
（新高齢者保健福祉推進十か年戦略）
介護保険を視野に入れた基盤整備
2000年
ゴールドプラン21
（今後5か年間の高齢者保健福祉施策の方向）
2000年
介護保険制度スタート

ゴールドプラン21	新ゴールドプラン	
35万人	17万人	
9900ヵ所	5000ヵ所	
2万6000ヵ所	1万7000ヵ所	
9万6000床	6万床	
36万床	29万床	
29万7000床	28万床	
3200ヵ所		
10万5000人分	10万人分	
1800ヵ所	400ヵ所	

与えられるサービス
から
選べるサービスへ！
厚労省

老人保健法からゴールドプランへ

１９８２年には、老人保健法が制定されました。医療や看護に従属すると考えられ、特養の寮母、病院の付き添い婦、長男の嫁といった非専門家の役割と考えられていた介護が、独立した専門分野になったのです。

国は、老人保健法によって、慢性疾患（多くは脳卒中による片マヒ）の長期入院をやめ、在宅に戻して地域の機能訓練教室で支えていこうとしました。その役割を担い、閉じこもった老人を家庭訪問してリハビリを勧めたのは保健師（当時の名称は保健婦）でした。

１９８９年には、将来の介護保険制度を想定して、ゴールドプランが特別立法されました。決定された重要な方針は、在宅サービスを施設サービスと同格の行政措置に位置づけたことです。その後、数値目標を上積みした新ゴールドプランを経て、介護保険が誕生しました。

7-5

介護保険がもたらした変化

それまで一方的に行政から与えられていたサービスは、介護保険でどう変わったのでしょうか

高齢者の生活に欠かせない存在となった介護保険制度

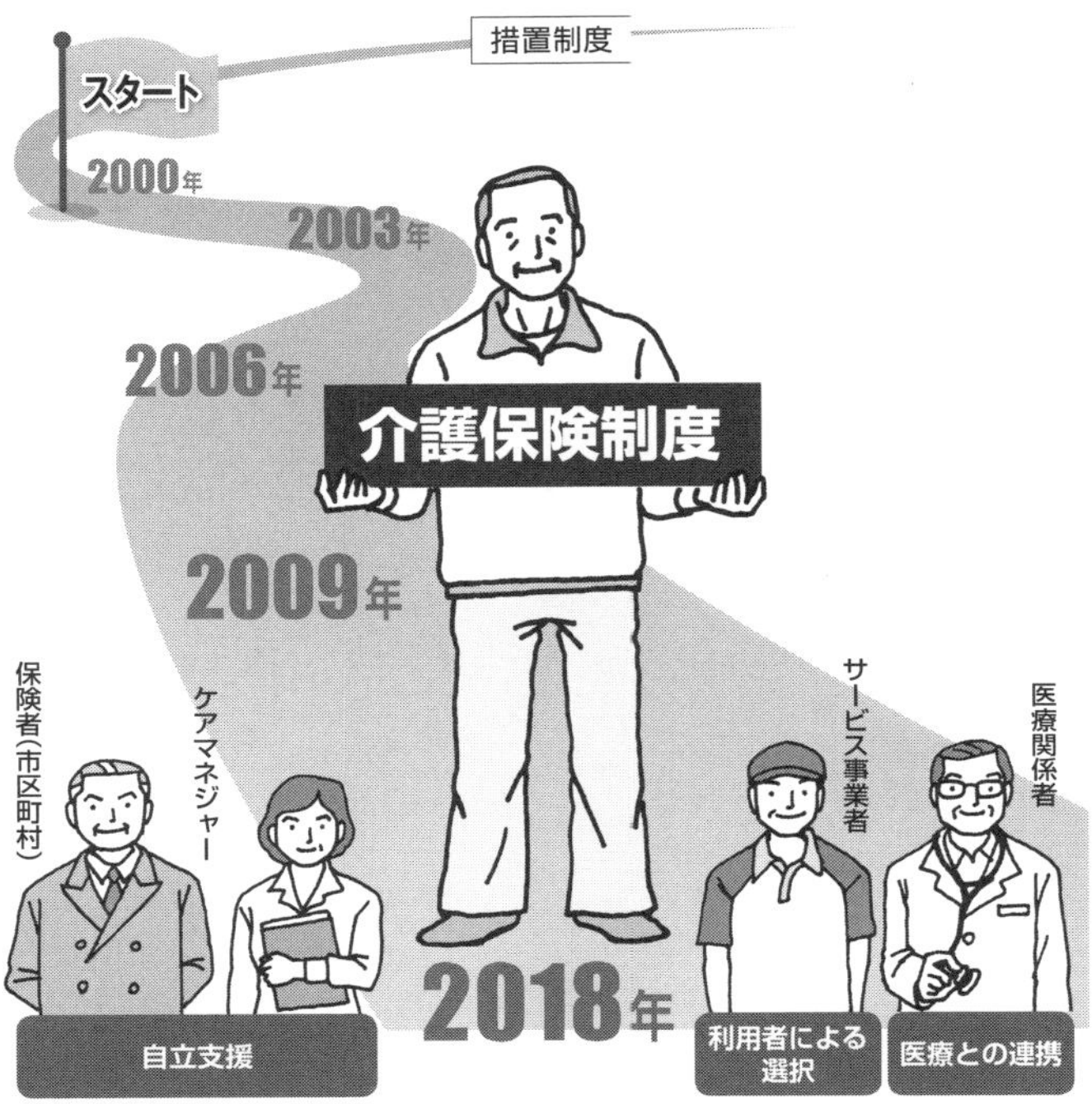

措置制度
スタート
2000年
2003年
2006年
介護保険制度
2009年
保険者（市区町村）
ケアマネジャー
サービス事業者
医療関係者
2018年
自立支援
利用者による選択
医療との連携

介護サービス事業者との契約へと変化

2000年4月1日から介護保険制度が始まると、都道府県知事から認可を受けた指定サービス事業者が、介護保険サービスを提供できるようになりました。利用者は、どのサービスをどれだけ受けるか、定められた範囲内で選べるのです。利用者の責任において必要なサービスを選択し、各事業者と契約を交わして利用する方式になったことは、「措置」の時代に比べると大きな変化でした。

これは、介護の質を考える契機にもなりました。これまで家族の役割だった介護が外部サービス化されたことで介護職という職業が確立さ

介護保険認定者数の伸び

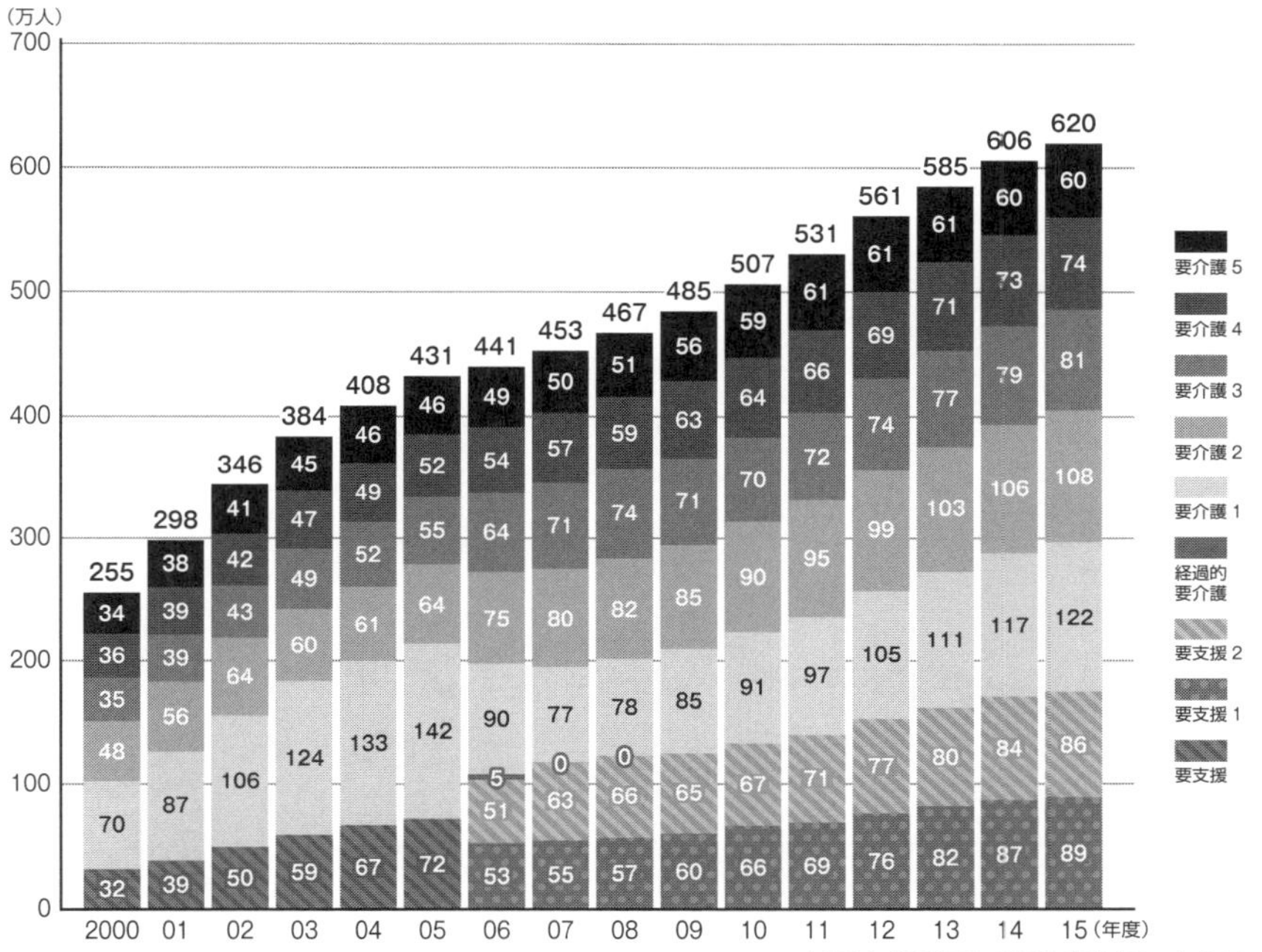

※厚生労働省「介護保険事業状況報告」2015年度より

れたこと、ケアプラン（介護サービス計画）の共通目標が「自立支援」に定められたことが大きな理由です。また、医療との連携が必要不可欠になりました。

介護保険制度は、介護の必要性を「要介護度」で測り、すべての高齢者に「自立した生活を目指してもらう」という2つの驚くべき標準化を成し遂げた制度です。それによって、良くも悪くも要介護者を意思決定のできる主体と捉え、寝たきりの人をなくしていこうとする積極的な介護が日本中に浸透しました。

介護保険制度が始まって以降、介護の専門性が飛躍的に高まったのは事実です。リスクをはらむ自立支援を行うには、プロの技術が欠かせません。しかし、一方で介護職の待遇が仕事内容に見合わないなどの問題も生じています。

また、上のグラフのように介護保険の認定者数が増え続けたために、国や自治体の財政が圧迫され、介護保険料の値上げや給付の制限といった新たな問題も起こりつつあります。

7-6

市場としての介護保険サービス

介護保険制度が始まって、介護市場は大きく伸びました。この先は、どうなるのでしょうか

介護サービス事業所数の年次推移

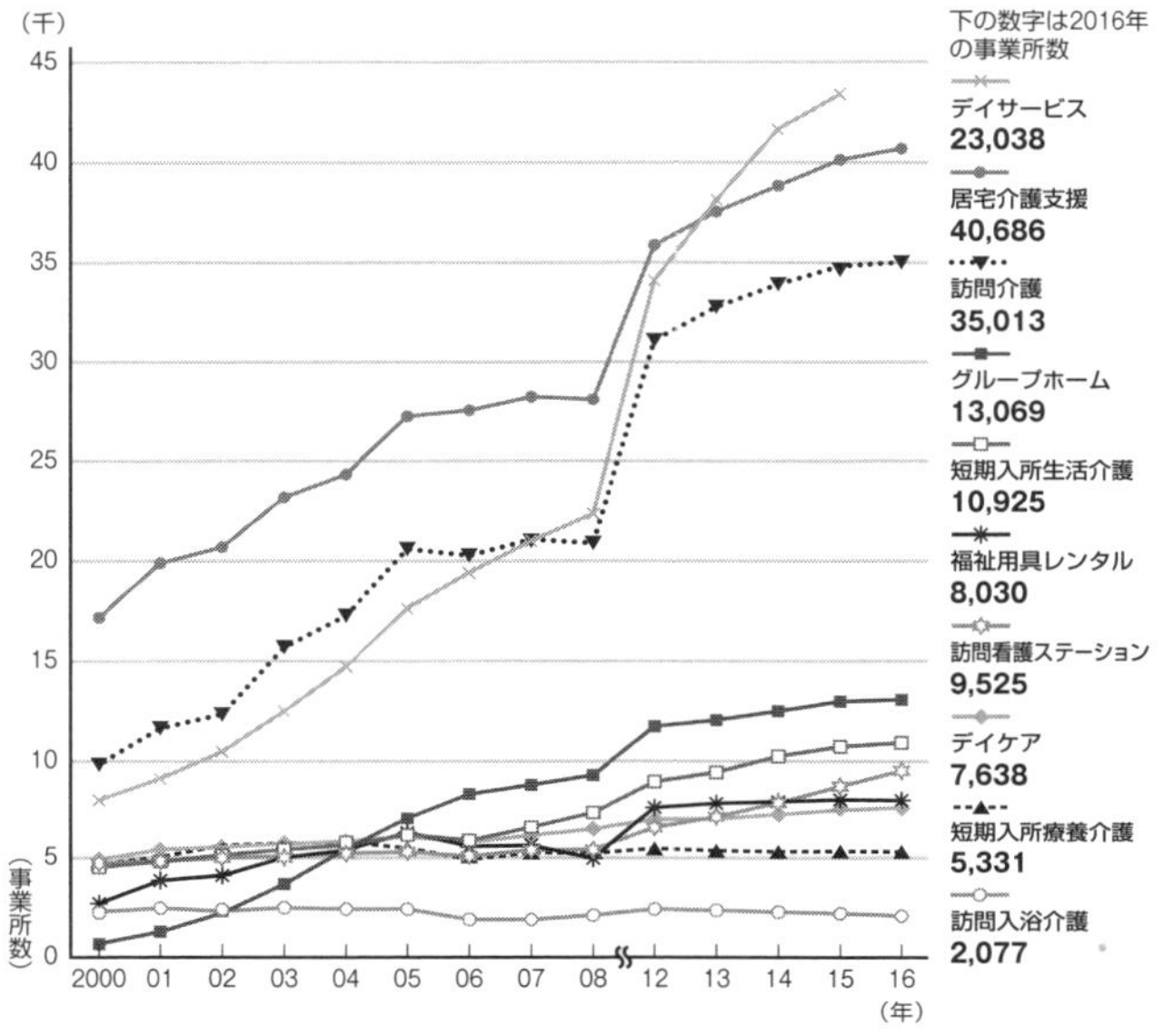

（千）
45
40
35
30
25
20
15
10
5
0
（事業所数）
2000
01
02
03
04
05
06
07
08
12
13
14
15
16
（年）
下の数字は2016年の事業所数
デイサービス
23,038
居宅介護支援
40,686
訪問介護
35,013
グループホーム
13,069
短期入所生活介護
10,925
福祉用具レンタル
8,030
訪問看護ステーション
9,525
デイケア
7,638
短期入所療養介護
5,331
訪問入浴介護
2,077

※厚生労働省「介護サービス施設・事業所調査」より（各年10月1日現在）

- 居宅系では、伸びているサービスと伸びていないサービスに差があります
- 3年ごとの改定で介護報酬が下がると、伸びていたサービスも頭打ちになるのです。どのサービスが伸びるかは、予断を許しません

17年間で2・9倍に伸びた介護保険サービスの市場規模

２０００年度に始まった介護保険サービスの総支出額は、３・６兆円でした。２０１６年度には、それが10・４兆円に伸びています。17年間で２・９倍に伸びた市場は、そうあるものではありません。

市場が伸びた原因は、高齢者が増えただけではなく、利用者側に「使わなければ損」という意識が芽生えたためです。それにより国は財政難に陥ったので、給付の引き締めに入っています。これからも介護市場は拡大するものの微増にとどまり、同じパイを奪い合う介護サービス事業者の競争は激しさを増すでしょう。

介護職と各産業別の離職率の状況（2016年）

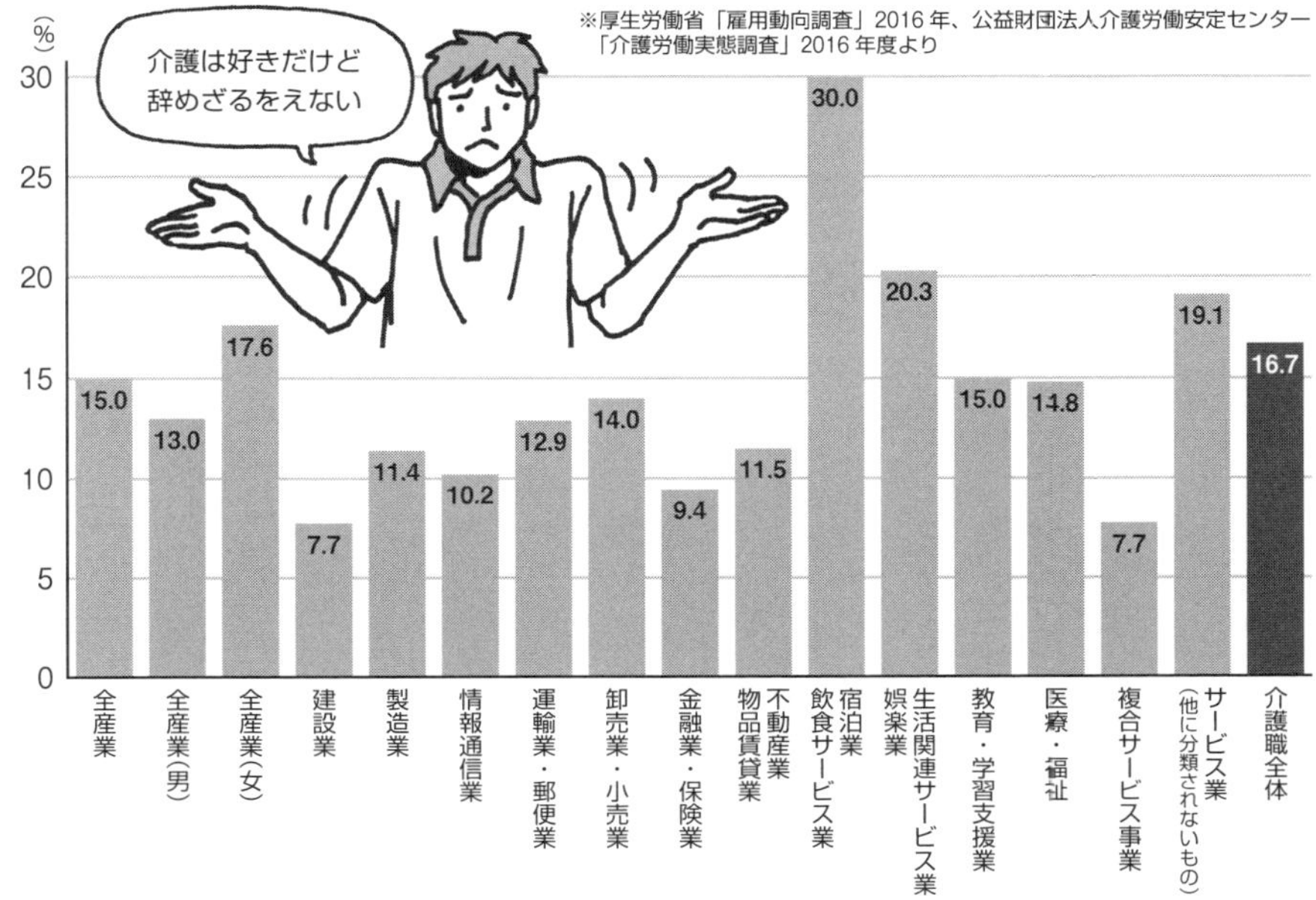
※厚生労働省「雇用動向調査」2016年、公益財団法人介護労働安定センター「介護労働実態調査」2016年度より
（%）
介護は好きだけど
辞めざるをえない
30
25
20
15
10
5
0
全産業 15.0
全産業（男） 13.0
全産業（女） 17.6
建設業 7.7
製造業 11.4
情報通信業 10.2
運輸業・郵便業 12.9
卸売業・小売業 14.0
金融業・保険業 9.4
不動産業 物品賃貸業 11.5
宿泊業 飲食サービス業 30.0
生活関連サービス業 娯楽業 20.3
教育・学習支援業 15.0
医療・福祉 14.8
複合サービス事業 7.7
サービス業（他に分類されないもの） 19.1
介護職全体 16.7

- 介護職全体の離職率は、全産業平均よりも高い傾向にあります
- 逆に有効求人倍率は高いのが特徴です。2016年3月には介護関係職種2.73（全産業1.21）、2017年5月には介護関係職種3.15（全産業1.22）と、一貫して求職者よりも求人数が上回っています

労働力をどう確保していくかが成長への大きな課題

介護保険制度の誕生を契機として大きく伸びた介護業界ですが、介護職や医療職の人材確保は難しく、離職率の高さが業界共通の悩みとなっています。原因は仕事自体の難しさ、つらさもさることながら、賃金面など待遇の悪さにあることは広く知られている通りです。

政府は、幾度も報酬改定で交付金や加算をつけ、介護職の賃金が上がるよう誘導しました。しかし、新しく建設された特養でさえ働き手が集まらず、待機者はいるのに1ユニットずつしかオープンできていない有り様です。

何とか人を集めても、離職率は下がりません。実際には、福祉はやりがいがあると思って入職した人が「あれもダメ、これもダメ」と言われて辞めています。「おおらかに働けるのも待遇のうち」と考えて現場の工夫を許容すれば、離職率が下がるのではないでしょうか。

コラム 7

外国人介護福祉士の受け入れはなぜ進まないのか

経済連携協定（ＥＰＡ）による外国人の看護師や介護福祉士の受け入れは、２００８年度のインドネシアを皮切りに、２００９年度フィリピン、２０１４年度ベトナムと拡大されてきました。しかし定着率は悪く、これまでに計４０００人が来日したものの、国家試験の合格者は６００人あまり、合格して働き始めても3割が離脱するという状況でした（２０１６年9月現在）。

これは、難解な国家試験を日本語で受験するというハードルの高さに加え、国が助成金を付けて施設に研修を求めるのは合格するまでで、資格取得後は勉強時間がなくなるうえに家賃補助などが減り、生活が苦しくなって国への仕送りが大変になるという事情によります。

こうした厳しい状況に変化が見られたのは２０１７年11月、ＥＰＡではなく外国人技能実習制度（農業や建設など74の職種で外国人実習生を受け入れている）に介護が加わってからです。同年12月8日に閣議決定された「新しい経済政策パッケージ」の規制制度改革では、技能実習生が介護福祉士の試験に合格すれば「在留資格」を認めるという重大な決定も行われました。

外国人の技能実習生は、最長5年の実習期間中に資格を取り、帰国して今度は介護の在留資格で来日すれば、無期限で働くことができるのです。今後はＥＰＡでなく、技能実習生経由の外国人介護福祉士が増えてくるかもしれません。

付録

巻末資料

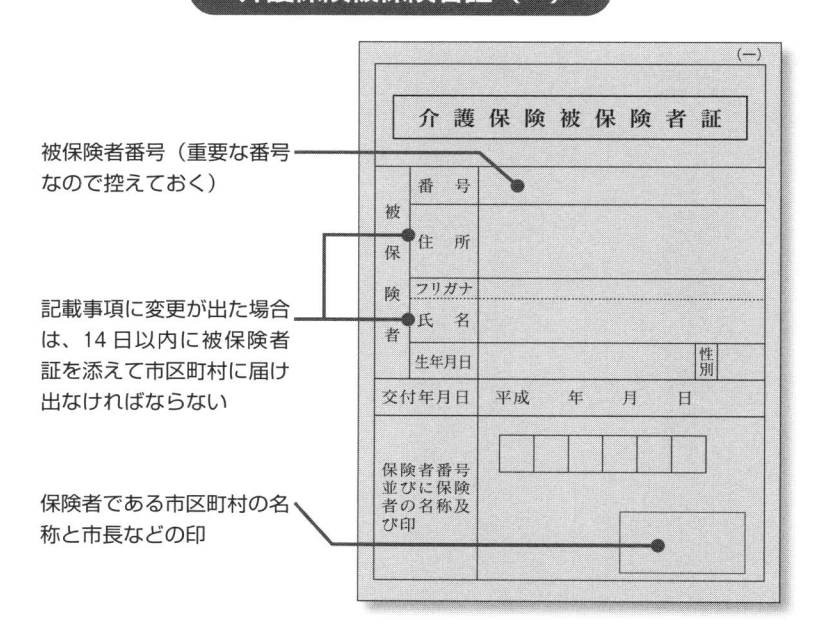

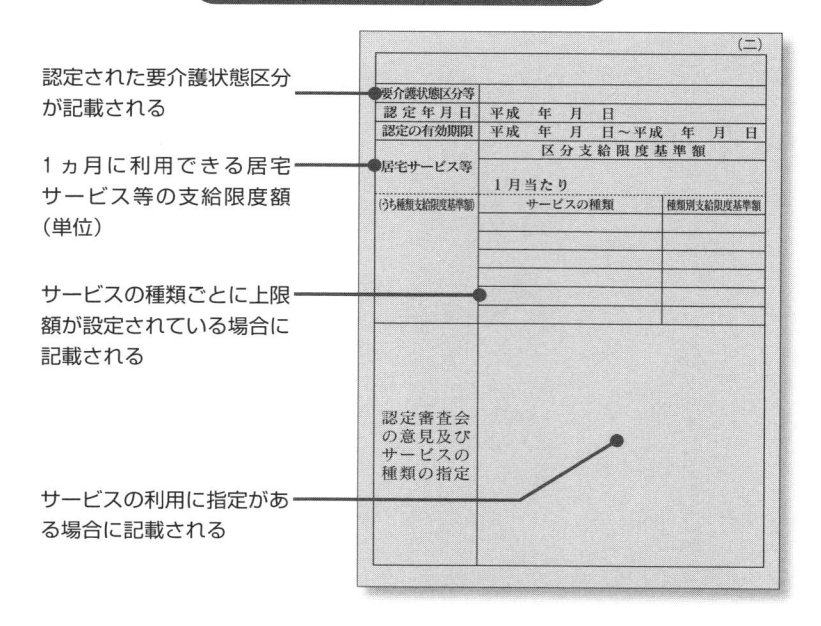

介護保険被保険者証（一）

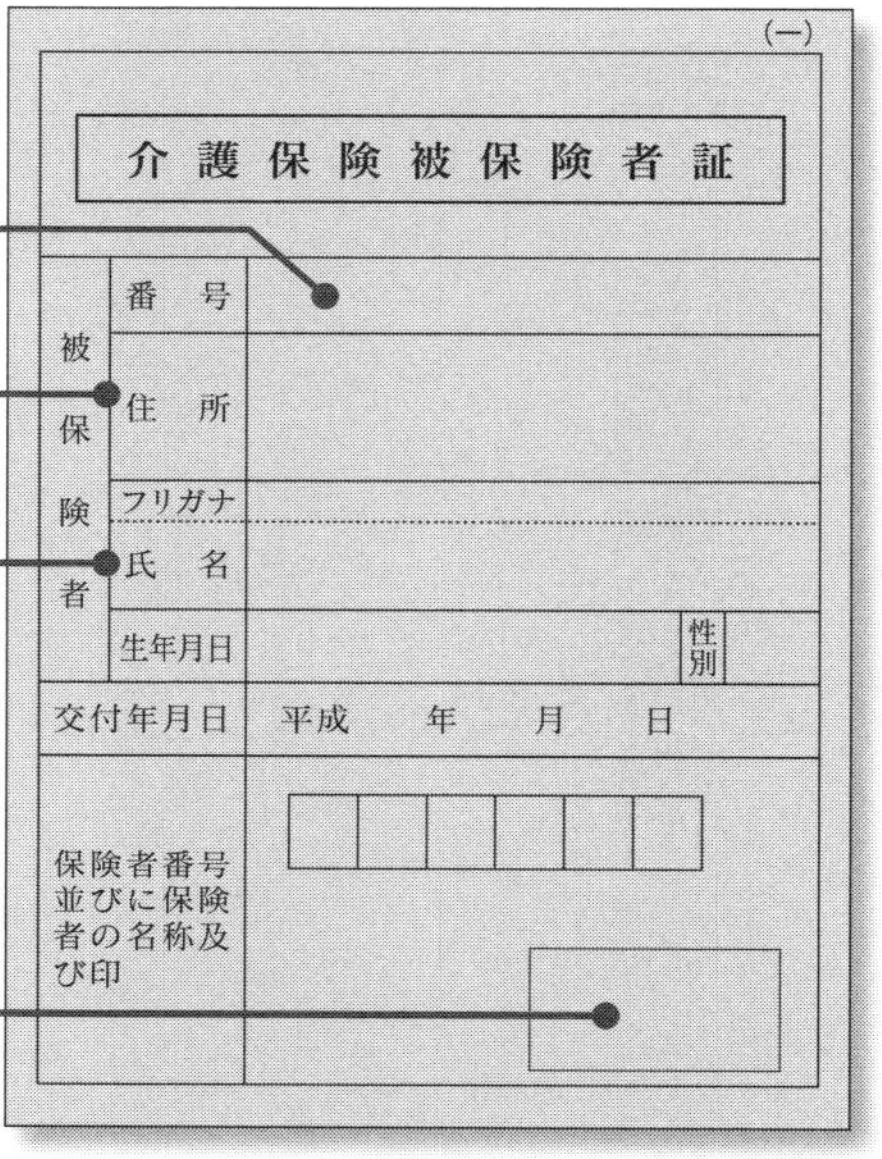

（一）
介護保険被保険者証
被保険者
番号
住所
フリガナ
氏名
生年月日
性別
交付年月日　平成　年　月　日
保険者番号並びに保険者の名称及び印

被保険者番号（重要な番号なので控えておく）

記載事項に変更が出た場合は、14日以内に被保険者証を添えて市区町村に届け出なければならない

保険者である市区町村の名称と市長などの印

介護保険被保険者証（二）

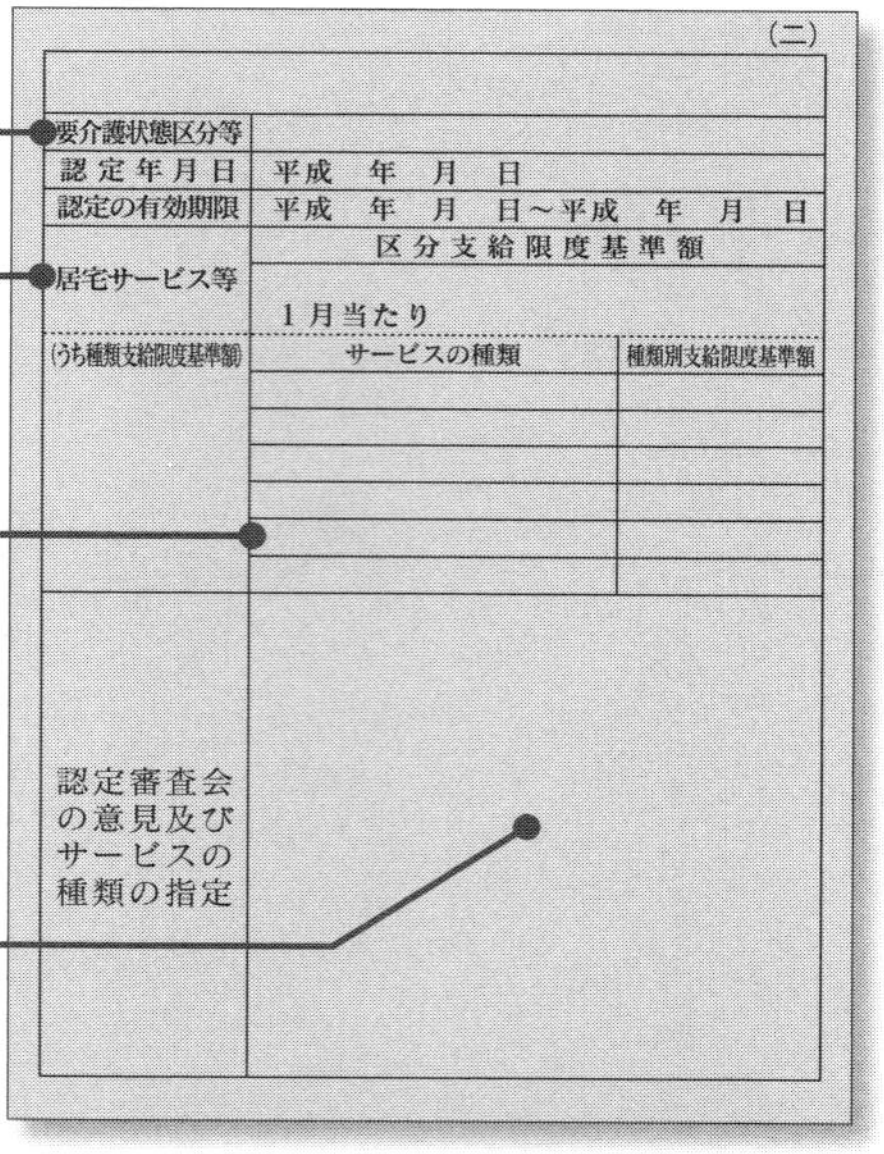

（二）
要介護状態区分等
認定年月日　平成　年　月　日
認定の有効期限　平成　年　月　日～平成　年　月　日
区分支給限度基準額
居宅サービス等
1月当たり
（うち種類支給限度基準額）
サービスの種類
種類別支給限度基準額
認定審査会の意見及びサービスの種類の指定

認定された要介護状態区分が記載される

1ヵ月に利用できる居宅サービス等の支給限度額（単位）

サービスの種類ごとに上限額が設定されている場合に記載される

サービスの利用に指定がある場合に記載される

介護保険被保険者証（三）

保険料の滞納などにより、給付の制限を受けている場合に記載される

ケアマネジャーの所属事業所名が記載される

施設サービスを利用した場合、施設の種類や入退所年月日を施設が記載する

（三）

		内　容	期　　間
給付制限			開始年月日　年　月　日 終了年月日　年　月　日
			開始年月日　年　月　日 終了年月日　年　月　日
			開始年月日　年　月　日 終了年月日　年　月　日
居宅介護支援事業者又は介護予防支援事業者及びその事業所の名称			届出年月日　年　月　日
			届出年月日　年　月　日
			届出年月日　年　月　日
介護保険施設等	種類		入所 入院 年月日　年　月　日
	名称		退所 退院 年月日　年　月　日
	種類		入所 入院 年月日　年　月　日
	名称		退所 退院 年月日　年　月　日

中面

この被保険者証を不正に使用したときの罰則や保険料を滞納した場合のペナルティについて書かれている

この被保険者証の使い方と介護保険サービスを利用する上での注意点が書かれている

（四）

注意事項

一　介護サービスを受けようとするときは、あらかじめ市町村の窓口で要介護認定又は要支援認定を受けてください。

二　介護サービスを受けようとするときは、必ずこの証を事業者又は施設の窓口に提出してください。

三　認定の有効期限を経過したときは、保険給付を受けられませんので、認定の有効期限を経過する六十日前から三十日前までの間に市町村にこの証を提出し、認定の更新を受けてください。

（五）

四　居宅サービス、地域密着型サービス、介護予防サービス又は地域密着型介護予防サービス（以下「居宅サービス等」という。）については、居宅介護支援事業者若しくは介護予防支援事業者に介護サービス計画若しくは介護予防サービス計画の作成を依頼した旨をあらかじめ市町村に届け出た場合又は自ら介護サービス計画若しくは介護予防サービス計画を作成し、市町村に届け出た場合に限って現物給付となります。これらの手続をしない場合は、市町村からの事後払い（償還払い）になります。

五　居宅サービス等には保険給付の限度額が設定されます。

六　介護サービスを受けるときに支払う金額は、介護サービスに要した費用の一割です（居宅介護支援サービス及び介護予防支援サービスの利用支払額はありません。）。

（六）

七　認定審査会の意見及びサービスの種類の指定欄に記載がある場合は、記載事項に留意してください。利用できるサービスの種類の指定がある場合は、当該サービス以外は保険給付を受けられません。

八　被保険者の資格がなくなったときは、直ちに、この証を市町村に返してください。

九　この証の表面の記載事項に変更があったときは、十四日以内に、この証を添えて、市町村にその旨を届け出てください。

十　不正にこの証を使用した者は、刑法により詐欺罪として懲役の処分を受けます。

十一　特別の事情がないのに保険料を滞納した場合は、給付を市町村からの事後払いとする措置（支払方法変更）、利用時支払額を三割とする措置（給付額減額）等を受けることがあります。

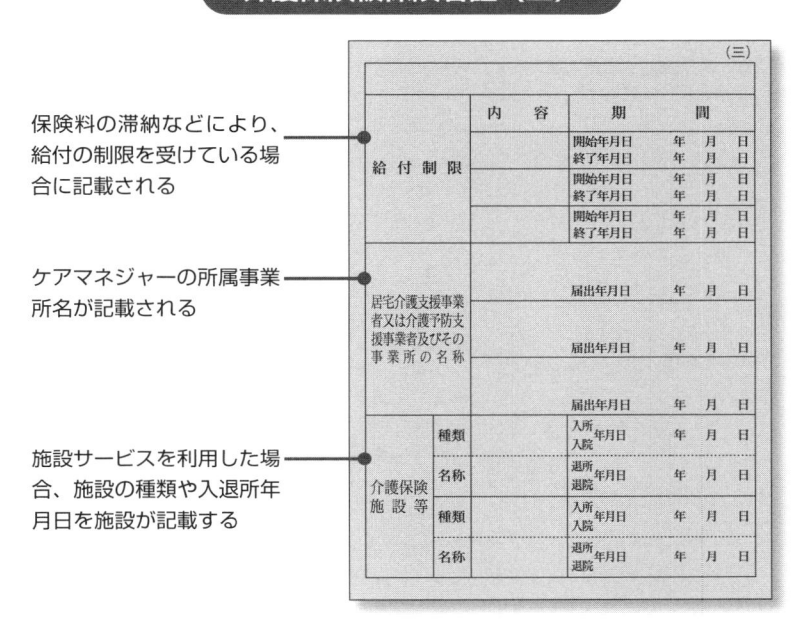

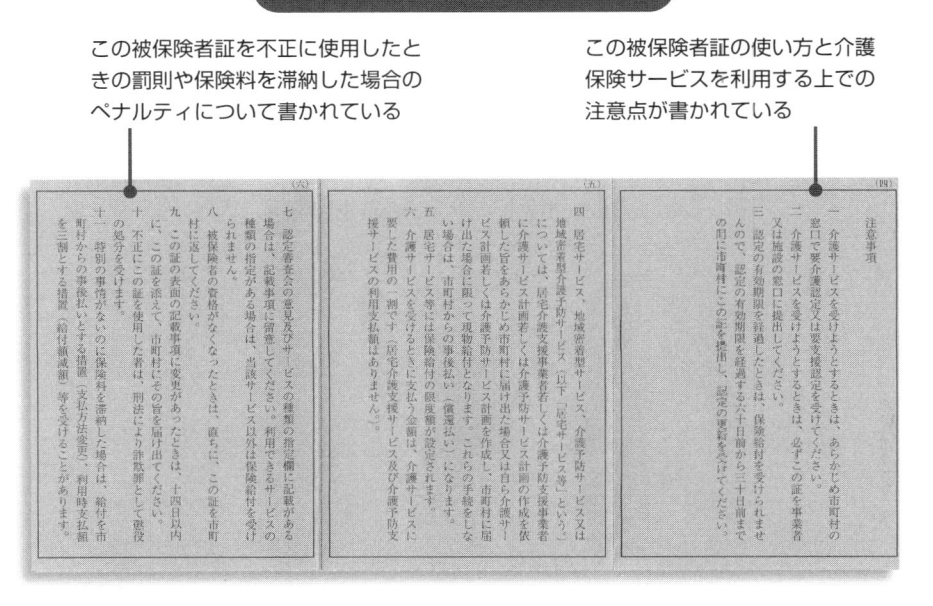

障害高齢者の日常生活自立度

別名「寝たきり度」とも呼ばれ、高齢者の日常が自立している程度を表すものです。介護保険制度の要介護認定では、認定調査や主治医意見書でこの指標が用いられ、コンピュータによる一次判定や介護認定審査会における判定の参考として利用されています

生活自立	ランクJ	何らかの障害等を有するが、日常生活はほぼ自立しており独力で外出する 1. 交通機関等を利用して外出する 2. 隣近所へなら外出する
準寝たきり	ランクA	屋内での生活はおおむね自立しているが、介助なしには外出しない 1. 介助により外出し、日中はほとんどベッドから離れて生活する 2. 外出の頻度が少なく、日中も寝たり起きたりの生活をしている
寝たきり	ランクB	屋内での生活は何らかの介助を要し、日中もベッド上での生活が主体であるが、座位を保つ 1. 車イスに移乗し、食事、排泄はベッドから離れて行う 2. 介助により車イスに移乗する
	ランクC	一日中ベッドで過ごし、排泄、食事、着替えにおいて介助を要する 1. 自力で寝返りをうつ 2. 自力では寝返りもうてない

●判定にあたっての留意事項●

この判定基準は、地域や施設等の現場において、保健師等が何らかの障害を有する高齢者の日常生活自立度を客観的かつ短時間に判定することを目的として作成したものである。

判定に際しては「～をすることができる」といった「能力」の評価ではなく、「状態」、特に『移動』に関わる状態像に着目して、日常生活の自立の程度を４段階にランク分けすることで評価するものとする。なお、本基準においては何ら障害を持たない、いわゆる健常高齢者は対象としていない。（以下略）

朝昼夜等の時間帯や体調等によって能力の程度が異なる場合

一定期間（調査日よりおおむね過去１週間）の状況において、より頻回に見られる状況や日頃の状況で選択する。その場合、その日頃の状況等の具体的な内容を「特記事項」に記載する。（以下略）

※厚生労働省「認定調査員テキスト2009改訂版」より抜粋して引用

認知症高齢者の日常生活自立度

認知症の人にかかる介護の度合い（大変さ）をレベルごとに分類したものです。介護保険制度の要介護認定の際（認定調査、主治医意見書）に使われます。また、医療関係者や施設事業者が書面で利用者の情報をやり取りする際にも使われます。

ランク	判定基準	見られる症状・行動の例
Ⅰ	何らかの認知症を有するが、日常生活は家庭内及び社会的にほぼ自立している	
Ⅱ	日常生活に支障を来すような症状・行動や意思疎通の困難さが多少見られても、誰かが注意していれば自立できる	
Ⅱa	家庭外で上記Ⅱの状態が見られる	たびたび道に迷うとか、買い物や事務、金銭感覚などそれまでできたことにミスが目立つ等
Ⅱb	家庭内でも上記Ⅱの状態が見られる	服薬管理ができない、電話の応対や訪問者との対応など一人で留守番ができない等
Ⅲ	日常生活に支障を来すような症状・行動や意思疎通の困難さが見られ、介護を必要とする	
Ⅲa	日中を中心として上記Ⅲの状態が見られる	着替え、食事、排便、排尿が上手にできない、時間がかかる。やたらに物を口に入れる、物を拾い集める、徘徊、失禁、大声・奇声をあげる、火の不始末、不潔行為、性的異常行為等
Ⅲb	夜間を中心として上記Ⅲの状態が見られる	ランクⅢaに同じ
Ⅳ	日常生活に支障を来すような症状・行動や意思疎通の困難さが頻繁に見られ、常に介護を必要とする	ランクⅢに同じ
M	著しい精神症状や問題行動あるいは重篤な身体疾患が見られ、専門医療を必要とする	せん妄、妄想、興奮、自傷・他害等の精神症状や精神症状に起因する問題行動が継続する状態等

主治医意見書

記入日 平成　年　月　日

申請者	（ふりがな） 明・大・昭　年　月　日生（　歳）	男・女	〒　－ 連絡先　（　）

上記の申請者に関する意見は以下の通りです。
主治医として、本意見書が介護サービス計画作成に利用されることに　□同意する。　□同意しない。
医師氏名
医療機関名　電話　（　）
医療機関所在地　FAX　（　）

（1）最終診察日	平成　年　月　日
（2）意見書作成回数	□初回　□２回目以上
（3）他科受診の有無	□有　□無 （有の場合）→□内科　□精神科　□外科　□整形外科　□脳神経外科　□皮膚科　□泌尿器科　□婦人科　□眼科　□耳鼻咽喉科　□リハビリテーション科　□歯科　□その他（　）

１．傷病に関する意見

（1）診断名（特定疾病または生活機能低下の直接の原因となっている傷病名については１．に記入）及び発症年月日
1.　発症年月日　（昭和・平成　年　月　日頃）
2.　発症年月日　（昭和・平成　年　月　日頃）
3.　発症年月日　（昭和・平成　年　月　日頃）

（2）症状としての安定性　□安定　□不安定　□不明
（「不安定」とした場合、具体的な状況を記入）

（3）生活機能低下の直接の原因となっている傷病または特定疾病の経過及び投薬内容を含む治療内容
〔最近（概ね６ヶ月以内）介護に影響のあったもの 及び 特定疾病についてはその診断の根拠等について記入〕

２．特別な医療　（過去１４日間以内に受けた医療のすべてにチェック）

処置内容　□点滴の管理　□中心静脈栄養　□透析　□ストーマの処置　□酸素療法
□レスピレーター　□気管切開の処置　□疼痛の看護　□経管栄養
特別な対応　□モニター測定（血圧、心拍、酸素飽和度等）　□褥瘡の処置
失禁への対応　□カテーテル（コンドームカテーテル、留置カテーテル 等）

３．心身の状態に関する意見

（1）日常生活の自立度等について
・障害高齢者の日常生活自立度(寝たきり度)　□自立　□J1　□J2　□A1　□A2　□B1　□B2　□C1　□C2
・認知症高齢者の日常生活自立度　□自立　□Ⅰ　□Ⅱa　□Ⅱb　□Ⅲa　□Ⅲb　□Ⅳ　□M

（2）認知症の中核症状（認知症以外の疾患で同様の症状を認める場合を含む）
・短期記憶　□問題なし　□問題あり
・日常の意思決定を行うための認知能力　□自立　□いくらか困難　□見守りが必要　□判断できない
・自分の意思の伝達能力　□伝えられる　□いくらか困難　□具体的要求に限られる　□伝えられない

（3）認知症の周辺症状（該当する項目全てチェック：認知症以外の疾患で同様の症状を認める場合を含む）
□無　□有 → { □幻視・幻聴　□妄想　□昼夜逆転　□暴言　□暴行　□介護への抵抗　□徘徊
□火の不始末　□不潔行為　□異食行動　□性的問題行動　□その他（　） }

（4）その他の精神・神経症状
□無　□有　〔症状名：　専門医受診の有無 □有（　）□無〕

(5)身体の状態

利き腕（□右 □左） 身長＝□cm 体重＝□kg（過去６ヶ月の体重の変化 □ 増加 □ 維持 □減少 ）

□四肢欠損 （部位：＿＿＿＿＿＿＿＿）

□麻痺 □右上肢（程度：□軽 □中 □重） □左上肢（程度：□軽 □中 □重）

□右下肢（程度：□軽 □中 □重） □左下肢（程度：□軽 □中 □重）

□その他（部位： 程度：□軽 □中 □重）

□筋力の低下 （部位：＿＿＿＿＿＿＿＿ 程度：□軽 □中 □重）

□関節の拘縮 （部位：＿＿＿＿＿＿＿＿ 程度：□軽 □中 □重）

□関節の痛み （部位：＿＿＿＿＿＿＿＿ 程度：□軽 □中 □重）

□失調・不随意運動 ・上肢 □右 □左 ・下肢 □右 □左 ・体幹 □右 □左

□褥瘡 （部位：＿＿＿＿＿＿＿＿ 程度：□軽 □中 □重）

□その他の皮膚疾患（部位：＿＿＿＿＿＿＿＿ 程度：□軽 □中 □重）

4．生活機能とサービスに関する意見

(1)移動

屋外歩行 □自立 □介助があればしている □していない

車いすの使用 □用いていない □主に自分で操作している □主に他人が操作している

歩行補助具・装具の使用(複数選択可) □用いていない □屋外で使用 □屋内で使用

(2)栄養・食生活

食事行為 □自立ないし何とか自分で食べられる □全面介助

現在の栄養状態 □良好 □不良

→ 栄養・食生活上の留意点（ ）

(3) 現在あるかまたは今後発生の可能性の高い状態とその対処方針

□尿失禁 □転倒・骨折 □移動能力の低下 □褥瘡 □心肺機能の低下 □閉じこもり □意欲低下 □徘徊

□低栄養 □摂食・嚥下機能低下 □脱水 □易感染性 □がん等による疼痛 □その他（ ）

→ 対処方針 （ ）

(4)サービス利用による生活機能の維持・改善の見通し

□期待できる □期待できない □不明

(5) 医学的管理の必要性（特に必要性の高いものには下線を引いて下さい。予防給付により提供されるサービスを含みます。）

□訪問診療 □訪問看護 □看護職員の訪問による相談・支援 □訪問歯科診療

□訪問薬剤管理指導 □訪問リハビリテーション □短期入所療養介護 □訪問歯科衛生指導

□訪問栄養食事指導 □通所リハビリテーション □その他の医療系サービス（ ）

(6) サービス提供時における医学的観点からの留意事項

・血圧 □特になし □あり（ ）・移動 □特になし □あり（ ）

・摂食 □特になし □あり（ ）・運動 □特になし □あり（ ）

・嚥下 □特になし □あり（ ）・その他（ ）

(7) 感染症の有無（有の場合は具体的に記入して下さい）

□無 □有 （ ） □不明

5．特記すべき事項

要介護認定及び介護サービス計画作成時に必要な医学的なご意見等を記載して下さい。なお、専門医等に別途意見を求めた場合はその内容、結果も記載して下さい。（情報提供書や身体障害者申請診断書の写し等を添付して頂いても結構です。）

認定調査（基本調査）

調査日＿＿年＿月＿日　　**保険者番号＿＿＿＿＿＿**　　**被保険者番号＿＿＿＿＿＿**

1-1　麻痺等の有無について、あてはまる番号すべてに○印をつけてください。（複数回答可）

1. ない	2. 左上肢	3. 右上肢	4. 左下肢	5. 右下肢	6. その他（四肢の欠損）

1-2　関節の動く範囲の制限の有無について、あてはまる番号すべてに○印をつけてください。（複数回答可）

1. ない	2. 肩関節	3. 股関節	4. 膝関節	5. その他（四肢の欠損）

1-3　寝返りについて、あてはまる番号に一つだけ○印をつけてください。

1. つかまらないでできる	2. 何かにつかまればできる	3. できない

1-4　起き上がりについて、あてはまる番号に一つだけ○印をつけてください。

1. つかまらないでできる	2. 何かにつかまればできる	3. できない

1-5　座位保持について、あてはまる番号に一つだけ○印をつけてください。

1. できる	2. 自分の手で支えればできる	3. 支えてもらえればできる	4. できない

1-6　両足での立位保持について、あてはまる番号に一つだけ○印をつけてください。

1. 支えなしでできる	2. 何か支えがあればできる	3. できない

1-7　歩行について、あてはまる番号に一つだけ○印をつけてください。

1. つかまらないでできる	2. 何かにつかまればできる	3. できない

1-8　立ち上がりについて、あてはまる番号に一つだけ○印をつけてください。

1. つかまらないでできる	2. 何かにつかまればできる	3. できない

1-9　片足での立位保持について、あてはまる番号に一つだけ○印をつけてください。

1. 支えなしでできる	2. 何か支えがあればできる	3. できない

1-10　洗身について、あてはまる番号に一つだけ○印をつけてください。

1. 介助されていない	2. 一部介助	3. 全介助	4. 行っていない

1-11　つめ切りについて、あてはまる番号に一つだけ○印をつけてください。

1. 介助されていない	2. 一部介助	3. 全介助

1-12　視力について、あてはまる番号に一つだけ○印をつけてください。

1. 普通（日常生活に支障がない）	2. 約１m離れた視力確認表の図が見える
3. 目の前に置いた視力確認表の図が見える	4. ほとんど見えない
5. 見えているのか判断不能	

1-13　聴力について、あてはまる番号に一つだけ○印をつけてください。

1. 普通	2. 普通の声がやっと聞き取れる
3. かなり大きな声なら何とか聞き取れる	4. ほとんど聞えない
5. 聞えているのか判断不能	

2-1 移乗について、あてはまる番号に一つだけ○印をつけてください。

1. 介助されていない	2. 見守り等	3. 一部介助	4. 全介助

2-2 移動について、あてはまる番号に一つだけ○印をつけてください。

1. 介助されていない	2. 見守り等	3. 一部介助	4. 全介助

2-3 えん下について、あてはまる番号に一つだけ○印をつけてください。

1. できる	2. 見守り等	3. できない

2-4 食事摂取について、あてはまる番号に一つだけ○印をつけてください。

1. 介助されていない	2. 見守り等	3. 一部介助	4. 全介助

2-5 排尿について、あてはまる番号に一つだけ○印をつけてください。

1. 介助されていない	2. 見守り等	3. 一部介助	4. 全介助

2-6 排便について、あてはまる番号に一つだけ○印をつけてください。

1. 介助されていない	2. 見守り等	3. 一部介助	4. 全介助

2-7 口腔清潔について、あてはまる番号に一つだけ○印をつけてください。

1. 介助されていない	2. 一部介助	3. 全介助

2-8 洗顔について、あてはまる番号に一つだけ○印をつけてください。

1. 介助されていない	2. 一部介助	3. 全介助

2-9 整髪について、あてはまる番号に一つだけ○印をつけてください。

1. 介助されていない	2. 一部介助	3. 全介助

2-10 上衣の着脱ついて、あてはまる番号に一つだけ○印をつけてください。

1. 介助されていない	2. 見守り等	3. 一部介助	4. 全介助

2-11 ズボン等の着脱ついて、あてはまる番号に一つだけ○印をつけてください。

1. 介助されていない	2. 見守り等	3. 一部介助	4. 全介助

2-12 外出頻度について、あてはまる番号に一つだけ○印をつけてください。

1. 週 1 回以上	2. 月 1 回以上	3. 月 1 回未満

3-1 意思の伝達について、あてはまる番号に一つだけ○印をつけてください。

1. 調査対象者が意思を他者に伝達できる	2. ときどき伝達できる
3. ほとんど伝達できない	4. できない

3-2 毎日の日課を理解することについて、あてはまる番号に一つだけ○印をつけてください。

1. できる	2. できない

3-3 生年月日や年齢を言うことについて、あてはまる番号に一つだけ○印をつけてください。

1. できる	2. できない

3-4 短期記憶（面接調査の直前に何をしていたか思い出す）について、あてはまる番号に一つだけ○印をつけてください。

1. できる	2. できない

付録 巻末資料

3-5 自分の名前を言うことについて、あてはまる番号に一つだけ○印をつけてください。

1. できる	2. できない

3-6 今の季節を理解することについて、あてはまる番号に一つだけ○印をつけてください。

1. できる	2. できない

3-7 場所の理解（自分がいる場所を答える）について、あてはまる番号に一つだけ○印をつけてください。

1. できる	2. できない

3-8 徘徊について、あてはまる番号に一つだけ○印をつけてください。

1. ない	2. ときどきある	3. ある

3-9 外出すると戻れないことについて、あてはまる番号に一つだけ○印をつけてください。

1. ない	2. ときどきある	3. ある

4-1 物を盗られたなどと被害的になることについて、あてはまる番号に一つだけ○印をつけてください。

1. ない	2. ときどきある	3. ある

4-2 作話をすることについて、あてはまる番号に一つだけ○印をつけてください。

1. ない	2. ときどきある	3. ある

4-3 泣いたり、笑ったりして感情が不安定になることについて、あてはまる番号に一つだけ○印をつけてください。

1. ない	2. ときどきある	3. ある

4-4 昼夜の逆転があることについて、あてはまる番号に一つだけ○印をつけてください。

1. ない	2. ときどきある	3. ある

4-5 しつこく同じ話をすることについて、あてはまる番号に一つだけ○印をつけてください。

1. ない	2. ときどきある	3. ある

4-6 大声をだすことについて、あてはまる番号に一つだけ○印をつけてください。

1. ない	2. ときどきある	3. ある

4-7 介護に抵抗することについて、あてはまる番号に一つだけ○印をつけてください。

1. ない	2. ときどきある	3. ある

4-8 「家に帰る」等と言い落ち着きがないことについて、あてはまる番号に一つだけ○印をつけてください。

1. ない	2. ときどきある	3. ある

4-9 一人で外に出たがり目が離せないことについて、あてはまる番号に一つだけ○印をつけてください。

1. ない	2. ときどきある	3. ある

4-10 いろいろなものを集めたり、無断でもってくることについて、あてはまる番号に一つだけ○印をつけてください。

1. ない	2. ときどきある	3. ある

4-11 物を壊したり、衣類を破いたりすることについて、あてはまる番号に一つだけ○印をつけてください。

1. ない	2. ときどきある	3. ある

4-12 ひどい物忘れについて、あてはまる番号に一つだけ○印をつけてください。

1. ない	2. ときどきある	3. ある

4-13 意味もなく独り言や独り笑いをすることについて、あてはまる番号に一つだけ○印をつけてください。

1. ない	2. ときどきある	3. ある

4-14 自分勝手に行動することについて、あてはまる番号に一つだけ○印をつけてください。

1. ない	2. ときどきある	3. ある

4-15 話がまとまらず、会話にならないことについて、あてはまる番号に一つだけ○印をつけてください。

1. ない	2. ときどきある	3. ある

5-1 薬の内服について、あてはまる番号に一つだけ○印をつけてください。

1. 自立	2. 一部介助	3. 全介助

5-2 金銭の管理について、あてはまる番号に一つだけ○印をつけてください。

1. 自立	2. 一部介助	3. 全介助

5-3 日常の意思決定について、あてはまる番号に一つだけ○印をつけてください。

1. できる	2. 特別な場合を除いてできる	3. 日常的に困難	4. できない

5-4 集団への不適応について、あてはまる番号に一つだけ○印をつけてください。

1. ない	2. ときどきある	3. ある

5-5 買い物について、あてはまる番号に一つだけ○印をつけてください。

1. できる	2. 見守り等	3. 一部介助	4. 全介助

5-6 簡単な調理について、あてはまる番号に一つだけ○印をつけてください。

1. できる	2. 見守り等	3. 一部介助	4. 全介助

6 過去 14 日間に受けた医療について、あてはまる番号すべてに○印をつけてください。(複数回答可)

処置内容	1. 点滴の管理	2. 中心静脈栄養	3. 透析	4. ストーマ(人工肛門)の処置
	5. 酸素療法	6. レスピレーター(人工呼吸器)		7. 気管切開の処置
	8. 疼痛の看護	9. 経管栄養		
特別な対応	10. モニター測定(血圧、心拍、酸素飽和度等)			11. じょくそうの処置
	12. カテーテル(コンドームカテーテル、留置カテーテル、ウロストーマ等)			

7 日常生活自立度について、各々該当するものに一つだけ○印をつけてください。

障害高齢者の日常生活自立度(寝たきり度)	自立・J1・J2・A1・A2・B1・B2・C1・C2
認知症高齢者の日常生活自立度	自立・Ⅰ・Ⅱa・Ⅱb・Ⅲa・Ⅲb・Ⅳ・M

地域区分の適用地域（2018年4月1日現在）

地域区分	上乗せ割合	地域	
1級地	20%	東京都	23区
2級地	16%	東京都	町田市、狛江市、多摩市
		神奈川県	横浜市、川崎市
		大阪府	大阪市
3級地	15%	埼玉県	さいたま市
		千葉県	千葉市
		東京都	八王子市、武蔵野市、三鷹市、青梅市、府中市、調布市、小金井市、小平市、日野市、国分寺市、国立市、稲城市、西東京市
		神奈川県	鎌倉市
		愛知県	名古屋市
		大阪府	守口市、大東市、門真市、四條畷市
		兵庫県	西宮市、芦屋市、宝塚市
4級地	12%	茨城県	牛久市
		埼玉県	朝霞市
		千葉県	船橋市、成田市、習志野市、浦安市
		東京都	立川市、昭島市、東村山市、東大和市、清瀬市
		神奈川県	相模原市、藤沢市、逗子市、厚木市
		大阪府	豊中市、池田市、吹田市、高槻市、寝屋川市、箕面市
		兵庫県	神戸市
5級地	10%	茨城県	水戸市、日立市、龍ケ崎市、取手市、つくば市、守谷市
		埼玉県	志木市、和光市、新座市、ふじみ野市
		千葉県	市川市、松戸市、佐倉市、市原市、八千代市、四街道市、印西市
		東京都	東久留米市、あきる野市、日の出町
		神奈川県	横須賀市、平塚市、小田原市、茅ヶ崎市、大和市、伊勢原市、海老名市、座間市、綾瀬市、寒川町、愛川町
		愛知県	刈谷市、豊田市
		滋賀県	大津市、草津市
		京都府	京都市
		大阪府	堺市、枚方市、茨木市、八尾市、松原市、摂津市、高石市、東大阪市、交野市
		兵庫県	尼崎市、伊丹市、川西市、三田市
		広島県	広島市、府中町
		福岡県	福岡市

地域区分	上乗せ割合	地域	
6級地	6%	宮城県	仙台市
		茨城県	土浦市、古河市、利根町
		栃木県	宇都宮市、下野市、野木町
		群馬県	高崎市
		埼玉県	川越市、川口市、行田市、所沢市、加須市、東松山市、春日部市、狭山市、羽生市、鴻巣市、上尾市、草加市、越谷市、蕨市、戸田市、入間市、桶川市、久喜市、北本市、八潮市、富士見市、三郷市、蓮田市、坂戸市、幸手市、鶴ヶ島市、吉川市、白岡市、伊奈町、三芳町、宮代町、杉戸町、松伏町
		千葉県	野田市、茂原市、柏市、流山市、我孫子市、鎌ケ谷市、袖ケ浦市、白井市、酒々井町、栄町
		東京都	福生市、武蔵村山市、羽村市、奥多摩町
		神奈川県	三浦市、秦野市、葉山町、大磯町、二宮町、清川村
		岐阜県	岐阜市
		静岡県	静岡市
		愛知県	岡崎市、春日井市、津島市、碧南市、安城市、西尾市、稲沢市、知立市、豊明市、日進市、愛西市、北名古屋市、弥富市、みよし市、あま市、長久手市、東郷町、大治町、蟹江町
		三重県	津市、四日市市、桑名市、鈴鹿市、亀山市
		滋賀県	彦根市、守山市、栗東市、甲賀市
		京都府	宇治市、亀岡市、向日市、長岡京市、八幡市、京田辺市、木津川市、精華町
		大阪府	岸和田市、泉大津市、貝塚市、泉佐野市、富田林市、河内長野市、和泉市、柏原市、羽曳野市、藤井寺市、泉南市、大阪狭山市、阪南市、島本町、豊能町、能勢町、忠岡町、熊取町、田尻町、岬町、太子町、河南町、千早赤阪村
		兵庫県	明石市、猪名川町
		奈良県	奈良市、大和高田市、大和郡山市、生駒市
		和歌山県	和歌山市、橋本市
		福岡県	春日市、大野城市、太宰府市、福津市、糸島市、那珂川町、粕屋町
7級地	3%	北海道	札幌市
		茨城県	結城市、下妻市、常総市、笠間市、ひたちなか市、那珂市、筑西市、坂東市、稲敷市、つくばみらい市、大洗町、阿見町、河内町、八千代町、五霞町、境町
		栃木県	栃木市、鹿沼市、日光市、小山市、真岡市、大田原市、さくら市、壬生町
		群馬県	前橋市、伊勢崎市、太田市、渋川市、玉村町
		埼玉県	熊谷市、飯能市、深谷市、日高市、毛呂山町、越生町、滑川町、川島町、吉見町、鳩山町、寄居町
		千葉県	木更津市、東金市、君津市、富津市、八街市、山武市、大網白里市、長柄町、長南町

付録 巻末資料

地域区分の適用地域（2018年4月1日現在）

地域区分	上乗せ割合	地域	
7級地	3%	東京都	穂町、檜原村
		神奈川県	箱根町
		新潟県	新潟市
		富山県	富山市
		石川県	金沢市、内灘町
		福井市	福井市
		山梨県	甲府市
		長野県	長野市、松本市、塩尻市
		岐阜県	大垣市、多治見市、各務原市、可児市
		静岡県	浜松市、沼津市、三島市、富士宮市、島田市、富士市、磐田市、焼津市、掛川市、藤枝市、御殿場市、袋井市、裾野市、函南町、清水町、長泉町、小山町、川根本町、森町
		愛知県	豊橋市、一宮市、瀬戸市、半田市、豊川市、蒲郡市、犬山市、常滑市、江南市、小牧市、新城市、東海市、大府市、知多市、尾張旭市、高浜市、岩倉市、田原市、清須市、豊山町、大口町、扶桑町、飛島村、阿久比町、東浦町、幸田町、設楽町、東栄町、豊根村
		三重県	名張市、いなべ市、伊賀市、木曽岬町、東員町、菰野町、朝日町、川越町
		滋賀県	長浜市、野洲市、湖南市、東近江市
		京都府	城陽市、大山崎町、久御山町
		兵庫県	姫路市、加古川市、三木市、高砂市、稲美町、播磨町
		奈良県	天理市、橿原市、桜井市、御所市、香芝市、葛城市、宇陀市、山添村、平群町、三郷町、斑鳩町、安堵町、川西町、三宅町、田原本町、曽爾村、明日香村、上牧町、王寺町、広陵町、河合町
		岡山県	岡山市
		広島県	東広島市、廿日市市、海田町、坂町
		山口県	周南市
		徳島県	徳島市
		香川県	高松市
		福岡県	北九州市、飯塚市、筑紫野市、古賀市
		長崎県	長崎市
その他	0%	その他の地域	その他の市区町村

■参考文献

石田路子『イラスト図解　介護のしくみ』日本実業出版社、2007
梅沢佳裕『施設職員のための介護記録の書き方』雲母書房、2008
大田仁史、三好春樹監修『実用介護事典　改訂新版』講談社、2013
大田仁史、三好春樹監修・編著『完全図解　新しい介護　全面改訂版』講談社、2014
岡本祐三『介護保険の歩み』ミネルヴァ書房、2009
小竹雅子『介護情報Q&A』岩波書店（岩波ブックレット）、2007
小竹雅子『こう変わる！　介護保険』岩波書店（岩波ブックレット）、2006
小竹雅子『もっと変わる！　介護保険』岩波書店（岩波ブックレット）、2014
おちとよこ『改訂新版　介護保険　上手に使うカンどころ』創元社、2006
介護保険法規研究会監修『新しい介護保険法』中央法規出版、2005
柏木哲夫『死を看取る医学　ホスピスの現場から』NHK出版（NHKライブラリー）、1997
川村匡由編著『福祉のしごとガイドブック2009年版』中央法規出版、2009
川村匡由監修『ここが変わった！　改正介護保険　サービス・しくみ・利用料がわかる本』自由国民社、2015
がんばらない介護生活を考える会監修『がんばらないで家庭介護』法研、2005
くさか里樹『ヘルプマン！』第1～27巻、講談社、2004～2014
ケアマネジメント研究フォーラム著、高室成幸監修『最新介護保険の基本と仕組みがよーくわかる本』秀和システム、2017
小濱道博『まったく新しい介護保険外サービスのススメ』翔泳社、2017
コンデックス情報研究所編著『現役ケアマネが教える　最新介護保険利用のしかた』成美堂出版、2009
財団法人厚生統計協会『図説　統計でわかる介護保険2009』2009
資格試験研究会編『福祉の仕事＆資格がわかる本』実務教育出版、2007
市民福祉サポートセンター編『介護情報ハンドブック』岩波書店（岩波ブックレット）、2002
社会福祉法人東京都社会福祉協議会（編集・発行）『地域福祉権利擁護事業（日常生活自立支援事業）とは…制度を理解するために　改訂第3版』2016
社会福祉法人東京都社会福祉協議会（発行）『福祉の仕事と就職活動ガイド　ふくしのしごとがわかる本　2018年版』2017
杉山孝博『介護職・家族のためのターミナルケア入門』雲母書房、2009
鈴木厚『安全保障としての医療と介護』朝日新聞出版、2010
鈴木亘『だまされないための年金・医療・介護入門』東洋経済新報社、2009
高野龍昭『これならわかる〈スッキリ図解〉介護保険　第2版』翔泳社、2015
田中元『図解「2012年改正介護保険」のポイント・現場便利ノート』ぱる出版、2012
長瀬二三男『四訂版　介護保険法の解説』一橋出版、2005
服部万里子『最新　図解でわかる介護保険のしくみ』日本実業出版社、2007
ほっとくる編集部編『介護保険、介護のお金がわかる本』主婦の友社、2007
本間清文『2018年度改正を乗り切る！　事業者のための介護保険制度対応ナビ』第一法規、2018

索引

※[　]内は補足。(　)内には正式名称や略称、訳語など関連語を示した

索引

た行

な行

は行

ま行

や行

ら行

わ行

著者　東田　勉（ひがしだ・つとむ）

1952年生まれ。コピーライター、介護雑誌の編集などを経て、現在は介護ライターとして活躍。医療・介護・福祉分野の取材や執筆を行う。『認知症の「真実」』『親の介護をする前に読む本』（ともに講談社現代新書）、『認知症をつくっているのは誰なのか「よりあい」に学ぶ認知症を病気にしない暮らし』（村瀬孝生との共著、SBクリエイティブ）など著書多数。

完全図解《かんぜんずかい》　世界一役《せかいいちやく》に立《た》つ　介護保険《かいごほけん》の本《ほん》　　介護ライブラリー

2018年５月22日　第１刷発行

著　者　東田《ひがしだ》　勉《つとむ》
発行者　渡瀬昌彦
発行所　株式会社講談社
郵便番号112-8001
東京都文京区音羽2-12-21
電話　編集　03-5395-3560
販売　03-5395-4415
業務　03-5395-3615
印刷所　豊国印刷株式会社
製本所　株式会社若林製本工場

N.D.C.369　255p　21cm
定価はカバーに表示してあります。
落丁本･乱丁本は購入書店名を明記のうえ、小社業務あてにお送りください。送料小社負担にてお取り替えいたします。なお、この本についてのお問い合わせは第一事業局企画部からだとこころ編集あてにお願いいたします。

ISBN978-4-06-282478-1